U0835605

全国教育科学“十一五”规划教育部重点课题
“新课程改革中转变学生学习方式的研究”课题（DHA090190）研究成果

浙江省教育科学“十一五”规划重点课题
“中小学生语文课程学习指导研究”课题（SB5）研究成果

21世纪语文课程学习指导丛书

丛书主编：王光龙

YUWEN XUEXI ZHIDAOLUN

语文学习指导论

朱绍禹

许建中　著

语文出版社
·北京·

图书在版编目（CIP）数据

语文学习指导论 / 许建中著. — 北京 : 语文出版社, 2013. 1
（21世纪语文课程学习指导丛书 / 王光龙主编）
ISBN 978-7-80241-661-1

Ⅰ. ①语… Ⅱ. ①许… Ⅲ. ①中学语文课-教学研究 Ⅳ. ①G633. 302

中国版本图书馆CIP数据核字（2012）第303060号

责任编辑 邵燕鸿
封面设计 刘姗姗
出　　版 语文出版社
地　　址 北京市东城区朝阳门内南小街 51 号　100010
电子信箱 ywcbsywp@163. com
排　　版 语文出版社照排室
印刷装订 河北新华第一印刷有限责任公司
发　　行 语文出版社　新华书店经销
规　　格 787mm×1092mm
开　　本 1/16
印　　张 20. 5
字　　数 355 千字
版　　次 2013 年 2 月第 1 版
印　　次 2013 年 2 月第 1 次印刷
印　　数 1－4,000
定　　价 39. 00 元
本书如有质量问题请与本社发行部联系　☎：010－65251033

“21 世纪语文课程学习指导丛书” 序

本世纪初，我国启动了新一轮的基础教育课程改革。这次基础教育课程改革是在世界各国加速教育改革的大背景下展开的。随着知识经济社会的到来，世界各国都把发展教育和培养新型人才作为推动经济和社会发展的重要支撑点。课程改革是教育改革的重要内容和载体，课程改革集中体现国家的教育理念和教育目标。当前各国基础课程改革的一个核心目标，就是大力培养受教育者的主体意识，关注学生的学习兴趣，尊重学生的自主选择，积极推进学生自主活动，为学生的终身学习和勇于创新奠定基础。

我国新一轮的基础教育课程改革，体现了当今世界教育的先进理念，确定了符合我国基础教育实际的课程改革目标。教育部制定的《基础教育课程改革纲要（试行）》中指出，要“改变课程过于注重知识传授的影响，强调形成积极主动的学习态度，使获得基础知识和基本技能的过程成为学会学习和形成正确价值观的过程”，要“改变课程实施过于强调接受学习、死记硬背、机械训练的现状，倡导学生主动参与、乐于探究、勤于动手，培养学生搜集和处理信息的能力、获取新知识的能力、分析和解决问题的能力以及交流与合作的能力”。培养学生的实践能力、探究能力和合作能力，使学生主动学习和学会学习，是这次课程改革的主要目标之一。

语文课程设置的目的在于全面培养和提高学生的语文素养。语文素养是学生学好其他课程的基础，也是学生全面发展和终身发展的基础。语文课程学习是母语学习。母语学习，不仅要使学生学会正确理解和运用祖国的语言文字，熟练掌握听说读写技能，具有适应实际需要的语文能力，而且要让学生认识中华民族文化的丰厚博大，吸收中华民族的文化智慧，认同中华民族的文化价值，成为热爱祖国和热爱中华民族的人，进而成为尊重多样文化和吸取人类优秀文化的人。语文课程的多重功能和奠基作用，决定了它在基础教育阶段的重要地位。

语文课程改革以来，人们的语文课程理念逐步得到更新，关注和研究学生的语文课程学习成为新的聚焦点。站在语文课程改革第一线的中小学语文教师，正在努力探索语文课程学习指导的方式和方法。但由于各种条件的局限，不少语文教师缺乏全面系统的语文课程学习理论基础，对学生语文课程学习的指导往往事倍功半，收效不大。这已经成为当前继续推进语文课程改革的一个瓶颈难题。正是在这样的背景下，杭州师范大学学习科学研究所王光龙教授带领他的学术团队开展了浙江省教育科学“十一五”规划重点课题“中小学生语文课程学习指导”的研究，并在课题研究成果的基础上，由他策划和主编了这套“21 世纪语文课程学习指导丛书”。

与已经出版的语文学习研究类书籍相比，我以为这套丛书在整体开发设计和分册内容呈现上，具有以下四个方面的特点：

一、探索构建了语文课程学习指导理论体系的基本框架

中华民族的语文学习史几乎与中华民族的发展史同样悠久。在数千年的封建社会里，语文学习没有学科和课程的概念。语文学科和语文课程是近代教育发展的产物。从 1904 年清政府“癸卯学制”颁布，语文学科独立设科算起，我国语文课程的设置也有 100 多年了。由于学习科学与教育科学发展的不同步，对语文学习理论的研究明显落后于对语文教学理论的研究。就语文课程来说，人们往往习惯于从课程、教材、教学和教师角度进行研究，而从学生学习角度进行研究并形成系统理论成果的不多。跨入新世纪之后，我国启动了新一轮基础教育课程改革，这为语文课程学习理论的全面、系统研究提供了历史契机。语文课程学习问题的系统理论研究，既是一个新的研究领域，也是一项系统工程，需要从构建基本理论体系框架着眼，合理规划专题，进行全面、系统而深入的研究。

按照系统论的观点，语文课程学习理论体系也是一个大系统。这套“21 世纪语文课程学习指导丛书”，将语文课程学习指导理论系统划分为若干个子系统，一个子系统为一个研究专题，一个专题的研究成果分编为一个独立分册。本丛书包括《语文课程学习论》《识字写字学习论》《阅读学习论》《文学作品学习论》《阅读方法指导论》《写作学习论》《写作方法指导论》《口语交际学习论》《语文综合性学习论》《语文学习心理论》《语文学习指导论》《语文学习评价论》等十多个分册。这些系列研究成果，既包括了语文课程学习内容的基本理论，也包括了语文课程学习指导的基本理论。依据这一开放的理论体系，除上述研究专题外，语文学习的方式、模式、方法、习惯、素质、管理等，也都有专题研究的价值。本丛书设计比较合理，体系比较科学，内容比较全面，初步构建了我国当代语文课程学习理论体系的基本框架。它的问世，对探索和构建我国当代语文课程学习理论体系具有现实意义。

二、展示了当代语文学习研究的新成果

两千多年前，我国就有研究学习和教学的典籍——《礼记·学记》问世。“以学为本，因学论教”，“学先于教，教辅以学”，是我国古代重要的“学本论”思想。但以人类学习现象及其规律为研究对象并具有现代学科意义的学习科学，直到20世纪80年代中期才在我国诞生。学习科学的诞生和发展，为语文学习研究提供了深厚的科学理论基础，有力地推动了我国当代语文学习理论的发展。据不完全统计，近20年来，国内出版的语文学习理论著作就有十多部，呈现出我国当代语文学习理论研究的繁荣局面。

这套“21世纪语文课程学习指导丛书”，吸收、借鉴和运用当代语文学习理论研究的最新成果，对语文课程学习的各个方面进行了深入的研究。例如《识字写字学习论》分册，既继承了我国古代识字写字学习的优良传统和成熟经验，又吸收了当代识字写字学习理论研究的最新成果，对识字写字学习的地位、价值和特点、历史发展、目标和内容、理念和原则、过程和方式方法、心理调控、指导和评价等，进行了全方位的系统研究。这是目前识字写字研究领域一本比较全面、系统的理论著作。它对于继承和发展我国的识字写字学习理论具有重要意义，对于指导中小学生的识字写字学习具有较高的实践价值。

本丛书的作者大都来自高等师范院校，具有教授、副教授职称，半数以上担任硕士研究生导师。他们同为全国语文学习科学专业委员会的会员，在语文学习研究领域都有独到的学术建树和理论成果，有的已经出版了多部理论著作。由这批高校教师组成的研究团队，具有扎实的理论基础和较强的科研能力，对语文学习理论研究的前沿信息和最新成果，能够及时把握、吸收和消化，并合理运用到本课题的专题研究中。因而，本丛书在一定程度上集中展示了当代语文学习研究的新成果。

三、为语文教师的专业发展提供了研修教材

语文课程是母语教育课程，语文教师的专业发展对于提高我国母语教育的质量具有十分重要的作用。在推行语文课程改革中，语文教师的专业发展，一方面需要依托各级教育行政部门组织的教师培训活动，从整体上推进语文教师的专业发展。另一方面，语文教师需要有计划地学习研读语文课程改革的理论著作，拓宽专业理论基础，吸收最新研究成果。这套“21 世纪语文课程学习指导丛书”是以语文教师为主要对象而编写的系列理论著作，因而作为语文教师专业研修的教材是比较适宜的。

首先，这套丛书力图在落实语文课程目标中为语文教师的专业发展提供丰富的学习内容。例如，《义务教育语文课程标准（2011 年版）》课程目标的第 3 条目标是“培育热爱祖国语言文字的情感，增强学习语文的自信心，养成良好的语文学习习惯，初步掌握学习语文的基本方法”。《普通高中语文课程标准（实验）》在“积累·整合”目标中规定：“了解学习方法的多样性，掌握学习语文的基本方法，能根据需要，采用适当的方法解决阅读、交流中的问题。”两个课标对掌握和运用基本的语文学习方法提出了具体要求。本丛书的《阅读方法指导论》对朗读、默读、精读、略读、速读等五种基本阅读学习方法，《写作方法指导论》对命题作文、模仿作文、话题作文、条件作文和自由作文等基本作文学习方法，从理论认识到实践操作作了具体论述。语文教师系统学习这两本书，对于如何落实“掌握学习方法”这个课程目标，提高对语文学习方法的理性认识和指导能力，促进自己的专业发展，具有切实的指导价值。

其次，这套丛书力图从语文课程理论与实践的结合上为语文教师的专业发展提供新的研究成果。例如，《普通高中语文课程标准（实验）》在课程目标中要求，“学习鉴赏中外文学作品，具有积极的鉴赏态度，注重审美体验，陶冶性情，涵养心灵。能感受形象，品味语言，领悟作品的丰富内涵，体会其艺术表现力，有自己的情感体验和思考。努力探索作品中蕴涵的民族心理和时代精神，了解人类丰富的社会生活和情感世界”。目前高中语文教科书中 60% 以上的课文为文学作品。如何落实课程目标的规定要求，指导学生学好文学作品，是语文教师需要从理论到实践解决的重要问题。作为专题研究成果之一的《文学作品学习论》分册，对文学作品学习的基本认识、历史发展、理论基础、基本内容、心理机制、学习方法、分类学习、课外学习和学习评价等问题，作了全面、系统的论述。学习研读这本

著作，能够使语文教师既获得文学作品学习的理论知识，又获得指导文学作品学习的基本方法，在理论指导实践和实践发展理论中推动自己的专业发展。

四、为语文课程学习的指导提供了系列用书

本丛书是一套以语文课程学习与指导为指归的理论丛书，突出学习指导是它的本质特点和基本要求。中小学生是语文课程学习的主体，但中小学生的语文课程学习离不开语文教师的指导。一个研究内容范围较大的课题，凡语文课程学习的主要内容和学生学习语文课程的基本问题，都作为独立的研究专题进行研究，并将研究成果编成系列理论著作，从而为语文教师的语文课程学习指导提供了特定的系列指导用书。例如作为专题研究成果之一的《语文学习指导论》分册，吸收了近年来语文课程学习指导的相关研究成果，对语文课程学习指导的意义、内容和门径，语文课程学习目标、过程、规律的指导，识字写字学习、阅读学习、写作学习、口语交际学习、综合性学习的指导等问题，都设立专章予以论述。在论述中，既有系统的理论探讨，又有具体的操作指导；既有历史经验的解说，又有现实方法的描述。语文教师学习研读这本著作，掌握它的理论要点和实践要领，就可能对学生的语文课程学习进行科学有效的指导。

对学生的课程学习进行科学有效的指导，是教师的基本职责，也是衡量教师教学素质的重要指标之一。这套丛书对于帮助语文教师系统掌握语文课程学习指导的基本理论，灵活掌握语文课程学习指导的有效方法，成为语文课程学习指导实践的行家里手，成为受学生欢迎的语文教师，具有实际价值和意义。

目前，我国新一轮的基础教育课程改革正在逐步推向深入，课程改革成功的关键是实施课程的广大教师。更新教师的课程理念，培养教师的教学素质，加快教师的专业发展，成为摆在我们面前的重要课题。这套语文课程学习理论丛书从指导学生的语文课程学习入手，为语文课程的研究、开发和实施开辟了一条新路。我愿意向广大语文教师和语文教育工作者推荐这套新丛书，希望它能够成为大家喜欢阅读和感到有用的案头必备书。

是为序。

田慧生

2010 年仲夏于中央教育科学研究所

（作者为中央教育科学研究所副所长、研究员、博士生导师，全国教育科学规划教育理论学科组成员，北京大学、西南大学兼职教授。）

“21 世纪语文课程学习指导丛书” 前言

学习，作为人类联系客观世界和主观世界的重要活动，从孔子“学而时习之，不亦说乎”那个时代起，就成为人们研究的一个母题。但由于学科分化过程中的诸多原因，一直以来学习只是作为心理学、教育学领域研究的一个方面，没能形成一个独立的学科。20 世纪中期，国际社会提出了“教会学习”“学会学习”的口号，联合国教科文组织（UNESCO）《学会生存：教育世界的今天和明天》《教育：财富蕴藏其中》等报告又提出了“终身学习”“学会学习”“学习化社会”等理念，学习得到前所未有的重视，对学习问题的研究也日渐增多。随着知识经济时代、信息化社会的到来，人们开始从不同的学科视角对人的学习进行深入研究。20 世纪 80 年代，随着我国人才学的创立和发展，人在成才过程中的学习问题成为人们研究的热点。一批有识之士把“学习”从其他学科中独立出来，进行全方位、系统、综合的研究，并在构建学科理论体系上做出了切实的努力，学习作为一门新兴的独立学科——学习科学，终于在中国大地上应运而生了。它的诞生，为语文学习问题研究提供了强大的理论支持，也为广大教师的语文学习指导提供了丰厚的实践指南。

对于语文学习问题的研究，自 1904 年语文独立设科以来间有专论发表，如天民的《自习主义读法预习法》（1917）、杨贤江的《初中学生学习国文的旨趣》（1923）、萧楚女的《中学国文修学指导》（1923）、陈东原的《国文学习法》（1923）、陶行知的《读书与用书》（1934）、叶苍岑的《对中学新生谈国文学习》（1942）、叶圣陶的《略谈学习国文》（1942）、叶圣陶的《中学国文学习法》（1948）、宋云彬的《语文学习三阶段》（1950）、周祖谟的《怎样自学语文》

(1954)、冰心的《漫谈语文的教与学》(1959)、叶圣陶的《认真学习语文》(1962)、张志公的《从儿童学字的角度看书写工具》(1962)、苏步青的《略谈学好语文》(1979)、魏书生的《培养学生的自学能力》(1981)、张隆华和周庆元的《阅读是学习之母——阅读心理测试小结》(1981)、顾黄初的《"多读多写"辨析》(1982)、韩雪屏的《有效地进行精读训练》(1986)、陈日亮的《得法养习历练通文》(1996)、许建中的《语文学习基本规律探讨》(2002)、王光龙的《语文学习方法的理论探讨》(2003)、朱绍禹的《以问题为纽带的阅读学习新理念》(2004)、王光龙的《语文学习素质及其培养》(2005)、曾祥芹的《阅读的主体间对话和陌生感体验》(2006)、王光龙的《语文学习方式的选择和运用》(2008)等。这些专论虽然是对语文学习具体问题的零散的研究，但反映了人们长期以来对语文学习问题的持续关注，展示了对语文学习问题研究的思想认识成果。

新时期以来，对语文学习问题的研究更加深入，出版了10多部语文学习研究论著，如曾祥芹和韩雪屏的《阅读学原理》(1989)、佟士凡的《语文学习论》(1993)、王光龙的《语文学习方法学》(1993)、董国华的《初中语文学习方法指导》(1995)、林化君、陈黎明和张幼冬的《追问与发现——语文学习心理论》(1998)、曾祥芹的《阅读学新论》(1998)、毓明笠的《中学语文学习心理与学习方法研究》(1999)、王光龙的《语文学习方法的理论与实践》(2002)、王光龙的《语文学习概论》(2003)、许建中等的《语文高效学习艺术》(2005)、陈玉秋的《中学生作文学习与人的发展》(2005)、乔桂英的《阅读学习方法指导学》(2007)等。这批论著的内容涉及语文的阅读学习、作文学习、学习方法、学习艺术、学习心理、学习素质等方面，使我国语文学习研究的内容得到进一步深化和拓展。这一时期，在部分高校教材如《语文学科教育学》《语文教学论》《语文课程与教学论》的内容框架中，语文学习也列为独立的一章了。而将一般的语文学习研究与当前的语文课程学习研究联系起来，从语文课程学习指导角度来研究中小学生的语文学习问题，则是21世纪基础教育语文课程改革中提出的新课题。

21世纪之初在全国范围推行的基础教育语文课程改革，为语文学习研究提供了新的契机和动力。新的课程标准突出了学生的学习主体地位。如《义务教育语文课程标准（2011年版）》在课程理念中指出："学生是学习的主体。语文课程必须根据学生身心发展和语文学习的特点，爱护儿童的好奇心、求知欲，鼓励自主阅读、自由表达，充分激发他们的问题意识和进取精神，关注个体差异和不同的学习需求，积极倡导自主、合作、探究的学习方式。教学内容的确定，教学方法的选择，评价方式的设计，都应有助于这种学习方式的形成。”在教学建议中指出：“学生是语文学习的主人，教师是学习活动的组织者和引导者。语文教学应在师生平等对话的过程中进行。语文教学应激发学生的学习兴趣，注重培养学生自主学习的意识和习惯，引导学生掌握语文学习的方法，为学生创设有利于自主、合作、探究学习的环境。应尊重学生的个体差异，鼓励学生选择适合自己的学习方式。”

新的课程标准对学生的语文学习提出了明确具体的学习目标。如《义务教育语文课程标准（2011 年版）》在课程目标中指出：“培育热爱祖国语言文字的情感，增强学习语文的自信心，养成良好的语文学习习惯，初步掌握学习语文的基本方法。”“能主动进行探究性学习，激发想象力和创造潜能，在实践中学习和运用语文。”《普通高中语文课程标准（实验）》在课程目标“积累・整合”中规定：“能围绕所选择的目标加强语文积累，在积累的过程中，注重梳理。根据自己的特点，扬长补短，逐步形成富有个性的语文学习方式。了解学习方法的多样性，掌握学习语文的基本方法，能根据需要，采用适当的方法解决阅读、交流中的问题。通过对语文知识、能力、学习方法和情感、态度、价值观等方面要素的融汇整合，切实提高语文素养。”

如何落实语文课程的理念和目标，承担和加强对中小学生语文课程学习的指导，是广大语文教师教学实践中面临的新问题，也是语文教育理论工作者需要研究的新课题。依据语文课程改革的需要，全面开展语文课程学习指导的研究，是新世纪基础教育课程改革赋予我们的重要历史责任。

依据系统论的原理，语文课程学习指导的内容也是一个大系统。这个大系统应该由两个子系统构成，一个是语文课程学习内容系统，一个是语文学习心理行为系统。语文课程学习内容系统包括：一、义务教育阶段语文课程学习内容：识字写字、阅读、写作、口语交际、综合性学习；二、普通高中阶段语文课程学习内容：1. 必修课程内容：阅读与鉴赏、表达交流；2. 选修课程内容：诗歌与散文、小说与戏剧、新闻与传记、语言文字应用、文化论著选读。语文学习心理、行为内容系统，包括语文学习心理、语文学习方法、语文学习习惯、语文学习方式、语文学习模式、语文学习管理、语文学习素质等。语文课程指导内容系统图示如下：

- 语文课程学习指导系统
  - 语文课程学习内容
    - 义务教育语文课程学习内容
      - 识字与写字
      - 阅读
      - 写作
      - 口语交际
      - 综合性学习
    - 普通高中语文课程学习内容
      - 必修
        - 阅读与鉴赏
        - 表达与交流
      - 选修
        - 诗歌与散文
        - 小说与戏剧
        - 新闻与传记
        - 语言文字应用
        - 文化论著选读
  - 语文学习心理行为
    - 语文学习心理
    - 语文学习方法
    - 语文学习习惯
    - 语文学习方式
    - 语文学习模式
    - 语文学习管理
    - 语文学习素质

全面开展对语文课程学习指导的研究，不仅要清楚指导的内容结构系统，而且要综合和融汇指导的内容，从有利于学生学习和教师指导出发设计出一个指导的框架体系。综合和融汇的主要对象是语文课程学习内容这一子系统。义务教育阶段和高中阶段的语文课程学习内容，虽然有其分明的阶段性和不同的学习目标，但高中语文课程学习的内容是在义务教育阶段基础上的延伸、拓展和深入，呈螺旋上升、综合发展形态。如，高中阶段必修课程内容的“阅读与鉴赏”能力的培养、“表达与交流”能力的培养，都是在义务教育阶段听说读写基本能力基础上向更高层次的发展性培养。高中选修课程内容的“诗歌与散文”“小说与戏剧”“新闻与传记”“语言文字应用”“文化论著选读”等五个系列，也都是在义务教育阶段的阅读、理解、审美、探究和语言运用等能力基础上分文体、分专题的综合语文能力的提高性培养。因而，两个阶段课程学习内容的指导，有必要融汇、综合于一体，以义务教育阶段的语文课程学习内容为框架，延伸到高中阶段的语文课程学习内容。至于语文学习心理和行为指导的内容，我们看到，两个阶段的指导内容呈纵向推进、全面发展形态。虽然义务教育阶段和高中阶段学生的心理行为存在年龄上的差别，但高中生的语文学习心理和行为是在义务教育阶段基础上的进一步发展，表现在学习心理上是由义务教育阶段的他觉、接受、自觉到高中阶段的更为自觉、成熟和稳定，表现在学习行为上则是由义务教育阶段的练习、熟习和习惯到高中阶段的更为自主、有效和灵活。

依据上述对语文课程学习指导内容系统的认识，我们将语文课程学习指导的内容设计为识字写字学习指导、阅读学习指导、文学作品学习指导、写作学习指导、口语交际学习指导、综合性学习指导、语文学习评价指导等若干个模块。将语文学习心理行为指导内容设计为语文学习心理指导、语文学习方法指导、语文学习习惯指导、语文学习方式指导、语文学习模式指导、语文学习管理指导和语文学习素质培养等若干个模块。两个系列的每个模块都可以成为一个独立专题进行研究。每个模块依据需要还可以分为更小层级的模块。如语文学习方法模块，就可以分为识字写字学习方法、阅读学习方法、写作学习方法、口语交际学习方法四个更小的模块，进行更为具体的研究。

从培养学生学会学习和终身学习的角度看，语文学习心理行为系统内容的指导则更为重要。按照心理学对知识的一般分类，学科知识内容属于陈述性知识。陈述性知识也叫描述性知识或记忆性知识，它主要用来回答事物是什么、为什么或怎么样的问题，具有静态的性质。学习心理行为内容则属于程序性知识。程序性知识也叫操作性知识或步骤性知识，其实质是一套对外办事的操作步骤和过程，也包括对内调控的策略知识，主要用来解决做什么和怎样做的问题，具有动态的性质。对于语文学科来讲，陈述性知识的学习指导是基础的、必要的。掌握语文学科基础的陈述性知识，有助于全面提高人的语文素养与文化修养。通过陈述性知识的学习能将部分知识转化为语文心智技能，形成适应工作和生活需要的语言理解与表达能力。而语文学习心理和行为，则是在学习语文学科的陈述性知识的过程中，掌握语文学习方法，养成语文学习习惯，形成有个性的语文学习方式，养成语文学习的基本能力，从而具备现代社会公民的基本学习素质，成为学习化社会中学会学习的人。这理应成为语文课程学习指导的首要目标。这一认识符合教育部《基础教育课程改革纲要（试行）》中规定的课程改革的第一条具体目标：“改变课程过于注重知识传授的倾向，强调形成积极主动的学习态度，使获得基础知识与基本技能的过程同时成为学会学习和形成正确价值观的过程。”

全套丛书分为十多个分册，虽然每个分册都列为一个独立专题进行研究，但课题组对每个专题的研究和分册的撰写，都在以下四个方面提出了共同的要求，做出了切实的努力：

一、全面落实语文课程的理念和目标

今天的语文课程学习是在21世纪之初启动的我国第八次基础教育课程改革背景下的语文课程学习，《义务教育语文课程标准（2011年版）》和《普通高中语文课程标准（实验）》两个文件是学生语文课程学习和教师指导语文课程学习的基本纲领和具体标准。全面落实语文课程的理念和目标是本丛书编写的基本任务和理想追求。语文课程的理念和目标是语文新课程学习指导的指针和内容。在每一专题的研究和分册内容的编写中，都安排独立的章节阐述“学习理念”和“学习目标”。例如在《识字写字学习论》《阅读学习论》《写作学习论》《口语交际学习论》等分册中都有两个章节分别论述“学习的理念”和“学习的目标”等内容。通过对学习理念、学习目标的专门论述，通过在各章节中渗透学习理念和学习目标，保障语文课程理念和目标的具体落实。对于读者来说，这不仅可以加深对课程理念、目标的理解，提高自己对课程理念和课程目标的认识，而且还可以从实践操作层面落实课程理念和目标。

二、追求专题理论的系统性和先进性

语文课程学习指导每个专题的研究都努力追求建构一个独立的理论系统。理论的系统性体现在每个分册的章节排列顺序及其内在联系上。在每个理论系统中，既有我国古代传统学习理论的深厚基础，又有现代先进学习理论的借鉴运用。如《文学作品学习论》分册的理论体系由十一章构成：文学作品学习概述、中学文学作品学习的变革与发展、文学作品学习的理论基础、文学作品学习的基本内容、文学作品学习的心理机制（上、下）、文学作品学习方法（上、下）、不同体裁文学作品学习、文学作品学习评价、文学作品的课外学习。这样一个理论体系，虽然还不能说已经十分全面和完善，但它毕竟创建了一个比较合理的理论系统，为后人的继续研究提供了初步理论框架和基本内容设置，给读者提供了一门系统的理论知识和一片开放的理论视野。各专题理论的先进性体现在综合运用当代课程论、教学论、学习论、心理学、语言学、文学等学科新的研究成果，形成专题的理论系统。各专题理论的系统性和先进性使它能够在语文课程改革的实践中有效指导中小学生的语文课程学习。

三、注重学习指导的实用性和操作性

语文课程是一门实践性很强的课程，语文学习是一种语言心智技能学习，因此，语文课程学习指导追求理论的实用性和实践的操作性。本丛书虽然各册论述的内容不同，但在阐述其专题学习理论时，都十分重视理论的实用性和指导的操作性。如《阅读方法指导论》分册，先设第一、二、三章对阅读学习方法的地位、内容、目标和历史发展等进行全面论述；中间在第四章“朗读的方法”、第五章“默读的方法”、第六章“精读的方法”、第七章“略读的方法”、第八章“速读的方法”里都设指导与运用一节，专门论述阅读方法的实践指导和操作运用问题；第九章“阅读学习方法的指导”，对阅读学习方法指导的意义、原则、模式和方法做了系统论述；最后第十章论述“阅读学习方法的检测和评价”。这样一个内容框架安排，充分体现了阅读学习方法指导理论的实用性和实践指导的可操作性。语文教师能够从中既获得系统的学习指导理论，又可以掌握阅读学习方法指导的具体操作要领，从而提高阅读学习方法指导的科学性和有效性。

四、提供语文教师专业培训的实用教材

教育部《关于大力加强中小学教师培训工作的意见》中明确指出：“教育大计，教师为本。有好的教师，才有好的教育。教师培训是加强教师队伍建设的重要环节，是推进素质教育，促进教育公平，提高教育质量的重要保证。”加强语文教师培训，也是深入推进当前语文课程改革的重要举措和保障。教师培训的模式、方式虽然多种多样，但都需要设计合理和方便使用的培训教材。本丛书以两个语文课程标准为依据，以新的语文课程理念为指导，着眼于学生学会学习和教师有效学习指导，分专题对语文课程学习内容及其指导进行了全面的论述，使语文课程学习理论与学习指导得到有机结合，努力满足中小学教师对语文课程学习指导实践的需要，成为语文教师专业培训的实用教材。同时，本丛书还可以作为语文教师在职专业进修的自修教材。

经过编委会同仁数年的艰苦创作，丛书即将出版。站在学生学习的立场，从指导学生的课程学习着眼，编写一套语文课程学习指导丛书，的确是一种前人没有过的创举。在丛书出版之际，我要真诚感谢编委会全体同仁的工作和友情。为了推动新一轮的语文课程改革，为了促进中小学生的语文课程学习，为了创建我国的语文学习科学大厦，大家认真写作，锲而不舍，相互勉励，友好合作，以共同事业为纽带结成了一个有实力、讲智慧、重情义的学术团队。靠着这样一支学术团队，完成了这套三百万字的中型学术丛书！

丛书学术顾问朱绍禹先生生前十分关心和支持本丛书的编写工作。他曾多次解答作者的咨询，并对几位作者的部分书稿亲笔批示修改意见。那时朱先生因腰部受损已经不能长时间伏案工作了，有时他就垫块软垫跪伏在地板上写批阅意见。当我知道这一情况后，心底十分感动以至震撼！每当丛书编写和出版遇到困难时，脑际就会浮现出朱先生跪伏写批语的情景，这激励我决心克服一切困难完成丛书的编写工作，以告慰朱先生的在天之灵。丛书学术顾问陶本一先生在住院期间仍询问丛书的进展情况，他的关心和激励是我坚持奋进的莫大动力。对两位先生的关心、指导和鼓励，我们表示深深的谢意！

中央教育科学研究所副所长田慧生教授在百忙中为丛书赐序，对丛书编写的现实意义做了充分肯定，对丛书的内容特点做了高度概括，对丛书的使用价值做了积极评价。杭州师范大学前校长、浙江省重点学科“课程与教学论”负责人林正范教授和人文学院的领导对丛书的编写一直给予关心和支持。语文出版社王旭明社长对丛书选题给予了肯定，对出版给予了支持；各位责任编辑先生为丛书出版付出了辛劳。在此一并表示我们由衷的谢意！

王光龙

2011 年立冬时节于杭州三塘

目　　录

第一章　语文学习指导概说

什么是学习指导和语文学习指导？为什么要研究和加强语文学习指导？怎样更好地实施语文学习指导？这是本书开篇应当明确的三个问题。当然，对这些问题做出具体而全面的解答，有待后面各章详加讨论，本章先做简括的阐说。

第一节　语文学习指导的意义

一、学习指导与语文学习指导

（一）学习指导

“学习指导”这一概念在我国教育界已渐通行，但人们对它的理解有些不同。

一种理解认为：“学习指导，就是为了使学生的学习更容易些，而去安排、提示学习内容，准备学习环境等各种条件，对学习活动计划的展开和调整给予必要的指导和建议。”这是日本《教育心理学辞典》的解说。二战以后，日本教育界受美国“儿童中心论”的影响，转变传统教育观念，把教学称作“学习指导”，把德育称作“生活指导”，他们的教学大纲也改称“学习指导要领”。如 1947 年颁布的《学习指导要领一般编》，1998 年颁布的小学、初中《学习指导要领》，1999 年颁布的高中《学习指导要领》。

第二种理解认为学习指导就是或主要是学习方法指导。1980 年代，我国一些中小学开展的学习指导实验就是基于这种理解。

第三种理解认为："学习指导，是指教师在教学活动中，通过各种渠道向学生传授有关学习的知识，指导学习方法，调动学习积极性，使学生形成正确的学习观点、较强的学习动力和学习能力。简而言之，就是要使学生懂学习、爱学习、会学习。"①

上述三种理解，第一种太宽泛，包括了学习内容安排、学习条件准备和学习活动指导，其含意与"教学"几乎无异。第二种太狭隘，因为学习指导并不仅仅限于学习方法指导。第三种定位适中，代表了1990年代以来我国教育教学领域和学习科学领域的主流认识，本书所论学习指导即基于这种理解。

（二）学习指导与教学

"学习指导"与"教学"这两个概念，既密切联系又有所区别。

传统意义上的教学，侧重在教授一方，指教师把知识和技能传授给学生的过程。现代意义上的教学，强调教和学相统一，指的是"教师的教和学生的学的共同活动。学生在教师有目的有计划的指导下，积极主动地掌握系统的文化科学基础知识和基本技能，发展能力，增强体质，并形成一定的思想品德"。②

学习指导，是学习者和指导者的共同活动，学习者包括学生，但不仅仅指学生；指导者包括教师，但不仅仅指教师。而且，学习者和指导者的关系并非固定不变，学习者有时变成指导者，指导者同时成为学习者。

学习指导与传统意义上的教学，区别十分明显。传统的教学观认为教学就是"教授"（如近代教育家夸美纽斯《大教学法》研究的就是"教"的艺术，书名曾译作《大教授法》），教师是教学的中心、主宰，教授的内容、过程和方法全由教师决定，学生只是被教者、接受者。而学习指导则不同，学习的主体是学生，教师须尊重学生的主体地位，从学生的学习需要出发，给予必要的指导、诱导、疏导，成为学生学习的引导者、组织者、合作者。

学习指导与现代意义上的教学，有诸多相同点。它们都主张以学为本、因学论教，认为学生的学是教师教（指导）的基础和出发点，教师的教（指导）要依据学生的学，服务于学生的学，教（指导）的目的不只是让学生学会，而且要让学生会学。这样来看，二者的本质是一致的。但它们又有区别：首先，教学包括课程内容的选择安排和教学活动的有序开展，既指向知识本身，又指向教学活

① 钟祖荣：《学习指导的理论与实践》，教育科学出版社，2001年，第62-63页。

②《中国大百科全书·教育卷》，中国大百科全书出版社，1985年，第150页。

动。学习指导则主要是教学生懂学习、爱学习、会学习，它指向的是学习活动的顺利开展。其次，教学属于教育学的研究范畴，学习指导则是教育学和新兴的学习科学共同的研究范畴。

（三）语文学习指导

学习指导，按照涉及的范围，可分为普通学习指导和学科学习指导。语文学习指导，属于学科学习指导的范畴，旨在引导和帮助学习者认清语文学习目标，遵循语文学习规律，掌握语文学习方法，增强语文学习动力，优化语文学习过程，提高语文学习效率。语文学习方法指导是其中重要的、实用的部分，却并非语文学习指导的全部。

语文学习指导又属于语文学习科学的研究范畴。有学者高屋建瓴，构想了由10大系统160多分支学科组成的语文学习科学学科体系，并提出了分三步走的建设发展计划。① 这一构想为建筑语文学习科学的大厦绘制了一份蓝图。这座尚待建设的宏伟大厦，许多层次的房间里都有语文学习指导的位置。而建造这座大厦的基石——“语文学习学”（初建阶段或称“语文学习论”），更离不开语文学习指导的研究和实验。像大厦基石混凝土中的水泥一样，语文学习指导实验、研究的质量对基石的质量有着决定性的影响。扎实而深入地开展语文学习指导的实验、研究，通过实验和研究，加深人们对语文学习的过程、方法、规律、心理、效果评测、科学管理的理性认识，再将科学的理性认识用于语文学习指导的实践，实践——认识——再实践——再认识，如此循环往复，才能将大厦基石砌筑得更坚牢，进而将整座大厦建造得更稳固。

二、语文学习指导的发展概况

我国古代，实行的是以“读书、写字、做文章”为主要内容的“泛语文”教育，没有独立的“语文”学科，也没有“学习指导”的说法，然而有丰富的学习指导思想。

早在先秦，《尚书·兑命》就提出“教学半”的命题，隐含着教与学相互依存的深刻思想：教者一半在教，一半在学；学者一半靠别人教，一半靠自己学。

---

① 王光龙：《语文学习科学学科体系的构想和建设》，见《教育教学论坛（一）》，河北教育出版社，2000年，第1-9页。

孔子执教，循循善诱，极重个别指导，引导弟子兼重学、思、习、行。孟子教人，重视内求，主张学贵自得。荀子主张积渐成学，用心专一，善假于物。《学记》强调教学相长，提出导而弗牵、强而弗抑、学不躐等、藏息相辅、预时孙摩、长善救失等一系列学习指导原则，以及独学无友则孤陋寡闻、善学者师逸而功倍等学习思想。

秦汉以后，许多教育家在办学育人的实践中继承、发展了前人的学习指导思想。最有代表性的如：宋代朱熹指导学生读书治学重视学习方法，其弟子将他的言传身教总结成“朱子读书法”，即：循序渐进、熟读精思、虚心涵泳、切己体察、着紧用力、居敬持志。陆九渊提出优游涵泳、简易工夫、师友切磋、自作主宰等学习指导主张。明代王阳明则明确意识到学习兴趣、情感、态度、意志等非智力因素在读书学习中的重要作用，提出诱导童子“立志而圣”，使其“趋向鼓舞”“中心喜悦”“精神宣畅”“心气平和”“乐习不倦”。清初曾任“学官”的唐彪基于事教督学的经验，撰著《读书作文谱》专论读书识字作文的学习方法，并著《父师善诱法》专论师长指导学童读书识字作文的方法，康熙年间将两书合刻为《家塾教学法》，成为我国第一部以“教学法”命名的著作，并且在兼论教法与学法这一点上，超越了捷克教育家夸美纽斯略早写成的专论教法的《大教授法》。王筠在其《教童子法》中指出“学生是人，不是猪狗”，隐含着尊重儿童人格、发挥学生主体性的思想；对识字、写字、诵诗、属对、读文、作文，都总结出一套合乎儿童学习规律的指导方法。王夫之强调“学者以大心正志为本”，提出“行可兼知”“知行相资”“学以致用”“折中损益”的学习方法观，梁启超在《清代学术概论》中评价说：“王夫之的治学方法，已渐开科学研究的精神。”

1904 年语文独立设科，至今 100 余年间，语文学习指导的面貌发生了巨大改变。“五四”新文化运动前后，西学东渐，英国洛克、法国卢梭、瑞士裴斯泰洛齐、德国赫尔巴特、福禄贝尔等教育家的教学思想，特别是美国教育家杜威“儿童中心”“从做中学”的教育理念，对我国教育界产生了较大影响乃至冲击。1919 年陶行知率先把南京高等师范学校全部课程中的“教授法”改成“教学法”，举起了“教学合一”的旗帜，倡导“先生的责任不在教，而在教学生学”，“先生教的法子必须依据学生学的法子”。蔡元培也主张“所谓教育，其实就是为学生提供帮助”。杨贤江撰著《学习法概论》（1923）和《论读书法》（1926），倡导用科学的方法来总结和改进读书法，提出学习经济论，即在最短的时间里用最少限度的精力获取学习上的最大效果。黎锦熙1924年撰著《新著国语教学法》，从自动主义学习观出发，针对国语教学的特点，改造赫尔巴特的五段教学法，设计出阅读教学的“三段六步”程序。王森然在《中学国文教学概要》（1929）中极力倡导“自动的教学”，指出“善教人者不代人嚼饭，不代人走路！必须教导学生往自动的路上走”。提出教师选择教学方法的三条原则：“能否养成学者自学的习惯”，“能否引起学者求知的动机”，“曾否给予学者自学的工具”；并归纳出“指导学生修养和自动”的28条要求，如“诱发学生自动学习的兴趣”“启示学生自动学习的工具及门径”“操练学生自动学习的方法”“多与学生以质疑问难的机会”等。[①] 夏丏尊、叶圣陶1930年创办《中学生》杂志，大量刊发指导中学生学习方法的文章，次年结集出版《中学生各科学习法》一书。夏、叶二人还以《文心》为总题，合写指导中学生学习国文的文章30多篇，在《中学生》连载后，1934年出版《文心》单行本，畅销全国，到1948年印行了20版，对推动语文学习指导产生了广远影响。叶圣陶还与朱自清合作《精读指导举隅》（1942）、《略读指导举隅》（1943），对帮助学生学会阅读起到了良好示范和指导作用。建国后叶圣陶鲜明提出使学生“自能读书”“自能作文”的目标，并多次阐明“教是为了达到不需要教”的主张。

1978年改革开放以来，国外教育新理念和学习新理论又一次大量引进。维果茨基的最近发展区理论，赞科夫的发展性教学论，苏霍姆林斯基倡导的自我教育、差异教学、研究性学习等理念，巴班斯基提出的教学过程最优化、区别教学和个别教学相结合的主张，以及布鲁纳的“认知—发现”学习理论、奥苏贝尔的有意义言语学习理论、加涅的分类学习理论、布卢姆的掌握学习理论、皮亚杰的发生认识论、罗杰斯的人本学习理论，后来还有建构主义学习理论、自我调节学习理论、加德纳的多重智力学说、斯腾伯格的成功智力学说，以及日本教育家辰野千寿的学习适应性理论、松原达哉的高效学习指导理论，都不同程度地影响并促进了我国教育工作者教学观念的转变。一批有识之士开始把注意力由研究教师的教转向研究学生的学，学习指导的研究与实验得以重视，许多中小学和一些大学为学生开设学习指导课，一批适用于不

① 王森然：《中学国文教学概要》，商务印书馆，1929年，第16、206、213-215页。

同层次学生的学习指导书相继面世，学习指导的理论体系和方法体系初步建立。许多语文教师和语文教育研究者自发自觉地选择语文学习指导的课题，开展实验研究。研究的内容，由语文学习方法指导，逐步拓展到学习心理指导、学习习惯指导、学习管理指导、学习评价指导。20多年间，仅期刊发表的语文学习指导的论文和实验报告就数以千计，语文学习指导的编著、教材出版达上百种，涌现出魏书生、钱梦龙、张富、颜振遥、李敬尧、钟德赣、姚竹青、李吉林、丁有宽、于永正、李镇西、窦桂梅等一批以擅长学习指导而著称的语文教改名师。

一些学术团体和教研部门，将分散的、个体的学习指导研究集合起来，组织实施了一些规模较大的课题研究。其中涉及面广、影响大的，如全国学习科学学会（筹）组织开展的“学生学习现状的调查和学习指导的研究”（1991-1995，国家教委“八五”重点课题）等，取得了丰硕的研究成果。全国语文学习科学专业委员会1995年成立以来，先后承担全国教育科学“九五”规划项目“语文学习方法的理论研究与实践指导”、“十五”规划项目“语文学习素质的培养与人的发展研究”课题的研究。两项课题相承续，从语文学习方法指导研究，到语文学习素质培养研究，与教育的终极目标“人的发展”紧密联系起来，标志着研究者认识的深入和研究层次的提高。全国20个省、市、自治区的100多所中小学校的师生参加实验研究。实验结果显示，学生明显增强了语文学习兴趣，转变了学习方式，掌握了基本的语文学习方法，提高了语文学习素质，语文学习成绩也明显提高。抽样测查表明，与对照班相比，实验班学生的语文学习成绩平均高出10%。一些高等学校的学者和部分省市的教研员参与实验研究，或进行理论探讨。两项课题的研究成果，集中呈现在课题主持人王光龙教授主编的两部论文集和《语文学习方法的理论与实践》《语文学习素质培养探索》，以及相关子课题的论著中。

近10多年来，语文学习理论研究的论著也相继问世。王光龙主编的《语文学习方法学》（1993）、卫灿金著《语文思维培育学》（1994）、佟士凡著《语文学习论》（1996）、林化君等著《追问与发现——语文学习心理论》（1998）、余国良著《语文导学艺术》（2000）、王光龙著《语文学习概论》（2003）等，均自成体系而且有鲜明的理论色彩，对语文学习指导实践起到了指引和促进作用。

三、语文学习指导的重要意义

“‘学习’是教育学的逻辑起点”。[①] 没有学就没有教，教以学为本，教是为了指导学，这正在成为教育研究者和多数教学工作者的共识。当今社会正在从工业社会向信息社会转型，当今教育正在从专才教育向通识教育转变，这必然牵动人们的教学观念发生变革。有研究者从重心转移的角度，揭示当代教学观变革的六大走向：1. 从重视教师向重视学生转变；2. 从重视知识传授向重视能力培养转变；3. 从重视教法向重视学法转变；4. 从重视认知向重视发展转变；5. 从重视结果向重视过程转变；6. 从重视继承向重视创新转变。[②] 21 世纪新教育的本质，“就在于它具有了前所未有的鲜明的服务性质，它是为学习服务、为学习者服务的”；“学习，是新教育的核心。新教育要围绕着每一个人的学习，采用信息技术，充分发挥它的‘帮助’功能、‘服务’功能。服务意识，是新教育最重要的意识。”[③] 如何更好地为学习者服务，怎样成为合格的学习指导者，是 21 世纪教育摆在每个教师面前不容回避的课题。

语文学科是通识教育的基础学科，它对于学生学好其他学科和未来从事各项工作，对于弘扬民族优秀文化和吸收人类进步文化，提高国民素质，都有极为重要的意义。语文学习是母语学习，母语学习与其他课程相比，最具有自主学习的条件，最具有无师自通的优势。因此，语文教师应该率先由知识技能的传授者转换为学生学习的指导者、帮助者。以往重教轻学的老师应该认识到：“教法重要，学法更重要。在处理教法与学法的关系时，必须以学法指导为重点”。[④] 如今的语文教师，只有自己单方面的积极性，只管自己的教与授，不能算好教师；善于调动学生学习的积极性，善于指导学生高效率地学，才有望成为优秀者，才可能达到“教是为了不需要教”的至高境界。

我国在 21 世纪之初启动的新中国成立以来规模最大的基础教育课程改革，把变革学习方式、教学生学会学习作为具体目标之一。《基础教育课程改革纲要》

---

① 瞿葆奎、郑金洲：《教育学逻辑起点：昨天的观点与今天的认识》，《上海教育科研》1998 年第 4 期。

② 黄甫全、王本陆：《现代教学论学程》，教育科学出版社，1998 年，第 26-28 页。

③ 陈建翔、王松涛：《新教育：为学习服务》，教育科学出版社，2002 年，第 15 页。

④ 王松泉：《处理好语文教育中的四种关系》，见江明主编《问题与对策：也谈中国语文教育》教育科学出版社，2000 年，第 113 页。

（试行，2001）提出："改变课程过于注重知识传授的倾向，强调形成积极主动的学习态度，使获得基础知识与基本技能的过程同时成为学会学习和形成正确价值观的过程"；"改变课程实施过于强调接受学习、死记硬背、机械训练的现状，倡导学生主动参与、乐于探究、勤于动手，培养学生搜集和处理信息的能力、获取新知识的能力、分析和解决问题的能力以及交流与合作的能力。"《义务教育语文课程标准》（实验稿，2001；修订版，2011）和《普通高中语文课程标准》（实验，2003）分别在"课程基本理念"和"实施建议"中提出："积极倡导自主、合作、探究的学习方式。"重视语文学习指导，研究语文学习指导，改善语文学习指导，有利于学生形成积极主动的学习态度，学会自主学习、合作学习、探究学习，有利于培养搜集和处理信息、获取新知识、分析和解决问题、交流与合作等"四大能力"，有利于促进语文素养的形成和发展，促进良好个性的和谐发展，促进基础教育课程改革目标的实现。

第二节　语文学习指导的内容

语文学习指导的内容，可以从不同角度着眼进行考察。

一、按语文学习领域考察

从语文学习的领域着眼，参照语文教师的一般认识和语文课程文件的提法，可以将语文学习指导分为六个方面：一是识字写字学习指导，二是阅读学习指导，三是写作学习指导，四是口语交际学习指导，五是语文知识学习指导，六是语文综合性学习指导。

二、按学习指导目标考察

从学习指导的目标着眼，参考钟祖荣《学习指导的理论与实践》一书概括的学习指导的三大目标——懂学习、爱学习、会学习，结合语文学习的实际，可以提出语文学习指导的以下内容：一是语文学习目标的指导，引导学生明确语文学习的目标和方向，增强语文学习的自觉性；二是语文学习规律的指导，引导学生遵循汉语文学习规律，提高语文学习的科学性；三是语文学习心理的指导，引导学生优化语文学习的动机、兴趣、情感、意志，增强语文学习的积极性和主动性；四是语文学习过程的指导，引导学生把握好语文学习的重要环节；五是语文学习方法的指导，帮助学生正确掌握和灵活运用语文学习的方式方法；六是语文学习管理的指导，引导学生学会自我调控、优化主客观学习环境、充分利用语文学习资源。上述六项内容，一、二两项指向“懂语文学习”的目标，第三项指向“爱语文学习”的目标，四、五、六三项指向“会学习语文”的目标。

此外，还可以从其他角度考察。如，从学习主体的学习阶段着眼，可以分为学前语文、小学语文、初中语文、高中语文、大学（或中学后）语文的学习指导；从学习客体的类属性质着眼，可以分为语言、言语、文学、文章的学习指导，等等。

三、本书研讨的主要内容

《语文学习指导论》作为“21 世纪语文课程学习指导丛书”的一个分册，须从丛书整体着眼，确定本书主要讨论的内容，尽量避免与其他分册内容重复。识字写字学习、阅读学习、写作学习、口语交际学习、语文综合性学习乃无可回避的论域，本书从“学习指导”角度立意，展开讨论。其他如语文学习方法、语文学习心理、语文学习评价，丛书另有专册详论，本书则不单设章节，而择取与“学习指导”相关的内容，融入语文学习目标、过程和规律指导及相关领域学习指导的章节之中。

基于上述考虑，经权衡主次轻重，本书拟分九章，主要研讨以下问题：

第一章为引论，概括阐明“语文学习指导”的内涵、发展状况和重要意义，宏观探讨实施语文学习指导的门径。

第二、三、四章为总论部分，从语文学习目标、语文学习过程、语文学习规律这三个层面，研讨指导的意义、内容和方式。

第五～九章为分论部分，分别从识字写字、阅读、写作、口语交际、综合性学习这五个方面，具体讨论各领域学习指导的要点、方法和策略，并提供历史和现实的学习经验的借鉴。

引论、总论与分论结合，宏观、中观与微观兼及，理论与实践紧密联系，历史与现实纵贯承启，力求比较全面地阐述语文学习指导的主要问题，期望对课程改革背景下的语文学习指导有切实的助益。

第三节　语文学习指导的门径

为了更好地实施语文学习指导，优化语文学习指导的质量和成效，需要指导者真正转变语文教学观念，正确认识和把握语文学习的特点和规律，认真总结和借鉴前人学习语文的宝贵经验，研究和改善语文学习指导的策略和方法。

一、转变语文教学观念

传统的语文教学观念重教轻学、重知识轻能力、重课内轻课外、重结果轻过程，造成诸多弊端，如，学生学习被动，习惯于接受而不愿探究，满足于记背和完成作业而不重视知识活用和能力形成，局限于课内、课本学习而不重视课外阅读、练笔和生活中的语文运用，过于追求考试分数而不重视学习方法掌握、良好习惯培养和情感态度价值观的形成。

要匡正这些弊端，需要师生双方转变教与学的观念。作为语文学习指导者，确立以下三种观念尤为重要。

第一，要确立“教服务于学”的观念。立足于指导学生学，“不代人嚼饭，不代人走路”，千方百计调动起学生学习的主动性、积极性。

第二，要确立“大语文教育”的观念。引导学生拓宽语文学习的领域，把课内语文学习与课外语文学习结合起来，得法于课内，运用于课外，有意识地利用校园、家庭和社会的语文环境，留意在生活、交际中学语文，用语文。教师也要把学生的课外阅读、课外练笔、综合性学习纳入指导范畴，给予检查、督导和评价。

第三，要确立“过程重于结果”的观念。学习结果重要，但更重要的是学习过程，指导者更需要关注的是学生在学习过程中的表现。对学生课前预习、课堂学习、课后复习、作业和改错，对他们学习语文的动机、兴趣、情感、意志、态度、方法和习惯，要注意观察、了解、分析，发现问题及时引导，优化他们的学习心理和学习过程，帮助他们掌握语文学习方法，养成良好的学习习惯。

二、认识语文学习特点

首先，需要认识汉语文的特点。

汉语，以及记录汉语的汉字，与西方语言文字相比，多有不同之处。认识它们，对于汉语文学习民族性的体现，对于学习指导的优化，都很有必要。

从语音方面看，汉语普通话音系简明，音节总数少，造成同音字、同音词多；音节有声调之别，念起来抑扬顿挫；音节里元音占优势，乐音成分大；有大量双声、叠韵、叠音词，双音节和四字格节奏倾向鲜明，易于形成整齐与变化相统一的韵律节奏，便于朗读记诵，对言语表达中的选词组句有一定限制和要求，使声音、节奏成为诗文写作中必须考虑的因素。

从词汇方面看，单音节语素占绝对优势，绝大多数音节都有相对的意义和功能；古代汉语以单音词为主，现代汉语以双音词为主，四音节成语多，三音节惯用语呈增长趋势，超过四音节的词往往被缩略成双音词；词根丰富，构词能力强，构词方式灵活，同化外来词、创造新词语十分方便；词缀很少，构词能力也较弱。量词丰富，语气词和拟声词多。

从语法方面看，汉语缺少形态变化，不靠词形变化表示语法意义和语法关系，组合短语或句子主要靠语序，重意合，虚词在其次；词类与句法成分不存在简单对应关系，词类确定较困难，兼类词多，词性活用多；书面上不实行分词连写，词的界限不外显。这些特点带来的好处是规则简单易学，但抗干扰、避歧义的功能较差，阅读理解更重整体感知，言语表达更重语境作用，语感显得更加重要。

汉字与汉语的特点相适应，每个汉字是形音义的统一体，一个字就是一个语素（极少例外），凭借三四千常用字的语素义就易于识别数万个合成词的意思；字形与字义有直接联系，便于见字知义，语义提取快而语音激活稍缓；方块状图形内，笔画纵横分布，信息密度大而占用空间小，形体区别性强，利于快速阅读，但字形结构较复杂，运笔方向多变化，造成书写难度稍大。

以上特点，对于识字写字、阅读、写作、口语交际和语文知识的学习，有这样或那样的制约和影响。顺应和利用这些特点，扬其长而补其短，有利于提高学习效率。

其次，还要认识语文学习的特点。

在中小学课程中，其他文化课都以掌握言语内容为学习重点，唯有语文课

（包括外语）是以掌握言语形式为学习重心的。语文学习的突出特点体现在它具有工具性、人文性、社会性和实践性。

工具性。语文学习的主要目的是学会运用这一重要的交际工具，它必然带有工具性特点。由语文具有工具性而推定语文学科、语文学习带有工具性，是合乎逻辑也符合实际的。这种认识，不只属于中国。捷克教育家夸美纽斯早就指出："学习语文，并非因为它们本身是博学或智慧的一部分，而因为它们是一种手段，可使我们获得知识，并把知识传授给别人。"① 夸美纽斯说的"手段"是写实的，我们说的"工具"是比喻的，二者其实同义。

人文性。语文学习不仅可以使学习者日益熟练地运用语文这个交际工具，而且可以使学习者沉浸在语文所承载、传递的人类文化中，受到民族精神的熏陶，得到多元文化的启迪。在上世纪末关于语文学科性质的论争中，有论者指出："语文教学中工具性、人文性皆重要，不可机械割裂。抽掉人文精神，只是在语言文字形式上兜圈子，语言文字就因失去灵魂、失去生命而暗淡无光，步入排列组合文字游戏的死胡同；脱离语言文字的运用，架空讲人文性，就背离了语文课，步入另一误区。两者应有机结合，使之相得益彰。"② 这样认识问题，是全面的，辩证的，符合语文学习实际的。语文课程标准明确肯定："工具性与人文性的统一，是语文课程的基本特点。"这比过去单纯强调工具性是历史性的进步。

社会性。语文学习具有极其广泛的社会性。语文不只存在于书本里、课堂上，社会生活中时时处处有语文。人生活在社会环境里，要活动，要交往，活动和交往总是伴随着语文的运用和学习。在家庭，在校园，在社会的各种场所，通过听、看、读，还有说和写，学生每天都接触大量的言语材料，有意识或无意识地锻炼着自己的语感，充实着自己的语库。指导者要做的，是设法引导学生把无意识变成有意识。

实践性。听、说、读、写等各项语文技能的培养，基本途径是语文实践。如同学习游泳必须下水、学习驾车必须上路一样，在听话中才能学会听话，在说话中才能学会说话，在阅读中才能学会阅读，在写作中才能学会写作。许多语文知识，特别是语言知识，也不是全靠读书和听讲就能掌握的，也要通过语文实践才能真正懂得，经过实际运用才能真正掌握。

① ［捷］夸美纽斯：《大教学论》，教育科学出版社，1999 年，第 157 页。

② 于漪、程红兵：《关于语文教育人文性的对话》，《文汇报》1996 年 4 月 15 日。

认识并把握这些特点，会使指导者的指导更对路，更得法，更有效。

三、遵循语文学习规律

“规律是宇宙运动中本质的东西的反映”，“规律就是关系……本质的关系或本质之间的关系。”① 语文学习规律就是语文学习本质的关系和语文学习过程中各因素间的本质联系，是语文学习活动发生和发展必然遵循的逻辑轨道。语文学习规律同其他规律一样具有隐蔽性和客观性。它存在于复杂的关系之中，深藏而不露；它不以人的意志为转移，遵循它就会走向成功，违背它就会招致挫折。

《全日制义务教育语文课程标准》（实验稿）在“实施建议”中要求：“遵循学生的身心发展规律和语文学习规律，选择教学策略。”要想自觉遵循语文学习规律，首先必须认识语文学习规律。本书第三章对这些问题有具体论说。

四、借鉴语文学习经验

经验是人们在与客观事物直接接触过程中，通过感官获得的关于客观事物的现象和外部联系的认识。经验是科学理论的基础，要把握事物的本质和规律必须把感性经验上升到理性认识。前人在语文学习实践中积累了丰富的经验，这对后人是极其宝贵的财富。有些经验，经过历代众多学习者的传承和检验，已经具有普遍适用性，如熟读精思、读书动笔、多作多改、先放后收等等，人们称为传统语文学习经验，有人称作经验型语文学习理论。有些经验，带有鲜明的个性化色彩，某些人适用，而且效果显著，另一些人则不一定适用，如每日只读一书与交叉阅读、写作详拟提纲与不拟提纲等等。这类学习经验有其特定的适用群体和适用条件，也有其存在的合理性。这两类经验，适用范围宽窄不同，但都值得总结借鉴，在借鉴的同时有所创新，有所发展。国外的某些母语学习经验和指导经验，对我们也有启示和参考价值，如果科学地分析，有选择有变通地移植，对改进汉语文学习方法，优化我们的学习指导，也大有裨益。

本书第五章对古今识字、写字的学习经验，第六～九章对古今中外阅读、写作、口语交际和综合性学习的学习经验，均设专节加以梳理和述评。一章之内，“经验借鉴”与“指导要点”“指导策略”互补伏应；各章之间，“经验借鉴”纵

① 《列宁全集》第55卷，人民出版社，1990年，第127-128页。

成系统，供语文学习者和指导者研究借鉴。

五、优化学习指导方法

语文学习指导，既是一门科学，也是一门艺术。语文学习指导的方法是否科学，是否灵活，对语文学习指导的效果影响很大。总结20多年来各地开展学习指导的经验，可以概括出下面一些收效良好的指导方法。

学情调查法。学习指导的前提是了解学生的学习情况，这就需要调查研究。学情调查的方法，包括观察、座谈、访谈、作业分析、问卷调查等。课上观察学生的学习表现，课下就语文学习方面的问题跟学生个别谈话或开座谈会，与学生家长沟通，了解学生在家中的学习条件和学习情况，通过学生的作业、笔记、课本、试卷分析学生的学习态度、方法、习惯和水平，都是常用的调研方法。问卷调查的关键环节是依据调查对象和目的编制既能全面了解真实情况又便于统计分析的调查问卷。国内外专家设计的调查学生学习情况的问卷种类很多，但专门用于语文学科学情调查的问卷却很少，语文教师可以参考借鉴信度较高的学情调查问卷，结合语文学习特点加以改造设计或重新编制。

讲座指导法。利用讲座形式，介绍语文学习方法和经验。讲座的内容依据学生年龄特点、知识水平、接受能力而定，形式力求生动活泼，多用实例说明问题。讲者可以是学习指导经验丰富的语文教师、研究语文学习的专家学者、语文学习成绩突出的毕业生或在校生。讲座的安排最好有计划性，一次一个专题，每次时间不宜长，一两个小时为宜。讲完如能组织讨论，或配合其他方式进行训练，收效会更大。有时可以突破语文单科范围，与其他学科联合组织。

规程指导法。将语文学习的基本要求和基本方法提炼成若干条“规程”，要求学生遵照执行，可以对学生学习起到一定的规范、引导作用。有的学校或班级有统一制定的《学习规程》，内容一般包括计划、预习、上课、复习、作业、考试、课外学习等基本要求，语文教师则不必另立一套规程，结合学科特点补充一些要求即可。规程不可烦琐，某些要求也不宜死板，应给学生的个性化学习留有适度弹性空间。规程指导的方法简便易行，但容易流于形式，指导者加强督导，才可能落到实处。

教学渗透法。教师在语文教学中结合知识传授和技能训练渗透学习方法，教学生在学习实践中练习掌握某种学习方法。这种方法可行性强，指导效果好。常用的有演绎和归纳两种指导方式。

演绎的指导方式是：教师在提出学习内容和任务后，向学生介绍学习方法和操作要领，必要时可以提供范例或做出示范，然后让学生按要领操作，完成学习任务。例如，阅读教学中教学生掌握圈画批注的方法、语译文言文的方法，写作教学中教学生掌握快速审题立意的方法、相互批改作文的方法等等，都适宜采用这种指导方式。

归纳的指导方式是：先组织学生运用一定的学习方法开展学习活动，完成学习任务，获得某种学法的感性认识，然后引导学生归纳总结所用的学习方法。例如教读论说文，先让学生在整体感知的基础上抓取各段中心句，然后总结中心句在段落中出现的一般规律和抓取中心句的方法。

不论演绎式还是归纳式，都要注意在渗透某种新的学习方法后，给学生提供后续练习的实践机会，让他们通过反复操作达到熟练运用的目的。

个别诊治法。针对某些学生语文学习中存在的问题进行诊断，帮助学生分析问题的症结，提出解决问题的对策或改进学法的建议。这种方法针对性强，尤其适用于语文学业不良的学生和某方面弱点突出的学生。帮助学生诊治学习困难，要在收集具体材料的基础上进行归类分析，区分偶然性因素和经常性表现，抓住学习上的主要问题、主要困难，对问题成因或困难类型做出判断。有人把学习困难的成因分为智力迟钝型、学习缓慢型、学习不得法型、外因致差型、内驱力缺乏型等多种类型，这种区分很有参考价值。在找出问题症结和成因的基础上，再对症下药，拟定出切实可行的治疗方案。

经验交流法。不定期组织学生就语文学习经验体会进行专题讨论和交流，可与笔记、作业、作文展览相结合。来自同学的学习方法和经验往往更适合学生实际，学生会感到更切近、实用，易于学习借鉴，对促进同学之间的互助合作、激发团队意识和竞争意识、创造良好的班级学习氛围也有益处。组织交流之前，教师应将交流主题告知学生，动员大家做好准备，最好写成发言稿或提纲，还可以物色几个重点发言人，事先有所沟通和指点，以提高交流质量。交流会上，学生由于个体经验的局限，对学习方法的认识和总结不一定科学、系统，教师应做适当的归纳、引导，并对如何吸取借鉴他人的学习经验提出建议。

以上六种指导方法，适用于语文学习各个领域。关于识字写字、阅读、写作、口语交际、综合性学习等某一领域的学习指导方法，本书在第五～九章中“指导策略”一节均有具体阐说。

第二章　语文学习目标指导

语文学习要学什么，要达到哪些目标，实现什么样的目的？语文学习指导者首先要搞清楚，并且应当指引给学习者。本章阐述语文学习的目的与目标，揭示语文学习目标指导的意义，讨论语文学习目标指导的方式。

第一节　语文学习目标指导的意义

一、何谓“语文”“学习”

“语文”“学习”，与每个人终身相伴，与学生的关系更为密切。这两个词，童叟皆知，可究其含义，却众说不一。名不正则言不顺，本书既然专论语文学习指导，就有必要明确这两个概念的内涵，并揭示学生学习的特点。

(一)“语文”是什么

讨论“语文”是什么，应该把它区分为普通语词和学科术语。作为普通语词，它可以是多义的；而作为学科术语，它应该是单义的。

“语文”，首先是作为普通语词进入汉语词汇的。《辞源》和《辞海》未收“语文”词条，《汉语大词典》“语文”释义皆举现代用例。由此推测，这个词大概生成于现代，虽然它最早见于何处尚无定说。《现代汉语词典》历经修订，到2005年第5版，对“语文”一词的解释依然只有“语言和文字”“语言和文学”两个义项，第二义项后举例为“中学～课本”。这会让人产生疑惑：中学语文就是学“语言和文学”吗？实用文章的阅读和写作不管吗？小学语文又当如何呢？

为搜寻“语文”一词在现代早期的用例并爬梳其用义，笔者曾检阅《二十世纪前期中国语文教育论集》[①] 中收录的论文。这部论集所收的88篇论文（1909-1949）中，出现“语文”的有10余篇，其用义可归为如下四端：一指语言、文字，如“语文只是人类生存必有之一种工具”（穆济波《中学校国文教学问题》，1923），“帮助所有的学生都能用语文表达自己的情思”（傅庚生《国文教学识小篇》，1946）；二是合指国语、国文两种科目，如“本国语文一科，实包括国语与国文两种科目”（程其保《初级中学课程标准之讨论》，1931）；三指语体（白话）、文言，如《语文之间“通同之共轨”》（陈望道，1935）批评当时一种国文教材“着重在语体和文言互相翻译”，“与其说是讲语文‘通同之共轨’，倒不如说是讲语文的彼此的分裂”；四指语言、文学，如《关于中外语文的分系和中文系课程的分组》（吕叔湘，1948）建议将大学“中国文学系”改为“中国语文学系”，“学生的主修分组，除已有的语言文字和文学的纵的分组外，增加古代语言文学和近代语言文学的横的分组”。由此可知，“语文”一词在上世纪二三十年代就是多义的，并不像有人所说的那样，语文专指书面语或文章。

作为学科名称的“语文”，虽然早见于上世纪二三十年代，但那只是少数人偶一用之，当时的通称还是“国文”（中学）、“国语”（小学）。“语文”被正式确定为中小学课程名称，取代国语、国文的旧称，是在1949年上半年华北人民政府教科书编审委员会选用中小学课本时。该编审委员会采纳叶圣陶等人的建议，赋予“语文”这个学科名称以“口头语言和书面语言”的新义。半个多世纪以来，除1956年到1958年中学语文曾分为汉语、文学两科外，“语文”一直是我国大陆基础教育阶段最重要的课程。可是由于“语文”一词的多义性，人们对这个学科名称的理解一直很不相同——有的说指语体文、文言文，有的说指语言、文字，有的说指语言、文学，还有人说它指语言、文化。直到近些年还有一些专家学者将中小学“语文”（尤其是中学“语文”）理解为“语言和文学”。[②]

即便不受束于“语文”课程正式命名者的原初理解，单从语文教育的实际出发，把“语文”理解作语言、文学也是失之狭隘的。有研究者充分注意到语文教育内容的多元性和综合性，认为“语文是一个以语言为核心的，包括语言、文

① 顾黄初、李杏保主编：《二十世纪前期中国语文教育论集》，四川教育出版社，1991年。

② 王宁：《汉语语言学与语文教学》，《中国社会科学》2000年第3期。

字、文章、文学、汉语文独有的文言文等及其文化的多元体系”。[1] 这样认识，将一“语”五“文”包罗于“语文”之中，比“语言+文学”“语言+文字”的理解全面得多。但是，将五“文”并列，逻辑关系不够清楚，准确性上尚有缺憾。况且，其中的“语言”概念也有点模糊——如果是宽式的，包括口头言语和书面言语的，那么它就与五“文”交叉相容，不宜并列；如果是狭义的，与“言语”相对而言的，那么这种抽象概括的“语言”，是不是中小学“语文”的核心，要打上一个问号。

我国语文教育界长期不注意区分“语言”和“言语”，造成概念运用的混乱，特别是“语言”内涵的模糊。如今，国内外语言学界已经普遍重视这两个概念的区别：“言语”是个人说话的行为和结果，“语言”是从言语中概括出来为社会所公认的词语和规则的总和；“言语”是语言存在的形式，是具体的、第一性的，“语言”存在于言语之中，是抽象的、第二性的；“言语”是语言符号的自由组合，是动态的、变化无穷的，具有鲜明的个性，“语言”是全民共用的交际工具，是静态的、相对稳固的，具有鲜明的社会性。在语文教育中，起码是在关于语文课程内容和性质的讨论中，区分使用这两个概念是必要的。至少可以帮助我们易于认清：大学中文专业的普通语言学课、现代汉语课、古代汉语课，学习研究的才是语言，尽管需要结合言语实例去学，但核心是学“语言”，主要目的是系统地获得关于语言的理性认识；而中小学生和一般人所学的语文，则主要是“言语”——以现代交际言语为主体，并逐步向艺术言语、科学言语及古代书面言语扩展。在言语学习中，虽然也要学习一些基本的语言知识，但核心不是学“语言”，主要目的不在系统地获取语言知识，而在获得言语能力。正如英国语言学家皮特·科德所说：“我们要培养的是使用语言的人而不是语言学家，是能‘用这种语言讲话’的人，而不是‘谈论这种语言’的人。”[2]

针对中小学语文科的目的和任务，比较种种说法，还是应当承认叶圣陶的阐说——口头为“语”、书面为“文”，“语文”合指口头语言和书面语言（这里的“语言”显然主要指“言语”），抓住了主要矛盾，更符合语文教育实际。如果考虑叶圣陶的阐说没有区分“语言”和“言语”，那么是否可以这样说：作为基础教育的一门课程，“语文”主要指“言语”——包括口头言语和书面言语；语文

① 庄文中：《语文的性质和语文学科的地位、教学目的》，《语言文字应用》1996 年第 1 期。

② 皮特·科德：《应用语言学导论》，上海外语教育出版社，1983 年，第 306 页。

学习主要是通过学习口头言语和书面言语，提高言语理解和表达的能力。“主要”之外还有次要，包括学习必要的语言知识、文章知识、文学知识。但是在这里，学习言语作品是出发点，提高言语能力是目的地；学习有关语言、文章、文学的知识，并用规律性的知识指导言语实践，是一条便捷的途径，一种辅助的手段。如果觉得这样讲在字面上只对应了“语”而没有照应“文”，那么可以换一种说法：“语”即话语，“文”即文章，“语文”合指话语和文章。语文学习的核心就是学会话语听说和文章读写。这样解说，“话语”比“语言”含义更明确易解；“文章”取其广义，比“文字”和“文学”包容性更强；文章又与文化割舍不断，它是传承文化的重要载体，话语和文章中都蕴涵着文化要素。

（二）“学习”是什么

“学”，《说文》释为“觉悟”，《广雅》释为“效”，《玉篇》释为“受教”，这是分别从结果、手段和方式等不同角度作的解说。合而言之，“学”就是通过效仿和受教而有所觉悟。“习”，《说文》释为“鸟数飞也”，义指小鸟频频振羽练飞，由此引申出在实践中学（实习、演习）、反复地学（复习、温习）。

最早将“学”和“习”连在一起用的是孔子。《论语》开篇即：“子曰：学而时习之，不亦说乎？”后人对这句话的“习”解说不同，有人说是诵习，有人解作温习、复习，有人释为演习、实习。细加揣摩，还是后一解释更切原意。因为，周代学校设礼、乐、射、御、书、数六门课程（即“六艺”），《史记》载孔子以诗、书、礼、乐教弟子，弟子三千中身通六艺者七十有二人，而礼、乐、射、御靠诵习是不灵的，必须演习操练才行。联系孔子兼重学、思、习、行的教育思想，“学而时习”意在强调学与习两种方式互为补益，“学”侧重通过读书受教获得间接经验，求得知识，“习”侧重通过实践操练获得直接经验，形成技能。

《礼记·月令》“鹰乃学习”，意指雏鹰学飞，其中的“学习”，虽已“貌合”，却还“神离”，是个动宾词组，并非一个词。《史记·秦始皇本纪》：“士则学习法令辟禁”，“学习”已由“貌合”趋于“神合”；最迟到宋代，“亲师友，学习今古”（叶适《毛积夫墓志铭》），“学习”与“亲”字相对，应该看做一个合成词了。

作为语词，“学习”在现代汉语里使用频率极高，《现代汉语词典》解释为“从阅读、听讲、研究、实践中获得知识或技能”，学习途径包含了实践，学习内容兼及知识、技能，概括是准确而全面的。作为术语，在心理学领域，中外学者对“学习”有很多种解说。有的学者下的定义貌似深奥，实则玄虚。正如美国一位研究者所说："我仔细查阅过一打以上有关学习心理的教科书，每一种都提出了自己的行为变化定义，其中较深刻的著者相当清楚地认识到这样的定义并没有真正说出学习是什么。"① 我国教育心理学界一般认为，学习有广义和狭义之分：广义的学习指有机体（动物和人）经验的获得及行为变化的过程；狭义的学习，一是泛指人们主动自觉地获得个体经验和社会历史经验的过程，二是特指学生在教师指导下有目的、有计划地掌握知识技能和行为规范的活动。本书取其狭义，指向的是人们——重点是学生——的语文学习活动。

（三）学生学习的特点

学生的学习，有不同于一般人学习的特点。主要在于：

1. 学习内容具有规定性

一般人的学习，多是依据个人的需要或兴趣自行选择学习内容；而学生学习的主要内容，是由国家根据社会的需要和学生发展的需要，依照学科特点和学生年龄特点规定的，学生一般不能任意取舍。这种规定性，反映了国家对人才培养的规格要求，体现在国家教育部门制定的课程计划、课程标准（教学大纲），和依据课程计划、课程标准（教学大纲）编写的教材里。

2. 学习过程具有程序性

一般人的学习，因境而异，随兴而迁，多无明确的计划和预设的程序。学生的学习以课堂为主，一般有组织、有计划，按一定程序进行。这种程序性，反映了学科内容的系统性和学生智能发展的阶段性，可以使学生在较短时间内获得较多的知识和技能。

3. 学习方式具有互动性

一般人的学习，多是完全自主自由的；学生的学习是在教师调控指导下进行的。教师丰富的学识和经验可以使学生求知少走弯路，也容易使学生受到束缚或限制。教师的主导作用与学生的主动性结合得好，教与学和谐统一，学习效率就高。教师变成"主宰"，学生陷于被动，或者教师"撒手"，学生得不到及时引导，学习效率就低。

除了师生互动，还有生生互动。学生之间的互动在课堂学习中表现充分，在课外学习活动中也常常存在。是否善于跟同学讨论问题，相互启迪，互助合作，

① [美] 詹姆斯·麦克莱伦：《教育哲学》，三联书店，1988年，第109页。

对学习效率高低也有显著影响。

认识上述特点，进而顺应和把握这些特点，对学生、对教师，都很重要。

二、语文学习目标的功能及指导意义

语文学习目标具有导向、激励和评价的功能。对语文学习目标做必要的指导，能够为学生指明学习的方向，激发他们学习的动力，并为他们参与课程评价提供必要条件。

（一）导向功能：指引学习方向

语文学习目标是语文学习活动的出发点和归宿点。要想使学习活动取得预期的成功，首先应提出明确而恰当的学习目标，并紧紧围绕既定目标开展学习活动。

语文教师不但自己心中要有明确的教学目标（学段的、学期的、单元的、课时的），而且应当通过适当的途径给学生指明学习目标，以使学生有明确的努力方向，增强学习的自觉性和计划性，尽力排除无关刺激的干扰，把注意力放在与目标相关的事项上，少走弯路，避免因偏离目标而导致时间和精力的浪费。

（二）激励功能：激发学习动力

明确而恰当的语文学习目标，能使学生看到自己未来语文素养的发展前景，产生一种期待感和激发力量，为他们增添学习动力，激励他们充分发挥自身潜力去战胜困难，达到预定目标。并且，“当学生达到他们的目标时，动力与能力会猛增”。

期望理论认为：激励力=目标效价×目标达成度。这里的目标效价指个人对目标大小的评价，目标达成度指实现目标的可能性。要增强激励力，就要使学习目标符合学生的学习需要，使学生认识到通过努力达到目标是有价值的，同时还要注意确定的学习目标难易适度，切实可行，这样，就会有效地激发起学生的学习动机和学习兴趣。

（三）评价功能：检验学习效果

语文学习目标是评价学生语文学习水平的依据，是检验学生学习效果的标准。评价学生识字写字、阅读、写作、口语交际、综合性学习等语文能力的发展水平，以及语文知识的掌握情况、语文学习方法的掌握情况、语文学习习惯养成情况、情感态度价值观的发展情况，都必须以一定阶段的语文学习目标为依据。通过评价反馈的信息，又有利于改进教师的教和学生的学。

语文课程改革实施以来，强调评价主体多元化，提倡教师评价与学生自评、学生互评相结合，提倡加强形成性评价和定性评价，这就更有必要加强语文学习目标指导，让学生知道不同学段的语文学习应该达到的目标。

第二节　语文学习的目的与目标

一、语文学习目的与目标的关系

语文学习目的和语文学习目标，都是语文学习想要达到的境地、期望得到的结果，都是语文学习活动的归宿点。二者都要依据国家人才培养目标和社会发展需要，适应学生身心发展状况，体现语文科的性质和功能。

但是，二者又有区别。语文学习目的要回答“为什么学”的问题，它揭示的是宗旨，具有终极意义，表述是宏观概括的。语文学习目标则要回答“学什么”的问题，它揭示的是内容，可以逐层分解，具有程段意义，表述要相对具体。语文学习目标既可以是宏观的，也可以是中观、微观的。

二者的关系可以概括为：语文学习目的统帅语文学习目标，语文学习目标具体体现语文学习目的；逐项逐级达成了语文学习目标，也就实现了语文学习目的。

二、语文课程目标与学习目标

在语文学习活动中，语文学习目标与语文课程目标、语文教学目标密切相关而又有所区别。

语文课程是学校课程表里所列明的科目以及相应的课外活动。语文课程目标是课程专家依据国家教育方针、人才培养需要和语文课程在学校教育中应担负的功能来确定的；是面向一定区域（全国或省市）内的学校、学生统一规定的学习目标，是同一学段绝大多数学生应当达到的基本目标。它由国家（或地方）教育领导部门制定的课程标准（或教学大纲）来发布，是检验语文课程教学水平、测评学生语文学业成绩的统一尺度。

语文学习目标是学习者在课程标准指引和教师指导下自主确定的。语文教学目标是教师参照课程标准，结合教材和学生实际而确定的。国家（或地方）

课程标准是学生确定学习目标、教师确定教学目标的指向和依据，但学生可以而且应当基于自身学习基础和个性特长有所调整，某些方面可以高于课程标准规定的目标，某些方面也可以低于课程标准规定的目标，以实现个性化、有差异的发展。

另外，课程标准规定的课程总体目标是宏观的，学段目标是中观的，难于也不必细化到课文、课时。而学习目标和教学目标，不仅要有宏观、中观的，还应有微观的——可以具体到一个单元、一篇课文、一个课时、一项（或一次）活动。

三、明确语文学习目的

学生学习语文的目的和教师指导学生学习语文的目的，用一句简短的话说，就是：提高学生的语文素养。

有人说“语文素养”是语文课标研制者创造的新词，其实不然。早在1944年，叶圣陶就使用过这个词语，他说：“语文素养有了，读书习惯有了，岂不是你一辈子的受用？”① 如果说“语文素养”是语文新课标中被赋予了特定含义的核心概念，这倒不错。课标研制者解释说：“语文素养”包括“字词句篇的积累，语感，思维品质，语文学习方法和习惯，识字、写字、阅读、写作和口语交际的能力，文化品位，审美情趣，知识视野，情感态度，思想观念等内容。”② 有人主张用“交际能力”取代“语文素养”，实不可取。“语文素养”如此丰富的内涵，岂是“交际能力”涵盖得了的？

根据各级各类教育承担的任务和学生的年龄特点、身心发展水平，小学阶段、中学阶段、大学阶段（或中学后阶段）的语文学习目的，可以有所区别地做出具体一些的表述。现阶段我国实行九年义务教育，将小学和初中连贯称为一至九年级，高中阶段则分流为普通高中和职业高中。教育部颁发的现行课程文件中对语文课程目的的表述，可以看做不同阶段的语文学习目的。

（一）义务教育阶段语文学习的目的

《义务教育语文课程标准》（2011年版）规定：义务教育阶段的语文课程，

---

①《叶圣陶语文教育论集》，教育科学出版社，1980年，第183页。

② 语文课程标准研制组：《全日制义务教育语文课程标准解读》，湖北教育出版社，2002年，第35页。

应使学生初步学会运用祖国语言文字进行交流沟通，吸收古今中外优秀文化，提高思想文化修养，促进自身精神成长。

（二）高中阶段语文学习的目的

《普通高中语文课程标准》（实验，2003）规定：高中语文课程应进一步提高学生的语文素养，使学生具有较强的语文应用能力和一定的语文审美能力、探究能力，形成良好的思想道德素质和科学文化素质，为终身学习和有个性的发展奠定基础。

《中等职业学校语文教学大纲》（2009）规定：中等职业学校语文课程要在九年义务教育的基础上，培养学生热爱祖国语言文字的思想感情，使学生进一步提高正确理解与运用祖国语言文字的能力，提高科学文化素养，以适应就业和创业的需要。指导学生学习必需的语文基础知识，掌握日常生活和职业岗位需要的现代文阅读能力、写作能力、口语交际能力，具有初步的文学作品欣赏能力和浅易文言文阅读能力。指导学生掌握基本的语文学习方法，养成自学和运用语文的良好习惯。引导学生重视语言的积累和感悟，接受优秀文化的熏陶，提高思想品德修养和审美情趣，形成良好的个性、健全的人格，促进职业生涯的发展。

（三）大学阶段语文学习的目的

“大学语文”是在我国大学汉语言文学专业以外的其他专业一年级开设的公共课。这门课程的开设始于1938年，教授“中国文学名著选读”或“文选及写作”，通称“大一国文”。建国初，改称“大学语文”，后一度取消，1978年以后陆续恢复开设。全国高等教育自学考试也把“大学语文”列为除中文专业以外其他专业的公共必考课。

全国高等教育自学考试指导委员会制定的《大学语文自学考试大纲》（2006），将“大学语文”课程学习的目的表述为：在高中语文程度基础上，进一步提高人文素养、阅读能力和写作水平，并为学好各类高等教育专业和实施通才教育打下良好文化基础。

四、确认语文学习目标

教育部颁发的语文课程标准，具体规定了各学段的课程目标。与以往教学大纲站在教师角度提出教学目标不同，语文课程标准是站在学生角度提出课程目标的，因此，这些具体的课程目标实际上就是教育者期望学生达成的语文学习目标。

《义务教育语文课程标准》（2011年版）的“课程目标与内容”部分，首先提出了10条“总体目标”：

1. 在语文学习过程中，培养爱国主义、集体主义、社会主义思想道德和健康的审美情趣，发展个性，培养创新精神和合作精神，逐步形成积极的人生态度和正确的世界观、价值观。

2. 认识中华文化的丰厚博大，汲取民族文化智慧。关心当代文化生活，尊重多样文化，吸收人类优秀文化的营养，提高文化品位。

3. 培育热爱祖国语言文字的情感，增强学习语文的自信心，养成良好的语文学习习惯，初步掌握学习语文的基本方法。

4. 在发展语言能力的同时，发展思维能力，学习科学的思想方法，逐步养成实事求是、崇尚真知的科学态度。

5. 能主动进行探究性学习，激发想象力和创造潜能，在实践中学习和运用语文。

6. 学会汉语拼音。能说普通话。认识3500个左右常用汉字。能正确工整地书写汉字，并有一定的速度。

7. 具有独立阅读的能力，学会运用多种阅读方法。有较为丰富的积累和良好的语感，注重情感体验，发展感受和理解的能力。能阅读日常的书报杂志，能初步鉴赏文学作品，丰富自己的精神世界。能借助工具书阅读浅易文言文。背诵优秀诗文240篇（段）。九年课外阅读总量应在400万字以上。

8. 能具体明确、文从字顺地表达自己的见闻、体验和想法。能根据需要，运用常见的表达方式写作，发展书面语言运用能力。

9. 具有日常口语交际的基本能力，学会倾听、表达与交流，初步学会运用口头语言文明地进行人际沟通和社会交往。

10. 学会使用常用的语文工具书。初步具备搜集和处理信息的能力，积极尝试运用新技术和多种媒体学习语文。

然后按四个学段的顺序，分五个方面具体列述了各学段识字写字、阅读、写作（第一学段称“写话”，第二、三学段称“习作”）、口语交际、综合性学习的学习目标。

《普通高中语文课程标准》的“课程目标”部分，首先提出了“积累·整合”“感受·鉴赏”“思考·领悟”“应用·拓展”“发现·创新”等五个方面的总目标，然后具体列述了“阅读与鉴赏”的12条学习目标、“表达与交流”的9条学习目标，以及“诗歌与散文”“小说与戏剧”“新闻与传记”“语言文字应用”“文化论著选读”等五个系列的选修课程学习目标。

有人批评课标研制者将“思维品质”“文化品位”“审美情趣”“知识视野”“情感态度”“思想观念”等都纳入“语文素养”之中，使“语文素养”成了一个大而无当的“筐”，其外延差不多相当于“人文素养”“文化素养”，进而担心语文课包揽过多，造成“小马拉大车，力不能胜”，弄不好会“种了别人的地，荒了自家的田”。有人主张“动大手术”，把思维品质、文化品位、审美情趣、知识视野、情感态度、思想观念等从“语文素养”中切除，只保留属于“语文”的部分。

我们以为，确定和指引语文学习目标，不宜褊狭。工具性与人文性的统一是语文课程的基本特点。语文最能体现民族文化，也最能影响人的心灵。文化品位、知识视野、情感态度、思想观念与语文学习有着天然的、难以分割的联系，思维品质和审美情趣的培养，语文课更有得天独厚的优势。实行分科教学，各科有各自的职责，也要承担共有的任务。这些需要各科齐抓共管的、对学生发展具有重要意义的基础素质，如果语文课程不管，其他课程也不管，那就会架空，就会失落。再说，这些要素在语文素养的形成和发展中，也是不可或缺的。试想，如果思维品质不佳，审美情趣不雅，知识视野狭窄，思想观念片面，情感不真，态度不善，价值观不正确，那么，作文能写得好吗？阅读鉴赏力能强得了吗？此次基础教育课程改革，要求各科确定课程目标都必须着眼知识与技能、过程与方法、情感态度与价值观三个维度。语文作为人文特色鲜明突出的课程，当然更不能例外。语文学习指导者引导学生关注这些对“语文素养”起支撑作用的基础要素，是必要的。

但是，批评者主张区分“语文的”素养与“非语文的”素养，并非没有道理。早在1920年围绕国文课程教育目的展开的讨论中，陈启天等就明确提出国文教学应有“正”“副”两方面的目的。朱自清在《中等学校国文教学的几个问题》（1925）一文中也认为：“中学国文教学的目的，只需这样说明：1. 养成读书、思想和表现的习惯或能力；2. 发展思想，涵育情感”；并指出：后者是与他学科相同的，前者才是国文科所特有的；“在实施上，这两个目的是不应分离的，且不应分轻重的，但在理论上我们须认前者为重要的”。[1] 张志公晚年在一次谈话中说：“语文教学既不能‘喧宾夺主’，也不能‘唯主独尊’。培养运用语文的能力，这是语文课的‘主’，必须完成好。不过，还有‘宾’，就是说，在语文课里，由于语文本身的综合性，捎捎带带还能办不少事，比如思想的感染陶冶，联想力、想象力的发展，思考力、推理力的发展，等等”。[2] 过去我们曾经有过把语文课上成思想政治课、偏离语文教学目标的教训。历史的经验和前贤的认识启示我们：语文学习者和指导者应该明白，哪些目标是语文学习专有的，哪些目标是各科学习共有的。在语文课程教学中，对语文学习的专有目标应该全力“攻坚”，对各科学习的共有目标也须兼顾不舍，并注意与其他科的学习相互沟通，协力达成。

那么，在实施语文新课程的今天，语文学习的专有目标和共有目标如何区分？它们各自包括哪些项目和内容？学习者和指导者应参照语文课程标准提出的总体目标和学段目标，做出明确的设计。本书将语文学习目标梳理为两类六项，供学习者和指导者参鉴。

（一）专有目标：提高语文水平

这类目标专属于语文课程，只有通过语文学习才能达到。主要包括三项子目标：1. 积累语文材料，这是根基；2. 培养语文能力，这是主体；3. 掌握语文知识，这是辅翼。

1. 积累语文材料

语文材料积累的多寡，是语文水平高下的重要表征。需要积累的语文材料主要是：汉字，词语，警句，名篇（段）。

现行语文课程标准对识字写字和名篇背诵有明确的定量要求；对词语储备和警句积累还难于定出量化标准，但在阶段目标中提出了如下要求：在阅读中积累词语，积累自己喜欢的成语和格言警句，积累课文中的优美词语、精彩句段，以及在课外阅读和生活中获得的语言材料。我们曾在一篇文章中提出：一个初中毕业生，如果腹中能有3500–4000个常用字、13000个左右常用词、1000个常用成语，熟记300条格言警句、200首古今好诗、100篇（段）历代名文，语文功底就

---

① 顾黄初、李杏保主编：《二十世纪前期中国语文教育论集》，四川教育出版社，1991年，第353页。

②《语文学习》编辑部编：《教学争鸣录》，上海教育出版社，2000年，第155页。

能算得上扎实，就能受益终生。[①]

这是针对语文功底“扎实”的初中毕业生提出的参考指标。其中识字量和名篇背诵量略高于课程标准中识字3500个、背诵240篇（段）的要求。词语积累量尚无权威部门制定的标准作依据。可供参照的汉语词频统计数据有一些，其中较有权威性的如：国家对外汉语教学领导小组办公室组织的研制组研制的《汉语水平词汇与汉字等级大纲》（1992）收词8822个（其中甲级词1033个、乙级词2018个、丙级词2202个、丁级词3569个），国家语委语用所现代汉语通用词课题组研制的《现代汉语通用词·基本集》（1997）所收62，010个通用词中通用度最高和较高的一、二级词共计13，893个（其中一级通用词5191个、二级通用词8792个，另有三级通用词29，484个、四级通用词18，543个）。目前已有的类似的基于词频统计的研究成果，都不是直接服务于基础教育母语教学的。有研究者发表了一个“供讨论”的以汉语作为母语的词汇教学“标准”，提出三段（小学、初中、高中）六级（三段各分基本级和发展级）的分级设想和词汇量为12000-15000的数量标准，并拟出了三段六级词汇量分配表。[②] 这一“标准”具有启示价值，但毕竟为民间一家之言，缺少精细的数据分析和严谨的科学论证。中小学生到底该掌握多少个词语，小学、初中、高中不同学段应分别学习和掌握哪些词语，还需要国家权威部门组织语文课程研究者、语文教材编写者与语言文字工作者协同攻关。在已有相关研究成果的基础上，加上现代信息技术的强力支持，这项工作应该是不难完成的。

2. 培养语文能力

除了课程标准分项列述的识字写字、阅读、写作、口语交际四方面能力之外，再加上两项：语文思维能力和语文自学能力。

识字写字能力的培养目标主要是：小学阶段认识常用汉字3000个，会写其中2500个；学会汉语拼音；学会查字典、词典；写字规范、端正、整洁，行款整齐，有一定速度，养成良好的写字习惯。初中累计认识常用汉字3500个，在熟练书写正楷字的基础上，学写规范通行的行楷字，提高书写的速度。高中再增识500-1000个汉字；能熟练书写行楷字，学写规范通行的行草字。

---

① 许建中、赵晓龙：《语文新课程实施策略简论》，《河北师范大学学报》（教育科学版）2004年第4期。

② 赖华强：《语文词汇定量研究：一个供讨论的标准》，《语文建设》2007年第2期。

阅读能力的培养目标主要是：朗读正确、流利、有感情；诵读诗文语调、节奏恰当；默读养成良好习惯，达到一定速度；学会略读、浏览、快速阅读；能灵活运用精读、略读、快读等不同方法阅读不同类型的文本；在正确认读、理解的基础上，能整体把握文章内容，认识表达方式，对思想内容及表达有自己的分析和判断；能欣赏文学作品的语言、意境和形象，领悟作品的思想内涵及表现手法，有自己的审美体验和鉴赏评价；能借助注释和工具书阅读浅易文言文，理解词句含义，读懂文章内容；能将阅读中学到的言语范例和表达技巧迁移运用到自己的说写表达中去。

写作能力的培养目标主要是：能考虑不同的目的与对象，运用记叙、描写、说明、议论、抒情等方式，表达自己对自然、社会、人生的感受、体验和思考；书面表达有中心，条理清楚，结构合理；能调动自己的语言积累，展开联想、想象，恰当选择词语和句式，正确运用标点符号；能写记叙文、说明文、议论文和日常应用文，符合文体特点，格式合乎规范；养成修改文章的习惯，努力做到文从字顺，表达简明、连贯、得体。义务教育和普通高中语文课程标准均未提及文学练笔的要求，我们认为中小学学生尝试寓言、童话、对联、诗歌等文学性习作，既有必要性，又有可行性，应及早将文学习作纳入语文学习目标。①

口语交际能力的培养目标主要是：适应交际对象和场合，态度自然，尊重对方，文明得体；耐心专注地倾听，理解对方的观点和意图，能快速抓住要点；用普通话自信、负责地表述自己的想法和意见，做到清楚、连贯；应对敏捷，能借助语气和语调、表情和手势，加强表达效果；讲述见闻，内容具体，语言生动；复述转述，完整准确，要点清楚；讨论发言，紧扣话题，简洁明了。

语文思维能力，有特殊强调的必要。因为不管是听话和说话，还是阅读和写作，既离不开语言，也离不开思维。听说读写能力背后隐藏的是运用语言进行思维的能力。朱绍禹教授指出："语文科是语言学科，同时也是思维学科……在语文教学中，对语言和思维同等重视，是众多国家的现状，也是世界性的趋势。"②乌申斯基强调："谁想要发展学生的语言能力，首先应该发展他的思维能力。"③

---

① 许建中、李明华：《文学习作应纳入语文课程目标》，《语文建设》2009 年第 6 期。

② 朱绍禹：《中学语文教学法》，高等教育出版社，1988 年，第 16 页。

③［俄］乌申斯基：《<儿童世界>初版序言》，转引自卫灿金《语文思维培育学》，语文出版社，1997 年，第 91 页。

语文思维能力培养的目标主要是：适应不同年龄阶段生理、心理发展的特点，在阅读、写作、口语交际和综合性学习中，各有侧重地发展形象思维、形式逻辑思维、辩证思维和创造性思维，养成勤于观察思考、善于质疑探究的习惯，提高独立分析问题和解决问题的能力；有意识地培养思维的敏捷性、广阔性、周密性、深刻性、灵活性和独创性，逐步提高思维品质。

语文自学能力，是学习者在已有语文知识和技能的基础上，自主运用一定的学习方法独立获得新知识、发现问题并解决问题的能力，是新世纪语文教育更应突出培养的能力。语文教师要达到"教是为了不教"的理想境地，就必须高度重视培养学生的语文自学能力。语文自学能力的培养目标主要是：学会自主制定语文学习计划，调控语文学习行为，养成良好的学习习惯；掌握语文学习的基本方法，能灵活选择和熟练运用适合自己的学习方法，提高学习效率；学会合作学习、探究性学习，能熟练使用工具书，能利用图书馆和网络搜集、筛选和处理自己需要的信息。

3. 学习语文知识

语文知识是人们对语言、文字、文章、文学等语文现象和对听说读写等言语活动的概括性认识。学习必要的语文知识，有助于认识言语规律，把握语言规则，提高阅读理解力、文学欣赏力、言语表达力，从而提高个体的语文水平。

任何一门学科或课程都有自己的知识体系，语文也不例外。但从性质上说，基础教育的语文课程，主要是一门技能性课程而不是知识性课程。因此，指导学生学习语文知识，不求专深，但求基本，不求系统完整，但求精要管用。特别是语法修辞、文章体裁等语言学、文章学知识，更不宜追求系统和完整，要尽量结合文章读写、话语听说的实践来学习，力求学以致用，力避孤立传授、烦琐讲解、死记硬背。

基础教育阶段需要学习或掌握的语文知识主要有：

汉语基本知识。如汉字构造、笔画笔顺，汉语拼音，词、短语、句子的基本类型和结构，词语的选择、句式的调配、重要的修辞格式及其运用，常见的语病及检查、修改方法，常见的文言虚词和文言句式等。

文章基本知识。如常见文章体裁的类型及特点，常用表达方式的种类及用法，篇章的构成及结构的方法，常见应用文的格式规范及语体特点等。

文学基本常识。如文学体裁的类型及主要特点，欣赏文学语言、意境、形象的基本方法，重要作家、重要作品的简要信息等。

读写听说基本知识。如朗读、默读、精读、略读的方法和要求，整体感知课文、把握作品主旨的方法，正确读解段落、抓取段落中心、提取重要信息的方法；写作立意、选材、谋篇布局、选择表达方式、行文和修改的方法；听人说话捕捉要点、摸清意图的方法，访谈、请教、劝慰、批评、赞扬、演讲、辩论的要求和方法，体态语运用的要求和方法等。

以上四方面的语文知识，有陈述性知识，也有程序性、策略性知识，每个方面只是举例说明。此外，逻辑知识虽不属于语文知识，但对学习者培养思维能力、提高言语理解和表达能力很有助益，中学阶段也有必要选择一些基本而实用的概念、判断、推理知识，结合阅读和写作加以学习。上世纪积累的语文课程知识不少已经陈旧，难以适应语文教育发展的需要。继承、改造、创新，建构语文新课程合宜适用的知识体系，是需要加紧建设的基础工程。

（二）共有目标：发展健全人格

这类目标并非语文课程的“独当之任”，不能指望单靠学习语文就能达到，而要靠多学科、多领域学习协同配合，但语文学习对达成这些目标可以起到十分重要的促进作用。这就是人们常说的语文教育所具有的“立人”功能，语文学习者和指导者应充分发挥这一功能，促进个性发展、人格完善。

语文学习在促进人格发展方面的作用主要表现在三个方面：求真，向善，审美。这也是语文学习影响学生心灵、发展健全人格的三项子目标。

1. 促进求真

语文课程具有鲜明的人文性，语文学习与学生的思想观念、情感世界息息相关。在阅读各类文章和文学作品的学习中，要引导学生用辩证唯物主义和历史唯物主义的思想方法认识自然，认识社会，认识自我，培养实事求是、崇尚真知的科学态度，学习运用辩证的科学的思想方法。在写作学习和口语交际中，引导学生正确认识事物、认识他人、认识自己，不说假话、大话、空话，不为文造情，表达自己的真情实感。正所谓“千教万教教人求真，千学万学学做真人”。

2. 促进向善

语文学习对学生还具有道德启迪、情操陶冶、心灵洗礼、促人向善的教育作用。一个中学生学《祝福》，心灵受到触动，她为自己冷酷对待同村一个孤老太婆而感到羞愧。这个女人年轻时，丈夫死于洪水，幼子在池塘玩水被淹死，她被村里人说成“淹死鬼”转世，常遭冷眼甚至唾骂。这个学生的妈妈跟老太婆吵过架，于是这个女生每次遇见老太婆，也骂几声“水鬼”“老不死”，或者瞪上几眼。读过《祝福》，这个学生失眠了，她觉得自己有点像鲁四老爷，她悔恨自己的冷酷无情。后来与老妇相遇，她鼓起勇气叫了一声“婆婆”，老妇激动得落下眼泪。① 语文学习中的形象感染和情感体验唤醒了学生的同情心，起到了道德说教难以起到的作用。不只是同情心，爱心、孝心、自尊心、自信心、爱国心、正义感、气节、良知……在语文学习过程中也经常会得到熏陶，浸染，刺激，提升。指导者要善于利用语文教材和阅读、写作等学习活动，潜移默化（而非刻意灌输）地培养学生的爱国主义情感、社会主义道德品质，促进形成积极向上的人生态度、正确的世界观和价值观。

3. 学会审美

语文课程中富含审美教育因素。一篇篇文质兼美的课文，作为审美信息载体，几乎包容了各类美的事物和现象。自然美、社会美、艺术美、科学美、语言美，在语文教材中都有生动鲜明的表现。语文学习活动中，汉字书写、作文评改、文章阅读、文学欣赏、语言品味、情感体验、交际应对，处处都有学习审美的机会。在语文学习中，应善于引导学生学会发现美，欣赏美，进而追求美，表现美，创造美，逐步提高审美感受力、审美鉴赏力和审美创造力，培养自觉的审美意识和高雅的审美情趣。

第三节　语文学习目标指导的方式

学习者心中有明确的语文学习目标，会学得更主动，更自觉，更有动力，更见成效。那么，怎样指导学习者明确语文学习的目标呢？从指导者的角度说，首先必须了解学习者的心理需求和实际基础，然后针对其需求和实际，予以恰当的引导。对于不同学段的学生，可以通过宣示、提示、渗透等方式来指引学习目标，同时注意照顾学生的差异，尊重他们的个性化选择，将教师指导与学生自主选择结合起来。

一、宣示语文课程标准规定

语文课程标准中规定的总体目标和学段目标，是站在学生角度提出的学习目

① 王尚文：《语文教育学导论》，湖北教育出版社，1994 年，第 49 页。

标，然而学生一般不会去看它。教师可以在学段、学期开始的时候，结合说明教学计划来宣示语文学习的主要目标；可以在阅读、写作某类文章、作品的时候，宣示课程标准中有关这种文体的学习目标；可以在组织口语交际、综合性学习、课外阅读、课外练笔等活动的时候，说明课程标准中的相关要求；还可以在阶段性复习、评价、考试之前，向学生强调课程标准中规定的应该达成的目标和要求。

二、提示语文教材编者意图

语文教材是依据课程标准编写的，编者将课程标准中规定的目标要求，具体分解落实到精心编选的课文和精心设计的学习活动中。每册教材、每个单元、每篇课文，都有明确的学习目标和重点。这些学习目标和重点，在教师教学用书（教学参考书）中有具体说明，在教科书的单元导语或课文导语中也有简要提示，在课文的思考练习、单元的综合性学习设计中也有所体现。教师可以向学生提示这些学习目标和学习重点；编者意图隐蔽的，必要时可以向学生揭示点明。

三、语文教学过程随机渗透

高水平的语文学习指导者，不是死记硬背课程标准中规定的目标条文，而是融会贯通地理解语文课程的总目标和阶段目标，既能瞻前顾后订立阶段性指导计划，又能根据教学过程中即时生成的情况，随机渗透目标要求，引导学生致力达成。例如，学生朗读课文正确流利但平淡乏味，教师就应指导学生体会课文蕴涵的情感，处理好重音、语调和节奏，从而达到“正确、流利、有感情”的朗读目标。学生默读课文速度太慢，教师就应观察分析其中原因，有针对性地指导学生放弃指读或默念，学会眼脑直映、扩大视幅，力求达到和超过课标规定的默读速度指标。又如课内发生争论，有学生打断同学发言，反驳也不得要领，教师就应引导学生学会耐心倾听，抓住分歧焦点，有针对性地发表个人意见，达到课程标准提出的口语交际的相关目标。

四、指示与非指示相互结合

上面所说的“宣示”“提示”和“渗透”，侧重在指导者一方的行为，或明或暗的指引中都潜藏着他人的预设。但学习者才是语文学习的主体，指导者指引学习目标不应置学习者的差异于不顾，不能剥夺学习者自主选择和确定学习目标的权利。因此，在语文学习目标指导中，“指示”与“非指示”应相互结合，换言之，指导者的“指示”与学习者的“自主”要相辅相成，协调统一。

1986年布卢姆来华讲学以后，我国教育界学习布卢姆的教学目标分类理论、掌握学习理论和教育评价理论，开始重视实行“目标教学”。不少语文教师投身“目标教学”实验，取得了许多成果，也发现了一些问题。主要问题是突出了教师的控制性，抑制了学生的自主性。实施新课程以来，许多语文教师对“目标教学”加以改进。如在课堂教学之前或在课堂学习之始，请学生在课前预习或课上初读的基础上提出自己期望的学习目标，教师将学生提出的学习目标加以筛选，作为全班课堂学习的共同目标，同时允许某些小组或个人另有个别的学习目标。这比教师凭借教参和成人经验单方预设学习目标，然后划一地指示给学生，是一大进步，体现了学习目标生成的互动性、差异性，有利于提高学生学习的自主性、积极性。

近些年来，有人倡导“非指示性”教学。“非指示性”教学是对以教师为中心的“指示”教学的反拨，力图改变教学中教师高度控制的现象，增加教学的开放性和学生的自主性；也是对罗杰斯的以学生为中心的“非指导性”教学的矫正，从“学生中心”转向师生对话。依据建构主义理论的能动性和个别性学习特点，“非指示性”教学强调“二不”：不指示学习目标，不指示问题答案，而引导学生根据文本特点和自身特点，自主确定学习目标、选择学习内容、探究问题答案。[①] 这样，学习目标择定的自主性和差异性就得到了充分体现。

从改进的“目标教学”和“非指示性”教学近年发表的诸多案例来看，学习目标的互动生成或“非指示”，主要用于课堂教学、课文学习，师生互动生成或学生自主择定的学习目标多属于短时（一堂课、一篇课文）和近期（一个单元、一次活动）的。其实，这种精神也适用于中期（学期、学年）和长期（学段乃至更长时期）学习目标的择定，并且更适用于课外语文学习。一段时期内的课外阅读、课外练笔、词汇积累、书法练习、朗读演讲、文学欣赏和研究性学习，都应鼓励学生从自己的基础、兴趣、愿望出发，自主确定适宜的学习目标。至于学生以外的语文自学者，那就更要从各自实际和需求出发自主确

① 郑逸农：《试论“非指示性”语文教育的理论基础》，《浙江师范大学学报》（社会科学版）2007年第1期。

定学习目标了。

需要注意的是，在教学情境下，“非指示”不等于放弃教师对学习目标的指导作用。“非指示”强调过度，就会走向谬误。教师适时、适度、得法地指引学习目标，可以使教学双方减少盲目性和随意性，增强自觉性和激励力，提高教与学的效率，也使教学评价具有客观性和公正性。越是阶段性和长远性的学习目标，越需要教师做必要的指示。因为国家课程标准规定的语文学习的学段目标和总体目标，学生一般是不会主动去学习研究的。这就是本节强调指示与非指示要“相互结合”的道理所在。

第三章　语文学习过程指导

关于学习过程，古今中外学者多有论说，并提出了多种多样的具体模式。具有中国特色、适合汉语特点和学生特点的学习过程模式，古代最有代表性的，当推《礼记·中庸》提出的五环节治学法——“博学之，审问之，慎思之，明辨之，笃行之”；当代最有代表性的，可选黎世法提出的八环节最优学习法——“制订计划—课前自学—专心上课—及时复习—独立作业—解决疑难—系统小结—课外学习”。前者为先秦思孟学派在继承孔子学习过程思想的基础上提出的，“学—问—思—辨—行”环环相扣，序列谨严，体系完整，对历代学子治学产生过深远影响。宋代学者程颐评论说“五者废其一，非学也”，朱熹订立的《白鹿洞书院学规》奉之为“为学之序”，当代学子特别是大学生、研究生仍把它当做治学座右铭。后者是黎世法教授在对大量中学生进行学情调查的基础上，总结优秀学生学习成功的共性因素，并根据这些因素之间的内在联系而归纳的。自1980年代初提出以来，为许多人效法运用或借鉴改造，对优化中小学生的学习过程起了很好的指导作用。

本章借鉴前人指导学习过程的理论和经验，结合语文学习的特点，讨论语文学习过程指导的意义、原则、要点、策略。

第一节　语文学习过程指导的意义和原则

一、语文学习过程指导的意义

苏联教育家巴班斯基指出：“教学过程的最优化，必然落实到学习过程的最优化。”关注学生的语文学习过程，指导学生优化语文学习过程，对顺利实施语文课程改革、优化语文教学过程，对教学生学会学习、养成良好的学习习惯，都有重要意义。

（一）关注学习过程是实施课程改革的要求

21世纪初启动的基础教育课程改革，要求课程实施和评价改变以往过于看重知识和技能的倾向，全面关注知识和技能、过程和方法、情感态度和价值观。学习结果是一定学习过程的产物。只重结果（特别是用分数量化的结果）而不重过程，往往导致发生违背学习规律、急功近利乃至舍本逐末的教学行为。语文课程实施中关注学生的学习过程，从宏观上指导学生优化制订计划、课前自学、专心上课、及时复习、独立作业、解决疑难、系统小结、课外学习等一系列学习环节，从微观上指导学生优化每个学习环节的操作要领，会使学生学得更科学，更高效。语文课程评价中形成性评价和终结性评价相结合，加强形成性评价，对学生平时的学习表现、兴趣、态度、潜能等给予关注，及时表扬进步，指出不足，尊重个体差异，尽量采用激励性评语和措施，从正面加以引导，会使学生保持积极向上的学习心态，促进语文素养的全面提高，促进学生个性的健康发展，有利于实现基础教育课程改革的既定目标。

（二）指导学习过程是教学生学会学习的需要

“学会学习”是21世纪教育的重要支柱之一，是每个学生都应努力达到的要求。教学生会学，是语文学习指导的主要目标，而“会学”的关键是改善学习方式，优化学习方法。

语文新课程积极倡导自主、合作、探究的学习方式。自主学习与被动学习、他主学习相对立，要求学生主动、自觉、自我负责地学习，强调学习的自我定向、自我监控、自我调节和自我评价。合作学习与独立学习相补充，强调以学习小组为依托，成员间分工协作进行学习。探究性学习（或称“研究性学习”）与接受性学习相补充，强调以问题为依托，以探究、发现的方式进行学习。这三种学习方式反映了不同的学习价值趋向：“自主学习强调的是培养学生独立学习的能力，为其自主地发展和适应社会奠定基础；研究性学习强调培养学生探究未知世界的能力，为其能够创造出更多的新的思维产品奠定基础；合作学习强调的是协作、分享精神，为其在社会性的群体中的适应和发展做准备。”① 要教学生学会

① 庞维国：《自主学习：学与教的原理和策略》，华东师范大学出版社，2003年，第10-11页。

自主、合作、探究学习，离不开学习过程中教师的具体指导和学生的反复实践。

同样，教学生掌握学习方法，也只有在学习过程中才能落实。在阅读学习过程中，才能教学生学会精读、略读、快读、诵读、译读的方法，在写作学习过程中，才能教学生掌握审题、立意、选材、谋篇、表达、修改的方法，这是自不待言的。

（三）指导学习过程是培养良好学习习惯的需要

良好学习习惯的培养，对中小学生来说至关重要。英国教育家洛克说："事实上，一切教育都归结为养成儿童良好习惯，往往自己的幸福都归于自己的习惯。"语文教育家叶圣陶指出："语言文字的学习，就理解方面说，是得到一种知识；就运用方面说，是养成一种习惯。"[①] 良好的语文学习习惯可以列出数十项，举其要者，有如下"十大习惯"：

1. 熟读、背诵课文的习惯；2. 阅读优秀课外读物的习惯；3. 推敲语言文字的习惯；4. 积累语言材料的习惯；5. 记日记的习惯；6. 规范地书写的习惯；7. 专注地听人说话的习惯；8. 说普通话、说话文明得体的习惯；9. 勤思考、爱质疑的习惯；10. 勤查工具书的习惯。[②]

养成这些良好的语文学习习惯，绝非一朝一夕之功，须指导学生在学习过程中反复练习，纠正不良习惯，不断强化良好习惯，才能巩固下来变成自动需要的行为方式。及早养成良好的学习习惯，会对学生的学业进步和个性发展产生积极促进作用，乃至影响他们的一生。

二、语文学习过程指导的原则

指导学生优化语文学习过程，应遵循下述原则。

（一）理论指导与操作训练相统一

语文学习过程指导，既包括向学生介绍优化学习过程的理论知识，使他们了解为什么要优化学习过程和怎样优化学习过程，增强优化学习过程的自觉性；也包括在语文学习活动中指导学生掌握各环节具体的学习方法和操作要领，培养学生的学习能力，帮助他们养成良好的学习习惯。没有具体的操作训练，学习能力和良好习惯的形成就是空话。而没有科学的理论指导，操作训练就会陷入盲目随意、混乱无序的境地。如果教师依据科学的学习理论施以指导，学生也知其然并

① 《叶圣陶语文教育论集》，教育科学出版社，1980 年，第 2 页。

② 韩雪屏：《语文教育的心理学原理》，上海教育出版社，2001 年，第 94 页。

知其所以然，那么，学生就能在学习实践中自觉选择最佳的学习步骤和恰当的学习方法，从而提高学习效率，更快更好地形成学习能力和学习习惯。当然，理论指导和实践操作都应依据学生不同的年龄特点和接受心理，采取不同的指导方式和训练措施。在指导和训练中，教师要始终牢记“学生是学习和发展的主体”“学生是语文学习的主人”“教师是学习活动的组织者和引导者”，充分发挥学习主体的积极性和主动性，也要充分发挥教师指导的灵活性和创造性。

（二）系统指导与随机指导相结合

语文学习过程的指导具有长期性和连续性的特点。指导者应既着眼长远，又从不同学段的语文教学实际出发，制定系统的学习指导计划。对学习过程中学生可能出现的问题应有所预见，并最好按照“禁于未发”的原则，事先进行“预防”。经验告诉我们，与其花费气力去改变学生积渐成习的不科学的学习程序和不良的学习方法，不如事先设计并即时引导学生采用最佳的学习程序和学习方法，帮助学生逐步建立最优化的学法体系，养成良好的学习习惯。

语文学习过程指导又具有经常性和随机性的特点。教师必须随时随地指导学生排除学习过程中遇到的障碍，帮助学生创造有利于学习的条件和环境。这就需要教师将学习指导渗透在制订计划、课前预习、课堂学习、课后复习、独立作业、反思总结以及课外学习等学习环节当中，渗透在每个环节的具体操作当中，渗透在每个单元、每堂课的教学当中。教师在随机性的指导中，要有瞻前顾后、整体优化的意识，将随机指导与系统指导结合起来，引导学生通过前后联系、对照比较、归纳总结，发现并掌握适合自己的最佳学习途径和学习方法。

（三）集体指导与个别指导相结合

学校教育的班级授课制决定了语文学习过程指导必须以面向全班、集体指导为主。但是，无论小学、中学，还是大学，学生的语文知识基础、语文技能水平、语文学习兴趣、态度、意志、性格、方法、习惯，存在各种各样的差异。指导者必须注意这些差异，对不同情况的学生施以个别指导。特别是对语文学习有困难的学生，要给予更多的关注和关心，分析他们学习困难的主要原因，然后有针对性地予以指导和帮助。而对学业优秀的学生，则主要是指导他们进一步提高学习效率，增进其自主、探究、创造性学习能力。

为此，教师首先必须对各类学生的语文学习过程有细致的观察和调查，有深入的了解和准确的“诊断”，区分共性问题和个性问题，对共性问题主要采取集体指导的方式，对个性问题则主要采取个别指导的方式。个别指导的方式宜灵活多样，除了个别谈话，还可以利用作业、作文、日记、读书笔记的批语，利用课堂教学中的对话点拨，利用课外兴趣小组或课外语文活动的辅导等。其次，教师可以引导学生通过自我评价和相互评价，认识自己的学习水平、学习过程和个性特点，明确努力方向，自觉改进学习方法，优化学习过程。

总之，集体指导与个别指导相结合，是面向全体学生、照顾个性差异、大面积提高学习指导效果的重要原则。

第二节　语文学习过程指导的要点和策略

本章开头提到的思孟学派的五环节治学法，不限于学生学习；黎世法的八环节学习法不限于语文学习。借鉴这些学习过程模式，从语文学科的学习实际出发，要想指导学生优化语文学习过程，应该抓好课前预习、课堂学习、课后复习、作业练习、课外拓展、评价应试这样六个环节的指导。

一、课前预习指导

预习，即在教师讲授之前，学生自学新课的内容，达到初步了解，为课堂学习做必要的知识准备和心理准备。预习有远期、近期之别。远期预习，如新学期开始前对整本书的预习。下面要讨论的课前预习属于近期预习。

（一）语文课前预习有无必要

在教师教授之前，学生预读将要学习的新书，古代学塾谓之“探书”。对于“探书”，有的学塾很重视，有的学塾并不要求。“五四”之后，受西方教育思潮影响，“儿童中心”“自动主义”在我国教育界开始提倡，课前预习才得到普遍重视，语文教学开始将“预习”纳入教学程序，列为学习要求。黎锦熙《新著国语教学法》（1924）设计的“三段六步教学程序”，第一步就是预习；王森然《中学国文教学概要》（1929）提出 11 条“普遍的教学要件”，其中一条就是“预习，教授，结束，三者当平等注重”。

但是，对语文课前预习有无必要，人们看法并不一致，建国初期还曾有过讨论。1950 年，一位语文教师在《人民教育》发表文章，强调“预习是教学的基础”，学生在上课之前必须要好好预习，教师要严格检查预习。“双方都有准备，学生上课就专心来听他所正等待解决的问题，教员就是‘有的放矢’，帮助学生解决那些他们需要解决的问题。这才是教与学的结合”。① 随后，有的老师发表文章认为不应强调预习，不能“总想在未教之前就要求学生会多少”。有的老师则认为课前预习有必要，但不能要求得太高。到 1953 年，在围绕《红领巾》教学展开的讨论中，又有人对执教者布置预习的做法提出质疑。经过讨论基本达成共识：教师要不要布置预习，布置多大分量的、什么样的预习，应该充分考虑课程的特点和学生课前自学的难度等因素。新世纪课改提倡自主学习以来，一些学校把“前置性学习”当做必不可少的教学环节加以强调。

我们认为，小学低年级语文课以识字写字教学为主，儿童年龄小，预习难度大，课前不必要求预习。小学中、高年级到初中、高中，语文课逐渐过渡到以阅读、写作教学为主，写作训练和口语交际训练不必课前预习，而占用课时最多的阅读教学，课前预习则是必要的。因为课前预习对于学生上好阅读课有多方面的积极意义。

第一，有利于提高课堂学习的效率。课前经过预习，学生对将要教学的课文已然胸中有数，自己动手查解了一些陌生字词，发现了一些疑难问题，建立了阅读期待，到课堂学习时，就可以带着问题听课，跟上老师教课的思路，甚至可以在老师讲解之前思考某些问题，主动参与课堂交流，减少迷茫懵懂，改变被动应付状态，学习成效自然会高。

第二，有利于培养自主学习的态度和探究学习的能力。课前预习实质上是学生自主的探究性学习。学生独立阅读教材，发现问题和提出问题，动手查阅工具书和相关资料，动脑思考并初步解决某些疑难，或者通过重温旧知而获得新知，久而久之，可以增强自主学习的意识，提高发现和解决问题的能力。

第三，有利于加强随堂笔记的选择性。有了预习，听课时知道老师的讲解和板书，哪些书中有，哪些没有，书中没有而自己认为重要的内容及时做好笔记，书中有的就不必有闻即录或忙着抄黑板，必要时可以在书页边白处做些补记。这样可以把更多的精力用在思考和理解上，学得从容不迫，避免手忙脚乱；笔记也有针对性，避免芜杂，便于课后整理复习。

第四，有利于加深理解和巩固记忆。经过预习，自己动脑发现并且动手解决的疑难，比只在课上听一遍，印象要深得多；自己已经发现而未得其解的问题，

① 江山野：《我在中学国文教学中找到的方法》，《人民教育》1950 年第 3 期。

或者理解困难的地方，听课时会格外注意老师的讲解和同学的发言，积极思考，比较辨析，理解会更深刻，记忆会更牢固。

一些语文基础差、学习有困难的学生，往往强调连做作业都顾不过来，哪有时间预习？其实越是学习困难的学生，越有必要腾出一些时间抓一抓课前预习。因为不预习，听课质量差，作业难度就大，花费时间长，出现错误多，多遍反复改，兴趣会降低，导致更没时间预习或不愿预习，上课、做作业会越来越吃力，于是形成“恶性循环”。如果重视课前预习，“笨鸟”先飞，合理“抢跑”，听课质量提高，作业难度降低，学习兴趣加浓，自学能力增强，学得主动轻松，成绩也会上升，“良性循环”由此形成。

（二）指导课前预习的方法

一般水平的学生预习语文课文，可以指导他们采用“通读、思考、参查、标记”相结合的预习法。

通读——短篇课文可以多读两遍，长篇课文至少也要通读一遍。默读、朗读结合，环境不允许出声时可用“喉读”。课文前后的阅读提示、思考练习题也要看一看。

思考——课文写了些什么，作者想表达什么？本文属于哪种体裁，写作有没有特殊背景？作者的行文思路是怎样的？哪些词、句、段写得好，好在哪儿？哪里写得不好，为什么不好？哪里难以理解？教材编者设计的思考练习题，意图是什么？课文的学习重点应该放在哪里？

参查——生字、新词、难句，可以参考注释，或者查阅工具书；思而未解的问题，可以重温相关知识，查阅有关资料，有条件的可以利用网络。

标记——用自己熟悉的符号标注课文中的生字词、关键词句、疑难句段，并在笔记本上择要摘记自己查解的生字新词、查得的相关资料、困惑难解的问题。这些标注和笔记可以留下自己初读的成果、思考的印迹，以便课堂学习时参阅补正、发言引述，或提醒自己特别关注某些问题。如果老师抽阅学生的预习笔记，还可以起到帮助老师确定教学难点、选择教学内容的作用。

课前预习要讲求效益，以适度为宜。预习过粗，浮光掠影或心不在焉，达不到预期的效果。预习过细也不必，一则课余时间有限，在一科预习上投放精力过多，会排挤其他学科学习；二则课前解疑过细，反会减弱听课的积极性和注意力。须知，学生预习只是为上课做必要的铺垫，不同于纯粹无师自通的自学。发现问题比解决问题更重要，留有一定的“饥饿感”，到“正餐”时才有旺盛的

"食欲"。因此，估计课堂上会讲解讨论的某些疑难问题，与其花费大量时间自求其解，不如留待课堂上在老师启发下、与同学互动中去解决。这样，智慧更受锻炼，从时间运筹上看可以获得更大的"经济效益"。时下有些学校，各科都要求学生搞"前置性学习"，教师应注意适度适量，以免导致学生课业负担过重。

二、课堂学习指导

课堂教学是学生学习的主渠道。课堂教学效率的高低，主要不是看教师讲了多少，而是看学生学到了多少。指导学生上好课，是语文学习指导最关键的环节。

（一）指导学生善于倾听

学生上课首要的是学会倾听。一个人从小学到大学，数不清听过多少节课，逐渐养成了一些听课的好习惯，也不免形成这样那样的不良习惯。国际知名听力专家拉尔夫·G. 尼科尔斯归结出听课的10种坏习惯：

1. 认为课程单调无味。一名差的听课者一经判断讲课将是单调无味之后，就会心不在焉。而这种判断通常不是以知识而是以无知为基础的。

一个好的听课者，即使课讲得似乎很单调，也会倾听可能是重要和有用的信息知识。

2. 批评讲课者。一个差的听课者常常找讲课者的岔子——也许是不修边幅，或者是声音单调——并推断这样的人是讲不出什么重要的内容来的。

一个好的听课者清楚地认识到上课不等于时装表演。他或她所追求的是观点、思想，而不是找批评的靶子。

3. 过激反应。一个差的听课者由于专门注意了自己与讲课者观点不同这件事，以致没有听到大部分讲课内容。

一个好的听课者是用脑子而不是用感情来听课。他或她只是把不同的观点记下来，以便课后向教师请教，然后继续听讲。

4. 只听事实。一个差的听课者要的仅仅是事实。认为"具体的描述"只是他人的观点而已。

一个好的听课者想知道事实是怎样证明原理的，例子又是如何说明概念的，论据是怎样证明论点的。他或她认为事实是重要的，但只有和原理、概念、论点联系起来才有意义。

5. 概括一切。一个差的听课者企图将每一堂讲授的内容通过详细的概括硬套进一个刻板的模式。他或她忙于分析形式和风格而忽略了内容。

一个好的听课者却按照讲课者的题目和组织形式来校正自己的笔记。

6. 伪装注意。一个差的听课者两眼紧盯讲课者，随后就放松了，他们期望在课后学习的时候从课本里获得相应的信息知识。

一个好的听课者认识到每堂五十分钟的讲课是获得讲课者花了几个小时才搜集起来的论据的一个机会。

7. 分心。一个差的听课者会因一点小小的理由，脚步声、门的开关声、咳嗽声以及铅笔落地的声音而中断聆听教师的讲课。

一个好的听课者约束自己不去理会使他或她分心的事，将注意力集中在讲课者所讲的内容上。

8. 仅仅选择简单的内容。对于一个差的听课者来说，要听懂讲课者复杂的论点和思想是过于辛苦而困难的事，这种学生要的是娱乐，而不是学习。

一个好的听课者求知欲很强，他也了解讲课者是如何证明自己观点的，对于困难的、技术性的或者复杂的思想并不惧怕。

9. 对于感情反应过激。一个差的听课者一听到一些激起个人感情的词，如共产主义、所得税、纳粹或进化，便会产生过激反应，几乎大发脾气。他或她的血压会升高，于是就什么也听不见了。

一个好的听课者听到同样充满了感情的话，反而更加仔细地听，以便领会讲课者的要旨或论点，并了解他或她的偏见在哪里。

10. 浪费思想速度。甚至一个差的听课者也懂得思想的速度要比讲话的速度快得多（实际上快四倍左右）。差的听课者却懒洋洋地听着讲课，或者利用自己的思想速度来解决一些个人问题。这样就会使一个差的听课者跟不上讲课者，而就将余下的讲授内容完全放弃。

一个好的听课者则利用自己的思想速度和讲课过程中的每一个间歇来区别论据和主要观点，很快地概括讲授的要点，预计讲课者下面所要讲授的要点。①

如果能克服这些坏习惯，就能成为一名较好的听课者。这对于学生听语文课很有警示价值。

语文课上主要听什么？以下内容是尤其需要注意的：

听好导入。老师导入新课时往往提出学习目标、学习要求或学习方法，这些

① 吴霓主编：《课堂学生学习方法指导全书》，国际文化出版公司，1996 年，第 126 页。

信息可以使自己对这堂课将要学什么和怎么学做到心中有数。

听好朗读。老师的范读、同学的朗读，字字入耳，声声入心，与自己的朗读处理相比较，揣摩读音、断连、语气、节奏等不同读法的正误优劣。

听清问题。老师提出的问题往往指向学习的重点，同学提出的问题大多涉及学习的难点。

听明讲解。特别是自己预习中思而未解的、老师有意反复的、配合板书加以强调的内容。

听好讨论。特别是与自己看法不同的、同学间发生争议的、老师变换角度诱导点拨的地方。

听好总结。学习活动的阶段性小结、整堂课的收束，往往紧扣重点、画龙点睛。

另外，还要听清作业题目和要求。

（二）引导学生主动参与

传统课堂教学主要是老师讲学生听，至今不少人依然习惯把老师上课称作“讲课”，把学生上课称作“听课”。教育理念的更新、教学方式的变革，已经使课堂教学面貌发生了巨大变化。中小学语文课堂上，老师“一言堂”、学生“满堂听”的情况越来越少，自主、合作、探究的学习方式越来越受重视，过去学生以被动接受为主的学习行为正在变得丰富多样。这就要求学习主体主动参与、有效参与。

学生主动而有效地参与课堂语文学习，应强调“耳、目、口、心、手”五官到位，协同配合。

耳到——认真倾听。除了认真听老师的讲解、提问、点拨、答疑、总结，还要注意听同学朗读、答问、提问、讨论发言。

目到——注意阅读和观察。配合教学进程，阅读教材和有关资料，注意老师的板书，观察老师讲话和同学发言的表情、手势，留意优秀学生的活动和反应。

口到——参与诵读和发言。阅读课多重视诵读和研讨，老师一般会安排一定时间让学生诵读，会提出一些问题启发学生思考和回答，一些有重要价值的问题往往会引导学生展开小组或班级讨论。学生应主动参与其间，练习诵读，大胆发言，与老师交流，与同学切磋。在小组讨论中，既不要袖手旁观当“看客”，也不可垄断话语逞“英雄”，有不同意见要勇于争论，又不可偏执一端，钻牛角尖。得到在全班发言的机会，力求做到紧扣论题，有条有理，言语简明，声音响亮。

心到——积极动脑思考。不光积极思考老师和同学提出的问题，还要善于在无疑处生疑，发现问题，提出问题，变换角度积极思维，与同学相互启迪，在交流和碰撞中加深对问题的理解。语文学习需要多种思维形式参与。凭借概念、判断、推理进行的抽象逻辑思维固不可少，形象思维在语言学习、文学欣赏中尤其需要。创造性思维在语文学习中大有用武之地，它往往表现为抽象思维和形象思维结合、集中思维和发散思维结合、正向思维和逆向思维结合。如果学生注意在语文课堂上灵活运用多种思维方式，培养自己思维的敏捷性、周密性、深刻性、广阔性、独到性，就会越学越聪明。

手到——做好笔记、批注。中小学生往往对此重视不足，方法不当。

有些学生忽视课堂笔记，认为听明白、听懂了就行，做不做笔记没多大用。其实做好随堂笔记有很多好处：一是可以把老师讲课的要点、同学发言的精华、自己思考的火花，及时用文字记录下来，比单用大脑记忆更准确可靠，便于日后复习应考或引用。二是边听边想边记，使大脑受到多方面综合刺激，有利于集中注意力，训练思维力，增强理解力。三是做笔记需要筛选、提炼和重新组织语言，并快速记录下来，有利于锻炼文字概括能力和快速书写能力。

有些学生明白做笔记的好处，可不知道怎么做好课堂笔记，要么只是照抄老师的板书，要么贪求详细，胡子眉毛一把抓。课堂笔记不是会议记录，不需多么详细。国外专门研究笔记的专家认为，经过自己思考、反省而且内容简洁的笔记对学习最有帮助。语文课堂笔记最好是要点式（纲要式）的，主要记下：课题，学习重点、难点、疑点，老师补充或强调的与理解课文相关的知识或材料，老师的板书和总结。笔记页面右侧最好留寸许空白（可以折痕迹或画竖线），以备补充或修改。

有些学生为了保持书的整洁，不愿在课本上画标记、做批注，书页上全无笔痕，学完后跟新书一样。须知，人是书的主人，不是书的奴隶，课本是为学服务的。自己的书不要怕写画，圈点批注是读书的好习惯。从预习、上课到复习，在书上随手做一些必要的批注、标一些自己懂得含义的符号，比在笔记本上记更便捷，也为以后复读提供参考信息。当然不要写画得太乱。

手到，除了自主笔记和批注，老师常常安排读写结合、说写结合的课堂练习，如听写、默写、造句、仿写、缩写、改写、笔译等，也要认真动手练习，力争高质量完成。

三、课后复习指导

（一）认识课后复习的意义

“重复是学习之母”。巴甫洛夫学说告诉我们，学习的过程，是条件反射在头脑中建立和巩固的过程。头脑中建立起来的“暂时神经联系”，必须经过多次重复和强化才能得到保持和巩固。要准确而持久地记住已经学过的知识、熟练掌握初步获得的技能，必须经过有效的复习。

德国心理学家艾宾浩斯经过实验绘制的遗忘曲线，以及其后的心理学家的实验结论都显示，学习（无意义的或有意义的材料）之后紧跟而来的是遗忘，遗忘的进程是先快后慢、先多后少。有人做了一个实验，让甲乙两组同学共同学习同一段文选，甲组不久复习一次，乙组不复习。一天后检测，甲组保持98%，乙组保持56%；一周后再检测，甲组保持83%，乙组保持33%。许多类似的实验都证明，学习之后及时复习能够大大减少遗忘。有实验表明，在遗忘高峰（9小时）之前复习效果最好，当天复习一刻钟往往比一周后复习一小时效果更佳，越是意义不强的学习材料越明显。

课后适时复习不但能够减少遗忘，巩固记忆，还可以及时发现和弥补课上学习的缺陷；可以贯通学过的知识，获得新的感悟和发现；可以巩固操作要领，提高读写技能的熟练程度。

（二）指导课后复习的策略

课后复习可以分为随课复习、单元复习、阶段复习。

随课复习主要靠学生自主安排，分散进行。应引导学生注意以下几点：

第一，随课复习要及时。大量调查表明，高效学习的学生一般都很重视当天复习。当天的复习可以利用自习课、午间、晚间。睡前复习可以避免后摄干扰，效果更好。首次复习之后，间隔两三天、最多四五天还应再次复习。再次复习可以利用周末或课业负担不重的学习日。研究表明，多次分散复习的效果优于一次集中复习，即一次复习一小时，不如分为两次或四次、每次复习半小时或一刻钟的效果好。

第二，先尝试回忆，后重阅教材。复习之始，最好先把课堂教学的主要内容迅速默想一遍，即在大脑中过一过“电影”，然后再重温教材，参阅笔记，看哪些内容印象深刻、记忆准确，哪些内容印象模糊，记忆有错或已经淡忘。印象深、记得准的，过过电影即可；记忆有错或已经淡忘的，应作为复习重点，重新学习，加深理解和记忆。仍然存疑难解的问题，要及时请教同学、老师，或查阅相关资料。

第三，首次复习要结合整理笔记。首次复习与初次学习相隔时间短，经过回忆和反思，易于发现随堂笔记中缺漏的要点，或者错记、紊乱的地方，应趁记忆比较清楚的时候补缀要点、修正错谬、整理紊乱之处，标示重点宜用异色笔。这样的笔记日后复习查考起来更可靠，更便利。

单元复习，可与单元总结结合进行。现行语文教科书都是按单元编制的，一个单元教学完毕，老师往往在课上安排时间引导学生围绕单元学习目标作单元总结，这正是单元复习的好时机。如果老师没有安排单元总结，学生也应抽出时间自行安排单元复习。有了随课复习的基础，单元复习的重点应该放在几篇课文的同异比较上。比较的项目大致包括：文题、作者、时代、体裁、题材、思想情感、写作方法、语言特色等。单元学习目标不同，比较的侧重点也不同。通过复习比较，进一步明确本单元知识、技能、情感、方法等方面的学习重点，加深认识，巩固记忆。

阶段复习，包括学期末、学年末、学段末的复习。这些复习是系统性、总结性的复习，往往与备考结合进行，一般有教师指导。阶段复习可以打破单元的界限，按照语文知识和语料积累、阅读训练、写作训练、口语交际训练等几个系统，分门别类地加以梳理，使之集约化、系统化，在纲举目张的基础上力求融会贯通。例如，有老师采用“四型三块”复习法指导学生高考语文总复习：将中学语文12册课本中300多篇主要课文分成景（物）情型、人事型、说明型、议论型四类，各有不同的复习要求，采用比较、归纳的方法，只需20多节课就能完成。另外将语文知识及运用分成三块加以梳理：文学知识块，按历史年代梳理重要作家及其作品；字词块，按附录及注释列出字词，记音形义，并将通假字、异读字、古今异义词、文言成语归入其中；句子块，包括古诗文名句、文言难译句、含义深刻句等。

指导学生课后复习应注意三个结合：及时分散复习与集中系统复习相结合，一般适度复习与重点过渡复习相结合，个人独立复习与班组合作复习相结合。

四、作业练习指导

（一）认识作业练习的意义

不少中小学学生把作业练习（特别是课后作业）看成额外负担，好像是为老师完成任务，缺乏主动性，作业不认真，敷衍了事，甚至抄别人的作业。因此，应引导学生认识作业练习的意义。作业练习可以检查学习效果，及时发现自己没有真正搞懂和难以独立操作的地方，查出知识上的缺漏和技能上的弱点。作业练习可以消化巩固所学知识，加深理解记忆，锻炼读写听说操作技能，提高分析、解决问题的能力。通过作业练习还可以熟悉各类题型的解答方法和技巧，为应试打基础。按时保质完成作业，还有助于培养战胜困难的毅力，养成惜时守时、认真负责的良好习惯。

（二）指导作业练习的策略

教师布置作业和练习，应当精心设计，严于选择。课本里有教材编者设计的思考练习题，此外还有供学生使用的配套或不配套的练习册和检测卷，教师不能把这些题都当做作业压给学生。课本里的思考练习题大部分应当融入教学过程，特别是识字解词、揣摩理解、分析鉴赏之类的习题应放在课堂学习活动中完成，留到课下做的应主要是巩固、拓展、迁移、运用性的练习。练习册和检测卷里的题更要严加筛选，敢于删除单调重复、机械死板、弯弯绕的习题，减轻学生课外作业负担，让他们有课外阅读、练笔的自主支配时间。书本里的现成习题未必适合本校本班学生实际，教师要善于结合校情学情做出增减调换，并顾及学生差异，给学生一定的选择余地。还可以鼓励学生针对个人弱项给自己留作业、加练习，如通过录音和默写检查背诵，模仿课文笔法或运用新学词语练笔，等等。

学生完成作业和练习，教师应指导他们掌握下面的方法策略：1. 先复习再做作业。这样可以避免盲目性，提高准确率，少走弯路少出错，反而能节省作业时间。2. 审题认真准确。弄清题意，把握实质，想清楚再下笔。3. 独立完成作业。锻炼自己的答题和操作能力，并获得真实的反馈信息。4. 做完作业要细心检查。

作业经老师批改或同学交换评改后，还要引导学生认真订正错误，并分析出错原因，以便“吃一堑长一智”。错漏之处最好用异色笔在原处修改，而不宜把错处擦掉。保留原错痕迹可以加深刺激，对自己有警醒作用。

五、课外拓展指导

（一）认识课外拓展的意义

受“以课堂为中心、以课本为中心、以教师为中心”狭隘教学观和片面追求升学率的影响，在一个较长时期里，中小学生学习语文存在重课内、轻课外，重课本、轻其他读物，重呆读死记、轻实际运用的偏颇。有高中老师把语文教学概括为：教本、学本、考本，唯本至上；编题、答题、讲题，题海战术。这些偏颇严重阻碍了学生个性和语文素养的发展。正如刘国正先生所说："只要课内不要课外，或者重视课内忽视课外，语文教学都是不完整的，都是跛脚的，不可能走得快走得远。特别是失掉课外这一头，就失掉语文教学与生活相联系的重要契机。长期以来，我们对课外有所忽视，一手硬一手软，不能不说是未能有效地消除少慢差费的一个重要原因。打个比方，课内和课外，是语文教学的双翼。只张开一翼，自然飞行无力，只有双翼并举，才能自由飞翔，才能如大鹏那样，'其翼若垂天之云'，'抟扶摇羊角而上者九万里'。"①

许多读写能力强、语文素养高的中学生都有这样的体验：他们之所以比自己的同学知识视野广、读写功底好，主要得益于课外阅读多、练笔勤。随着"大语文"教育观日渐深入人心，随着"减负"措施的逐步落实，中小学生开始重视课外语文学习。课业负担减轻了，课外拓展正可加强。"课内打基础，课外求拓展"，充分利用课外的语文学习资源，正在成为越来越多的学生的自觉行动。

（二）指导课外拓展的策略

1. 指导学生加强课外阅读

许多语文知识丰富、读写能力强的学生谈到语文学习的成功经验，往往把第一要素归功于课外阅读。课外阅读不但可以开扩视野，增广见闻，提高思想修养，增强阅读能力，而且有助于写作水平的提高。我国古人"劳于读书，逸于作文""读书破万卷，下笔如有神"之说，确是经验之谈。美国学者斯迪芬·德·克拉森对写作与课外阅读二者关系进行多年调查与研究，得出这样的结论："学生自发的课外阅读兴趣有助于作文能力的发展，增加课外阅读比增加经常性写作训练对帮助发展学生作文能力更有效。"②

语文课程标准提出：课外要少做题，多读书，好读书，读好书，读整本的书。并规定了课外阅读的最低指标：小学不少于145万字，初中不少于260万字，高中不少于150万字；还推荐了部分课外阅读书目。中学6年课外阅读400多万字，听起来数字不小，其实要求不高：仅《西游记》《水浒传》《三国演义》《红楼梦》四部小说名著（都在课标推荐书目之列），合起来就有330万字。许多中学生喜欢的《读者》杂志，每期约15万字，一年24期也有300多万字。好读书的学生，学校或家庭有良好阅览条件的学生，完全能够远远超过课程标准规定的课外阅读量。

① 江明主编：《问题与对策：也谈中国语文教育》，教育科学出版社，2000年，第167页。

② 卢世忠：《对中学生课外阅读的思考和实践》，《中学语文教学参考》2002年第12期。

青少年该读哪些书？不同年龄阶段，心理特征和思维发展水平不同，阅读兴趣也差别很大。林崇德教授认为读书如果适应不同时期儿童的思维发展，可使阅读达到事半功倍的效果，否则会无功而返，甚至会适得其反。小学低年级应以阅读具体形象的图书为主；中年级开始，尤其是高年级，除了读童话之类的浅近文学读物，可以逐步增加科普类读物；初中阶段不仅仅要读科普著作，还要读国内外的经典著作；高中阶段可以根据自己的学习方向和兴趣读一些参考资料；大学生要结合自身专业和兴趣来选择读物，但理科大学生应读些文学名著，文科大学生应读读科普著作，这样会有益于思维的全面发展。① 选择课外读物需顺应学生的兴趣，但也不能一味从兴趣出发。作家毛志成认为：一个人不能总读“顺情书”，也应该读一点有益的“逆情书”，“这样，才有助于形成完整的知识结构，不致成为知识结构残缺的人。”② 青少年初读经典著作一般会觉得无趣或吃力，但硬着头皮读几种“上品”经典，会大获教益，乃至受益一生。

2. 引导学生坚持课外练笔

语文课程标准要求初中生课外练笔不少于 1 万字，高中生不少于 2 万字，要求也不高，多数学生满可以多写一写。课外练笔，难在坚持。关键不在有没有时间和能力，而在有没有兴趣和自制力，在于能否养成习惯。魏书生老师引导初中生养成天天写日记的习惯，每天写三五百字（多为命题日记），一个月下来就是 1 万多字。不少学生 3 年写日记上千篇，该有多少字？史金霞老师要求她教的高中生每周写两三篇随笔，每篇随笔拟一个题目并注明练笔时间，还为自己的随笔本取个名字。随笔集为师生间笔谈沟通另辟了“蹊径”，学生把写随笔当成了“书写自己的生命，记录自己的人生历程”的“快乐的事”。③ 还有高中语文教师指导学生将课外阅读与练笔结合起来，要求学生每周选抄或摘抄一篇自己喜欢的作品，文体不限，写出喜欢的理由，并对原作加以点评，辑录成一本自编的《作品精选》。如果每篇不少于1000 字，一年下来就有三五万字。

课外练笔的方式很多，除了写日记、周记，写读书随笔，还有写书信，为墙报、班报、校报、广播站乃至正式出版的报刊写稿投稿，等等。不光用纸笔写，还可以用电脑写，可以借助网络平台与师友交流。

---

①《不同年龄阶段该读什么书——林崇德教授谈读书》，《教育文摘周报》2003-10-01。

② 毛志成：《“读”是大学问》，《语文世界》（初中版）2003 年第 9 期。

③ 史金霞：《不拘一格教语文》，中国轻工业出版社，2012 年，第 103-112 页。

3. 诱导学生参加语文活动

首先是积极参与校内各种各样的语文活动：朗诵会、故事会、演讲会、辩论会、读书汇报会、征文比赛、书法比赛、歌咏比赛、课本剧表演、校园文化节，依据个人兴趣、特长，参加或创办课外兴趣小组、文学社团。其次还可以独自或结伴开展某些校外的语文活动，如就某一专题搞社会调查，搜集整理民间歌谣、民间故事、对联、谜语、谚语、歇后语，参加社区文化活动，遇有红白喜事注意观察民间习俗，利用节假日考察山川名胜、风土民情，在社会实践中增长文化知识，锻炼语文能力。

4. 引导学生沟通其他学科

不光语文课可以学语文，其他课也可以学到语文，只要学生注意利用其中的语文因素。历史、地理、思想品德、社会政治课中的许多知识都与语文课的学习内容相互关联、相互印证。音乐、美术欣赏与文学欣赏更是相互补益。英语语法与汉语语法有异有同，正可在相互比较中加深理解和记忆。各科教科书中都不乏严谨、准确、精练、生动的表达，只要留意，都可以作为遣词造句、运思行文的范例，向提高自己的阅读、写作能力迁移。

5. 引导学生利用语文环境

语文学习的外延和生活的外延相等。学校生活、家庭生活、社会生活，语文因素无处不在，语文学习随时都有。校园内外的报栏、宣传栏、标牌、广告，有组织无组织的游览、参观、探访、慰问、看电影、搞联欢，回到家里读书报、听广播、看电视、讲见闻、说笑话、打电话，只要留意，只要用心，事事处处都可以学语文、用语文。生活中的语文青睐有准备的头脑。同是听一首好歌、一段好相声、一句好广告词，同在看一部好电影、电视剧，同在看“第二起跑线”“开心词典”“东方时空”等电视节目，留意品语言、学修辞、积累语言材料和事例材料的学生，与无意于此的学生相比，他们在语文学习方面的收获是大不一样的。

6. 指导学生利用网络资源

从城市到乡镇，网络正走向普及，许多中学生、小学生上网已经十分方便。可是，观察一下有条件在网吧、在校园、在家庭上网“冲浪”的学生，玩游戏的多，聊天的多，听歌曲看电影的多，真正利用网络资源查阅资料、辅助学习的少。网上娱乐、交友不是不可，但把大量的时间和有限的资源挥霍在这上面，那真是轻重倒置、大材小用，真是网络资源的浪费。如果能引导学生认识和熟悉一些帮助中小学生学习的网站，如 K12 的学生频道、小学语文教学、中学语文教学资源网、中华作文网、中华诗歌网、快乐语文网，等等，不管是目的明确地查阅资料，还是漫无目标地随意浏览，学生都会尝到甜头，都会感到别有洞天，其乐无穷，信息无限。

六、评价应试指导

（一）语文学习评价的指导

从实施评价的主体来看，学习评价可以分为他人评价和自我评价。这里主要讨论语文学习的自我评价。

语文学习的自我评价就是由学生自己依据一定的标准，对自己的语文学习过程和结果做出价值判断。过去评价学生的学习由学校和教师实施，很少让学生参与，许多学生也缺少自我评价的意识。因为学生不注意学习的自我评价，就不能有效地监控自己的学习，就不会针对学习中存在的问题及时做出自我调节。

同一个班的学生，智力差别不大，学习环境基本相同，为什么学业成绩总是存在明显差别？心理学家通过大量观察、访谈、问卷调查和对比实验研究，得出这样的结论：学业成绩优秀的学生与学业成绩落后的学生的根本差别在于，前者会对自己的学习进行自我评价和调节。因此，自我评价是一种重要的自主学习策略。美国甚至把能够进行学习的自我评价与调节作为评判高效学习的学生的重要标准。

语文新课标要求：实施评价应注意教师的评价与学生的自我评价、相互评价相结合，加强学生的自我评价和相互评价。学生的自我评价贯穿在学习的全过程当中，包括学习前、学习中、学习后的自我评价。指导学生实施语文学习的自我评价，应引导他们做好以下工作。

第一，认清目前学习状况与课程目标间的差距，设定符合个人实际的具体目标。这就要求学生立足于自己的语文学习现状，对照语文课程标准规定的阶段目标，合理设定自己“跳一跳，摘得到”的具体学习目标：哪一方面，在多长时间内，达到什么程度。目标不要定得过高，那会容易落败，挫伤锐气；也不要定得太低，那会轻易达到，对促进学业进步价值不大。目标也不要笼统、模糊，那样既减弱导向和激励作用，也给自我评价的实施造成操作困难。这是学习前的自我评价。

第二，学习过程中，对学习行为和学习效果不断进行自我评价，针对存在问题及时做出调节。如，在语文课后反思一下：上课准备是否充分？上课注意力是否集中？是否积极参与了教学活动？课堂练习做对了吗？今天的学习与昨天相比怎样？又如，学完一个单元后自我评价一下：课文的内容和形式理解掌握如何？该掌握的生字新词掌握了没有？该背诵的课文背过了没有？作业是否有错，错因何在？作文和口语训练是否符合要求，比上次有何进步？综合性学习中是否积极参与，完成自己分担的任务是否尽力，与同学合作如何？实施成长记录评价法的班级，还要积极配合老师和组长，认真完成相应的自评和互评项目，负责地提供自己有代表性的学习成果。

第三，学习结束时，对照自己设定的目标，检验达成目标的情况，分析学习结果并正确归因。学习结果无非成功和失败两种。寻找成功和失败的原因，存在积极和消极两种心理倾向。一般而言，把成功归因于自己的能力会引发积极的心理暗示，增强自信心；把失败归因于努力不够、方法不当，会激励自己发愤努力，改善方法。如果把失败归因于外部因素，如老师教得不好、家长不会辅导、考试题目太难、自己运气不好等，容易产生消极、被动和侥幸心理；归因于不可控制的内部因素，如自己智力差、能力低，则容易产生自卑、失望乃至绝望的心理。因此，教师应帮助学生建立积极的归因理念，引导他们着重从可控制的内部因素归因，反思自己的努力程度、学习兴趣高低、学习方法得当与否、知识和技能是否欠缺、复习是否扎实、答题是否细心，等等。这样，有利于学生树立自信心，增强自尊心，改进学习策略，弥补知识技能缺陷，激励自己学习更加勤奋、认真。

（二）应对语文考试的指导

在大力推进素质教育的今天，考试不再是评价教与学的唯一方式。但是，教育需要评价，评价需要考试，有考试就有应试。考试除了具有鉴定选拔的功能，还具有诊断反馈和激励竞争的功能。不管情愿不情愿，考试总与学生相伴。与其厌烦、消极，被动应试，不如主动、积极，从容应试。学会应试，也是素质教育的一项内容。指导学生应试，帮助他们做好以下几点是必要的。

1. 充分做好应试准备

首要的是做好知识和技能的准备。在平时分散复习的基础上认真搞好考前集中复习，按考试范围和重点全面回顾，系统爬梳，强化记忆。平时作业中出现的错误，往往是自己掌握知识和技能最薄弱的地方，考前最好重审一遍，看这些错处是否已经找到出错的原因和纠正的方法。了解语文试题类型和试卷结构，选择适当的考题在限定时间里做模拟测试，犹如实战演习，可以使自己熟悉答题路径和技巧，也是一种是有效的应试策略，但不宜频繁。

其次是做好物质上的准备。特别是参加大规模的统考，事先要把文具、手表、准考证等集中放好，笔应有备用的，表要对好时间。

第三是做好生理和心理上的准备。生理和心理状态也是影响考试的重要因素，考前要力求调整到最佳状态。

2. 掌握答卷的方法、技巧

语文试卷与其他学科试卷的结构和题型有同有异，答题方法有相通之处也有不同之处。掌握语文试卷的答题方法和技巧，对应试成功很有帮助。

（1）拿到试卷不要急于答题。先迅速浏览一遍，了解全卷大题数量和分值比例，有没有选答（不必全答）的题，作文是怎么命题的，大致预计一下完成各大题所需的时间。各题难易和时间分配胸中有数之后，即抓紧时间答题。

（2）答题顺序最好由前往后、先易后难。命题者一般采取由吸纳到表达、同一范畴难题后置的组题顺序，答题者若无特殊需要，由前往后答题会觉得顺路顺手。遇到生题、难题，或因大脑抑制而暂时“失忆”的题，就跳过去，先将容易答的题“扫荡”一遍。这样，用时少而“战果”丰，会产生积极的情绪体验，紧张情绪会随之放松。回头再思考拿不准的题，往往会豁然开朗。仍难解答的题再放一放，先写作文，最后再啃难题。

（3）答题时要审清题意再动笔。无论客观性试题还是主观性试题，读题要仔细，理解要准确，特别注意题干中的关键性词语。如选择题中要求正选还是逆选、一项还是多项的词语：“读音完全相同（不全相同、全都不同）的一组”，“理解正确（不正确）的两项（一项）”；简答题中表述答题要求的关键词语：“第三联两句中的诗眼分别是哪一个字？请结合全诗作简要分析”，忽略了加下划线的任何一处，答案都会偏离题意。

（4）主观性试题答案力求言简意明。紧扣问题，要言不烦，力避芜杂。阅卷者喜欢眉目清晰、言简意赅的回答，不耐烦文字冗长、思路杂乱的答案。如果剩余时间不足以完成全部试题，宁可用扼要词句写出要点，也尽量不留空白。

（5）作文要保证时间写完全篇。作文题总在试卷之末，但占比分最重（约40%）。答卷时切勿被前面的难题绊住，导致作文不能完篇，因小失大。如果初读试卷时觉得文题熟识，文思涌来，不妨先写作文；或者先把脑中闪现的典型材料和创意写在草稿纸上，“扫荡”易答试题后再运思成文。构思作文列出纲要即可，不要因写草稿而占用过多时间。

（6）文字、标点的书写也要重视。其他学科试卷只看答案正误，不管书写水平，而语文试卷却不能不管。因为写不好汉字、没养成良好的书写习惯是语文素养的缺陷。近几年一些省市的中考语文试卷明示文字书写占一定比分（5～10分），即使试卷不作说明，书写水平也会影响作文评分。

（7）全部试题答完之后要认真复查。起码要从头到尾检查一遍，认真审视有无漏答、错答、笔误、偏离题意要求等情况。自以为容易的题也不要放过，有时越“容易”的题越容易“掉陷阱”。修改错漏之处要注意规范，别涂改得太乱。

3. 克服怯场心理，预防晕场

参加大规模的统考，置身肃穆的考场，面对监考者和许多陌生面孔，再想到家长的期望、个人的责任，紧张之情常常油然而生。适度紧张有益无害，可以督促自己郑重其事、全身心应试。过度紧张则会导致心神慌乱，影响正常发挥。有些心理素质较差的学生，一看试卷上出现难题，心凉胆怯，以至大脑一片空白，若不尽快调整过来，势必造成考试失败。预防在大规模考试中怯场、晕场，除了前述做好应试的各种准备之外，可在平常考试中着意锻炼镇定从容的心态。指导学生掌握一两招缓解紧张心理的方法，到时候会管用：

（1）心理暗示法。心中默念给自己壮胆鼓气的短句，如：放松点，别着急，怕什么，我能行；养兵千日，用兵一时；我们需要的是热烈而镇定的情绪，紧张而有秩序的工作。反复默念几遍，能收到稳定心神的效果。

（2）穴位按摩法。按摩某些穴位，可以起到放松肌肉，消除紧张的作用。如用拇指尖或钢笔杆刺激风池、合谷穴，能够清神健脑；做眼保健操能缓解头晕目眩。

（3）冥想入静法。双足放平，双手抚膝，头正身直，深呼吸，气沉丹田；双目微闭，内视鼻尖，试想心中有一汪湖泊，风平浪静，湖畔花木的倩影倒映湖中，湖中白莲亭亭玉立，似有一缕清香沁入心脾……凝神冥想之间，心情自然放松。魏书生老师教他的学生用过此法，据说确实灵验。

（4）口诀助答法。考前复习时把某类知识要点或答题步骤编成口诀，在考场中精神紧张、答题无从下手时，可以默念口诀来指引答题思路。如有人编的辨识病句歌：“成分残缺注意查，缺主、缺谓、缺宾语；搭配不当有三类，主谓、动宾和修饰；词序颠倒位置错，结构混乱不达意；词类误用或滥用，实虚、关联、形容词；指代不明意含混，重复累赘倒主次。”遇到辨识语病或修改病句的试题时默念一遍，可以导引思路，考虑得更周全，避免茫然无绪，浪费时间。

第四章　语文学习规律指导

语文学习规律是语文学习过程中各因素间的本质联系。目前人们对语文学习规律的认识尚不清晰，对如何指导学习者自觉遵循语文学习规律也缺少研究。本章阐说语文学习规律指导的意义，概述语文学习规律研究的历史与现状，重点探讨语文学习的基本规律及其对语文学习的指导价值。

第一节　语文学习规律指导的意义

正确认识语文学习规律，并有效指导学习者遵循语文学习规律，至少有如下三个方面的重要意义。

一、推进语文课程改革的需要

自 1978 年到上世纪末，语文教学改革持续进行了 20 多年，广大语文教师不可谓不尽心尽力，在更新语文教学观念、改革语文教学方法、创造语文教学模式等方面做出突出贡献者数以百千计。语文教改比起其他学科来，应该说更有声有色，成果也更丰硕。然而，语文教育受到社会各界的批评最多，责难最烈，连语文教育工作者自己也不满意，坎坷百年的语文教育在世纪末遭遇了一次空前的“尴尬”。这是为什么？冷静反思之后，应该认识到，一个根本的原因在于，我们对以汉语为母语的语文学习规律没有明晰的认识，更谈不上自觉的遵循。

语文学习规律认识不清，语文教学规律肯定把握不好。规律是自然法则。“对自然法则的任何违反，即使是极小的违反，都只会引起事情的混乱，引起程序的破坏”。[1] 试想，语文教师如果不能按照语文教学规律来教语文，不能指导学生遵循语文学习规律来学语文，怎能谈得上科学、高效？语文学习者如果不能遵循语文学习规律，有意无意地违背语文学习规律，怎能不劳多而功少？

2001年颁发的《全日制义务教育语文课程标准》在“教学建议”中提出：“遵循学生的身心发展规律和语文学习规律，选择教学策略。”在新中国成立以来颁行的语文课程文件中，这是第一次如此明确地强调遵循语文学习规律，应当引起每一个语文教育工作者的警醒和深思。不同学段“学生的身心发展规律”，生理学和心理学研究已经做了比较清晰的揭示，可是，“语文学习规律”到底有哪些？应当如何遵循？问一问语文教育工作者，几人说得明白？这个问题搞不明白，语文课程改革实施过程中就难免“引起事情的混乱，引起程序的破坏”，“反文本”“泛语文”“非语文”等教学倾向的出现就不足为怪。语文课程改革要积极而稳妥、和谐而深入地发展下去，必须对遵循语文学习规律给予足够的重视。

二、提高语文学习效率的需要

语文学习效率不高，是困扰中小学语文教师和学生的“老大难”问题。为解决这一问题，国家教育管理部门、语文教育研究者和广大语文教师从完善语文课程设计、调整语文教学内容、改进教学方式和评价方式等多方面做出了努力，取得了一些成效。但要从根本上解决语文学习效率不高的问题，还必须在认识和遵循语文学习规律上做文章。

有人说，语文学习规律虚无缥缈，在语文学习规律指导上做文章，不如在语文学习方法指导上下工夫。其实，语文学习规律制约着语文学习方法，认识并遵循语文学习规律是优化语文学习方法的依据。

语文学习方法是为完成语文学习任务所采用的途径或方式。要恰当选用语文学习方法，就必须依据和顺应语文学习规律。对语文学习规律认识不清，选用语文学习方法就难免带有随意性和盲目性，甚至可能会把违背规律的学习方法当做科学的方法来提倡。只有正确地认识并遵循语文学习规律，才能更自觉地优化语文学习方法，进而切实提高语文学习的效率。

① ［苏］斯大林：《苏维埃社会主义经济问题》，人民出版社，1952年，第2页。

三、发展语文学习科学的需要

达尔文给科学下过这样的定义："科学就是整理事实，从中发现规律，做出结论。"分化和交叉使科学的门类不断增加，而任何一门学科要真正取得独立的资格，首要的条件就是通过整理事实，发现和揭示研究对象的规律，并不断深化和完善对已经揭示的规律的认识。对规律认识的深刻程度，标志着这门科学成熟的程度。

1980年代中期语文教育界开始呼唤建立语文学习学，1995年全国语文学习科学专业委员会成立，团结和带动了一批人把构建和发展语文学习学的愿望变成自觉的行动。十多年来，在语文学习理论和实践研究领域取得的成果，主要集中在语文学习方法指导、语文学习素质培养方面，对语文学习规律，特别是语文学习的基本规律，还研究不够。然而，"语文学习学"如果不能揭示语文学习规律，就难以真正成为一门科学；如果不能有效地指导学习者认识和遵循语文学习规律，就不能成为一门成熟的有用的科学。

第二节　语文学习规律研究的概况

我国古代语文教育融语言、言语、文字、文学、史学、哲学、经学、伦理学于一体，历代教育家和莘莘学子积累了许多有关读书、写字、做文章的教与学的经验。经验不同于规律，虽然经验中往往包含对某些规律的零散认识，但这认识毕竟还处于感性的、朦胧的、自发的、个别的阶段，没有上升为理性的、清醒的、自觉的、普遍的认识。对语言学习和言语学习的规律进行科学的研究，是现代语言学和心理学诞生以后的事。一百多年来，心理学、语言学，后来加上语文教育学、语文学习学等领域的学者，从不同角度对语言和言语学习规律做了一些研究。从总体来看，心理学界的研究比较扎实而且活跃，成果较多；语言学界的研究起步较晚，但发展较快；语文教育学和语文学习学领域对母语学习规律的研究还很薄弱。

一、心理学、语言学的研究

心理学界研究语言和言语学习规律取得的成果，主要在言语的认知研究和儿童语言的发展研究两个方面。

言语的认知研究开始于19世纪末。那时心理学刚从哲学中分离出来成为一门独立的、实验的学科。早期实验心理学在研究字词联想、阅读心理方面取得了一些初步成果。20世纪初，在实验心理学思潮的影响下，一些在国外留学的中国学者开始进行汉语的认知研究。1916—1919年，刘廷芳根据联想学习的观点对汉字学习与辨认进行实验研究，发现单个汉字的学习可以借助已识汉字的联想而解释新字，在联想学习中，字形的作用远远大于字音的作用。1920年代，艾伟为考察汉字形音义三要素对汉字辨认和默写的影响进行了一系列研究，获得的主要发现有：汉字的笔画数和偏旁类别对汉字辨认有重要影响；在汉字学习中，形义联想比形音联想持久；在汉字学习中，存在字音先明而字义未必先明的情况。周先庚用半字法实验证明，汉字的上半部比下半部易于识别。在汉字书写方面，俞子夷就写字量表和写字用笔进行过实验，他在实验中选定的包含汉字各种结构和基本笔画的16个常用字（四隻小鳥它們在園中飛好象一個人字），成为小学书法测验的典型材料。1920—1930年代，陈鹤琴、王文新、陈人哲、周其展等人先后对汉字常用字进行过调查测定，发表了几种报告，为识字教学提供了基础性的资料。杜佐周、陈礼江、沈有乾等用不同的方法研究过汉字横排与竖排对阅读的影响。1940年代，艾伟还对小学生阅读兴趣、朗读与默读比较、默读行为分析、句子和课文学习等问题进行了较长时间的研究，其研究成果集中发表在1948年出版的《阅读心理：国语问题》一书中。

20世纪50～60年代，在信息科学和现代语言学的推动下，认知心理学应运而生。我国心理学研究者曾性初、张履祥等在汉字信息分析方面，曹传咏、沈晔在汉字识别、儿童识字能力方面，李丹、段蕙芬、徐远瑛、时蓉华等在汉语记忆与理解方面，进行了一些实验研究，取得了一批成果。“文革”十年，研究陷于停顿。1970年代，港台地区一些学者在汉语认知研究方面做了一些有意义的工作。1970年代末，大陆的心理学家恢复了汉语认知方面的研究，以后陆续有年轻的心理学者加入其中，研究队伍逐渐壮大，研究成果迅速增多。1980年代以来的汉语认知研究，侧重在认知的过程和内部结构两个方面，研究成果主要分布在：汉语语音知觉研究；汉字的复杂性对汉字识别的影响，汉字识别的基本单元；形声字读音的规则效应、一致性效应和声旁独立性效应，汉字读音在词汇通达中的作用；汉字的语义提取，语境对汉字识别的影响；词素在词义通达中的作用，词的语义透明度对词义通达的影响，汉语心理词典的结构等方面。①

儿童语言发展的过程及规律是儿童心理学和心理语言学研究的重要内容。我国的儿童语言研究起步于“五四”时期，在引进和介绍西方研究成果的同时，我国学者也开始对儿童语言进行研究。陈鹤琴的《儿童心理之研究》，郭灿然的《儿童语言之发展》，高觉敷的《儿童语法中的并列作用》，黄翼、祝雨人的《儿童语言之功用》等论著，反映了我国儿童语言研究的早期成果。此后较长时期发展缓慢，几度停滞。“文革”结束以后，儿童语言研究得以迅速发展。先是心理学研究者以务实的实验研究率先取得了一批成果，到 1980 年代中期，语言学研究者也开始涉足这一领域。心理学界和语言学界联手攻关，揭示了儿童习得母语口语语音、词汇和语法的一些规律。此外，心理学界和语言学界的联袂研究还扩及语言学习的其他领域，如聋哑人特殊语言学习、语言障碍者的语言康复、语言学习与语言习得的联系与区别、第一语言学习与第二语言学习的异同，外语学习、双语学习、对外汉语教学等。

心理学界和语言学界在汉语言语认知、儿童语言发展等方面的研究，发现并揭示了汉语语言和言语学习的一些规律。这些规律，大多是具体而细微的，而且儿童语言发展研究的成果集中在学前儿童习得母语口语上，即使结论完全可靠，对于中小学生语文学习也缺乏宏观指导和直接应用的价值。也有一些规律的揭示对中小学语文教学具有启发和指导价值。如儿童学习汉字要经历“混沌阶段”（整体朦胧印象）——“清晰阶段”（能够分析字形）——“模糊阶段”（仅凭轮廓、特征认知），这条规律启发我们教小学生识字，前三四年应着重培养清晰认知能力，到五、六年级则应引导学生向模糊认知发展，达到熟练阅读。②

二、语文教育学、语文学习学的研究

要探索对中小学生语文学习具有实用指导价值而又便于语文教师和中小学生理解和掌握的语文学习规律，还必须从教育学、学习学的角度进行研究，这就需要语文教育学和语文学习学研究者的加入。

---

① 彭聃龄主编：《汉语认知研究》，山东教育出版社，1997 年，第 10—19 页。

② 佟乐泉、张一清：《儿童语言学习若干问题研究》，《世界汉语教学》1993 年第 2 期。

独立设科的语文教育开始于1904年，而真正意义上的语文教育研究，是在1913年高等师范开设国文教授法之后才有的。最初的研究只管先生教国文的方法，不管学生学的方法。1919年陶行知改南京高师各科“教授法”为“教学法”，主张教学法应包括教法和学法两个方面，“先生教的法子必须根据学生学的法子”。随后“国文教学法”取代“国文教授法”。改改名字，本就不易；（1917年提出，未获通过，“五四”之后才改成）真正根据“学生学的法子”来研究“先生教的法子”就更为困难，实行起来还是偏重“教法”研究而忽略“学法”研究。

此后，直到1960年代，虽有一些论者提出语文教学应该尊重学习语文的客观规律，但是，对教语文和学语文的规律的认真研究，一直没有得到重视。“文革”结束后，随着中小学语文教学改革的蓬勃开展和语文教育研究队伍的不断壮大，语文教育研究水平大大提高。1983年，国务院学位委员会批准调整硕士授权点专业目录，把以往的“教材教法”改称“学科教学论”。从此，“学科教学论”正式成为教育科学中的分支学科，“语文教学论”便是“学科教学论”里的一科。随后，一些学者又把“语文教学论”提升到“语文教育学”的层面来研究。这意味着，语文教育学不仅要研究语文教学的理论问题，揭示语文学科教与学的本质规律，而且还要从教育学原理出发，从培养人的高度来研究语文教育问题，揭示语文学科育人的规律。近30年来，语文教育研究的领域有很大拓展，研究的层次也逐渐提高。语文教育研究的学术组织、众多刊物和大量论著围绕语文教育的一些重要问题展开过较大规模的研讨，从教学原则、教学模式到教学方法、考试方法，从学科性质、课程目标、教材编写到语法教学、语感教学，通过争鸣取得了渐趋深化的认识。但是在语文教学规律，特别是语文学习规律这个根本性的大问题上，迄今仍然谈不上扎实深入的研究。无怪《中学语文教学》杂志（2001年第1期）《问题之鉴》栏目主持人慨叹：“一百年来，我们缺乏的正是对语文教学规律的研究——认认真真的，踏踏实实的，严肃细致的研究！”“一百年来，到底有谁对这些问题作了明确而系统的回答？”“我国中小学语文教学的病根就在于一点：对于语言学习（一般的）和母语学习（特殊的）规律的模糊认识。”

为搜寻有关语文学习规律的研究成果，1998年笔者曾利用“中国人民大学复印报刊资料”光盘版检索1978-1997年教育类和语言文艺类论文索引总汇，共检得题目含“规律”一词的论文2840篇，其中竟没有一篇题名含“语文学习+规律”、“语言学习+规律”或“言语学习+规律”的。教育类论文中对语文学习规律有所论述的，只查到很少几篇：章熊的《语文教学沉思录》在分析母语学习与语文教学的关系时论及了母语习得的客观规律；[1] 王松泉《语文素质教育基本规律探讨》论说了语文学习由模仿到创造的"递进律"；[2] 孙光萱《论中学语文教学的误区》认为"能力在先，知识在后"是"人们学习语言的普遍规律"；[3] 洪镇涛《构建"学习语言"语文教学新体系》认为"感受-领悟-积累-运用"反映了学习语言的规律，感受是前提，领悟是关键，积累是基础，运用是目的。[4]

我国的外语教学研究比母语教学研究起步要晚，但在重视学习规律研究并取得较成系统的成果方面，外语学习研究者却比语文学习研究者要早。1996 年出版的《英语学习论》，辟有专门章节讨论"英语学习规律"。著者清楚地认识到："英语学习规律就是英语学习效率。一切英语学习效率不够高的地方，都可以从语言学习规律把握不准、产生偏差上找到原因"；"使英语学习理论大众化，使英语学习规律为所有学习英语的人理解和掌握，还理论于实践，这是英语学习论研究的最终目的。"因此，著者"把分散的经验和分散的研究成果加以集中，使之定型"，较有系统地归纳了中国人学习英语的十条规律：由原结构到新结构，由显意识到潜意识，由单模式到复模式，由接收到表达，由模仿到创新，由错误到正确，由导学到自学，由学语言到学文化，多学学会，常用久用。[5]

专论语文学习的著作，较早而有系统地揭示语文学习规律的，是 1998 年出版的《追问与发现——语文学习心理论》。书中提出并简要阐述了如下九条"语文学习的规律"：1. 学生是语文学习的主体；2. 学生的语言发展具有先天的生物学基础；3. 适宜的语言环境是个体习得语言的必要条件；4. 学生的语言发展与认知发展有密切的关系；5. 课堂学习是学生学习语文的基本形式；6. 语言形式的获得与语义的理解往往是在一个统一的过程中进行的；7. 学生的语文学习以基本训练为主体；8. 语言的理解先于语言的生成；9. 语言的学习是一个由易到难、由简及繁、由浅入深的过程。[6] 尽管其中有的条目不宜看成是"语文学习的规律"或"个体语言发展的规律"（如 1、5、7 三条似是学生学习的一般规律，适用于多门

---

① 章熊：《语文教学沉思录》（四，五），《中学语文教学》1997 年第 4、5 期。

② 王松泉：《语文素质教育基本规律探讨》，《教育研究》1997 年第 4 期。

③ 孙光萱：《论中学语文教学的误区》，《上海教育学院学报》1997 年第 4 期。

④ 洪镇涛：《构建"学习语言"语文教学新体系》，《课程·教材·教法》1998 年第 3 期。

⑤ 胡春洞：《英语学习论》，广西教育出版社，1996 年，第 72-83 页。

⑥ 林化君、陈黎明、张幼冬：《追问与发现——语文学习心理论》，青岛海洋大学出版社，1998 年，第 18-22 页。

学科），但这是笔者所见的首次对语文学习基本规律较有系统的概括。

2001年，笔者在论文《语文学习基本规律探讨》中，借鉴已有的研究成果，依据个人对学前儿童、小学生、中学生、大学生语文学习活动的长期观察和调查，结合大半生语文学习的切身体验，经过由表及里、去伪存真的审辨，概括出八条语文学习的基本规律：1. 学得间于习得，习学相递；2. 内化先于外化，内外相制；3. 技能重于知识，知能相济；4. 语言系于思维，语思相辅；5. 言语本于情意，言意相依；6. 言意源于生活，学用统一；7. 创新基于模仿，仿创迁移；8. 综合多于分析，意会神摄。①

2004年，中国高中生网转载的一篇文章，提出了如下十条语文学习的规律：1. 首兴趣：知而好，好而乐。2. 次自主：观千剑，操千曲。3. 必多写：思欲丽，笔磨秃。4. 定多读：破三春，汇九流。5. 强积累：有诗书，有成竹。6. 重感悟：思千载，想万物。7. 细思考：学而思，思而得。8. 求精熟：启而发，点而悟。9. 有个性：思结果，成一家。10. 要跳出：课内法，课外路。② 这十条"规律"，对中学生学习语文从多方面提出了指导性要求，与其说是语文学习"规律"，不如说是语文学习"策略"或"原则"。

本书定稿前，笔者又利用中国知网（CNKI）检索"中国知识资源总库"（含中国期刊全文数据库、中国博士学位论文全文数据库、中国优秀硕士学位论文全文数据库）1979－2010年间论文，查得题名含"语文　学习规律"的9篇，含"语言　学习规律"的8篇（多为讨论外语教学），含"母语　学习规律"的1篇，含"汉语　学习规律"的1篇，总计不到20篇。由此可以窥见，学术界和语文教育界给予语文学习规律的关注和研究，迄今为止依然少得可怜。

第三节　语文学习基本规律及其指导价值

语文学习规律是一个分层级的结构系统。第一层是语文学习的普遍规律，或者说是语文学习的基本规律，适用于语文学习全部领域或若干领域。第二层是适

① 许建中：《语文学习基本规律探讨》，《上海师范大学学报》（教育版）2001年第1期。

②《语文学习的十条规律》，http：//www.gzs.cn，2004年9月29日。

用于语文学习某个领域的规律，如汉字认知规律，汉文阅读规律，汉文写作规律，汉语听说规律。第三层是适用于语文学习某个更小领域的规律，如汉文阅读领域中又包括文言文阅读规律、白话文阅读规律，或者散文阅读规律、诗歌阅读规律、小说阅读规律、剧本阅读规律，等等。相对于第一层规律而言，第二、三层（乃至第四层、第五层……）都属于某特定语文学习领域的特殊规律，或称作具体规律。

关于某一领域语文学习的具体规律，研究者已有所揭示。如前文述及的汉字识写规律。再如阅读规律，钟和诚曾提出阅读的四条规律：层次律（感知-理解-想象-表达）、建构律（从已有认知结构出发，经过同化与顺应，建立新的阅读认知结构）、体验律（融入自己的生活体验，伴随强烈的情感活动）、操作律（借助内部言语，运用思维，对读物进行改造加工）。① 曾祥芹等则按阅读的流程将汉文阅读的规律概括为三条：感言辨体律，入情得意律，运思及物律。② 又如写作规律，刘锡庆曾揭示写作行为的四条规律：日积月累，循序渐进；习惯成自然，基础须早打；旺盛的热情是写作进步的巨大推动力；文章写得好，每人的得力点并不完全一致。③。周姬昌等则将写作的基本规律概括为三条：物我交融转化律（物我交融之后转化为文章），博而能一综合律（写作主体综合运用自身多方面的素质、修养和能力去感知、运思、表达，最后构成文章），法而无法通变律（写作主体自觉或不自觉地学习、借鉴具有相对稳定性的写作方法并加以革新创造，灵活运用于写作实践）。④

讨论语文学习各领域各层级的具体规律，非一章节所能为。本节重点探讨语文学习的基本规律及其对语文学习的指导价值。

一、学得间于习得，习学相递

母语及民族文化的学习，不是从进入学校学习语文课才开始的，而是从降生后第一声啼哭就已发生；也不是随离开学校结束语文课的学习而停止，而是进入社会以后还在不断地学习。这一点夸美纽斯在300多年前发表的《大教学论》里

① 钟和诚：《阅读教学规律试析》，《四川师范大学学报》（社会科学版）1995年第4期。

② 曾祥芹主编：《阅读学新论》，语文出版社，1999年，第215页。

③ 刘锡庆：《写作基础学》，中央广播电视大学出版社，1985年，第27-40页。

④ 周姬昌主编：《写作学高级教程》，武汉大学出版社，1989年。

就已有明确认识，他把人们学习语言的进程分为四个时期：牙牙学语的婴儿期——学着模糊地说话；日趋成熟的儿童期——学着正确地说话；比较成熟的青年期——学着漂亮地说话；精强力壮的成人期——学着有表现力地说话①。可见夸美纽斯谈论语文学习，就不只是囿于学校，而是着眼于人的一生。

现代语言学家主张区分“语言习得”和“语言学得”。语言习得指在生活环境里下意识地获得语言；语言学得指在有意营造的学习环境中有意识地学习语言。语言习得与学得的区别主要在于，习得是自发的模仿，耳濡目染，无序无定，而且习用终生；学得是自觉的学习，有目标有计划，阶段性加速吸收语言规范。当然，语言习得和学得的界限并非泾渭分明。就总体情况而言，早期（学龄前）以习得为主，中期（学龄阶段）以学得为主、习得为辅，后期（学龄后）又以习得为主。纵观人生整个语文学习过程，实际上是一个由习得到学得习得相兼，再到习得为主的交递前进的过程。

比较而言，国内外学者对早期母语习得规律研究较多，而对中期和后期母语学习规律的研究还少。国内外学者对儿童习得母语过程的大量研究结果表明，学龄前儿童在自然环境里主要通过生活和游戏习得母语，尽管是在很大程度上是不自觉的，但收效之快令人惊奇——他们能高速度、高质量地从无到有获得一种语言能力，从而完成由动物性的人到符号化的人的巨大转变；尽管他们到达某一语言发展阶段的年龄不完全相同，但经历的阶段基本相同，各阶段的顺序和所需时间也大致一样。由于划分标准不同，国内外不同研究者对儿童语言发展阶段的划分并不一致。我国儿童语言研究者李宇明依据语言系统和语言运用发展相结合的语言学标准，把儿童的语言发展划分为如下五个阶段——第一阶段：从出生到六个月前后为声音发展阶段（只是发出各种无意义的声音，并出现最初的对语声的模仿）；第二阶段：大约从六七个月到一岁为被动语言交际阶段（虽还不会说话，但已能对话语进行初步的理解，开始以被动的方式参与语言交际）；第三阶段：大约从一岁到二岁半为特殊语言交际阶段（开始说话，先是独词句，继为双词句，再到电报句）；第四阶段：大约从二岁半到六岁为目标口语发展阶段（儿童的特殊语言成分大大减少，语言已经纳入目标语言的轨道，语感开始形成，能进行一般的日常语言交际）；第五阶段：大约从六岁到少年期结束为成熟阶段（词

① ［捷］夸美纽斯：《大教学论》，教育科学出版社，1999 年，第 161 页。

汇量迅速扩充，各种语用技能得到发展，书面语一般也有较为可观的发展，并影响口语渐趋规范化，儿童语言已与目标语言没有多大差别）。① 笔者对孙儿语言能力发展的个案观察，验证上述阶段划分和特征描述是符合实际的。

上述五个阶段中，前四个阶段属于前文所说的早期习得阶段，语言发展具有自发性和随意性特点；第五阶段步入学龄期，进入以学得为主的阶段，语言发展呈现自觉性和规范化、个性化的特点。

这里所说的学龄期指的是小学—中学阶段。中学毕业后，少数人进入大学中文系或外语系继续学习中外语言文学专业知识，这种学习，目的性和计划性更强，学得的成分也更大；更多的人进入大学非语言文学专业，为进一步提高读写能力和人文素养，往往还用少量课时学习大学语文，习得和学得的成分都有；还有些人直接进入或经短期培训后进入社会工作岗位，他们在社会交往、工作实践和业余阅读中还会继续学习语文，提高语文修养，但这种语文学习，往往缺乏明确的目的性和计划性，习得的成分远远大于学得的成分，这就是前文所说的后期习得阶段。后期习得与早期习得相比，有不同的特点和规律，如，习得重点由口语转到书面语，而且带有职业化特点；习得目标由获得言语能力转为提高言语艺术；习得路程漫长而成效提高缓慢，随着人生路程延长，成效提高也越来越缓慢，以至渐停终衰。

认识和遵循“习学相递”规律，对语文教与学的指导价值至少有三点：

第一，中小学学生学习语文并非从零开始，设定教学目标，选择教学内容，提出教学要求，安排教学进程，以及编写学生读物、习题或考题，都应充分考虑学生的母语习得基础，重视儿童已有的生活经验。以词语教学为例，如果连“猫”“胸脯”“灰溜溜”之类学生在生活中早已熟悉的词语，也要学生记忆理性化的词义解释，那既浪费学生的精力，又消退学习语文的兴趣，除了应付机械死板的考试，没有任何积极意义。而“再接再厉”之类出自古代诗文典故、学生容易误解误写的词语，反倒囫囵吞枣，不求甚解，以致“再接再励”这样的误写经常出现在学生的笔下，甚至出现在庄严会堂的横幅上。追根溯源，中小学语文教师难辞其咎。

第二，中小学毕业不是语文学习的结止，在中小学语文课上诱发学生学习语

---

① 李宇明：《儿童语言的发展》，华中师范大学出版社，1995 年，第 321—322 页。

文的兴趣，教他们掌握学习语文的方法，培养自主、探究学习的良好习惯，引导学生“自能读书、自能作文”，力求达到叶圣陶先生倡导的“教是为了达到不复需教”的理想境地，为日后继续学习、终身发展奠定坚实的基础，在某种意义上比多讲几篇文章、多教一些陈述性知识更重要。

第三，母语习得贯穿人的一生，即使在以学得为主的学龄期，也不能忽视习得。中小学生学语文与学外语明显不同的一点是，他们浸泡在母语的大海中，无论学校生活、家庭生活、社会生活，学生天天在习用母语——口语和书面语，用母语学功课，做事情，搞交际。语文教师应有意识地指导学生将课内外语文学习联系起来，引导他们以语文课的言语学得带动其他课中、实践活动中和生活当中的言语习得，又以其他课中、实践活动中和生活当中的言语习得来促进语文课的言语学得。前些年《中学语文教学》杂志封面出现过一行字——“以学得促进习得是语文教学的根本”。我们以为，语文教学既要重视“以学得促进习得”，还应重视“以习得拓展学得”。二者相得益彰，语文教学效率定会大大提高。“大语文教育”“课内外衔接”等实验已经证明了这一点。

二、内化先于外化，内外相制

内化和外化，在心理学中指的是人的高级心理功能形成与发展的两个相互联系、转化的过程。内化指社会意识向个体意识的转化；外化指内部智力动作向外部实际动作的转化。这里，借用内化和外化分别指两种语文学习：由外向内的言语吸收，和由内向外的言语表达。

个体学习语言的过程，是在一定的语言环境中，由“言语输入—言语理解—言语生成—言语输出—言语反馈”等环节构成的链。言语输入指通过听觉或视觉接收外部的言语信息。言语理解（或称解码）指把接收的词汇信息和句法信息综合起来形成语句的语义表征，理解话语的字面意义，并依托语境理解言语者的意图和动机，同时伴随着言语记忆。言语生成（或称编码）指构建所要表达的思想内容，并选择适当的词句，把思想内容转化为有结构的言语形式。言语输出是把转化生成的言语信息用声音或文字传达出去。这四个环节中，输入和理解是吸收，是内化；生成和输出是表达，是外化。

在语言学习过程中，言语输入是起点。没有言语输入，理解、生成和输出就等于无源之水、无米之炊，就根本谈不上语言学习。言语输入不但从过程上看总是先于言语输出，而且从数量上看也远远大于言语输出，言语输入的内容、数量和方式，直接影响语言学习的速度和质量。

巴甫洛夫学派的心理学家经过实验研究，证明言语的理解先于言语的生成。他们把儿童言语活动的发生划分为以下四个阶段：

第一阶段（7、8 个月前）：直接的刺激物→直接反应

第二阶段（10–11 月）：词的刺激物→直接反应

第三阶段（1 岁时）：直接的刺激物→词的反应

第四阶段（1 岁以后）：词的刺激物→词的反应

由此可见，儿童处于第二阶段时已经能够理解某些言语，而言语的生成则须待进入第三阶段之后。

我国心理语言学研究者朱曼殊等指出：言语理解先于言语产生是儿童语言获得中呈现的一种自然顺序。儿童在说出有意义的词之前，已经能够听懂许多句子。即使在儿童习得母语的口语、进入学校接受教育之际，他们能够听懂、看懂的口头、书面言语仍然大大超过自己能说、能写的内容。① 彭聃龄等也认为：“语言理解先于语言生成不仅在语言发展的开端是如此，在以后的发展中仍是如此。当儿童还听不懂具有某种句法结构的句子时，要生成具有这种结构的句子是不可能的。”②

综上可知，人们的观察认识和已有的实验研究都表明，言语输入先于言语输出，言语理解先于言语生成。这里概括表述为：言语吸收先于言语表达，内化外化相互制约。其中含有两层意思。一层意思是：言语吸收是言语表达的前提，言语吸收的质和量直接制约着言语表达。这一层不难认识。还有一层人们却容易忽视，那就是言语表达对言语吸收也有一定的制约作用。语言学研究者李宇明认为：语言输出不仅是已内化的语言能力的运用和表现，而且是语言学习不可缺少的一环。他引述下面一些报告：一对聋哑夫妇生了一个正常的儿子，他们希望通过电视教儿子学会有声语言，却没有成功；双胞胎儿童如果常在一块儿，语言发展就相当缓慢，因为他们相互之间不使用较完整的语句就可以“心有灵犀一点通”，然后指出：“如果没有语言输出，而要真正掌握一门语言是不可能的。语言输出对于内化的制约，应引起足够的重视。”③ 听到了某个新词语，如“粉丝”

① 朱曼殊主编：《心理语言学》，华东师范大学出版社，1990 年，第 471 页。

② 彭聃龄主编：《语言心理学》，北京师范大学出版社，1991 年，第 249 页。

③ 李宇明：《语言学习异同论》，《世界汉语教学》1993 年第 1 期。

"给力"，看到了某种新颖的表达方式，如仿拟、别解，就学着用到自己的言语表达中，能加快对这个新词语或表达方式的理解吸收。依据我们平时对学生和成人言语运用的观察，以及自身的言语体验，也能证明这一点。

认识并遵循"内外相制"这条语文学习规律，可以启示我们：

第一，言语吸收是言语表达的基础，言语表达又可以促进言语吸收，听、读技能和说、写技能应全面训练，不可偏废。阅读中心论和写作中心论都是片面的。有人重提中考、高考只考一篇作文的主张，实不可取。

第二，语文学习应特别重视积累典范的言语材料。熟读背诵是内化、积累的好方法。儿童少年记忆力强而理解力弱，正是熟记诗文佳作、积累字词句篇的黄金时期。"当其可之谓时"，"时过然后学，则勤苦而难成"。我国古代语文教育十分推重诵读积累，是有道理的。诵读可以锻炼眼、口、耳、脑多种感官协调配合；可以熟记精美的言语材料，储备丰富的言语模型，培养良好的语感；还可以获得审美体验和情感熏陶。可惜这一举多得的学法被简单地视为死读硬背而弃置，校园里的"琅琅书声"稀疏沉寂，阅读课上学生少阅不读，大量时间被老师占去搞讲解分析，课外也是让学生做题多，读书少。这种本末倒置的做法，自 2000 年语文教学大纲颁布以来开始有所改变。语文新课标更是明确强调诵读和积累，提倡少做题，多读书，好读书，读好书，读整本的书，并且规定九年背诵古今优秀诗文 240 篇段，课外阅读总量 400 万字以上。"腹有诗书气自华"，扎实的语料积累会使学生终生受益。

三、技能重于知识，知能相济

这里的知识和技能特指语文知识和语文技能。语文知识是人们对语言、文字、文章、文学等语文现象和对听说读写等言语活动的概括性认识；语文技能是个体进行听说读写等言语活动的动作系统。

在非语言文学专业以外的一般性语文学习中，语文知识和语文技能哪个更重要？对这个问题不外三种认识：知识重于技能；技能重于知识；二者同等重要。

持语文知识重于语文技能观点的人认为，语文知识是形成语文技能的基础，无知必然无能；语文知识可以转化为语文技能，知识学得扎实，能力自会提高。这种说法曾经盛行，其实并不符合语文学习的实际。

母语的学习不同于第二语言的学习。从母语学习过程来看，个体总是先在自然环境里习得言语技能，即学会听话和说话，然后在此基础上，才逐渐学得语文知识。5岁左右的儿童在正常情况下已经具有相当可观的言语技能，他们与成人交谈已经没有多大困难。这种技能是他们不断模仿操练的结果，而不是先学习语言知识然后转化出来的。他们能熟练地说出无数合乎语法规则的主谓句，却根本不懂什么主语、谓语；他们能正确运用“因为……所以……”“只要……就……”等复句格式表达意思，却不知道这是因果复句那是条件复句；他们能把蘑菇比成小伞，把弯月比成小船，可是并不了解比喻修辞格。等上小学、上中学了，他们才渐渐明白这些语法修辞知识是怎么一回事。有人把这种情况概括为“能力在先，知识在后”，并称之为“人们学习语言的普遍规律”,① 是言之有据的。

观察在校学生掌握语文知识和语文技能的状况，也可以发现：语文知识学得多、记得牢的学生，听说读写技能并不一定比语文知识掌握得差些的学生强。一个中学生能正确答出“不耻下问”里的“耻”是意动用法，可向老师请教问题时却说自己是“不耻下问”，这类情况并不鲜见。古人所说的“两脚书橱”，今人所说的“高分低能”，并非子虚乌有。观察现实生活里成年人掌握语文知识和语文技能的状况，也不难发现这样的事实：一些没有学过多少语文知识甚至根本不晓得语文知识为何物的人，口语表达能力比一些学过多年语文知识的中学生、大学生乃至语文教师并不低，有的还称得上善于讲话的能手。文学人物王熙凤、刘姥姥等不必说，我们身边也不乏这样的例证。

以上事实说明，在母语学习中，语文知识并不是形成语文技能的充分条件，甚至也不是必要条件，“无知必然无能”的说法是站不住脚的；也说明语文知识转化为语文技能是有条件的。这条件，首先是看语文知识的种类和性质——有的知识对形成语文技能有指导或促进作用，能转化，有的知识与形成语文技能没有什么直接联系，难以转化；其次，能转化的也必须通过实践运用、反复操练才能实现。

持语文知识和语文技能并重观点的人认为，语文基础知识和语文基本技能是语文学科的“双基”，“双基”同等重要，不可偏轻偏重。这是对语文学科的个性缺乏认识，在语文教学中简单套用“双基论”所致。

“双基论”指“主张把基础知识和基本技能作为普通中小学教学内容核心

① 孙光萱：《论中学语文教学的误区》，《上海教育学院学报》1997年第4期。

的课程理论”。[1] 这种理论植根于本土，萌芽于上世纪50年代初，成形于60年代初，成熟于70年代末，80年代得到进一步发展，对中小学各科教学的影响都很大。它注重知识教学，强调夯实基础，在我国基础教育遭受“大跃进”和“文革”两次大的挫折后，曾起到过拨乱反正、提高教学质量的重要作用。但在语文教学中强调“双基并重”，也产生了明显的副作用——夸大语文知识的价值，甚至将它与语文技能并列为语文教学的主要目标，追求语文知识教学的系统化、检测的繁琐化，误导了教、学双方的注意力。有人指出这是语文教学“高耗低效”的主要原因之一。对此，1990年代以来，语文教育界已经有了深刻的反思。

反思的基点在于，语文学科的性质不同于其他学科，知识在语文学科中的地位也不同于其他学科。经过反思，越来越多的人认识到语文科不是知识性学科，而是技能性学科，运用一种语言的实际能力与懂得有关这种语言的知识是两码事。朱绍禹指出：就语文科追求的基本目标来说，是要教学语文技能，而不是教学语文知识。一个学生学习了语文知识，知道了理解和表达的道理，却读不懂应读懂的文字材料，写不出应写出的文字，就不能说他是在学语文。[2] 陈日亮指出：“语文不是一门认知的学科。迄今为止，编入课本的那些语、修、逻、文的知识，基本是语言学家、文章（学）家研究出来的属于原理定则、常识概念的东西，是一种静态描述的学科知识。这类知识对学语文有用，但无大用，可是我们却一直说它是‘基础’。说一个学生语文基础没有打好，就是指的这些知识没有学好吗？我们要求学生具备的所有语文能力，都是建立在这些知识的基础之上的吗？显然不是。语文是工具，从教会使用工具这个目的意义上说，它又是技能。既是技能，最重要的是如何正确掌握和熟练运用。”[3]这些认识是符合语文学习实际的。

综上可见，在语文学习中，认为知识重于技能，或者认为知识与技能应该并重，都是不正确的。语文学习的核心目的是提高语文技能，学习语文知识是提高语文技能的辅助手段。因此，在语文学习中，技能重于知识。

实事求是地指出语文技能重于语文知识，并不意味着语文知识没有用处，不

① 汪潮、吴奋奋：《“双基论”的回顾与反思》，《课程·教材·教法》1996年第2期。
② 朱绍禹：《编写语文教材的几个理论课题》，《语文学习》1991年第6期。
③ 陈日亮：《得法养习，历练通文》，《课程·教材·教法》1996年第1期。

需要学习。还应认识到，掌握必要的语文知识有益于提高语文技能，听说读写等语文技能提高了，又有利于更好地理解和掌握语文知识，也就是说，语文知识与语文技能是相济互利的。

我国古代语文教育一味强调多读多写，完全忽视语文知识，全凭学子感悟摸索，寒窗十载，口不绝吟，手不停披，焚膏继晷，兀兀穷年，终于有人读通了，悟得了门道，成了文章高手，可毕竟还是读不通、写不好的多。个中缘由除了鲁迅曾指出的“古文作怪”以外，教与学的目的和方法也难脱干系。现当代语文教学在读写训练过程中加进了语文知识讲解，这是一大进步。尽管知识项目的甄选、实用体系的构建、教学方法的运用都还需要改进，但与古代单靠多读多写、暗中摸索的学法相比，就如在暗胡同里安置了灯盏，哪怕亮度还不够，可毕竟给学子提供了不少便利，在一定程度上提高了学习效率。接受过现当代语文教育的人都有这样的体验：懂得一些汉字构造知识可以提高识字写字的正确率，学习一些语法修辞知识有助于分析改正语病和鉴赏领悟变异创新的语言形式，掌握一点文章体裁知识有助于作文适体合度。这都说明适当学习一些语文知识有助于提高语文技能。至于提高语文技能会有助于理解和掌握语文知识，就更是显而易见的了。

认识并遵循“知能相济”这条语文学习规律，对于实施语文课程改革具有重要的警示意义：中小学生需要的是学习言语而不是谈论语言，基础教育阶段语文教学的目的是培养能正确理解和熟练运用祖国语言文字的人，而不是谈论和研究语言的人。要达到这样的目的，以往教科书中的语言知识有用，但无大用，烦琐讲授语言知识的做法弊多而利少。中小学语文课程要求学生学习的应该是那些对提高他们的语文能力最基本、最有用的语文知识。尤其是过去充斥在语文课程中的陈述性语言知识，更要精选“菜单”，改进教法。

对语文知识特别是陈述性语言知识进行淡化处理，是必要的。但是，淡化处理应把握分寸。《全日制义务教育语文课程标准》（实验稿）在“前言”部分阐释“语文素养”的涵义时，在课程“总目标”中，都没有提及语文知识。“语文素养”的构成要素能没有语文知识吗？这样处理是否可能导致语文知识教不教、学不学关系不大的误解？会不会造成新一代青年语文知识的贫乏，最终影响他们语文素养的形成和发展？

破坏容易建设难。近现代语文课程中逐渐形成的以陈述性的语言知识、文章知识和文学知识为主的知识体系，确实陈旧有缺陷。过去大纲罗列的、教材呈现的语文知识特别是语言知识，的确不够精要、管用，应该删繁就简。但删简淡化只是权宜之计，更重要的是除旧布新。语文知识如何除旧布新，如何重构适合中小学生学习的语文知识新体系，是语文课程建设的一项重要而紧迫的任务。课改实验以来陆俭明、韩雪屏、王荣生等学者就此发表了一些建设性意见，值得语文课程研究者、教材编写者和课程实施者重视。汇集各方的创造智慧和实践努力，才能尽早形成合宜的语文科知识体系和效率更高的教学策略。

四、语言系于思维，语思相辅

语言和思维的关系，是哲学界、心理学界、语言学界和语文教育界共同关心并且争论不休的问题，正如美国一位心理学家所说——语言和思维的关系问题是语言研究中最有趣、最富于争论性、有时又最为紊乱的问题之一。

古代哲人主要是凭经验和思辨来认识这一问题，局限性很大。首先把思维当做心理学的专门课题采用实验法进行科学研究的，是德国心理学家冯特的学生丘尔佩，他领导的符兹堡学派在19世纪末、20世纪初率先取得了思维研究的初步成果，因此被称为思维心理学派。从那时至今，众多科学家的研究成果，使人们对语言与思维关系的认识不断深化，虽有许多问题尚待进一步研究，但已取得了不少趋于一致的认识。

遵循马克思主义的辩证唯物主义认识论，综合众多学者的研究成果，我们认为下面的概括可以反映多数学者在二者关系问题上的共识：语言和思维是紧密联系在一起的，各以对方的存在为自己存在的前提，二者相互为用，相互促进，它们的关系是双向的、辩证的，又是错综复杂的。

说它们的关系是双向的、辩证的，基于两方面的认识。一方面，语言是思维的物质外壳。人与其他动物的本质区别，在于人具有抽象思维能力，而抽象思维这种高级神经活动是以第二信号系统——语言为载体的。正常人的思维活动，必须凭借内部言语才能进行；思维活动的成果——思想，也必须凭借内部言语才能巩固和保持，又必须通过外部言语才能交流和传播。语言的发展可以促进思维的发展。另一方面，思维是语言的内核，语言离不开思维。离开思维，没有任何思想的寓托，语言就成为空壳，就失去了存在的价值。思维的发展反过来可以促进语言的发展。“思维有条有理，明确透彻，语言也有条有理，明确透彻。思维杂乱无章，含糊不清，语言也杂乱无章，含糊不清”；“思维发展了，语言与之相应，也发展了”。①

说它们的关系错综复杂，又基于如下认识。首先，从二者的起源来看，语言和思维并不是同时产生的。无论是从种系的进化发展看，还是从个体的成长发育看，总是先有思维后有语言，思维是语言产生和发展的基础。就种系的发展而言，人类有思维的历史远远早于有语言的历史。就个体的发育而言，婴儿在会说话之前就有了直观行动思维，这种低级形态的思维对语言的发生和发展有决定性影响。而语言的发生和发展又促使幼儿日益频繁地用表象符号代替外界事物，重现外部活动，进入具体形象思维阶段，并出现抽象逻辑思维的萌芽。儿童一旦在认知基础上获得了语言，以具体表象为中介的初级形态的思维也就质变为以语言为工具的高级形态的思维。此后，语言仍随着认知的发展而发展，特别是在语义方面的发展将持续终生；另一方面它作为思维的工具，会对包括思维在内的整个认知发展发挥越来越重要的作用。其次，从二者的对应关系来看，语言单位和思维形式并不完全对应。概念要用词表达，但词并不都表达概念（虚词一般不表达概念），一个词可以表达多个概念，一个概念也可以用多个词语来表达；单句和判断、复句和推理的关系也不完全对应。再次，从二者的特点上看，语言具有民族特点，因而形成世界语言的多样性；而思维是全人类共同的，思维形式和思维规律并不因民族不同而异。另外，有人指出语言并非思维的唯一载体，思维还可以有其他中介，聋哑人没有获得语言却能够进行思维即为明证；也有人指出音乐、舞蹈、绘画、雕塑等艺术创作是思维活动的结果，可以几乎不需要借助语言来创造或欣赏。对此，一般认为，聋哑人的思维具有特殊性，研究聋哑人的思维对于探索特殊的思维方式具有重要意义，但语言毕竟是正常人最重要的思维工具。抽象思维是人类思维的核心形式，艺术创作是要借助形象思维，但形象思维并非完全不需要语言的参与。因此，语言和思维的联系才具有普遍意义。

这一规律昭示我们：要有效提高学生的语言能力，必须高度重视思维能力的培养。

在语文课程中，思维训练不能独立于语言训练之外，而要融合在识字写字、阅读、写作、口语交际以及综合性学习之中。如何使学生的语言能力和思维能力同步协调发展，不少语文教师已经创造了一些可贵的经验。如宁鸿彬老师在阅读

---

① 蒋仲仁：《思维·语言·语文教学》，人民教育出版社，1988 年，第 9、10 页。

教学、写作教学、听说教学中采取灵活多样的方法进行思维训练，培养学生敏捷、广阔、深刻、周密、创造等多方面的思维品质，取得了显著成效，值得借鉴。①

过去，语文教学中的思维训练偏重聚合思维（求同思维），忽视发散思维（求异思维），偏重抽象逻辑思维，忽视直觉思维、形象思维和辩证思维。现在，语文新课程强调培养学生的创造性思维能力。而培养创造性思维能力，需要更多地依赖发散思维、直觉思维、形象思维和辩证思维。需要注意的是，语文教学在重视创造性思维训练的同时，也不能忽视聚合思维和抽象逻辑思维训练。

较长时期以来，中小学作文教学中存在着重语言形式、章法技巧而轻思维训练、情感培养的倾向，学生作文思路狭窄、思想肤浅、想象不丰富、思维不严密、缺乏创造性，这些问题比较普遍。“要想写清楚就必须想清楚；要想写得充分，就必须想得充分；要想写得实在并富有想象力，那就必须在思想上想得实在并展开丰富的想象。一个学生要想较好地学习写作，那他就一定要更好地学习思考。这是一条规律，其他没有第二条路可走。”美国教育家西奥多·W. 海伯这段精辟的话，值得语文教育工作者深加体会，着力解决。

五、言语本于情意，言意相依

请先读一篇短文《信》：

上大三那年，我早已失去了给家里写信的激情，一个月难得动一次笔，信的内容也是只言片语，例行公事般汇报自己这边的境况。

一次，我因急于上图书馆抢占自习位置，仓促中竟将写给女友的信与家信装错了信封，等我第二天无意中觉察时，已悔之晚矣。

不几日，父亲便回了信。父信中说：吾儿，此次收到你来信，知儿作文能力尚未退化，心里甚安。总算没枉费你小时我努力教你作文的一番心血。然儿将此信寄我，即算父之私有财产。老父也极为喜爱，愿作永久收藏。如儿确需收回此信，父愿与儿作等价交换。你再写一信来，要求：篇幅一致，约 2500 字；情感一致，言之有情；文采一致，行云流水，不能干巴巴记流水账数行。

父亲信极短，寥寥数语，却每字如针般扎疼我心。那一夜我一宿未睡，脑海

① 宁鸿彬：《寓思维训练于读写听说训练之中》，《宁鸿彬文选》，漓江出版社，1996 年。

里交替出现父亲朴实的背影、深沉的眼神及家的温暖。我边写边流泪，文字汩汩而出，不知不觉中一本稿纸用完了，近万字。①

为什么以往的家信只言片语，而这次却万语千言？原因在于心被“扎疼”，情被触动。情动于衷而辞发于外，汩汩滔滔，稿纸已尽而意犹未尽。《毛诗序》云：“诗者，志之所之也，在心为志，发言为诗。”白居易《与元九书》说：“感人心者，莫先乎情，莫始乎言，莫切乎声，莫深乎义。诗者，根情，苗言，华声，实义。”他们谈论的是诗，但是，以感情为根本，以言语做枝叶，以声音做花朵，以思想为果实的，又何止是诗？文不也如此吗？

由此联想到学生作文。中小学生常说“作文儿作文儿，憋死小人儿”，为什么？主要原因之一是老师命题脱离学生的思想实际、生活实际，学生的情感没有触动，以致搜索枯肠，也难“始乎言”；即使东拼西凑，勉强成篇，也难“切乎声”“深乎义”。若是老师“钻到学生的肚子里”，命题恰合了学生的实际，触发了他们的情感，或者由学生自主选材定题，写他们最想说的话，那情况就不同了。于漪老师尖锐批评语文教学为考而教，搞纯技术训练，脱离学生的思想和生活的倾向，她说：“问题在于语言文字毕竟不是僵死的符号，它负载着人的思想、情感、意识、心灵，是活生生的，有灵魂，有生命的，离开了生活，离开了文化熏陶，离开了认识能力的培养，缺情少意，是不可能有效地提高语文水平的。”②

30 年前，一篇中学生作文《乞丐》曾经引发了一场讨论。那是上海敬业中学的一个学生，按照老师提示的命题范围——写除夕之夜的一个团聚场面，在作文课上当堂完成的。作文开头交代除夕夜吃罢团圆饭，去大光明电影院看电影，路上看见有些人围着一个乞丐。下边写道：

这个乞丐看上去是个农村妇女，怀里抱着一个看上去不满周岁的小生命，坐在地上。“可怜，可怜我吧！舅舅娘娘们，行行好……”她用可能是嘁哑了的颤抖的难以形容的嗓音向周围的人苦苦哀求。她衣衫单薄浑身打战，向人们伸着一双饥饿的手。人群中不时有人给她几分几角钱或一些吃食，这时她的眼神充满了对那些发善心的人们的感激。……

我不想再看下去了。一阵西北风夹杂着尘灰迎面刮来，顿时我感到眼前一片昏暗。……

① 聂勇军：《信》，《生活早报》2001-01-19，“生活手记”专栏。

② 江明主编：《问题与对策：也谈中国语文教育》，教育科学出版社，2000 年，第 94 页。

从大光明电影院出来，影片的情节并没有在我的大脑里引起追忆，倒是耳边仿佛又听见“可怜，可怜……行行好……”。我扭头瞟一眼大光明三个霓虹灯大字，心里暗想大光明并不“光明”。

作文写于1979年，“四人帮”已粉碎，全国人民在党中央领导下正“一心干四化”，这个学生却写“大光明并不‘光明’”，着实让老师吃了一惊。在这篇作文引发的讨论中，有人认为文章的观点不对，“不写繁华的南京路上欣欣向荣的场面，而去写一个阴暗角落里的乞丐”，“把支流当做主流”，应该打不及格；有人认为这篇作文“尽管思想上有缺点，但作者敢于接触实际，文字也好，至少应当及格”；也有人认为文章主题深刻，题材新颖，描写具体，文字生动，感情真挚，是篇好作文。①

这篇作文以及关于这篇作文的讨论启示我们：言为心声，正是由于这位学生的心被打动，笔端才流淌出这样饱含怜悯之情的文字。至于“真实的表达”感情是否健康、观点是否正确，这取决于作者的思想认识水平和观察、思维方法。小学生、中学生思想难免幼稚，认识难免片面，作文中流露一些在成年人看来不那么“积极”和“健康”的思想情调，不足为怪。解决的办法，当如叶圣陶先生所说——“文字该和语言思想一贯训练”，因为“文字的依据既是语言，语言和思想又是二而一的东西”，“怎样想，怎样说，怎样写，分不开来”。②

许多中小学语文教师反映，学生作文造假现象普遍：编故事，说套话，唱高调，缺乏真情实感，更少个性化表达。为什么会这样？主要原因在于对学生作文的立意要求偏高，评价尺度不当。导致学生“为了得高分，不愿抒发自己的情感，唯恐它是不那么高尚的；为了得高分，不愿表露自己的思想，唯恐它是肤浅的、片面的；为了得高分，不愿用自己的语言，唯恐它太幼稚，不成熟、不深刻。于是作文中充塞着伪圣化的情感、功利化的思想和成人化的语言，唯独丧失了学生自己。”③

认识并遵循“言意相依”律，对语文学习者和指导者至少有两点启示：

第一，作文训练和口语表达训练，选题要恰当，要能触动学生的情感，要引

---

①《解放日报》1979年5月13日。

②《叶圣陶教育文集》第3卷，人民教育出版社，1994年，第383页。

③ 语文课程标准研制组：《全日制义务教育语文课程标准解读》，湖北教育出版社，2002年，第69页。

导学生用个性化的言语抒写自己的真情实感，少讲人云亦云的公话、套话，不讲虚张声势的空话、大话，更不讲矫情违心的假话。要像语文课程标准（2011 年版）建议的那样：“为学生的自主写作提供有利条件和广阔空间，减少对学生写作的束缚，鼓励自由表达和有创意的表达”，“改进作文命题方式，提倡学生自主选题。”照此实施，作家邹静之痛心描述的女儿的作文“几乎成了一些儿童八股的翻版”，“几乎是假话、假感想、假故事大全”的情形，才会得到根本性的改变。

第二，言语表达训练还应该和思想情感培养结合起来，学作文要和学做人结合起来。语文课标要求“写作要感情真挚，力求表达自己对自然、社会、人生的感受、体验和思考”，用“真情实感”代替了过去大纲中“思想健康”的要求，这对于学生写放胆文、自由文有利。因为在很多老师和学生看来，叙写好人好事、歌颂大好形势、抒发崇高情感，才算“思想健康”；写有缺陷的人物事件、不完美的社会现象、不良的社会风气，即使持批判态度，有真情实感，也往往不被认可。重庆綦江县彩虹大桥垮掉之前，一位小学生在题为《彩虹桥要垮》的作文中写道：“桥上有的铁棒有裂缝，我看见了好几条。我觉得太危险了，仿佛马上就会落下去，眼前像地震发生一样，我飞快地跑下了大桥……”这样观察细致、感受真切的表达，却因为没有“用优美的词句去赞美”“美丽綦江的标志”而遭到否定。不幸的是綦江大桥的命运竟被这位小学生言中。童真可贵，稚气可谅，写作功利化、情感伪圣化才可怕。中小学生作文存在些片面和肤浅，属正常现象；即使流露一些消极乃至灰暗的情绪，也不必大惊小怪。这正是引导他们学观察、学思考、学做人的契机。“当你不能容忍学生作文中的任何灰色时，你便把学生的真诚永远拒之门外了”。①

六、言意源于生活，学用统一

言语和它传达的情意是从哪里来的？不是天上掉下来的，也不是头脑里固有的，而是从生活中来的。生活是言语和情意的发源地。没有生活，就失去了情意产生的土壤；没有情意，就失去了言语表达的根基。生活→情意→言语，是三者的流变关系。“语文学习，就是在生活中学习‘言’与‘意’的互转，求得在生

① 李镇西：《内容第一技巧第二》，《语文建设》2007 年第 6 期。

活中熟练说写听读而开展的一系列听说读写活动。”① 听和读是接收他人的言语信息并通过译码理解其情意，说和写是将自己的情意通过编码转换成让他人能理解的言语。学语文其实就是在用语文，用语文也是在学语文，特别是对学生而言。

“语文学习的外延与生活的外延相等”，语文学习天然地与生活联系在一起，有生活就会有言意转换，有言意转换就有语文学习。学生的生活在哪里？既在课堂里，又在课堂外。课堂空间小，课外天地广，校园生活、家庭生活、社会生活，变化万千，丰富多彩。

夸美纽斯曾经指出：“语文的学习，尤其在青年时代，应当和事物的学习联系起来，使我们对客观世界的认识和对语文的认识，即我们对事实的知识和我们表达事实的能力得以并肩前进。因为我们是在形成人，不是形成鹦鹉”；“由此可见，第一，学习文字不应该离开它们所代表的事物”；“第二，不论哪种语文，对它的完整和细微的知识是很不必要的，如果有人要去达到这种目的，那是荒谬和无用的”；“第三，可见孩子们的智力和语文应当在吸引他们的材料上得到练习，而吸引成人的材料则应当留待后一阶段。”② 语文教材的选文是考虑了学生的年龄特点的，有的选文反映的生活距离学生很近，如现实的家庭生活、学校生活和社会生活，学生阅读时结合自己的生活体验易于加深理解；有的选文反映的生活距离学生较远，古代的如《卖炭翁》，外国的如《最后一课》，想象的如《愚公移山》《皇帝的新装》，学生大多可以在现实生活中找到一些影子，也可以间接地联系生活体验去感悟。作文与学生生活的联系更为密切。叶圣陶多次强调“作文原是生活的一部分”，“作文不是生活的点缀，而是生活的必需”。这在日记、随笔等自由作文中容易办到。但写作训练不能没有命题作文。要让命题作文成为生活的一部分，首先是教师命题要紧扣学生的思想脉搏和生活实际，抓住学生所关心的事情和热点问题，牵动他们的心灵；其次是学生要写实感抒真情。课外生活中蕴藏着丰富的语文学习资源，看你是否善于发现，是否留意利用。漫步校园，报栏、板报、标语、告示，都是语文学习材料；回到家中，看电视，听歌曲，打电话，写信读报，都是语文学习活动；在街头、商场、影院、公园，处处有语文，时时有言意转换。联系生活学习和运用语文，资源无穷，乐趣无穷，益处无穷。

这条规律启示语文学习者和指导者：要把语文教活学活，必须紧密联系学生

① 李维鼎：《语文言意论》，上海教育出版社，2000 年，第 231 页。

② ［捷］夸美纽斯：《大教学论》，教育科学出版社，1999 年，第 157—158 页。

的生活；要把语文教好学好，还要着力充实学生的生活。

联系学生的生活，一是在课堂语文学习中注意联系学生的生活、思想实际，二是引导学生在课堂以外的广阔天地里随时注意学习和运用语文。要努力构建课内外衔接、校内外沟通、学科间融合的大语文教育体系，拓宽语文学习的内容、形式和渠道，让学生在广阔的时空里学语文、用语文，学习与运用统一，文品与人品共进，从而达到“立人”的目的。

充实学生的生活，是学好语文的必要条件。正如叶圣陶所说：“生活充实，才会表白出、发抒出真实的深厚的情思来”；“生活充实的涵义，应是阅历得广，明白得多，有发现的能力，有推断的方法，情性丰厚，兴趣饶富，内外合一，即知即行，等等”；“要使生活向着求充实的路，有两个致力的目标，就是训练思想与培养情感。”① 训练思想与培养情感，不是语文教学分外的事，而是全面发展学生语文素养题中应有之义。

七、创新基于模仿，仿创迁移

模仿是仿照现成的样子学着去做；创新是抛开现成的创造新的；迁移指一种学习对另一种学习的影响。在语文学习中，模仿是创新的基础，创新是模仿的飞跃；模仿是学习的起点，模仿学习可以诱发创新，创新是学习的归宿，创新学习可以使模仿得以升华。

语文学习始于模仿。儿童学习说话，学习写字，学习朗读，学习作文，都离不开模仿。模仿有多种形态。从行为的意义看，有简单模仿和复杂模仿。简单模仿是表层意义的模仿，如模仿他人写字的姿势、读书的腔调；复杂模仿是深层意义的模仿，如模仿他人思维的方式、写作的风格。从行为发生的过程看，有动态模仿和静态模仿。动态模仿是仿照他人的动作而活动，如习字时边观察老师运笔示范边依样动作；静态模仿是通过观察语言、图片等获得语言信息继而模仿。语文学习活动中的模仿更多的也更有价值的是“静态—复杂”模仿。

吕叔湘先生认为：“学习语言的一般过程是模仿→变化→创造。”② 王松泉教授指出：“创造力不是凭空产生的，它必须经由模仿而形成。由仿而创，先规矩

①《叶圣陶教育文集》第 3 卷，人民教育出版社，1994 年，第 300、301 页。

②《吕叔湘论语文教学》，山东教育出版社，1987 年，第 36 页。

而后巧，从合格到破格，这是形成创造力的基本规律。”①语文学习的事实告诉我们，越是初始阶段的学习，模仿的成分也越大。小学生开始学拼音，学朗读，学写字，主要靠模仿。而且由于低年级学生缺乏对字音正误字形美丑的鉴别力，此时的模仿带有较大的盲目性，因此教师的示范很关键。良好的示范，正确的模仿，可以促成正迁移。不良的“示范”（如教师范读的方音、错音，板书的笔顺、笔画错误），机械的模仿，则会导致负迁移，甚至给学生留下“先入为主、积习难改”的终生遗憾。阅读理解、组词造句、看图说话、写话作文，乍始的时候也多是模仿教师或教材的“样板”，随着见闻的增广和知识的积累，渐生变化，渐多创新。模仿的样板越是多样化，看到的参照系越多，比较借鉴的机会就越多，创新的可能性也越大。

这里说初始阶段的学习模仿成分大，并不意味着不会有创新。模仿和创新并不决然对立，而是对立统一，它们往往相伴而生——模仿中有创新，创新中有模仿。如果我们留意观察，就不难发现儿童是很有想象力和创造性的。在课堂学习中，在生活交往里，小学生，哪怕是低年级的小学生，都不乏创新的言语表达。“雪化了变成春天”，“圆珠笔在纸上快乐地蹭痒”，这样的奇思妙语多么具有创新性！

在语文学习中，模仿并非“克隆”，也不等于“抄袭”。必要的适当的模仿，有利于学习方法的掌握和基本技能的形成，同时可以为孕育和诱发创新做准备。创新是更可贵的学习品质。因为有创新才能不因循，才能有超越，才能展个性。阅读理解上的创新，主要体现在思维方向、思维方法、思维结果上。言语表达上的创新主要表现在言语形式、言语内容上。柳宗元写《捕蛇者说》，揭露“赋敛之毒甚于蛇”，立意模仿了孔子过泰山侧慨叹“苛政猛于虎”，但言语形式上创新了，是“师其意而不师其辞”。王勃作《滕王阁序》，留下“落霞与孤鹜齐飞，秋水共长天一色”的名句，句式脱胎于庾信《马射赋》“落花与芝盖同飞，杨柳共春旗一色”，然而意象翻新，意境廓大，是“师其辞式而创新意”。余光中的诗《乡愁》，有人指出模仿了南宋蒋捷的《虞美人》（少年听雨歌楼上）。两相比照，《乡愁》构思确有模仿痕迹，但是意象新、语言新，内容和形式上都有创新，其艺术成就和读者的喜爱程度，并不因有所模仿而减低。中小学语文教材里安排了不少类似的仿写练习，有经验的老师常指导学生做仿中有创的练习。

① 王松泉：《语文素质教育基本规律探讨》，《教育研究》1997 年第 4 期。

这条规律对语文学习者和指导者的指导价值在于：在语文学习中，要正确对待模仿和创新。既不要害怕模仿，排斥模仿，又不能满足于模仿，徘徊于模仿。在识字写字、阅读、写作、口语表达等教学活动中都可以利用模仿这种学习方式，设计一些仿中有创的练习，引导学生善于模仿，模仿中有变化，模仿中有创新。创新学习是时代发展和人才培养的需要。语文教学中，要善于诱导学生在阅读理解、言语表达上有所创新。

阅读理解上的创新主要体现在思维方向、思维方法、思维结果上。语文课标在教学建议中提出："在理解课文的基础上，提倡多角度的、有创意的阅读，利用阅读期待、阅读反思和批判等环节，拓展思维空间，提高阅读质量。"文本意蕴的理解，特别是文学意象的鉴赏，本应是多元的，而过去教材的提示和教师的导读，往往是预设答案，牵引学生的思维入我彀中。读《犟龟》对乌龟的犟只能赞美不能质疑，读《项链》对玛蒂尔德只能批判不能同情，类似这样束缚求异、压抑创新的做法应当改变。要珍视学生独特的感受、体验和理解，特别是创新思维的萌芽，鼓励阅读主体参与文本意义的建构。当然，也要注意防止远离文本的过度发挥。

言语表达上的创新主要表现在言语形式、言语内容上。语文课标在写作目标中提出："多角度观察生活，发现生活的丰富多彩，能抓住事物的特征，有自己的感受和认识，表达力求有创意。"语文教师对学生口头上、书面上有创意的表达，要善加珍视。一个四年级小学生在《一件有趣的事》的作文里写道："老鼠见了我，吓得没命地跑，突然一头撞到墙上，四脚朝天地躺在地上，不省鼠事。"这个根本不懂"仿拟"辞格的小学生，仿照"不省人事"造出个"不省鼠事"，这就是从模仿到创新的迁移。然而，老师却在这个颇见灵气的"仿词"上画了大红叉，把这创新意识的萌芽掐断了！全班同学写作文《春天》，别人都是歌颂、赞美，一个学生却写了春天的许多不好，老师在作文讲评中狠批这个学生"动错了脑筋"。这不是压制求异思维、逆向思维吗？开发学生的创造潜能，先要开发者具有创新精神。对学生创新求异的见解和表达，教师应给予积极的评价，或者加以适当的引导，千万不要轻易扼杀。

八、综合多于分析，整体把握

一个民族的语文特点与这个民族的思维模式密切相关。这是因为语文是思想的直接现实，而思想又受思维模式的制约。中华民族有不同于西方民族的思维模式，汉语汉文也有不同于西语西文的特点，这就造成中西语文学习必然存在某些不同的学习规律。

学贯中西的季羡林教授把中西文化和东西方思维模式的基本差异概括为“东综合而西分析”。他在“中国现代语言学丛书”的序言里写道：“语言文字是思想的外在表现形式，而思想的基础或出发点则是思维模式。东西方思维模式是根本不同的。西方的思维模式是分析。分析，分析，再分析，认为永远可以分析下去的。而东方的思维模式则是综合，其特色是有整体概念和普遍联系的概念。只要你注意，这种基本差异随时可见。我只举一个很小的例子，西医治病，往往是头痛治头，脚痛治脚。而中医则是治头痛可能在脚上扎针，其余可以此类推。”①

东西方思维模式的差异反映到语言上，表现为西方语言重形态，词法句法有严格的形态变化，语义表达明确严谨；汉语不重形态，遣词造句灵活自由而缺少形态变化，字与字等距排列而看不出词界，语义表达在很大程度上受上下文的制约。正如语言学家黎锦熙曾经指出的——汉语文法的本质与西文法不同：用词“无繁琐的规律”，构句却“常多奇诡的变化”，“故理解上必须综合前后而并观”。②

在汉语中，“胜”与“败”是反义词，但“河北队胜河南队”与“河北队败河南队”却是同义句。“我想你了”跟“你想我了”意思不同，但“我想死你了”跟“你想死我了”，在一定语境里意思却一样。报纸上一则新闻的标题：《美一年近八十老妪收到征兵通知书》，乍看可能破读为“美/一年/近八十老妪/收到入伍通知书”，读了下文才能确定原来是“美/一/年近八十老妪/收到入伍通知书”。如果换成英文，分词连写再加词形变化，句义显豁不会导致歧解。思维模式和语言类型的差异必然会影响母语学习的方式，其主要表现是西语学习重句法结构分析，汉语学习则重整体综合感知。我国古人读书主张“于章法中看句法，句法中看字法，则作者之心不能逃矣”，作文讲究“篇中炼意，意中炼句，句中炼字”，这种以大观小、着眼整体的读写观念，是与我们民族的思维和语言的特点相契合的。

华夏民族思维的另一个特点是具象性，习惯把抽象的理念附着在具象的事

① 季羡林：《中国现代语言学丛书·序》，东北师范大学出版社，1996年。

② 黎锦熙：《新著国语文法》，商务印书馆，1992年，第13页。

物上，以形写意，并常以跳跃的方式进行思维。“整体、直觉、取类比象”，是汉民族主导思维方式①。这样的思维方式导致语言表达往往突破形式逻辑的限制和常规语法的束缚，“偏重心理，略于形式”，或者说偏重“神摄”，略于“形摄”。小说《红高粱》描写女主人公年轻时“鲜嫩茂盛，水分充足”，不合逻辑事理，却鲜明生动，启人想象。歌词《牵手》“悲伤着你的悲伤，幸福着你的幸福”，让“悲伤”“幸福”带了宾语，不合语法规范，却简练传神，别有韵致。这种灵活变异的表达方式不但常见于文艺作品，也见于郑重其事的新闻报道。《北京青年报》一篇报道的标题就是：《王光美痛苦着历史的痛苦，幸福着现实的幸福》。

因此，汉语文的学习往往表现为重直觉感悟而轻逻辑推理，重质性判断轻量化分析，偏于意会而略于言传，亲于模糊而疏于精确。古人读书有时不求甚解，一是因为所读之书对事物的描述往往不够准确清晰，带有不确定性和多义性；二是因为读书者的解读往往重在意会神摄，不求精确分析，有一定的含糊性和笼统性。这并不是说我们民族的思维习惯和学习风格比西方样样都好。我们在不少方面需要学习西方，取人之长补我之短。但是民族思维习惯和教育文化传统具有强大的惯性，在汉语文学习中，应承认惯性，尊重差异，顺应规律。

这条规律启示我们：语文学习要讲现代化，要引进和借鉴西方的学习理论和学习经验，更要讲民族化，更要研究和吸取我国几千年汉语文学习的传统经验。语文学习现代化应建立在民族化的基石之上。要提高汉语文学习效率，必须适应汉语汉文的特点和汉民族的思维特点。

过去很长一个时期，语文阅读教学十分看重分层划段、逐层分析、概括段意、总结中心思想，往往导致肢解割裂，烦琐讲析，追求统一答案，忽视整体把握，忽视情感体验。语文课标明确提出：“语文课程应考虑汉语言文字的特点对识字写字、阅读、写作、口语交际和学生思维发展等方面的影响，在教学中尤其要重视培养良好的语感和整体把握的能力。”这是针对“五四”以来随着“西学”东渐，语文课堂“讲析”之风盛行提出的匡正措施。重视语感培养，重视整体把握，这是符合汉语文学习特点的正确导向。落实到阅读教学中，就要重视诵读、

① 张岱年：《中国思维偏向》，中国社会科学出版社，1991年，第74页。

通读，整体感知文意，理清行文思路，理解主要内容，体会作者情感，最终整体把握课文内容和特点。

当然，也不能因为强调注重整体把握而一概排斥局部分析。文体有别，特点各异；读解目的不同，学法也不尽相同。阅读文学作品，特别是抒情性作品，应当侧重整体把握；阅读论说文章，特别是科技论说文，往往需要层段分析。整体感知——局部探析——整体把握，大体符合学生阅读心理和文本读解规律。文本阅读不是不需要局部分析或重点解析，而是不应尚未充分阅读就急于分析，挤跑了整体感知；也不应停步于层段分析，忽视了回归整体把握。

第五章　识字写字学习指导

人生就学识字始。“识文断字”是开启蒙昧、进入文化之门的通行证，识字写字能力是一个人文化素养的根基。时下流行一句话——“未来的文盲不是不识字的人，而是没有学会怎样学习的人。”这话自有道理，可是，不识字的人又怎样去学习？

“汉字是中国通用的唯一交际工具，唯其如此，它是中国文化的脊梁。”① 识写汉字，是学习和传承中国文化的需要，是阅读、写作、学习各门功课的基础，同时，有利于发展学生的观察力、记忆力、思维力、想象力，有利于提高他们的审美情趣。

识字写字学习的黄金阶段在小学，中学是拓展和巩固的重要阶段，中学后依然延续不已。本章主要针对中小学生识字写字学习指导的要点、策略和方法展开讨论，同时对古今认读与书写汉字的学习经验加以梳理和提炼，以资学习者和指导者借鉴。

第一节　识字学习指导

什么叫识字？如下解释简洁而明了：“识字就是统一地掌握字的形音义。也就是使字形字音字义在学习者的头脑中建立牢固的联系，达到：1. 见字形能读出

---

①［英］帕默尔：《语言学概论》，商务印书馆，1983 年，第 99 页。

音，明白其意思；2. 想到或听到音义，就可以写出字形（可连成词来写）。亦即：字形 ⇌ 字音、字义。”①

一、识字学习指导要点

按照《义务教育语文课程标准（2011 年版）》的规定，九年义务教育各学段识字学习的具体目标如下表所示：

年级	累计认识	累计会写	情感、习惯、能力
1～2	1600 字左右	800 字左右	喜欢学习汉字，有主动识字的愿望。学会汉语拼音，能借助汉语拼音认读汉字。学会用音序和部首检字法查字典，学习独立识字。
3～4	2500 字左右	2000 字左右	学习汉字有浓厚兴趣，养成主动识字的习惯。 有初步的独立识字能力、会运用音序和部首检字法查字典、词典。
5～6	3000 字左右	2500 字左右	有较强的独立识字能力。
7～9	3500 字左右		能熟练使用字典、词典独立识字，会用多种检字方法。

依据上列目标要求，可以概括出中小学生识字学习指导的要点：激发并保持识字兴趣；分阶段识字保质保量；低年级学会汉语拼音；尽早形成独立识字能力。试分述之。

（一）激发并保持识字兴趣

兴趣，是人们积极探索客观事物的一种认识倾向。它能激发大脑皮层的兴奋状态，增加快乐的情绪，提供学习的动力，提高学习的成效。

儿童就学，本来就有快快识字的强烈愿望。他们见到大人看着书给他们讲故事，心里就想自己要能识字该多好。当他们识得一些字、能看懂一点读物后，会十分高兴，希望掌握更多的字，读懂更多的东西。因此，初学儿童对于识字，一般来说是有兴趣的。

但是，由于汉字字种多，数量大，识字路程长，加上字形变化奥妙无穷，同音字多、多音字多、形似字多、多义字多等汉字本身的特点，再加上儿童认知能力、思维水平的限制，还有教学方法不尽妥当（如方法单调、罚抄生字）等等原

① 张田若、陈良璜、李卫民：《中国当代汉字认读与书写》，四川教育出版社，2000 年，第 67 页。

因，儿童识字的兴趣很容易消退。而兴趣一旦消退下去，再想激发起来，则要困难得多。因此，善于激发并保持儿童识字的兴趣，对语文学习指导者来说，就显得格外重要。

不同学段的学生，识字学习的心理特点有些差异，这些差异在观察、记忆、思维、想象等方面都有表现。以思维发展来说，我国心理学家认为：小学儿童思维的基本特点是从以具体形象思维为主要形式逐步过渡到以抽象逻辑思维为主要形式，但这种抽象逻辑思维在很大程度上仍然是直接与感性经验相联系的，仍然具有很大成分的具体形象性。四年级上学期是小学儿童掌握字词概念发展的一个重大转折点，从这个时期起，小学儿童能明确地认识字词概念的初步本质特征，他们所掌握的字词概念中，从具体形象成分占优势发展到以逻辑抽象成分占优势。初中生的思维中，抽象逻辑思维开始占优势，可是在很大程度上还属于经验型，他们的逻辑思维需要感性经验的直接支持。高中生的抽象逻辑思维则属于理论型，同时，基本上可以掌握辩证思维。① 因此，小学低年级识字教学宜多用形象直观、活泼有趣的教学手段，如图文对照、实物展示、动作表情演示、多媒体动画演示以及猜字谜、做游戏等，创设丰富多彩的教学情境，把抽象的文字符号具体化、形象化，变枯燥为有趣，使学生易于辨认字形、读准字音、了解字义。小学中、高年级，可以适当运用“六书”原理，并充分利用儿童已有的识字基础和阅读经验，帮助他们更快更好地建立字的形、音、义联系，提高识字效率。中学阶段，则可以更多地利用构字理据来教学生识字、纠正错别字，指导学生进一步掌握汉字构造规律，提高独立识字的能力。

（二）分阶段识字保质保量

关于识字“质”的标准，建国初期曾提出“四会”的要求：会认（读）、会写、会讲、会用。会认（读），就是见到字形能读出字音，对多音字能辨别不同读法；会写，就是听到字音或想到音义能写出字形，并能辨别其正误；会讲，就是了解字（词）的意义，并能说出来；会用，就是在头脑中建立起音形义的统一联系，能运用这个字组词造句、传情达意。

① 朱智贤、林崇德：《思维发展心理学》，北京师范大学出版社，1986 年，第 472-477 页、537-538 页。

细究起来，“四会”的提法“不够科学、不够周密”。[①] 词是最小的能独立运用的语言单位，有的单字不成词，如“啤”“蜘”“憧”，不好单讲字义；没有实在意义的虚字（词），如“而”“然”“则”，也不好讲。好在“汉语的结构以字为本位”，字“是语音、语义、语法、语汇的交汇点”。[②] 即使不赞成“字本位”的学术观点，一般也承认，汉字属于语素文字，汉语里不具备语素资格的字很少，绝大多数情况下，识字就是学语素，学词或组词。这样看来，“四会”的提法虽欠周密，但对真正掌握汉字来说，还是有普遍适用性的。“诵习一字，当识音形义三：口诵耳闻其音，目察其形，心通其义，三识并用，一字之功乃全。”[③] 鲁迅先生的说法，能代表国人的一般认识。

识字“四会”对成年人来说，要求并不为过。关键问题是，这种要求对初学汉字的儿童是否合适？实践证明，儿童初学生字，在大多情况下，“会认”容易“会写”难，笔画繁多的生字写起来尤其难。如果要求同步达到“四会”，势必增加儿童学习负担，减慢识字进度，使写字拖识字的后腿，迟误儿童进入自由阅读天地的时日。这是新中国成立以来识字教学效率不高的主要原因之一。而古人早就意识到识字、写字的不同规律，启蒙教育阶段不要求识字与写字同步——识字多从《三字经》《百家姓》《千字文》等韵文入手，而写字却多由“上大人，丘乙己……”等简单字开始。上世纪50年代祁建华提出过以“分散难点，逐步占有”取代“四会并进”的主张，60年代辽宁黑山北关实验学校搞“集中识字”实验，曾创造出“四会分步走”的成功经验。[④]

《全日制义务教育语文课程标准》实验稿汲取历史经验和教训，在“教学建议”中提出：“识字与写字的要求应有所不同，1～2年级要多认少写。”2011年版进一步强调：“低年级阶段学生‘会认’与‘会写’的字量要求有所不同。在教学过程中要‘多认少写’，要求学生会认的字不一定同时要求会写。”按照课标的要求去做，可以避免“四会并进”造成相互掣肘的弊端，利于减轻儿童学习的

---

① 张田若、陈良璜、李卫民：《中国当代汉字认读与书写》，四川教育出版社，2000年，第68-69页。

② 徐通锵：《语言论：语义型语言的结构原理和研究方法》，东北师范大学出版社，1998年，第13、14页。

③ 鲁迅：《汉文学史纲要·自文字至文章》，《鲁迅学术论著》，浙江人民出版社，1998年，第250页。

④ 张田若、陈良璜、李卫民：《中国当代汉字认读与书写》，四川教育出版社，2000年，第71页。

负担，提高识字学习的效率。

需要注意的是，虽然各学段识字、写字有不同的量化指标，但在学生认得2000来个汉字、具有初步阅读能力之后，特别是到7~9年级和高中阶段，还是要由“识、写分进”逐步向“识、写、用统一”过渡，指导学生对学过的绝大部分汉字（特别是现代汉语常用字）力求达到会写会用，以此巩固识字成果，防止“回生”，减少错别字，提高识字质量。

关于识字写字“量”的标准，新课标分四个学段提出的累计认识和会写的数量指标，是面向全国、对所有学生提出的基本要求。陆静山1980年调查得出的《七十多年来几种主要课本和大纲生字数统计图表》[①] 显示，20世纪前80年我国小学阶段（到五、六年级）的识字量浮动在2600~3500字之间。新中国成立以来各地开展的识字教学实验证明，小学阶段识字量达到3000字并不困难。台湾地区现行的国民中小学九年一贯国语文课程纲要规定，7~9年级“能认识常用中国文字3500~4500字”。[②] 依据上述事实来看，现行语文课程标准规定的识字量——6年累计认识3000字，9年累计认识3500字，是适中的，留有余地的。各地在实施中，应当“保底”。城乡学校情况有别，学生基础不同，学有余力的，可以超过这样的目标，上不“封顶”。

（三）低年级学会汉语拼音。

汉语拼音是帮助识字和学习普通话的工具。学会普通话声母、韵母、声调的正确发音，学会拼读拼写音节，对准确识读和记忆字音十分有利，对方言区学生认识方音与普通话读音之间的差别、纠正方音尤其必要，对熟练使用字典自主识字以及学习汉字录入电脑、手机，更有实用价值。

过去受汉字拼音化的影响，小学阶段汉语拼音教学有些要求偏高，如直呼音节、阅读拼音读物、拼写句子等，增加了儿童学习拼音的难度，拉长了拼音教学的时日。语文课标把汉语拼音定位为辅助认字和学习普通话的工具，降低了汉语拼音的学习难度，学习目标只要求：“能读准声母、韵母、声调和整体认读音节。能准确地拼读音节，正确书写声母、韵母和音节。认识大写字母，熟记《汉语拼音字母表》。”“能借助汉语拼音认读汉字。”“评价建议”又强调：“汉语拼音学

---

① 张田若、陈良璜、李卫民：《中国当代汉字认读与书写》，四川教育出版社，2000年，第40-41页。

②（台湾）《国民中小学九年一贯课程各学习领域纲要·语文学习领域·国语文》，2003年1月24日颁布。

习的评价，重在考查学生认读和拼读的能力，以及借助汉语拼音认读汉字、说普通话、纠正方音的情况。”应该说，上述要求符合“实用”和“必要”的原则，是“学会汉语拼音”的起码要求，不难达到，而且一劳永逸，终生有用。

课标提出的汉语拼音学习目标要在1~2年级完成。早学会，早受益，安排在第一学段是恰当的，正好与1~2年级的教学重点——识字写字——相配合。学习顺序上，不宜先集中学拼音然后学识字，这样容易消退儿童识字的兴趣。最好是先认一些简单易识而日常多用的“基本字”再学拼音，或者边学拼音边学认字，可以参照所选教科书的编排顺序，结合教师积累的经验，处理好拼音教学和识字教学的矛盾，使二者相济互用。如果能像课标建议的那样：“汉语拼音教学尽可能有趣味性，宜多采用活动和游戏的形式，应与学说普通话、识字教学结合”，儿童学起来是不会枯燥乏味的。

（四）及早形成独立识字能力。

学生识字的途径，不只靠上语文课、学语文书。除此之外，学生在其他科目的学习中，在课外阅读中，在看电视、逛大街、游景点等消闲游艺活动中，都有认识生字的机会。能不能主动识字，有没有独立识字的能力，对学生的识字水平高低有重要影响。

黄仁发等追踪研究发现，儿童认识生字的主要途径有：1. 由成人或同龄伙伴教给；2. 看到生字后问别人或查字典得知；3. 听人说过而后遇上猜得；4. 根据偏旁部首推断而得。① 其中后三条途径，都属于主动识字、独立识字。

按照语文课标的要求，主动识字的习惯、独立识字的能力，从一二年级就要着手培养；到三四年级就应养成主动识字的习惯、初步形成独立识字的能力；到五六年级就应具有较强的独立识字能力。

要使学生养成主动识字的习惯，关键是引导他们保持对于识字的浓厚兴趣，激励他们勤学好问的学习精神。要使学生及早形成独立识字的能力，主要应善于随机传授一些汉字的构造知识，教给学生一些实用的识字方法，并指导他们学会熟练使用字典词典。

字典词典是独立识字的便利工具，是随时可以请教而且百问不烦的“老师”。要及早教会学生查检方法，而且掌握得越熟练越好。语文课标要求学生在1~2年级

① 朱智贤：《中国儿童青少年心理发展与教育》，戴汝潜：《汉字教与学》，山东教育出版社，1999年，第63页。

就应学会用音序、部首两种检字法查字典，以后逐渐熟练，到7～9年级，达到“能熟练地使用字典、词典独立识字，会用多种检字方法”。这里提到“多种”，其实，“多”并一定好。因为最实用的检字法还是音序和部首（部首检字当然还要会数笔画），当今最通行的汉语字典、词典也是采用这两种检字法。音序检字法用于知音而查形、义，部首（加笔画）检字法用于知形而查音、义，两者相辅相成，完全能够解决独立识字问题。至于号码检字法之类，宜依学生自愿，学不学两可。

二、识字学习指导策略

音、形、义是构成方块汉字的三要素，掌握汉字不仅要分别识记字的音、形、义，还要建立三要素间的统一联系，达到会用的目的。下面就从读准字音、记准字形、理解字义、正确运用四个方面谈谈学习指导的策略。

（一）认读字音的指导策略。

上文已经提到，掌握拼音工具对于认读字音、纠正方音大有助益。这里针对不同类型汉字的特点，阐说几种有效的指导策略。

1. 形声字：利用声符记音

形声结构的字在汉字中所占比重很大。许慎《说文》9353个汉字中，形声字占82%（据朱骏声《六书爻列》）；现代汉语7000个通用字中，形声结构的有5631个，也超过80%。形声字的声符是一柄“双刃剑”，它一方面可以帮助人们认读形声字，另一方面又可以误导人们错读形声字。如何利用好这把“双刃剑”，提高识字的效率？这个问题既有学术价值，又有实用意义。从实用意义上说，要想利用好它，就必须了解它。

首先，需要了解声符表音准不准的情况。

形声字的声符有的表音准确，有的表音不准确。李燕、康加深以7000个通用字中包含的5631个形声结构为对象，用模糊数学的方法计算现代汉语形声字声符的表音度，计算结果声符总体表音度是66.04%。① 其中，字音与声符的声、韵、

① 李燕、康加深：《现代汉语形声字声符研究》，《现代汉语用字信息分析》，上海教育出版社1993。计算表音度的公式为：表音度=各种表音类型总分÷形声结构数（含多音）×100%。其中各种表音类型的计分标准是：声符与字的声、韵、调全同的计1分，全不同的不计分，声韵同的计0.9分，声、调或韵、调同的计0.5分，声或韵同的计0.45分，仅调同的计0.1分。转引自杨润陆：《现代汉字学通论》，长城出版社，2000，第173-174页。

调全同的有2292个，占37.51%；声韵同而调不同的有1110个，占18.17%；声、韵、调全不同的有776字，占12.70%。如果将声韵同而调不同视作表音基本准确，那么，声符表音准确和基本准确的形声结构比例达到55.68%。这个数值，与周有光测查得出的现代汉字声旁有效表音率为39%①相比，要高出不少。这样看来，形声字的声符在汉字认读中还是有较高利用价值的。

声符表音不准的原因，一是造字时没有找到更恰切的声符，于是选取读音相近的声符，“取譬相成”；二是古今语音发生不少变化，当初声符表音准确或基本准确，后来变得不太准确，或者差别很大了。

因此，识读形声字须区别对待，谨慎从事。

区别对待，即：表音准确（字的声韵调与声符全同）的，加深印象就行；表音基本准确（声韵相同而声调不同）的，就着重记准声调；表音不准确（声韵发生变化）的，则需要特别记忆。

谨慎从事，就是遇到不认识的字，即使判定它是形声字，也不可贸然按声符发音。“秀才认字读半边”不可靠，按同声符的字去“类推”也往往出错。如把“别墅”的“墅”（shù）念成“野”，把《牛虻》的“虻”（méng）念成“忙”，把“煮豆燃豆萁”的“萁”（qí）读成“基”，把“簸箕”“箕畚运于渤海之尾”的“箕”（jī）倒读成“旗”，类似的误读屡见不鲜。2005年台湾亲民党主席宋楚瑜访问清华大学，在电视直播的欢迎会上，清华校长展读作为礼品相赠的篆书条幅：“寸寸山河寸寸金，侉离分裂力谁任……”，读到“侉”字卡了壳。此事引得舆论哗然，有人在网上发帖，惊呼“清华的脸面让校长丢光了”。如此重大的活动，事前准备不周，的确令人遗憾；可这位身为科学家的校长那种“不知为不知”宁陷窘境也不自欺欺人的“求是”精神，不也让人心生敬意吗？此类事例告诫我们：碰到陌生的形声字，不可凭“想当然”，最稳妥的办法还是查字典。

其次，应熟悉常见声符的表音规律。

“秀才认字读半边”的办法虽不可靠，但是，声符毕竟可以或多或少提供字音信息。如果留意形声字声符的表音规律，熟悉常见声符的表音情形，那就可以大大提高识记字音的效率。

---

① 周有光：《现代汉字中声旁的表音功能问题》，《中国语文》1979年第6期。测查对象为1971年版《新华字典》所收全部正字中的“含旁字”，他把部首以外的半边一概视为声旁，因此，“含旁字”中有少量非形声字，如“阿、阳、烛”等。

形声字声符的表音规律，除了上面分析的表音准确、基本准确、不准确等情形之外，从声符与字音的对应关系来看，又有下面几种类型：

一符表一音，同符即同音。如：“胡”作声符的字（湖、糊、蝴、葫、瑚……）都念 hú；“代”作声符的字（袋、贷、黛、岱、玳……）都读 dài。用“付”作声符的字（符、苻、府、附、咐……）声韵都相同，调不完全相同。这类情况对认读形声字有利，可惜所占比例不高。①

一符表多音，同符不同音。如：供、恭、拱，洪、哄、烘，声符都是“共”，前面三字读音与声符相同，后面三字声母变成了 h。情况更复杂的如：（1）功、攻、巩、汞、贡，（2）红、虹、讧，（3）缸、肛、杠，（4）江、豇，（5）扛，（6）项，这些字声符都是“工”，第（1）组与声符声韵皆同，第（2）组与声符韵同声异，第（3）（4）（5）（6）组，与声符声韵皆不同。这类情况比较多见。

一音有多符，异符而同音。如：盟、虻、朦，字音相同，而声符相异。又如：掉、钓、锦，叼、貂、雕，皆为左形右声，声符各异，而字音相同（声调有不同）。这类情况相当普遍。

针对上述情形，在识字过程中，可以指导学生将学过的同符同音字、同符异音字、异符同音字适时加以归纳整理。如学过声符为“龙”的一些字后，可以用歌诀法将他们串联起来复习：

龙作声符字很多，认清形符莫记错。两人相挨叫靠拢，精巧细致是玲珑；月光不明叫朦胧，睡眼惺忪是蒙眬。草木茂盛叫葱茏，竹条可以编箱笼。田间打埂叫土垄，有声不闻是耳聋。甘肃简称叫做陇，歌声嘹亮好喉咙。

又如学过声符为“台”的一些字后，可以用分组排列法加以比照：

表音准确的：抬、苔、邰；

声调改变的：胎；

声母改变的：怠、殆、迨；

声韵皆变的：治、始、笞，冶，怡、贻、饴。

这样，采用多种方法，通过串联、分列和比较，能够帮助学生熟悉常见声符

① 杨润陆：《现代汉字学通论》，长城出版社，2000 年，第 174–175 页。称：据统计，声旁具有完全的表音功能，其本身又是使用频率高的字，起码在 7000 个通用字范围之内，组字数量在 3 个以上的，共有 18 个，它们是：代、段、奂、皇、阑、历、廉、卢、农、容、式、斯、唐、希、析、休、庸。（注者按：少列 1 个，未知其故）

的表音规律，加深印象，巩固记忆。

2. 多音多义字：据义定音

多音多义字，指具有两个或更多个读音，而不同读音又与不同意义相联系的字。如“和”有 hé、hè、hú、huó、huò 五个读音，各自代表不同的意义。据统计，《现代汉语常用字表》所收的3500个常用字中，多音多义字有405个，占11.6%；《辞海》（1979年版）所收11834字中，多音多义字有2641个，占22%。①

依据多音多义字几个读音使用频率的高低，可以划分出三个音级：常读、次常读、罕读。如果根据阅读经验来判断，那么，看到字形就能读出来的音，即为常读；看到字形还要看上下文才能读出的音，是次常读；只在特殊场合或特殊用法中才出现的音，是罕读。如“和”字，hé 是常读，hè 是次常读，hú 可以算是罕读。当然，这样的判断具有一定模糊性。有的多音多义字的几个读音都很常用，如“长”字，cháng 和 zhǎng 都可视为常读。

对多音多义字的读音，学生往往只知其一，不知其二（一般情况是熟知常读，不知罕读，次常读生疏），这就很容易导致误读。“槛”字常读 kǎn，义指“门槛”，如《红楼梦》里的妙玉自称“槛外人”；而古诗中“槛外长江空自流”、“春风拂槛露华浓”的“槛”，义非“门槛”，而是栏杆、栏板，当读 jiàn。“扛”字常读 káng，而“力能扛鼎”的“扛”，字义不是“用肩膀承载”，而是“用双手举起”，当读 gāng。“拾级而上”的“拾”，义为“轻步而上”，应读 shè，不读 shí。遇到这类情况，要提醒学生小心对待，将常读音代表的意义放到语境中，看它合适不合适。不合适的，或心存疑问的，就应想到它是否有其他读音，拿不准的要查字典，根据字义来选定读音。

有些多音多义字，学生虽然知道它有不同的读音，但由于选择失慎，依然容易误读。如“洁身自好”“乳臭未干”“间不容发”“差强人意”，加下划线的字，需要仔细辨析它在这一词语环境中的意义，拿不准的，也要查一查。

有些字用在姓氏和地名中，读音特殊。如姓氏中的“种、仇、盖（gě）、区、朴、单、查、万俟、冒顿”，地名“燕山、丽水、会稽、柴沟堡”中加下划线的字，都不能念常读音。好在这种情况不算多，特殊记忆即可。

① 苏培成：《现代汉字学纲要》，北京大学出版社，1994年，第113页。

有人把常见的多音多义字的几个读音用联想法、对比法、歌诀法串联起来，如：

瓜蔓（wàn）蔓（màn）延，蔓（mán）菁满畦。

你这参（cān）谋没当好，买的海参（shēn）、人参（shēn）全都参（cēn）差不齐。

民乐（yuè）队，乐（lè）陶陶，穿藏（zàng）袍，藏（cáng）猫猫，迎朝（zhāo）阳，朝（cháo）前跑，日落（luò）落（là）不下莲花落（lào）。

在中小学生识字学习过程中，指导他们采用类似方法自主复习整理多音字，会收到很好的巩固记忆效果。网上能搜到不少现成的样例，可供参照。

3. 异读字：掌握规范读音

同一字形有两种或更多种读音，而表示的意义相同，这样的字称为异读字。汉字中有一大批异读字，这是由于文白异读、古今异读、方言异读和误读等多种原因造成的。异读字的存在，给识字、阅读和推广普通话带来诸多不便。

随着语言文字规范化的逐步推进，一些异读字的读音已经得到规范，也就是从不同读音中确定一个读音为规范读音，其他读音作为异读加以淘汰。1957～1962 年，由语言文字学专家组成的普通话审音委员会分三次发表《普通话异读词审音表初稿》，1963 年辑录并出版《普通话异读词三次审音总表初稿》，1985 年 12 月，国家语委、国家教委、广播电视部联合发布经过修订的《普通话异读词审音表》，要求“自公布之日起，文教、出版、广播等部门及全国其他部门、行业所涉及的普通话异读词的读音、标音，均以本表为准。”《普通话异读词审音表》共审定 847 个异读字的读音，审定为“统读”的有 583 字，占 69%。

《审音表》发布 20 多年了，中小学生接受“统读”音是比较顺利的；但成年人受过去异读习惯的影响，往往自觉不自觉地沿用异读音，而这又容易“传染”中小学生。特别是教师读音不规范，更容易影响学生。例如，“骑”“胜”早已明确改为统读，可一些语文教师说到“坐骑”、“数不胜数”，或读到“燕山胡骑鸣啾啾”“沛公旦日从百余骑来见项王”“驴不胜怒”“高处不胜寒”时，依然念 jì、shēng，而不用统读音 qí、shèng。学生自然容易随着老师说和读。因此，语文学习指导者应率先垂范，熟悉并自觉使用规范读音，放弃异读，并且指导学生纠正不规范读音。

有一种情况比较特殊，就是古诗中的“旧读”。古诗讲究押韵，而一些古诗用今天的普通话来读，韵脚上的字有的已经不再押韵，那种回环往复的音韵美受到了损害，如果采用旧读，则读来上口，听来悦耳。那么读古诗能否采用旧读呢？对此，人们的主张并不相同，权威部门也没有明文规定。传媒学家张颂主张："应该按照今音来读，虽然韵律美上受到一定影响，可是有利于听的人明白意思，不至于'捡了芝麻，丢了西瓜'，难道不好吗？"① 语言学家王力则认为："为了欣赏古代诗歌的语言形式美，我们需要懂得古韵和古代声调。"② 并举杜牧诗《山行》为例："远上寒山石径斜，白云生处有人家。停车坐爱枫林晚，霜叶红于二月花。"依今天的普通话朗读，"斜"属乜斜辙，"家、花"属发花辙，不能形成回环的音韵美，如果照唐代读音，"斜"读为 xiá，就押韵了。按王力先生的意见举一反三，我们读孟浩然《过故人庄》："故人具鸡黍，邀我至田家。绿树村边合，青山郭外斜……"，韵脚处的"斜"也可采用旧读。

我们以为，对古诗中的旧读不宜"一刀切"。中小学语文教学和大众媒体传播，应该遵从普通话语音规范，舍弃旧读；但是有些场合，比如自我吟诵、民间朗诵、大学课堂里的文学鉴赏，应当允许变通。当然，采用旧读须有一定依据，如，在古今音义注释完备的字典辞书里可以查到——像"斜"，《辞海》《汉语大字典》均注明"旧读 xiá"；或者至今还存活在方言、戏剧里——像"满面尘灰烟火色，两鬓苍苍十指黑"的"黑"，在京剧念白中念 hè。

还有一种难于"一刀切"的情况，就是"破读"。破读在古汉语中常见，即改变一个字原来的读音以区别意义或词性，这是音变造词在文字上的一种需求。发展到现代汉语，许多破读已经消亡，有些破读依然存活。存活至今者，受到的"待遇"也不同：有的保留在现代汉语字典、词典中，如"食"，名词读 shí，动词（供养、喂养，给……吃）音 sì；"雨"，名词读 yǔ，动词（下（雨、雪））音 yù，如《诗经·采薇》："今我来归，雨雪霏霏"。有的只是存活在读书人的口头上，如一些老教师教马致远《天净沙·秋思》，"思"读作去声，可是在现代汉语字典、词典中"思"已无去声，就是在《汉语大字典》（1993 年版）中，"思绪"义也纳入阴平，不见了去声踪影。有的虽然在现代汉语字典、词典中保留着字的破读音，而在给相应词语注音时却不用破读，如"衣"，在《现代汉语词典》中另列去声，释为"穿（衣服）；拿衣服给人穿"，而词条"衣锦还乡"却归入阴平之下。据词典编者说，是因为这个成语在现代汉语里常用，大多数人已经习

① 张颂：《朗读美学》，北京广播学院出版社，2002 年，第 112 页。

② 王力：《语言与文学》，高中《语文》第六册，人民教育出版社，2005 年。

惯于把“衣”读作阴平，所以根据从众的原则，没有采取去声的读音。[1] 面对上述复杂情况，有时真让语文教师犯难，何况是学生？这类情况到底如何处置？我们以为，还是应以权威的字典词典为依据，来决定取舍。

至于文白异读，许多已被淘汰，不应再用；有些得到保留，应区分认读。《普通话异读词审音表》中保留有31个字的文白异读。遇到这些字，需要区分语体，口语用白读，书面语用文读。如“露”“薄”二字，蒲松龄《狼》是文言小说，“身已半入，止露尻尾”的“露”，应读lù；老舍《济南的冬天》口语味浓，“有的地方雪厚点儿，有的地方草色还露着”的“露”，念lòu才适宜。下文“那点薄雪好像忽然害了羞”的“薄”，应白读为báo；而合成词“瘠薄”、成语“如履薄冰”中的“薄”，当文读为bó。至于“薄暮冥冥，虎啸猿啼”、“日薄西山，气息奄奄”中的“薄”，意为“迫近”，属多义多音，在此只能读bó。

4. 方音字：靠拢普通话读音

现代汉语方音复杂，许多字在不同方言区有不同的读音。且不说吴、湘、赣、闽、粤、客家方言，就是北方方言区内，也存在诸多语音差异：有n、l不分的，有en、eng混淆的，有拿zh、ch、sh代z、c、s的，也有反过来，只有平舌音z、c、s而无翘舌音zh、ch、sh的，各调类的调值更是五花八门。普通话确定语音规范的原则是以北京音为标准音，与标准音不同的方言读音应向普通话读音靠拢。

某些字的读音，北京音未必比其他方音合“理”。如“危险”的“危”、“庸俗”的“庸”，从音韵学上看，“危”在《广韵》里属平声支韵疑母，“庸”属平声钟韵喻母。据音韵学者研究，中古疑母、喻母（次浊声母）的字现代已变为零声母，并且平声字均归入阳平。今天某些方言区如冀鲁官话确实将“危”“庸”读作阳平，台湾国语也念阳平，而北京话却读阴平。这两个字的北京音虽不合古今语音演变规律，但依照从俗从众的原则，普通话还是采用了北京话的强势读音。既已确定用北京音为标准音，那么，与之不同的方音就应放弃，以利普通话的推广。

5. 变音字：顺应音变规律

字要组词成句才能起到交际作用。因此，只认识字的静态读音还不够，还要

---

① 晁继周：《关于“衣锦还乡”的“衣”的读音》，《语文建设》2002年第7期。

了解字在动态使用中的读音变化，顺应普通话的音变规律，读出、说出音变，语音表达才能显得自然。

汉语普通话的音变现象，主要表现为轻声、儿化，语气词“啊”的音变，以及上声连读变调、“一、不”的变调。从小学开始，就应教学生了解这些音变现象，掌握其规律，养成按普通话音变规律读书、说话的习惯。

（二）记准字形的指导策略

教育心理学工作者研究发现：小学生识字错误的比率，形错要比音错、义错高出很多。在3～6年级，形错比率大约为60%，音错比率大约为25%～30%，义错比率大约为10%～15%。[①] 可见，指导学生记准字形是小学识字教学的难点，是帮助中小学生少写错字的关键。下面的指导策略可以结合中小学生的心理特点灵活选用。

1. 晓以字理

传统文字学的“六书”，是古人研究汉字构造规律的理论结晶，至今对我们科学地认识汉字、高效地学习汉字，仍有切实的指导意义。不专门研究汉字的人，不需深知“六书”理论，也不必逐字追索每个现代汉字的造字理据。可是，中小学生如果粗知“六书”知识，了解一些常用汉字的构造理据（即字理），对于准确记忆字形、理解字义，降低读错、写错、用错的几率，是有百利而无一害的。

适当地追溯字源，是帮助学生了解字理的有效途径。“日、月、山、水、牛、羊、马、象、耳、目、门、户、木、贝、刀、戈”等象形字，经过隶化、楷化，有的又经简化，变得不像事物之形了，如果借助图片、投影或板书，向学生介绍一下它们隶化之前的字形，儿童会容易接受，而且会增加识字兴趣。“祭、登、雀、寇”等会意字，学生常常写错，如果板书一下他们的小篆字形，再结合讲解：“祭”是右手持肉来供神；“登”是两脚踏在凳子上；“雀”由“小隹”合成，表示形体很小的鸟；“寇”是手持木棍击人之头，入室抢劫，学生定会加深对字形的记忆，书写时就不容易再丢点添撇了。

如果用现在的字形就可以说明造字理据，则可不必演示其隶化之前的字形。如“初、裕”二字，左半边容易误成“示”字旁，如果让学生知道它们是会意

① 谷生华、林健：《小学语文学习心理》，语文出版社，2003年，第78-79页。

字，“初”意为“裁衣之始”，“裕”表示“有衣有谷，吃穿不愁”，那就不容易再弄错偏旁。“虐”的虎字头下面的部分，学生常写成开口向左，如果知道了它表示老虎张开“爪”朝外抓人，会意为残暴，就不会再让“爪”向里“残暴”自己了。“慕、恭”二字下部容易写错。如果学生晓得它是形声字，上声下形，形符是“心”的变形，字义与心理活动有关，就不会再把下面写成“水”或“小”。

2. 分合部件

有些合体字，如“裹、褒、满、颖”，儿童不易认清构字部件之间的关系；特别是多部件合成的字，如“赢、攀、蠹、嚼”等，儿童容易记错某些部件的形状和位置。如果教他们能拆卸，会组装，将会减低识字的难度。

有些老师把拆卸出来的部件，加以联想，编成谜语或歌诀，这很适合小学生的学习心理，效果不错。如“鄙”：一口加（+）两口，右边软耳朵。“蠹”：一中头，宝盖腰，石头下边两虫叫。“赢”：亡、口、月、羊、凡，亡口在上面，羊在月凡间。

3. 区辨形似

区辨形似字的最好方法，是将形似字放到一起加以比较，抓住区别特征，加以记忆。如“己、已、巳”的区辨，“戌、戍、戊、戎”的区辨。

比较时，如果不仅着眼于字形，还联系字的读音和意义，则记忆会更深刻。如“簿-薄”“籍-藉”“管-菅”“篮-蓝”这四组字，每组字形貌相似，声符相同，区别在于形符。账簿的“簿”、书籍的“籍”、管乐的“管”、篮球的“篮”，字义都与“竹”相关，所以用竹字头；薄葬的“薄”、狼藉的“藉”、草菅人命的“菅”、青出于蓝的“蓝”，都与草相关，所以要写草字头。

有人将声符相同的一组字放在一起，突出形符和字义的区别，使学生易记难忘。如：“尧”——有水能浇地，有火能烧烤，加人成侥幸，加日天破晓，添足踩高跷，添食便富饶。

有人指导学生通过添笔、减笔，编创区辨形似字的“变字歌”，富有儿童情趣，便于与游戏活动相结合，很受小学生喜欢。如《加撇变字歌》：“十字加撇变成千，千山万水美如画；日字加撇变成白，黑白分明别弄差；目字加撇变成自，自尊自强不自夸；之字加撇就变乏，不怕乏累干劲大；巾字加撇变成币，节约钱币不乱花；木字加撇变成禾，禾苗葱茏好庄稼；住字加撇变成往，人来人往真繁华。”

4. 奇特联想

借助奇妙的特殊的联想，把本来不存在必然联系的事物或概念连在一起，构成奇异的形象或情节。用此法指导识字虽不合造字原理，但顺应儿童心理，有助于字形记忆，可以留下深刻印象。

“啄”与“逐”声旁形似，哪个有点儿哪个没点儿容易搞混，如果把“啄”联想成啄木鸟将小虫吞到肚子里，把“逐”联想成追猪（豕），就容易记住“啄”带点儿，“逐”不带点儿。有学生把“臭”字联想成“自大一点就变臭”，书写时就不会落掉“犬”的点了。

“即”与“既”音近形似，容易混用。我教过的一个学生“发现”了这样的“奇特联系”：“即”念第二声，右边是2画；“既”念第四声，右边是4画。我把他发现的这个巧合的“奥秘”告诉其他同学，同学们果然读不错也写不错了。

“滚”字右边容易写错，有老师引导小学生把这个字拆成“水”“衣”“公”三个部件，启发学生“奇思妙想”。有学生这样联想：天下雨了（水），老公公穿雨衣出门（衣、公），滑倒在地打了一个“滚”。同学在笑声中一下子记住了“滚”的字形。

奇特联想不重字理，但如果把字理显明的字乱加“联想”，也不可取。有语文教师教小学生把“照”字联想成：“一个小日本，拿着一把刀，杀了一口人，流了四滴血。”且不说这样联想违背情理（杀人只流四滴血?），单说掩盖“照”字理据（上“日”下“火”双形符，声符“召”居右上角），给学生打下错误烙印，就可谓弄巧成拙，弊大于利。

（三）掌握字义的指导策略

在汉语中，承载语意的基本单位是字。汉语字少而词多，掌握字（语素）义是理解词义和句意、纠正错字和别字的有效手段。吕叔湘指出：“有人主张只讲词义，不讲字义，这也是片面的。汉语词汇的基本单位还是一个一个的单字。应该把现代汉语中最有活力的两千来个字（估计不超过此数）给学生讲清楚。”①这意见是合乎汉语文学习实际的。

1. 因形察义

利用汉字表义性强的特点，指导学生根据字形推测字义，对提高识字能力很

---

①《吕叔湘语文论集》，商务印书馆，1983年，第318页。

有好处。象形字、指事字、会意字、形声字，都可以用这种方法。据测算，碰到不认识的形声字，先区分形旁、声旁，再结合形旁去推断字义，成功的概率在30%左右。声旁的主要作用是提示字音，有些形声字的声旁兼有显示字源的功能，可以帮助推断字义，如《说文》里的“亦声”字，声符就既表音又表义。

教学生认识象形字、指事字、会意字、形声字，应重视字形与字义的联系。看到“爪”马上想到手，并知道它跟“瓜”的区别；看到“采”马上想到伸手在树上摘果子，并明白它与“彩”字义的不同；看到“辩”，马上想到形符是言，字义与言辞有关，知道它与“辨”的区别，写“辩论、辩护、辩解”时就不会用“辨别、辨认、分辨”的“辨”。

教学生熟悉常见偏旁部首的含义，能大大提高识字、解字、用字的效度。木字旁与提手旁，贝字旁与王（玉）字旁，单立人与双立人，宝盖头与秃宝盖，心字底与四点底，病字框与广字框……见到带有这些偏旁的字，即使不认识，也能立刻想到它与哪种事物或意义有联系，再借助上下文和阅读经验，即可大致推测字词的含义。例如遇见生僻字“骕骦”“鹔鹴”，在不能查考的情况下，推断前者指马，后者是鸟，都念 sùshuāng，大致不会错。如果身边有字典词典，再查一下，验证自己的推测。假如经常有意识地这样做，独立识字的能力定能提高得快些。

2. 区辨同音字义

成语“万古流芳”，有的学生写成“万古留芳”，原因主要在于“留”和“流”不仅同音，而且近义——“流”有流传、传播义，“留”有遗留、留存义，将两个字的意义放到这个成语里，都讲得通。“既往不咎”，容易误作“既往不究”，“咎”的意思是责备，“究”的意思是追究，似乎都行。碰到这种情况，需要指导学生仔细辨别字义的细微差异，遵守成语的使用规范。

有时候还需要追溯成语源流，弄清它的原形原义。如“再接再厉”，学生经常误作“再接再励”。如果学生知道了这个成语出自韩愈、孟郊《斗鸡联句》“一喷一醒然，再接再厉乃”，“再接再厉”本是描述公鸡相斗，每次接战都要磨砺（“厉”同“砺”）尖嘴，后人用它比喻振奋精神、一次次继续努力，那么，可能永远不会再写错这个成语。

3. 类联字（词）义

阅读中常遇到这样的情况：字早已认识，可是它出现在陌生的语境里，让人一下子难以明了其含义。如果能找出含有这个字的其他词语，联系起来进行类比推测，往往易于搞清这个字和陌生词语的意思。

例如“洞烛其奸”，几个字都认识，可拿不准“洞”“烛”的语素义和整个成语的意思。若能联想到“洞察”的“洞”是“透彻”的意思，“火光烛天”的“烛”是“照亮”的意思，就可以推知“洞烛其奸”当指“看透其阴谋诡计”。再联系上下文加以验证，字词障碍就容易跨越。遇到“洞幽烛微”，也可照此解决。再如已知“化险为夷”的“夷”的意思，就不难引申推测出“夷为平地”“夷灭九族”中“夷”的字义。

这种方法不十分可靠，但在快速阅读或不容查考的情境下，还是很管用的。

（四）识用结合的指导策略

1. 与写字结合

将识字与写字紧密结合起来，分析字形结构为指导学生正确书写打好基础，通过练习正确书写又可以巩固识记生字的效果。结合识字练习书写的常用方法有：书空法、描笔法、抄写法、听写法、默写法。

指导学生书写生字，并非遍数越多越好，更不应采取写错一字罚抄十遍、几十遍的办法。有关实验研究表明：小学生抄写生字，每个生字连写3遍为好，连写超过3遍时，注意力会逐渐分散，产生厌烦心理；分写生字（依序抄写一组字）以不超过4遍为好。[①] 因此，有经验的老师并不追求学生抄写生字的遍数，而是注意引导学生观察生字的间架结构，用心记忆笔画笔顺，写成一字对照一下，找找毛病再写，争取写得更好些。

2. 与阅读结合

识字是阅读的基础，阅读是巩固和扩大识字成果的主要途径。识得生字之后，需要在阅读中重复遇到，才能熟悉它。字不离词，词不离句，在具体的上下文中才能确定多音字、异读字的读音，才能确定多义字、多义词的含义。在阅读中，能读准字音、读得通顺、读得流利，才算真正认识了文章中的字。

与阅读结合，首先，要指导学生读好语文课文。其次，要鼓励学生主动阅读其他课本和课外读物，养成阅读习惯，在广泛阅读中增长知识，同时也是复习识得的汉字，并可增识新字。

3. 与写作结合

组词造句是识字的重要手段之一，写话、写段、写篇，更是用字用词、巩固

① 朱作仁、祝新华：《小学语文教学心理学导论》，上海教育出版社，2001年，第110页。

识字成果的好机会。记准字形才能不出现、少出现错字，理解字义才能恰当地组词造句、准确地表情达意，才能不出现、少出现别字。

学生写话、作文时，遇到不会写或拿不准的字，要养成问一问、查一查的习惯。语文教师批阅学生的作业、作文，对错别字不能视而不见或见而不管。“管”要讲策略，不要总是代学生改错别字。最好标示出来，让学生自己去改，下次再收作业、作文时检查一下改没改，改对了没有。对学生出现频率偏高的错别字，应有所记录，待讲评作业、作文时做必要的分析和订正，或提交给学生，请学生开“诊室”，“诊治”错别字。到期中、期末，可以指导学生把自己作业、作文中出现过的错别字加以归类整理，重新订正一次。这样做效果不错，对初中生、高中生更加适用。

4. 与生活结合

生活中几乎随时随地都有识字用字的机会。应提倡并鼓励学生在生活情境中、在日常交往中主动识字用字，用自己喜欢的方式识字用字。这不但不会增加学生的学习负担，反而有助于学生保持识字兴趣，养成勤学好问、常查字典的好习惯。

三、识字学习经验借鉴

从古到今，人们创造并积累了丰富的识字学习经验，认真总结和合理借鉴这些经验，对帮助教师改进识字指导方法，对指导学生提高识字学习效率，都是很有价值的。

（一）古代识字学习经验借鉴

○快识缓写

古人依据经验得出判断——识字两千，始能读书。为了让开蒙的儿童尽早能够顺利读书，古代私塾通常的做法是：利用半年到一年时间，集中教蒙童认识一千到两千常用字。清代王筠《教童子法》说：“蒙养之时，识字为先，不必遽读书……能识两千字，乃可读书”；唐彪《父师善诱法》说：“初入学半年，不令读书，专令认字，尤为妙法。”而练习写字却不急，因为儿童要学磨墨执笔，运腕运指，认识笔画笔顺，由描红、影写到临摹，最后才独立默写，需要一个较长的过程，想快也快不起来。所写的字与正识的字也不一致，将识写分开，使互不掣肘。

基于这样的认识，古人编写了大量专门用于集中识字的教材，品种丰富多样。张志公《传统语文教育教材论——暨蒙学书目和书影》、徐梓《蒙学读物的历史透视》搜集较丰富，介绍较详明。识字教材中流传时间久远、地域广泛而且保存至今的，当数《急就篇》和“三、百、千”。《急就篇》为西汉元帝时史游所作，34章，共2144字，重复的字很少，通行于汉魏时期。南北朝时梁朝周兴嗣编写的《千字文》，通篇四言成句，1000字，无重复。宋朝初年有人编出《百家姓》，宋末又出现了《三字经》。《千字文》《百家姓》《三字经》组配在一起，通行全国上千年，合称“三、百、千”，总计2720字，去其重复，约有1500来个单字（林治金等统计有1496个字种，陈黎明等统计有1474个字种，因所据版本不同）。儿童熟记“三、百、千”后，就可以进一步诵读《千家诗》、“四书”“五经”，学习写文章了。清人徐珂《清稗类钞》录有一首《嘲私塾诗》：“一阵乌鸦噪晚风，诸生齐放好喉咙。赵钱孙李周吴郑，天地玄黄宇宙洪。千字文完翻鉴略，百家姓毕理神童。其中有个超群者，一日三行读大中。”诗中说的“鉴略”指《历朝鉴略》之类的历史常识读本，“神童”即《神童诗》，“大”“中”指“四书”中的《大学》《中庸》。八句诗生动展现了清末私塾诵读启蒙教材的情景。

○韵语识字

从现存最早的识字课本《急就篇》到宋元以后流播广远的“三百千”，都是用一连串整齐或比较整齐的短句（《三字经》三言成句，《百家姓》《千字文》皆用四言句，《急就篇》兼用三言、四言、七言句），而且合辙押韵，读起来上口，听起来悦耳，既合儿童兴趣，又易记难忘。儿童用一年时间就能不太费力地识得2000个左右常用字，这样高的识字学习效率，在很大程度上应归功于这种巧妙的编写方式。

“文革”时期，笔者在家乡见过一本《五言杂字》。这个刻本是清代道光年间定兴县儒生李廷弼、郝温柔合编的，全篇皆五言韵语，1444句，共7220字，重复用字较多，去其重复，估计也有3000个左右单字，绝大多数是大众常用字，以二十四节气为纵线，将农事活动、婚丧嫁娶、节令民俗等内容编缀起来，颇具农村特色和地方特色。如，开篇从春节说起：

正月初一日，新年头一天。清晨五更起，手脸洗一番。脱去旧鞋袜，穿上新衣衫。衬衣多齐整，袍褂更新鲜。……先到祖宗堂，次跪父母前。伯叔婶哥嫂，街坊邻右转。沿门走遍了，合村皆拜完。

再如春分植树一段：

惊蛰地气通，春分二月天。趁时接果木，杜树变梨园。香白李子杏，接桃似蜜甜。核桃柿子涩，山楂石榴酸。柰子沙果脆，苹果橘子鲜。俱是摇钱树，省得力耕田。桑榆共槐枣，椿楮松柏全。杨柳并花卉，当时要栽完。

短句整齐押韵，儿童好诵易记，内容贴近生活，又无枯燥之弊，不求全都会写，只要眼熟能认，花上三五个月，就能熟诵全篇。这样高的识字效率，远非今日能比。笔者童年常听家乡父老背诵《五言杂字》，上年岁的人还能一口气背出大半篇。听祖父说，小时候念私塾，先背《三字经》《百家姓》，再念《五言杂字》。看来，当时的私塾先生很善于为儿童选择识字教材——既有“通用课本”，又有“乡土教材”。用这本乡土教材替换了《千字文》，更浅近易懂，更富有时代气息，更切合乡村实际，而且能成倍增加识字量。据说，它除了在冀中广为流传，清末还传到山东、山西、河南等地。至今，尚未见到蒙学读物研究者予以著录。由此看来，此类在较小范围流传的韵语识字教材，全国各地不知还有多少。今人也编写了一些不同版本的新三字经、四字经，可惜大多短命。要想流传广远，关键还在编写质量——如何让适龄读者喜闻乐诵。

○识字结合学词积句

古代蒙学读物中有这样一类：既帮助儿童扩大识字量，又教他们积累词语典故。明清时期风靡全国的《幼学琼林》堪为代表。《幼学琼林》原名《幼学须知》，又有《成语考》《故事寻源》等异名，一般认为是明代程登吉编撰，今天能在书店里买到的通行本，是经过清人邹圣脉增补注释的。

《幼学琼林》通行本四卷，分三十三个类目，涉及天文地理、岁时节令、文臣武职、婚姻家庭、衣食住行、生老病死、文事科第、制作技艺、花木鸟兽、宗教鬼神、诉讼牢狱等方方面面，包含旧时习闻常见的文词、成语一千多条，其中不乏历史故事、文坛掌故、神话传说。它采用中国人喜闻乐见的对联形式，句式长短自如，不求整齐押韵，解释词义简洁明快，寥寥数语就把词语、典故解说清楚，便于诵读记忆。例如：

受人牵制曰掣肘，不知羞愧曰厚颜。好生议论，曰摇唇鼓舌；共话衷肠，曰促膝谈心。怒发冲冠，蔺相如之英气勃勃；炙手可热，唐崔铉之贵势炎炎。貌虽瘦而天下肥，唐玄宗之自谓；口有蜜而腹有剑，李林甫之为人。

有时还把同义、近义或反义的词语放在一起加以比较，如：

仇深曰切齿，人笑曰解颐。人微笑曰莞尔，掩口笑曰胡卢。大笑曰绝倒，众笑曰哄堂。留位待贤，谓之虚左；官僚共署，谓之同寅。人失信曰爽约，又曰食言；人忘誓曰寒盟，又曰反汗。铭心镂骨，感德难忘；结草衔环，知恩必报。自惹其灾，谓之解衣抱火；幸离其害，真如脱网就渊。

像这样通篇用对偶句，解释文词和成语，让人读来朗朗上口，在积累词汇、了解典故当中扩充识字量，又能学到许多知识，真是一举三得。这不就是识字与用字的巧妙结合吗？有人说《幼学琼林》是一本可读性强的成语典故小词典，此言不虚。

旧时流传一句话："读了《增广》会说话，读了《幼学》走天下。"这里与《幼学琼林》并提的《增广》，指的是《增广贤文》。《增广贤文》是一本用格言谚语体写成的蒙学读物，在《昔时贤文》基础上经过增订而成，清代中叶以后畅行全国。它的价值主要是汇集古来名言警句，传授封建伦理道德，教人如何为人处事，对儿童的人生观、价值观影响深远。如："君子安贫，达人知命"；"君子爱财，取之有道"；"钱财如粪土，仁义值千金"；"妻贤夫祸少，子孝父心宽"；"责人之心责己，恕己之心恕人"；"远水难救近火，远亲不如近邻"；"是非只为多开口，烦恼皆因强出头"；"善恶到头终有报，只争来早与来迟"。从另一角度看，儿童学习格言警句，同时也是在识字、积词。

过去有些人虽读书不多，文化水平不高，可成语典故知道不少，格言警句张口就来，其中不少人就得益于熟读过《幼学琼林》《增广贤文》《名贤集》一类的启蒙读物。将识字、用字与学词、积句打成一片，结合丰富词汇、积累格言警句来巩固和扩大识字成果，这些经验至今值得好好研究借鉴。

以上概括的是古人识字教与学的普遍做法和经验，下面再选介几种个性化的识字教学方法和经验。

○唐彪：辨字之法与覆认之法

清代学者唐彪在《父师善诱法》下卷讲"认字法"时提到：教蒙童识字，不能囫囵吞枣，凡是字形相似、同音、近义等容易混淆的字，都应加以比较辨析，这样儿童才能记准，不容易弄错。

他还推荐"覆认之法"：在一张厚纸上钻好小洞，将纸覆盖在书页上，露出学过的生字，让儿童认读。如果十个字认错六个，就给点小小的惩罚，促其用心识记。此法虽"笨"，但效果不错。

○崔学古：纸上识字与书上识字

清代崔学古著有《幼训》一书，其中谈到教儿童识字的一些具体方法。

一是"纸上识字"：先裁一寸二分见方的"纸骨"（即硬纸字块），将生字用楷书写在纸骨正面，背面写上同音字，如在"闻"字背面写"文"，"章"字背面写“张”，然后教儿童一一识之，选择易讲的字粗粗解说。识过之后，把字块用线穿起来，以后每日复习十字或数十字，周而复始。待儿童认识一千多字之后，再教读书。这对今天改进用卡片教儿童识字的方法仍有借鉴意义。

二是“书上识字”：教学生读生书的时候，先让学生逐字认读书上的字，遇到不认识的，用红笔圈出来，再用黑笔写在书的天头，这样容易记住生字。

他也提到“辨字之法”：遇到音同形近的字，如“形”与“刑”、“杨”与“扬”；或多音多义的字，如“行”（音形）与“行”（音杭）、“女”与“女”（汝）；或读音相近的字，如“心”与“星”、“登”与“敦”，诸如此类，都要教儿童仔细分辨，使他们读准字音，记准字形，区分字义。此法对儿童减少读错音、写别字，当十分有效。

〇王筠：先纯体，后合体，善解说

清代学者王筠《教童子法》说：儿童就学，先学识字，不必急于读书。识字宜先教象形、指事的纯体字（即独体字），并和具体事物相联系。如识“日、月、上、下”等字即以天上日月、上下之物告之。认识一些纯体字之后，再教合体字，先选容易讲解的，讲解的时候不必详说字义的来龙去脉，要让儿童听得懂。认得两千来个字，再教儿童读书。读书时遇到生字，还要予以解说；没有生字的就合成一句讲解。到八九岁时，要教儿童分辨四声、虚实、韵部、双声叠韵，学习属对，还可以每天教给他们一个典故。这些做法，今天仍可选用。

（二）现当代识字学习经验借鉴

〇继承创新，识字方法异彩纷呈

为了提高识字学习效率，现当代语文教育工作者和科研工作者在借鉴前人识字教学传统经验的基础上，不懈求索，实验创造出了多种多样、特色各异的识字教学法。这些方法大多适用于儿童学习识字，有的适用于成人扫盲教育。中央教科所研究员戴汝潜主编的《汉字教与学》（1999）汇集整理新中国建立以来在小学产生较大影响的23种识字法，按其主要特征梳列为3大类10小类：

1. 汉字自身特征类识字方法（6小类16法）：

形识类——部件识字法，逐级分类识字法，字根识字法；

音识类——注音识字法，汉字标音识字法，双拼识字法；

义识类——生活教育科学分类识字法；

形义类——字理识字法；奇特联想识字法，猜认识字法；

音义类——听读识字法，传统记诵法；

形音义综合类——分散识字，集中识字，韵语识字法，字族文识字法。

2. 儿童心理特征类识字方法（2 小类 3 法）：

快速循环识字法；

情趣识字——字谜识字，趣味识字。

3. 技术运用特征类识字方法（2 小类 4 法）：

徒手技术应用——看图识字，立体结构识字；

现代教学技术应用——一般计算机辅助教学；多媒体技术应用教学。

2000 年教育部召开“小学语文识字教学交流研讨会”以来，又出现一些新的识字教学法。中国教育学会教育实验研究分会汉字文化教育研究中心主编的《识字教育科学化方法选粹》（2006）及相关书刊、网站，对此有较详介绍。这里仅选几种代表性强的识字法，略作述评。

○两山一所：集中识字法

“集中识字法”是小学语文“集中识字·大量阅读·分步习作”教学体系的一个组成部分，1958 年由辽宁省黑山北关实验学校首创，1960 年北京景山学校加入实验，“文革”后中央教育科学研究所投入研究，形成“两山一所”共同倡导的识字教学法。

这种识字法的要点是：先学 500 个常用汉字，便于学生尽早阅读；打好识字的四大基础——汉语拼音、笔画笔顺、偏旁部首、基本字，以“基本字带字”为基本识字方法；坚持“形音义统一、以形为主，认读写结合、以认为主，字词句联系、以字为主，记比说兼用、以记为主”四项教法原则；吸收先识字后读写、看图识字、读课文增识生字等传统经验，指导学生掌握汉字规律自学生字。

集中识字法继承古代蒙学识字教学经验，旨在一、二年级教学生快速大量识字，尽早进入大量阅读的天地，来解决识汉字和学汉语的矛盾。它主要依据汉字中占有很大比例的形声字的规律，以字形为中心组织识字。由于带出的形声字具有声旁表音、形旁表义的特点，大多能成串地学习，因此儿童易于掌握。实验学校用这种方法，一、二年级学生能识 2000 字以上，小学毕业时可识 4000 字左右。

○斯霞：随课文分散识字法

“随课文分散识字法”是南京特级教师斯霞于 1958 年实验成功的一种识字教学法。它注重音义联系，以“字不离词，词不离句，句不离文”为主要特征，强调生字新词的出现和讲解都在具体的语言环境中进行。斯霞老师采用这种方法，一、二年级教学生识字2014个，五年识字3500个，能完成六年的教学任务。

这种识字法的要点是：先学汉语拼音，采取看图识字等方式学一些独体字，打好识字基础。然后采取“多读课文多识字”的方法，随课文识字。具体的处理方式主要有：1. 依生字在课文中出现的顺序，边读文边识字；2. 把课文中的重点字词提出来先学，其他的随课文讲读时再学；3. 先学字词后读文；4. 在理解课文以后再学生字词。

“随课文分散识字”从改革识字与阅读的关系入手，寓识字于阅读之中，在识字的同时通过阅读发展儿童的语言。“字不离词，词不离句”的原则使生字与具体语言环境紧密相连，词句是记住生字的背景，生字又是记住词句的线索，识字的同时融入了词语和句子的学习。用这种办法学生字，不是先学字形后学字义，而是把字的音、形、义联系在一起，没有人为划段的痕迹，更符合儿童的认知心理。但相对而言，这种融汉字音、形、义为一体的教学需要教师有丰富的经验和教学艺术，不易被广大教师把握好。

○黑龙江：注音识字法

“注音识字法”是1982年黑龙江省语委组织实施的“注音识字，提前读写”教学改革实验的一个组成部分。“注音识字，提前读写”是一项整体改革实验，其总体设计是：以学好汉语拼音并发挥其多功能作用为前提，寓识字于读写之中，在儿童未识字或识字不多的情况下，就开始听说读写的训练，把读写教学提前，促使儿童口头语言和书面语言协调发展。

“注音识字法”的要点是：采取“读写归读写，识字归识字”的双轨方针，识字教学分两条线进行：一条线设写字课，结合汉字结构的一些规律，教识字方法，叫“有师自通”；另一条线是以大量阅读为中介向识字过渡，叫“无师自通”。儿童入学后，用7周左右时间学习汉语拼音，接着阅读大量拼音读物，同时通过阅读逐步掌握常用汉字。一年级每周设两节写字课，选350个汉字，教儿童认识汉字结构规律，掌握写字的方法。二年级开始，儿童可以运用写字识字时学到的规律，在阅读中识字。儿童阅读的读物，开始是拼音课文，然后是汉字注音课文，进而阅读难字注音课文，最后阅读汉字课文。

这种方法在儿童入学后暂时绕开“生字”这个拦路虎，采取“迂回”的办法解决识字难的问题，对汉字的音、形、义和识、写、用分步提出要求，“识归识，写归写”，“边读书，边识字”，儿童可以熟练运用汉语拼音提早进行读和写，不受汉字限制，有助于发展儿童的语言能力。问题主要在于识字与大量阅读、提前读写的分寸不易掌握；学生有可能会过度依赖拼音而减弱识字兴趣和动力。

○鄢文俊等：字族文识字法

“字族文识字法”由四川井研县鄢文俊等1960年开始探索，1980年成型并付诸实验。他们认为在汉字中有一定数量具有派生能力的“母体字”，“母体字”可以衍生出几乎所有的常用字，称为“子体字”。他们把用母体字带出的一批批音形相近的合体字，组成一个个“字类家族”，简称“字族”。经过筛选，精选出2500个常用字，从中确定220个母体字，组成389个字族。然后以某个字族中的字为主，编写课文，称为“字族文”，再用字族文教儿童识字。

字族文《读本》（1～4册）创编了120篇课文。例如第一册第8课：“丁丁上学去得早，铃声一响就坐好。两眼盯着老师讲，读书写字勤动脑。爱护公物爱劳动，爸爸叮咛记得牢。学校场地常打扫，桌凳坏了忙钉好。丁丁表现顶呱呱，爷爷夸他好宝宝。”采用儿歌形式，使学生由认识母体字“丁”，扩展为“叮、盯、打、钉、顶”五个生字。

字族文识字以母体字组织课文为主线，采用字形类联、字音类聚、字义类推的方法，展示汉字构字的基本规律，并以三字经、长短句、对子歌、儿童诗等形式呈现课文，融规律性、趣味性、教育性于一体，符合儿童认知的规律。一、二年级能识常用字2200个以上。主要问题在于：不是所有汉字都能归入字族；与一般文章字随意遣不同，字族文因字编文，作为儿童学习书面语言的凭借，有较大的局限性。

○贾国均：字理识字法

“字理识字法”是上世纪90年代初由湖南岳阳市教育科学研究所贾国均倡导的。它依据汉字的构字规律，利用汉字形、音、义的关系，通过对象形、指事、会意、形声等造字法的分析，运用形象直观、联想想象等手段识记字形，牢固建立字的形、音、义之间的联系，达到识字的目的。

字理识字的大致程序是：读准字音，解析字理，识记字形，指导书写。采用的基本方法有：图示法，如教“隹”字出示鸟的图画，教“采”字出示手在树木上采摘的图画。点拨法，如教“牧”字，点出“牜”是“牛”的变形，“攵”是手拿鞭子，“牧”的本义是手拿鞭子放牛。联想法，如教“沙”字，启发学生想象河水少了会看到什么，学生会想到水少而沙现。演示法，如教“灭”字，可做火上加盖灭火的演示。歌诀法，如教“互”字，可引导学生用歌诀“上一下一，倒7正7，互相学习”来帮助记忆。猜谜法，如教“画”字，可用谜面“空山中间一方田”，让学生猜字。

这种识字法对各种语文教材具有普遍适用性，在不增加学生负担的前提下，强化儿童对汉字音形义的记忆，能有效预防和减少错别字，有利于培养儿童的观察力、理解力和想象力。它既适用于中小学识字教学，也适用于扫盲教育，还适用于少数民族和外国人学习汉字。

○郭洪等：趣味识字法

江苏淮阴郭洪老师实验并归纳出一些趣味识字的具体方法：1. 类比法——利用汉字笔画、结构来分类、对比。如：多横少横的字（日-目，大-天）；出头不出头的字（田-由-甲-申）；某一笔位置不同的字（玉-主，太-犬）；部首相同、基本字不同（叶-叭）；基本字相同，部首不同（蛟-跤）。2. 分解法——把独体字分解成笔画，把合体字分解成部件来记。又有增、减、换、分等多种方法：增，在熟字基础上增加偏旁部首，组成新字（“军”加“光”成“辉”）；减，在熟字的基础上去掉笔画或偏旁，记忆新字（“忽”去“心”记“勿”）；换，用熟字更换部首来记忆字形（“根”木旁换成土记“垠”）；分，较复杂的字用分解的方法帮助记忆（“裹”可分解为“衣”中有“果”）。

辽宁兴城葛树坤老师用歌诀法帮助小学生巩固识字，也富有趣味。如“变字歌”：一变二，二变三，大字加横变成天。十字加横成干，早字加横变成旱。火字加横就要灭，日字加横变成旦。止字加横变成正，问字加横变成间。帅字加横变成师，坏字加横变成环。

云南昆明倪雁老师将图画与字卡结合、实物与演示结合、板画与分析结合，教小学生趣味识字，也收到很好的效果。

趣味识字法特别适应小学生和初中生的识字学习心理，利于激发和保持少年学生的识字兴趣。它并不具有独立性，可以用到各种流派的识字法当中。

○尹建莉：读故事，早看书，轻松识字

《好妈妈胜过好老师》（作家出版社，2009）作者尹建莉的女儿刚入小学，就能把语文课本兴致盎然地从头读到尾。尹建莉说女儿并非“神童”，家长也从没刻意教她认字，刚入小学就迈过了“识字关”，“实际上是个非常简单而自然的过程”。

她们的做法是：第一次拿起一本书给女儿讲故事就不“讲”而是“读”，即不把故事内容转化为口语或“儿语”，完全按书上文字指着读。故事书被妈妈声情并茂一遍遍地读着，不满周岁的女儿听得如醉如痴，到开始说话时，就跟着咿咿呀呀地学舌，慢慢地能一句句地背出来。后来改由女儿指着，她指到哪儿妈妈就读到哪儿。渐渐地，女儿把故事与文字联系到了一起，理解了文字。同时，每到公共场所，总不失时机地指给她看标牌上的文字，告诉她什么意思。日久天长，女儿养成了一看到字就想读出来的习惯。5 岁后开始自己看书，通过阅读又认识了不少新字。书越看越多，字也越认越多，到入小学时，阅读语文课本已是小菜一碟了。升二年级后，同学们还把主要精力用于学习生字，她已开始一本接一本地读长篇小说了。由于读的书多，理解力好，学习各门功课都很轻松；读完二年级，直接读四年级，各门功课依然优秀。

此个例恐难复制，但启示我们儿童过识字关并非只靠刻意识记，也可以变得轻松自然些。

○黄照静：下点工夫背字典

这是一个高中生的学习经验。她叫黄照静，1997 年以优异成绩考入北京大学。读高中时，她学语文，除为熟悉题型之外很少做题，可她硬是下工夫把《新华字典》和《常用成语词典》背了下来。

《新华字典》收字 10000 余个，“部首检字表”约 80 页，如果一天背 8 页，10 天就能背完，一天背 4 页，也不过 20 天。首都师范大学出版社出版的《常用成语词典》收中小学教材中出现的成语 2300 多条，书后的“笔画索引”约 30 页，一条一条地背，如果一天背 3 页，10 天也可背完。

黄照静背字典和成语词典的最初动机，是为了应对语文高考中的字音、成语等题目。她想，学外语，许多人都背过英语词典，学中文为何不试着背背汉语字典呢？背了这两部字词典，收获之大超出了她的预想：许多以前一直弄错的字音、词义搞清楚了，许多一直忽略的词语被重新“发现”了，许多过去不知道的知识知道了。她在自己的“博客”（2007-02-12）上提到这件事，说：“对基本字词的熟悉是学好任何语言的要义。”

背字典、词典是件很枯燥的事，不是每个中学生都肯背的。但如果真的下点“笨”工夫，选薄一点的、权威性强的字典和成语词典背一背或读一读（罕用的粗知即可），对打好语文基础、提高语文能力肯定是大有益处的。笔者读初中时背过北京大学中文系编的《汉语成语小词典》（商务版），教书时背过《普通话异读词审音表》，知道那益处是长久受用的。

第二节　写字学习指导

从事语文教育20年以上的教师，每每感叹当今青少年书写汉字的水平总体下降。有关汉字书写的调查也显示，中小学生、大学生汉字书写的基本功不能令人满意。例如，江苏泰兴市一项对乡村小学四至六年级学生所作的写字状况调查，结果表明：学生能做到书写工整、美观的不足7%，能做到书写正确、端正的仅有22%，连最基本的写字姿势要求“三个一”（眼离本子一尺、手离笔尖一寸、胸离桌边一拳）都做不到的占19%，状况令人担忧。①

针对中小学写字教学未能得到应有重视、不利于学生基本文化素养普遍提高的问题，《基础教育课程改革纲要（试行）》特别指出：“在义务教育阶段的语文、美术课中要加强写字教学。”2002年5月教育部专门发出《关于在中小学加强写字教学的若干意见》，强调：“在重视学生掌握计算机汉字输入技术的同时，必须继续强调中小学生写好汉字。继承和弘扬中华民族优秀文化，写字教学应该加强，不应削弱。”《义务教育语文课程标准》（2011年版）强调：“按照规范要求认真写好汉字是教学的基本要求，练字的过程也是学生性情、态度、审美趣味养成的过程。每个学段都要指导学生写好汉字。要求学生写字姿势正确，指导学生掌握基本的书写技能，养成良好的书写习惯，提高书写质量。”本节就如何加强写字学习指导展开讨论。

一、写字学习指导要点

学习写字，《义务教育语文课程标准》（2011年版）规定的学段目标是：1～2年级，“掌握汉字的基本笔画和常用的偏旁部首，能按笔顺规则用硬笔写字，注意间架结构。初步感受汉字的形体美。”“努力养成良好的写字习惯，写字姿势正确，书写规范、端正、整洁。”3～4年级，“能使用硬笔熟练地书写正楷字，做到规范、端正、整洁。用毛笔临摹正楷字帖。”“写字姿势正确，有良好的书写习

① 王爱华、汪正洲：《农村小学写字教学的现状与思考》，《天津教育》2002年第12期。

惯。”5~6年级，“硬笔书写楷书，行款整齐，力求美观，有一定速度。”“能用毛笔书写楷书，在书写中体会汉字的优美。”“写字姿势正确，有良好的书写习惯。”7~9年级，“在使用硬笔熟练地书写正楷字的基础上，学写规范、通行的行楷字，提高书写的速度。”“临摹名家书法，体会书法的审美价值。”“写字姿势正确，有良好的书写习惯。”

将上述目标加以综合，可以概括出中小学生学习写字的四点要求：规范，端正，熟练，美观。

（一）规范书写

规范书写，是指导学生写字的最基本要求。规范书写的核心是把字写正确，具体说就是不写错字、别字，不写乱简字、异体字，不随便写繁体字。

1. 不写错字

（1）要写对笔画

学生写字在笔画上出错，主要有下面几种情况：

一是因笔形不对而出错。如“木、禾、本、果”等字，错把中竖写成竖钩；“聚”字下部是“乑”，错将竖画写成弯钩，像是无横的“豕”。行书“千”字，上面一撇行笔变了方向，写成长点，看上去像“干”。

二是因增减笔画而出错。如“步”字下部多写一点，“梁”字右上少写一点，“武”字斜钩处多写一撇，“真、隆”当中少写一横。

三是因断连不对而出错。如“差、着、养”第6画，是一撇而下，不能断成一竖加一撇（那是旧字形。类似的还有“兔、鬼、象”的第二个撇，也不能写断）。“先、去、表、妻”等字，上部中间的竖画与下部的撇或撇折是断开的，不能将两画连成一画。“片”字末笔横折，“长”字第3画竖提，“延”字第4画竖折，学生常断成两笔，也是错字。

四是因笔画组合关系不对而出错。如“尹、君”的第2画横与第1画横折，是相交而不是相接关系，与“雪、帚、归”等字中倒“山”不同，横画须穿出折画之外。类似的还有“争、事、唐、秉、兼、捷”等字，学生常常写错。可以教学生记住这样的规律：有笔纵穿横，横也穿出去。再如“善”字中间一竖与下面的“口”相离，而“害”字的中竖应穿过三横与“口”相接；“延、廷、建”等字末两画相交，而“迁、过”末两画不能相交；“它、尼、论”中的“匕”，两画相接，不同于“龙、化”的相交。常见中文系大学生在试讲教案或板书中写“课文分析”，不少人把“分”字上部写成“人”，指正后学生说从小就这么写，习惯了不好改。可见小学阶段教学生分清笔画关系不可掉以轻心。

（2）要安对部件

汉字中有些偏旁部首形体相似，区分不清，极易写错。如：“肺、沛”的右边是“市”（fú），容易混同于“市”；“初、裕”的左旁，学生常错写成“衤”；“学、觉”的字头，容易错写成“党”字头；“茂”的字底，容易错写成“戊”或“戌”。

“式、忒”的包围部分是“弋”（yì），不能写成“戈”。“武”字的包围部分本来从“戈”，隶化以后，撇画变成短横，上移到首笔位置，所以写“武”字不能再加撇。“尧”的上部是个由“垚”简化而来的符号，比“戈”少一点，写“尧、浇、晓、烧、饶、绕、跷、翘”等字时，注意不要错写成“戈”。

“己、已、巳”作部首时也容易搞混。可以告诉学生：“已”不构字；“巳”构字较少，常见的有“祀、导、异、包、巷、熙”；“己”构字多，常见的有“记、纪、忌、岂、起、杞、配、改、凯、皑”等。“苑、范”右下是“㔾”，不能写成“巳”。

（3）注意笔形变化

汉字书写很讲艺术性，为了整字美观或气韵贯通，同一偏旁在不同位置常有一些变化，笔形并不刻板划一。例如，汉字隶书横画、捺画讲“蚕头燕尾”，但一字之中“蚕无二茧，燕不双飞”。演变到楷书，也有“避重捺”的规则，就是一字之中若有两捺或多捺，一般只突出主要的一捺，其余捺画写成长点。照此规则，“从”字相并的两个“人”，“炎”字相叠的两个“火”，要变化其中一捺。写“这、达、送、迷、返、迟、趣”等字，突出外框的平捺，而将字心末笔捺画变成长点（但“途、逢、透”两捺被隔开，则不避重捺）。写“黍、膝、餐”等字，则突出腰部“人”的一捺，其上、其下的捺画都写成点。

“木”旁在左，为了“让右”，须缩窄自身占位，把末笔变成点，如“杨、柳”。“木”旁在下，为避重捺，末笔捺变点，同时竖带钩，如“条、寨、茶”。无重捺时，只有“杀、杂、亲”极少几个字也变，多数不变。所以，写“呆、采、集、柴、架、染、梁”等字，须注意“木”字底的竖莫带钩，捺别变点（行书草书另当别论）。

“火、禾、米、夫、矢、文”等作左旁，末笔捺画也要变成点，如“烤、秒、粮、规、矫、刘”。“己、九、元、屯、光、岂”等作左旁，末笔变成竖提，如“改、鸠、顽、顿、辉、凯”。“半、羊、丰、辛”等充当左旁，末笔竖画要变成竖撇，如“判、翔、邦、辣”。“土、牛、车、子、女、且、立”等充当左旁，末笔横画变成提，如“地、牲、辕、孙、好、助、站”，为的是与下一笔呼应，使笔意不断。

2. 不写别字

汉语普通话声韵相拼能成音节仅410多个，带上声调以后分化为1200多个音节。而现代汉语通用字有7000个，这就造成大量的同音汉字，稍不注意就容易写别字（参见字义识字）。常见的别字类型有：

（1）因同音而误的。这类别字最常见。细加分辨，又有不同情况：

有的别字只是与正字同音，而字义相差较远。如：将“刻苦”的“刻”写成“克”，将“和蔼可亲”的“蔼”写成“霭”，将“文化品位”的“位”写成“味”。

有的别字不只与正字同音，字（语素）义也似乎适合语境，其实不然。如：将“急躁”的“躁”写成“燥”，可能是联想到心急如“火”；将“擅长”的“擅”写成“善”，大概是想到了“善于”；将“贸然”的“贸”写作“冒”，可能是受“冒失”的影响；将“黯然”的“黯”写作“暗”，大概是受了“暗淡”的影响。

有些同音词含有相同的语素，词性相同，意思也相近，但词义和用法有细微差别，如：“不止”与“不只”，“以致”与“以至”，“志哀”与“致哀”，“委屈”与“委曲”，“权力”与“权利”，下笔或录入时更须谨慎分辨。电视屏幕上出现的别字多属此类。

（2）因形近而误的。如：“赡养”的“赡”误写成“瞻”，“气概”的“概”误写成“慨”，“抢夺”的“抢”误写成“抡”。

（3）因同音且形近而误的。如：“寒暄”的“暄”误作“喧”，“松弛”的“弛”误作“驰”，“脉搏”的“搏”误作“博”。

（4）因受上下字影响而误的。如：将“编辑”的“辑”写成“缉”，是受了上字丝旁的影响；将“韭菜”的“韭”写成“韮”（异体字），是受了下字草头的影响。

3. 不写不规范的简化字

凡是1986年国家语委重新发布的《简化字总表》以外的简笔字，都属于不规范简化字。有人称之为“乱简字”。大致有两类。

一类是“二简字”，即1977年曾经公布试用、1986年经国务院批准宣布废止的《第二次汉字简化方案（草案）》中的简化字，如“道”字简成“辺”，“影”字左旁写成“井”，“澜”字右边写作“兰”，“感”字上部写成“干”，“菜”字下部写作“才”。

另一类是模仿他人或者自造的简笔字，如把“数”的左旁换成“由”，把规范的简化字“场”的右边写成“勿”，把规范的简化字“围”里面写成“井”。

乱简字妨害交际，污染语言环境。虽然也有一些不规范简化字并非“乱”简，如“蒜薹”的“薹”简作“苔”，“橘子”的“橘”简作“桔”，“整”的上部换成“大”，“餐”字只留左上角，简化得比较合理，也有群众基础，但是，在它们取得“合法”身份之前，凡是写给别人看的，包括作业和书信，仍不能当做规范汉字来用。

4. 不写被淘汰的异体字

汉字传承过程中一字多形现象比较突出。1955 年文字改革委员会和文化部公布《第一批异体字整理表》，从 810 组异体字中，淘汰了 1053 个，后来有所调整，将其中 26 个恢复为正体，[①] 应淘汰的异体字还有 1027 个。青少年对这些早已被淘汰的异体字大多已经陌生，可能是受成年人影响，有些异体字还偶尔出现，如：“祘”（算），“遊”（游），“邨”（村）；又如：将“拿、考”写成左右结构，将“群、峰”写成上下结构，“升”头上加“日”，“挂”右边添“卜”。

除了经调整恢复为正体的 26 个，其余确已淘汰的异体字不应继续使用。只有极少数姓名用字目前尚属例外，如“堃”（坤）、“喆”（哲）。

5. 不随便写繁体字

随着海峡两岸交流加强、海外华人往来增多，繁体字在大陆一度出现“回潮”现象。为了纠正社会用字混乱的状况，促进现代汉语规范化，国家语委 1986 年重新发布了《简化字总表》，并强调指出：“要求社会用字以《简化字总表》为标准：凡是在《简化字总表》中已经被简化了的繁体字，应该用简化字而不用繁体字；凡是不符合《简化字总表》规定的简化字，包括《第二次汉字简化方案

① 异体字调整情况为：根据 1986 年 10 月 10 日重新发表《简化字总表》的说明，确认《简化字总表》收入的“䜣、䜩、哗、詟、诃、鳝、䌷、刬、鲙、诓、雠”11 个类推简化字为规范字，不再作为淘汰的异体字。根据 1988 年 3 月 25 日国家语言文字工作委员会与中华人民共和国新闻出版署“关于发布《现代汉语通用字表》的联合通知”中的规定，确认《印刷通用汉字字形表》收入的“翦、邱、于、澹、骼、彷、菰、溷、徼、薰、黏、桉、愣、晖、凋”等 15 个字为规范字，收入《现代汉语通用字表》，不再作为淘汰的异体字。

（草案）》的简化字和社会上流行的各种简体字，都是不规范的简化字，应当停止使用。”

繁体字在大陆已经成为历史性字体（书法艺术除外），简化字的普及大大便利了人们的书写和应用。我们的简化字在东南亚早已得到普遍认同，新加坡、马来西亚颁行的简化汉字与大陆完全相同。台湾地区有两套用字标准，除了印刷用的楷书标准，还有一套手写用的行书标准，即《标准行书范本》，也采用了大量的简体字。其中与大陆简化相同或基本相同的有563字，相近的有131字，两者相加有694字，占《简化字总表》简化字数的30.5%。[①] 可以说，台港澳地区的文化人和海外华人，对简化字并不太陌生，许多人乐于学习和使用。试写一下，“台湾”二字比繁体字“臺灣”要简便多少！因此，除了翻印出版古籍、创作书法作品以及与台港人士书面交流之外，我们不应弃简写繁。在基础教育阶段，也没有必要提倡“识繁写简”。倘若对繁体字知之不多，故作“高雅”，随便使用，难免闹出“皇後”、“理發舘”（应为“理髮館”）之类的失误，反而贻笑大方。

需要注意的是，1986年重新发表《简化字总表》时，对1964年编印的《简化字总表》中的个别字做了调整，如：“叠”“覆”“像”“啰”不再作“迭”“复”“象”“罗”的繁体字处理。[②] 书写时再写“重迭”“复盖”“象样”“罗嗦”，也是不合规范的。语文教师对文字规范的调整变化应该更敏感，熟知这些变化，以便正确指导学习者。

（二）端正书写

端正书写，就是要求把字写得重心平稳，间架匀称，笔画协调。

重心平稳——不歪扭，不倾斜，字字站得正，立得稳。

间架匀称——结构单位的宽窄、高低、斜正、向背，搭配妥当，比例相宜。

---

① 骆毅：《台湾〈标准行书范本〉出版10周年》，转引自苏培成《现代汉字学纲要》，北京大学出版社，1994年，第172页。

② 1986年经国务院批准重新发表的《简化字总表》，对1964年原中国文字改革委员会编印的《简化字总表》中的个别字，作了如下调整：“叠”“覆”“像”“啰”不再作“迭”“复”“象”“罗”的繁体字处理。因此，在第一表中删去了“迭〔叠〕”“象〔像〕”，“复”字字头下删去繁体字〔覆〕。在第二表“罗”字字头下删去繁体字〔囉〕，依简化偏旁“罗”类推简化为“啰”。“瞭”字读“liǎo”（了解）时，仍简作“了”，读“liào”（瞭望）时作“瞭”，不简作“了”。此外，对第一表“余〔余〕”的脚注作了补充：“在余和馀意义可能混淆时，仍用馀。如文言句‘馀年无多’。”第三表“讠”下偏旁类推字“雠”字加了脚注：“雠：用于校雠、雠定、仇雠等。表示仇恨、仇敌义时用仇。”

笔画协调——笔画的长短、粗细、伸缩、俯仰，书写合度，相互协调。

（三）熟练书写

熟练书写，就是写字要有一定的速度。要既能工笔慢写，也能加快速度，流利书写。不能行笔迟疑，磨磨蹭蹭，涂涂改改；也不能行笔潦潦草草，使字迹难以分辨。不同学段的学生，写字速度自然有差别。一般而言，中学毕业生，用钢笔或圆珠笔写楷书应达到或接近每分钟 20 个字，写行楷应达到或接近每分钟 30 个字，写行书则应达到或接近 40 个字。

要想写得流利、熟练，除了熟悉汉字结构、掌握行笔技巧，还要熟练掌握汉字笔顺规范。常见一些中学生、大学生写字笔顺不对，多有倒插笔，造成行笔不顺畅，也影响字的美观。这是小学养成的习惯，如果中学还不纠正过来，以后再改则很难。因此，小学写字指导一定严格要求掌握笔顺规范。除了教学生熟练掌握先横后竖、先撇后捺、从上到下、从左到右、从外到内、先中间后两边、先里头后封口等一般的笔顺规则，对那些容易写错笔顺的字，如“乃、万、与、义、火、为、长、瓦、丑、北、出、臣、必、母、舟、非、肃、叟、脊、爽、敝、鼎”等，要予以特殊的注意。遇到笔顺有分歧、自己拿不准的，应依据《现代汉语通用字笔顺规范》① 确定的笔顺。查阅此书不方便的，可以从全笔顺字典或多功能字典词典中查到规范笔顺的提示。笔顺看似小事，其实小事不小，小学掌握扎实，一生写字顺当。当然，某些汉字的行书笔顺与楷书笔顺有所不同，如“有、本、体、情、较、美”等字，为了行笔更连贯流宕，不必拘泥于楷书笔顺。

按照语文课标要求，小学阶段主要是写好正楷字，初中阶段学写规范、通行的行楷字。高中课标没有专提写字要求。我们认为应允许高中学生在熟悉行楷的基础上，学写行草，以便进一步提高书写速度，为读大学做笔记和适应未来工作需要打好快写基础。但一定要强调先学好“站”，再学“走”，然后学“跑”，即先求端正，再求快速。黄若舟《汉字快写法》等编著，可作中学生、大学生练习行草的参照。

（四）美观书写

书写美观，是建立在书写规范、端正基础上的更高要求。主要体现在：笔形像样、结体匀称、行款合宜、文面整洁。

---

①《现代汉语通用字笔顺规范》，国家语委、新闻出版署 1997 年 4 月 7 日发布，语文出版社同年 8 月出版。

笔画像样，指行笔有轻重疾徐，笔形有粗细提顿等变化。硬笔字不会像毛笔字的笔画那样粗细方圆变化鲜明，但写出来的横竖撇捺不能都像火柴棍、江米条，转折处不能像木棒折成两段，或像煮熟的面条那样绵软柔曲无力。

结体匀称，指偏旁部首占位适宜，笔画之间穿插避让，呼应自然，间架端庄，疏密均匀。

行款合宜，指一页字中天头地角、左右两侧留有适当空白，段落当中退格提行合乎要求，一行字中如直线贯穿，字距适宜，行距大于字距一倍左右。上下行左端对齐容易，右端取齐较难，最好是写到行末几个字时，注意调整字距和字体大小，尽量与上面取齐。这样，整篇字写出来不至于参差凌乱。

文面整洁，指文字整齐，标点清楚，尽量减少涂抹。中小学生写作业、作文，往往使用涂改液或胶贴纸，文面上像是贴了许多“膏药”。这样不好。如需修改，宜使用规范的修改符号。

二、写字学习指导策略

（一）指导学生端正写字的态度

在这方面，叶圣陶讲过很好的意见。他指出：“现在有些学生写字很不认真，潦潦草草，一篇文章里有几十个错别字。这不仅是基本训练不够的问题，也是学习态度不够端正的问题。如果一个学校的风气好，各科老师都注意这个问题，学生的学习态度端正，写起字来就不会那么潦草，不会那么多错误。”①

叶圣陶先生这话是1961年讲的。现在学生的写字状况，应该说比那时还不如。基本训练不够，心境浮躁，态度马虎，写字潦草，错别字多，这样的情况比那时更多见。解决问题的根本策略，也只有像叶圣陶先生指出的那样：“这个问题要从根本上解决，就是端正学习态度，造成事事认真的风气。”态度认真了，其他才好办。

（二）指导学生掌握书写方法和技巧

1. 指导点画书写技法

用硬笔写字，不像写毛笔字那样讲究逆起回收，一波三折，但用笔也应讲究轻重提按，借助角度和力度的变化写出不同的笔画形态。特别是钢笔，因其笔尖

---

①《叶圣陶教育文集》第3卷，人民教育出版社，1994年，第178页。

有中缝，有弹性，横拖、竖拉、侧抹，笔画粗细不同，按笔、行笔、提笔，墨水流量有别，写出的笔画形态各异，用来书写汉字特别相宜。相比之下，圆珠笔和铅笔要逊色一些，但运笔得法，也能写出重轻粗细的变化。

关于硬笔楷书不同笔画的写法，我们在《语文高效学习艺术》（中国文史出版社，2005）一书中描述较详，这里只针对学生书写点画常见的毛病，提示注意掌握以下要领：

一是行笔要有轻重提按，不能平均用力。要使学生知道，写每一笔画都有“起—行—收”的过程，运笔有轻重快慢之分。一般而言，横、竖、撇起笔稍重，点、捺起笔要轻，转折、捺脚处顿笔稍重，提钩顿笔后出钩轻而快，撇、捺收笔出锋慢而轻。但顿笔也不能过重，把横画写得弯头折尾，把竖、撇写成钉头鼠尾。

二是笔画形态要有变化，不能千篇一律。同样是横，长短俯仰姿态有别，如“王”字的三横，“章”字的五横；倾斜角度也有所不同，如“五”用平横（平横并非水平，而应略向上行，5°上下为宜），“七”则用斜横，左低右高（15°左右），重心才稳定。同样是竖，“甲”字头重，中竖宜用“垂露”，以使其稳重；“中”字中竖则宜用“悬针”，以显其精神。

三是点画之间要有呼应，不能互不联系。如“大”“小”，三画之间笔断意连，前画收笔与后画起笔有笔势往来；“心”字四画，顾盼生姿，笔画之间虽无牵丝，但空中运笔的动作不可省去。

2. 指导间架结构技法

间架结构是硬笔书写指导的重点，学生写字不端正、欠美观，大多与结体有关。前人指导习字，概括了许多“结体要诀”，影响较大者，如唐代欧阳询的《楷书结体三十六法》、明代李淳的《大字结构八十四法》、清代黄自元的《楷书间架结构九十二法》，当代任政《楷书结构》整理为八十八法。法多则失于杂，难免重复交叉。这里择其要者，归纳为 28 法，作为指导学生掌握结体技法的参考。

年月身事　形本高长，不可写短

四皿工云　体自矮短，不可拉长

乡乃飞戈　身自侧倾，斜中取正

口日田小　画少形小，疏朗劲健

整霞赢疆　画多体大，紧密匀称

官写会春　天覆伞罩，字头宜宽

豆丕至盂　地载其上，底须稳重

量奇要喜　主横居中，腰宜伸展

普备雷赞　上宽下窄，中线勿偏

是采炙点　上窄下宽，足要撑开

哀莫意冀　上下皆宽，中腰收束

振模彼减　左窄右宽，右宜舒展

制都卧戳　左宽右窄，左宜丰满

静颓辅韩　左右分疆，弟兄并肩

吸明坏峰　左短右长，左旁靠上

知阳红叔　左高右短，右边偏下

鞭狱辨衍　左右高宽，中心收敛

好切约汤　左右相向，互为顾盼

北兆孔犯　左右相背，气脉通贯

炎哥从森　部件相叠，伸缩避复

形彪参多　撇画联翩，头腹相承

武或我战　斜钩放纵，强如硬弩

心忠必蜜　卧钩抱曲，弯若新月

河海江流　三点相联，上下呼应

热然煮燕　四点成排，左右映带

店旬旭道　两面包围，围笔宜长

凶风同间　三面包围，心贴外框

因国图圆　四面合围，内心匀盈

以上结体技法，如果加以概括，可以抽象为如下六项原则：比例适当，疏密匀称，偏旁容让，点画呼应，形体和谐，重心稳定。有书法家还总结出“黄金分割，中宫上提，左上紧凑，右下疏放”的书写规律，如能效法，可使字形更健朗美观。

（三）重视培养学生良好的写字习惯

第一，指导学生执笔正确，运笔得法。

古人教儿童习字，用毛笔写中楷、大楷，十分重视执笔、运笔。今天我们主要用钢笔、圆珠笔、铅笔写字，经常看到有小学生、中学生、大学生，执笔不正确，捏得太低，掌心发实，手指发死，笔杆与纸面的角度接近垂直，导致运笔不灵活，写出的字显得局促，笔画不舒展。

浙江海宁市教研员对小学生硬笔执笔姿势做过专项调查，从市区、乡镇、农村三类学校随机抽取1~6年级258名学生，观察他们在自然书写状态下的硬笔执笔姿势，分指位、松紧、高低、角度、掌心五项指标逐一记录。结果显示：执笔姿势完全正确的仅57名，占总人数的22.93%。执笔姿势错误主要有：1. 用拇指的关节处与食指第一节指肚部位握住笔杆；2. 用食指第二节与拇指第一节握住笔杆；3. 手指用力过大，捏得太紧，食指第二关节向前突出严重；4. 捏笔手指与笔尖的距离过近，有的甚至小于1厘米；5. 笔杆靠在食指第三节或第二关节上，笔身向前倾斜；6. 掌心未虚空，中指、无名指与小指紧抵掌心。五项指标按错误严重程度排序为：指位、松紧、高低、角度、掌心。①

第二，指导学生端正写字姿势。要求学生写字时做到：双足分开脚放平，头正身直略前倾，胸离桌边空一拳，眼离桌面一尺远。学生保持正确的写字姿势，有利于呼吸顺畅和精神集中，能防止儿童脊椎弯曲和眼睛近视，容易把字写得端正美观，也会促进学生意志力的发展。

指导学生端正写字姿势，掌握正确的执笔运笔方法，关键在小学阶段，特别是一二年级。这不光是语文教师的事，各科教师和学生家长都有指导责任。一要讲清要领，做好示范；二要随时监督，发现问题，个别指导，及时纠正。

第三，还要指导学生养成“提笔就是练字时”的习惯。让学生明白：不光是写生字和写字课才是练字，那样时间和机会很有限；平时写各科作业、做笔记、抄作文，生活中写书信、写请假条，都当做练习写字的机会，这样机会和时间才是无限的。正像叶圣陶所说的：“咱们天天为了实际需要而写字，其实是天天在练字，更不必特别划出练字的时间。假如特别划出时间练字，可能引起这样的想法，练字是‘练’，要认认真真，为实际需要而写字不是‘练’，无妨马虎点儿。

① 虞哲中：《对小学生硬笔执笔姿势的调查与分析》，《教学与管理》，2005年第23期。

这样的想法显然很不对头，练字的唯一目的，不正是要在实际应用的时候写得好些吗？假如‘练’跟实际应用不分开，认定拿起笔来写的时候全是练字的时候，这样的想法就决不会引起了。”① 语文课标2011年版新增了如下建议：“要在日常书写中增强练字意识，讲究练字效果。”可以说，有没有这样的意识和习惯，对学生的“字风”和书写水平影响很大。

（四）教师给学生做好书写示范

打铁先要自身硬，想指导学生写好字，指导者先要做出样子。教师的书写水平差，不仅指导起来不得要领，自己字丑还会潜移默化地影响学生。因此，语文教师一定要舍得下工夫，提高自身的书写基本功。课堂板书，批改作文、作业，都要给学生做出良好的书写示范，让学生心中钦羡，手头模仿。

教育部门如果像考普通话那样，设计汉字书写水平考试，先考语文教师，促使每个语文教师过好汉字书写关，这对普遍提高学生的写字水平会起根本性的推动作用。

三、写字学习经验借鉴

广义的写字包括书写与书法。二者有密切联系：书写是书法的基础，书法是艺术化的写字。它们又有明显区别：书写是技术，讲求规范和实用；书法是艺术，讲求意趣和创新。书写属于语文学习范畴，是基础的、普及的、极具共性的事情；书法属于美学艺术范畴，是高一级的、少数人的、极具个性的事情。书写讲求“入乎法中”；书法更重“出乎法外”。练习书法，不是对所有学生的要求；练好书写技能，则是每个学生都应达到的目标。下面选介的写字学习经验，有的虽是学习书法的典型个例，但对指导青少年学习写硬笔字、毛笔字和欣赏名家书法有启迪，有裨益。

（一）古代写字学习经验借鉴

○身姿、手法：皆有规范

古人教学童用毛笔写字，身姿要求头正、身直、臂开、足安，胸距桌沿三寸许；执笔手法要求指实、掌虚、腕平，笔管与纸面垂直。五指执笔，分工协作：擫、押、钩、格、抵，谓之“拨蹬法”。“拨蹬法”据说起自王羲之、王献之父

---

①《叶圣陶教育文集》第3卷，人民教育出版社，1994年，第197-198页。

子，至今一直是毛笔执笔的“常规”，其他三指法、两指法，只能算是“特例”。

清代唐彪《父师善诱法》强调：“执笔之法，全在掌虚指活。”儿童执笔，容易掌心握得实，指头捏得死，这样运笔就会发僵，形成习惯之后，再改则很难。为此，唐彪推荐一种方法，就是让儿童习字时将一小轻圆木或鸡蛋形状的布团握在手中。陈彝《重订训学良规》也说：“教蒙童执笔，宜缝一小布团，令握手中，掌虚腕活，年长而字宜工。否则，必将五指捏拢，后欲放开，难矣。”

其他如润笔、磨墨、膏笔，也都有规范要求，十分重视从小养成良好习惯。今天写字多用硬笔，不像用毛笔那样有许多“讲究”，但也要讲究姿势、手法。许多青年人写字捏笔过低过死，皆因小时未能养成良好习惯。

○选字：先简单，后复杂

古人教儿童初学写字，所写之字与所识之字往往分开。宋元以来，蒙童识字多从《三字经》《百家姓》《千字文》开始，那里面有不少结构复杂、笔画繁多之字；写字则多从“上大人，丘乙己……”开始，这些字笔画少，结构也简单，蒙童容易写。清初褚人获《坚瓠集》称：“小儿习字，必令书‘上大人，丘乙己，化三千，七十士，尔小子，八九子，佳作仁，可知礼’也。天下同然，不知何起。……大抵取笔画稀少，童子易于识认耳。”根据现有文献可知，最迟在唐代，就有类似的儿童习字。张志公《传统语文教育初探》、徐梓《蒙学读物的历史透视》都引录了敦煌遗籍中发现的字纸，选字大体同此。

2000年以来，“识写分开、多识少写”重新被重视。《义务教育语文课程标准》（2011年版）增加“附录4. 识字写字教学基本字表”，选出了“构形简单、重现率高”的300个汉字，作为第一学段先行识写的“基本字”，为教科书编写和初始阶段识字写字教学提供了依据，是一历史性进步。

○字式：先中楷，后小楷、大楷

古人教儿童写字，一般是先写中楷，格子大约一寸半见方，待中楷练到比较成型，再练小楷、大楷。先写小楷，格子太小，笔画不容易安排；若先写大楷，孩子小，腕力弱，字大了不好驾驭。

唐彪《父师善诱法》称：“余在越中，见童蒙字式，正格中书大字，旁缝书小字，此法极佳。盖单学大字，则后日能大书而不能小书；单学小字，则后日能小书而不能大书。均之有病，唯此法则两得之也。”这大概是蒙童写中楷有一定基础之后所书的字式，大楷小楷同时练习，既节约了纸张，又巩固了字的间架和笔法。

○**步骤：先描红、影写，后临帖**

教儿童写字，多从描红开始。描红，也称润朱，即老师用朱笔写好范字，指导儿童用墨笔把范字一笔一笔描成黑的。为的是教儿童学执笔、运笔，练笔画、笔顺。清代李新庵《教子良规》说："今之开蒙者，必先把笔润朱，令其笔画撇竖，一一如法不爽，而后作书法，以令其印证，此是常则。"

影写，就是指导儿童用一张不浸墨的薄纸蒙在字帖或老师写好的字范上面，照着范字的影子一笔一笔地摹写。也是主要练习笔画、笔顺。待描红、影写有了一定基础，再临帖。即仿照字帖的字样，在叠成方格或印有田字格、米字格的纸上书写。边写边对照，找出写得不像的地方，再写。主要为的是练习字的间架结构。最后才是默写，也叫"背临"，即把字帖上的字印在脑子里，背着写出来。背临出的字，与帖上的范字达到形神相仿佛，练字就算成功了。

儿童学字，都从正楷开始。前人很重视选帖，选帖主要着眼适于初学，也考虑教师喜好、照顾儿童个性，多从欧、颜、柳、赵的传世名帖中挑选。又十分强调读帖，先仔细观察、揣摩范字的笔画形态、用笔方法、结字特征，然后再下笔。特别是临帖阶段，不能看一画写一笔，必须目有全字造型，而后一气写成。清代宋曹《书法约言》说："初作字，不必多费楮墨。取古拓善本细玩而熟观之，既复，背帖而索之。学而思，思而学，心中若有成局，然后举笔而追之。"这样写一次，胜过抄而不思地写十次。

待习楷有成，再练习加快书写速度。陈彝《重订训学良规》要求："十三四岁，每日临帖一纸，小楷一纸"；"十七八岁，隔数日写字一日，能不停笔写至三千以上，则既工且速，入试不占作文工夫矣。能工书法，即读书无成，亦谋生一助也。"

今天不少中学生写字只能慢不能快，或者速而不工。要有所改观，上述方法步骤足资借鉴。

○**王羲之：潜心习字墨当饭**

"书圣"王羲之（303-361，或321-379），五六岁的时候，就拜卫夫人为师学习写字。12岁时，他从父亲的枕头里看到一本前朝的《笔说》，就偷偷研读。他按照《笔说》所讲的方法临帖练字，简直入了迷。一天午饭时，书童送来他最爱吃的蒜泥和馍馍，几次催他吃，他像没听见一样，专心致志地看帖写字。书童没办法，去请王羲之的母亲。母亲来到书房，见他正拿着一块蘸了墨汁的馍往嘴里送，弄得满嘴乌黑。原来他边吃馍，边看帖，一心想的是这个字怎么写才好，于是错把墨汁当蒜泥吃了。王羲之勤学苦练，练就了扎实的写字功夫，这为他以后成为晋代著名书法家打牢了基础。

○王献之：学书成于戒骄躁

在书法胜地绍兴兰亭，有著名的“兰亭四碑”：鹅池碑、兰亭碑、祖孙碑、太字碑。太字碑上，只有一个“太”字，当地流传着这样一个故事：王献之（344–386）自幼随父亲王羲之学书，天资聪颖，书艺日进，年纪不大便小有名气。在一片赞誉声中，王献之滋生了骄傲情绪。一日，他写了几张字拿给父亲看，想得到夸奖。父亲看他写的“大”字上紧下松，就提笔在“大”字下部添了一点。王献之拿着这些字给父亲的好友看，父亲的好友说：“这‘太’字下的一点写得最好”。他又拿给母亲看，母亲仔细看后感叹道：“吾儿习字五年整，只有一点像羲之。”王献之羞愧不已，向父亲讨教把字写好的奥秘。父亲把他领到一排水缸前，对他说：“写好字的奥秘就在缸里，你把这些缸里的水用完了，就知道了！”王献之自此戒骄戒躁，虚心苦练，终于成为书法大家，与其父并称“二王”。

○智永：练字功到自然成

陈、隋间书法家智永禅师，是王羲之的七世孙，早年出家为僧，后云游到浙江吴兴，在永欣寺住了30年。在这里，他深居简出，每天鸡鸣即起，磨上一大盘墨，然后临摹王羲之的字帖，寒暑不辍。他的屋内备有大簏子，毛笔的笔头写秃了，就取下丢进簏子里。天长日久，秃笔头积攒了十大簏。后来，智永在窗前空地挖了个深坑，把秃笔头埋在里面，堆成坟冢，名之为“退笔冢”。经过坚持不懈的刻苦练习，智永在继承“二王”基础上形成了自己的书法风格，名声远扬，求他写字和题匾的人越来越多，以致寺内的木门槛被踏穿，不得不用铁皮裹起来。这就是“铁门限”典故的来历。直到如今，智永书写的真、草《千字文》刻本还被当做学习书法的范本。

○颜真卿：博采独创成一体

颜真卿（709–785）是继“二王”之后成就最高、影响最大的盛唐时期书法家。他少时家贫，缺少纸墨，就用笔醮黄土水在墙上练字。初学褚遂良，后师从张旭，又汲取初唐四家（欧阳询、虞世南、褚遂良、薛稷）特点，兼收篆隶和北魏笔意，一反初唐书风，化瘦硬为丰腴，结体方正宽博，骨力遒劲，气势雄浑，自成一格，时称“颜体”，对中晚唐书法家柳公权影响甚大。“颜筋柳骨”广为后世学书者取法。

○米芾：练字动笔更动心

宋代书法家米芾（1051-1107），少年时临帖学书，三年未成。听说有个书法不错的秀才过路驻足，便去求教。秀才看过他临摹的一大沓字纸后，提笔写了一个大大的“永”字，说：“想跟我学字可以，但须买我的宣纸，五两纹银一张，带回去写这个‘永’字，三天后拿给我看。”米芾学字心切，狠狠心花高价买了张宣纸捧回家。心惜纸贵，不敢下笔，只用没蘸墨的笔在书案上画来画去，揣摩字的间架和笔法，竟似印在心中一般。三日后，米芾来见秀才，当面写了几个“永”字，果真大有进步。秀才告诉他：写字光动笔不行，还要动心，不但观其形，更要悟其神。然后把五两纹银还给他。米芾谨记这位老师的教诲，勤写熟思，“一日不书，便觉思涩”，终成书法名家。

当代书法家欧阳中石读初中时跟武岩法师学写字，武岩法师也用高价“卖”纸的方法，逼欧阳中石学会用心揣摩感悟，让他一生受益。2006 年欧阳中石做客央视《艺术人生》，还深深怀念这位善教的法师。

○董其昌：耻于“书拙”自发愤

晚明杰出书法家董其昌（1555-1636），发愤学书的动力缘自会考的刺激。他 17 岁时参加会考，批阅考卷者十分赞赏他的文才，但嫌他的字写得不好，原拟录为第一，最终降为第二。自此，他以字拙为耻，发愤研习书法。他在《画禅室随笔》中记述：“郡守江西衷洪溪以余书拙置第二，自是始发愤临池矣。初师颜平原（真卿）《多宝塔》，又改学虞永兴（世南）。以为唐书不如魏晋，遂仿《黄庭经》及钟元常（繇）《宣示表》《力命表》《还示帖》《丙舍帖》。凡三年，自谓逼古，不复以文征仲（征明）、祝希哲（允明）置之眼角。”经过多年研习前代书法，董其昌悟得“晋人书取韵，唐人书取法，宋人书取意”，终于熔铸古法，自成一体。《明史·文苑传》记载，董书在当时已“名闻外国，尺素短札，流布人间，争购宝之。”

今天常见一些大学生写字稚拙，勉励他们练字，有的以字已定型、笔法难改相应对。年过 18 岁，确实不如中小学时期练字效果好，但如果肯下工夫，还是可以改观的。笔者熟悉的一位语文教师，大学中文系毕业时因板书“字拙”未能留在他想留的学校。他因此发愤练字，几年之后接他书信，字体之变令人刮目相看。“亡羊补牢，犹为未晚”，练字亦然！

（二）现当代写字学习经验借鉴

○叶圣陶：端正“字风”最重要

语文教育家叶圣陶（1894－1988），专门写过一篇题为《改变字风》的文章，强调“每逢写字决不潦草”，“写字务恳为看的人着想”。“分别言之，就是写信要为收信人着想，起什么稿子要为商量这份稿子的人着想，写的稿子准备付印付排的要为打字员排版工人着想。为看的人着想，是人与人的协作，对工作和交际有莫大的好处。”他不反对写字求快，但“先要求写得端正，成为习惯，在端正的基础上再要求写得快，成为习惯。这样就又端正又快，双方兼备。”怎样叫“写得端正”？他认为：“无非个个字笔画清楚，间架匀称，整幅字行款整齐而已。工作上和交际上有这样的需要，所以人人要写这样的字。并不要求什么碑神帖意，钟王欧颜。那是艺术方面的事，有爱好有兴趣的人尽不妨努力追求，可不是人人所必需。”

叶圣陶写字，就总是替看的人着想。不论写稿还是写信，决不马虎，都像他在《认真写字》一文中提出的那样，努力做到16个字：“笔画清楚，间架合式，行款整齐，通体匀称。”从他手书的《语文教学二十韵》，到他题写的《中学语文教学》《语文教学通讯》等刊名，都能看出他一丝不苟的书写态度。晚年即使视力很差，执笔手颤，他写信、题辞，书写依然那么认真，令人感佩！

○茅盾：写字潦草得教训

看过现代作家茅盾（1896－1981）书稿手迹的人，一定赞叹他书写工整认真，字体劲健俊美。这与他少年时写字潦草而险些误事的教训有关。那是1913年夏天，茅盾中学毕业，到上海报考北京大学预科。他觉得考得不错，便安心回乌镇家中等候消息。过了些天，《申报》刊出了北大预科录取的新生名单，他和母亲找来找去，名单上竟没有“沈德鸿”（茅盾本名），这让他大失所望。然而不久，茅盾收到了北京大学寄来的入学通知，可通知书上写的名字是“沈德鸣”。后经查询，才知道原来是自己填报名单时，因书写潦草，“鸿”字三点水写得像一竖，让人认作了“鸣”。

茅盾汲取教训，改掉了写字潦草的毛病，工工整整练字写字，养成了书写认真、决不草率的好习惯。直到80高龄写回忆录，他还用毛笔写楷书，字迹清晰。

○启功：采百花精英自酿蜜

当代书法大师启功（1912－2005）从小想当画家，没想当书法家。十七八岁时，表舅让他作张画，说要裱好挂在屋中，这让他挺自豪。但表舅嘱咐说：“你光画就行了，不要题款，请老师题。”这刺激了他学书法的念头。从此刻苦练字，临摹历代名家墨迹碑帖，尤以临摹智永的《千字文》最为用力，每临一遍都有新的体会和进步。“文革”中，启功成为被改造对象。那时候高校校园大字报如潮，造反派们喜欢让他抄，他也随叫随到。启功苦中作乐，还“总结”出抄大字报的“五大好处”：一是写起来不心疼纸；二是写好以后挂在墙上，能一眼看出好坏；三是那些有学问的“被改造分子”每天都看大字报，优缺点能得到他们的品评；四是有些时候他必须站着往墙上写，练就了悬腕和悬肘的功夫；五是书不择笔，不管什么笔拿起来都能写。“文革”后，有人问他的字是怎么练出来的，他大笑说：“是写大字报练出来的！”后来他谑称自己的字为“大字报体”。

启功把写得一手好字归功于抄大字报，那是半开玩笑。但造反派“无心”提供的机会被他“有心”利用来练字，确也起了助推作用。他能独创“启体”书风，根本原因正如书家所评，他是“采百花之精英，酿自我之蜂蜜”。例如，他在研习古代碑帖中发现，优美的字重心不在格的正中，而偏左上角。在这一位置画个“十”字，其交叉点与边框之比，正好符合黄金分割率。据此他提出“结字重于用笔”的见地。他的《论书绝句一百首》第99首云：“用笔何如结字难，纵横聚散最相关。一从证得黄金率，顿觉全牛骨隙宽。”启功学书，用心何笃！

○庞中华：电脑打字难代手写

庞中华（1945-）是当代硬笔书法教育的创始人之一，1965年从一所地质专科学校毕业后，分到国家建材部地质公司工作。“文革”开始，他被下放到河南的一个地质勘探队。深山之中，生活宁静而枯燥，庞中华便开始练习书法。他想，当代社会使用毛笔的地方少了，应该创造出一种能被大众接受的钢笔书法。他精读黄自元《楷书间架结构九十二法》，观摩王羲之、柳公权的墨迹，倾心于虞世南等人瘦硬多姿的书法，颜真卿的《多宝塔碑》他足足练了两年。劳动之余，同事们打牌、休息的时候，他就伏在木箱子上用报纸、废图纸练字。经过十多年刻苦“修炼”，终于形成了自己刚健舒展、俊朗飘逸的钢笔字风格。他将练字心得写成《谈谈学写钢笔字》，1980年出版后几十次再版。中央电视台为他录制的《钢笔书法讲座》，一连播了五年，推动了硬笔书法热。

随着电脑的普及，键盘敲字被越来越多的人所接受。有人问：写字越来越少了，写一手漂亮的钢笔字又有什么意义呢？庞中华认为：电脑不能代替人脑，打字也不可能取代写字。他做过调查，我国硬笔的生产量连年增加，铅笔、钢笔、圆珠笔年产量高达140亿支。这表明无论科技多么发达，手写依然是主要的记事方式。再说，书法作为一门艺术，它的作用不仅仅是记事，更重要的是给人以美感。曾有电脑公司试图与他合作编制电脑“庞体”，可字一敲出来，他觉得“每个字都孤零零的，不连贯，没灵气，太难看了，那不叫书法。”

我们说，汉字书法艺术不是人人需要掌握，可中国人写汉字，永远不能让日本人、韩国人瞧不起！

○姚竹青：“两段三步”习字法

大语文教育的实践者、河南语文名师姚竹青认为：少年学生练字的最终目标，应当是练就一手比较流利好看又比较合乎规范的钢笔行楷字。一名中学生，若能练成一手既潇洒又规范的钢笔行楷字，将会一辈子受用。他借鉴前人经验，探索出指导初中生练字的“两段三步”法。其做法是：集中四个月到半年的时间，指导学生每天早、晚两次各练半小时，经历学正楷、习行书两个阶段；每一阶段又分三步走：第一步照帖描写，第二步少量临摹，先攻200个字，第三步大量仿写，最后离帖默写。

在两个阶段中，以学正楷为最关键，也最费力，需要拿出相当大的耐性和坐功。正楷基础打不好，学行书犹如沙上建塔。在每一阶段的三步中，数第二步最重要。在这一步中，每天临摹的字不超过5个，每临一字，要停下来对照字帖，看像不像。不像，找出原因，再临，反复练习，写像为止。40天左右，能把200个不同的字写得跟帖上的范字相像了，那就打下了一个坚实的基础。因为这200个字，包括了各种笔画、各种偏旁、各种结构。

姚老师指导学生练字，还强调以下几点。一是选好字帖，选好之后不要中途改换。二是认真读帖，细辨范字结体和笔法特点，认清笔路。三是先求写得像，在练成之前，不要随意发挥。四是学了就用，边练边用，不要练字归练字，写作业、做笔记还是老样子。

若是每个语文教师都能像姚竹青这样，教学生练成一手比较流利好看又合乎规范的硬笔字，功莫大焉！

第六章　阅读学习指导

西方有心理学家将阅读定义为：“阅读乃是从课文中提取意义的过程”，我国学者张必隐将它修改为：“阅读是从书面材料中获取信息并影响读者的非智力因素的过程。”[①] 这样定义，揭示了阅读不单让人获取信息、提取意义，而且影响人的情感、态度和个性形成，显得更完满。对读者来说，阅读可以求知明理、开智医愚、立德修身、审美怡情，能够完善自我、充实人生、改变命运。阅读，集中体现着语文学习的价值和意义。

阅读学习指导是语文学习指导的“重头戏”。阅读学习需要指导些什么，该当如何指导，阅读学习又有哪些经验值得总结和借鉴，是本章要研讨的内容。

第一节　阅读学习指导要点

讨论阅读学习指导，可以从阅读的心理过程、方式方法、操作技能、文本类型等不同角度切入。本节从阅读方式及操作技能角度，选取五种重要而实用的阅读方式——精读、略读、快读、诵读、译读（前三种适用于各类人群，后两种多用于中小学生），阐说它们各自的特点和指导要领。

---

① 张必隐：《阅读心理学》，北京师范大学出版社，1992 年，第 2-4 页。

一、精读学习指导

精读，即精深阅读，指对读物从内容到形式进行精细研读，以求达到深刻理解和把握的一种阅读方法。这种读法的特点是逐字逐句逐段，详审细研明辨，朗读默读笔读兼用，不厌多遍反复，不仅把握整体，而且探究细微，追求高理解率，而不追求快速度。人们研读经典著作、重要文献，学生学习课文，适用这种方法。过去的语文教学大纲和现在的语文课程标准，一直把学会精读作为阅读教学的首要目标。

我国语文教育素有重视精读的传统，自古及今，有许多精当的论述，积累了丰富的经验。叶圣陶、朱自清曾合著《精读指导举隅》，认为指导学生精读，应先令学生预习，要求通读全文，认识生字生语，解答教师所提示的问题；预习之后，课上令学生讨论，教师有所补充纠正；课内指导之后，学生应做练习，包括吟诵至纯熟，参读相关文章，应对教师的考问。① 以上三步，程序合理，对阅读教学有指导价值。对阅读者来说，学习精读（读物不限于语文课文）应把握如下要点。

（一）熟读精思

熟读，即反复多遍地读，达到详熟程度；精思，即深入思考，达到透彻理解。

对需要精读的读物，我国古人十分强调多读遍数。三国时期董遇说“书读百遍，其义自见”；宋代苏轼说“旧书不厌百回读，熟读深思子自知”；朱熹大概以为百遍还不够，将《三国志》注中董遇的话转述为“读书千遍，其义自见”。古人说“千遍”不免夸张，说“百遍”却绝非虚辞。元代教育家程端礼在《程氏家塾读书分年日程》中明文规定：“日只读一书……每大段内，必分作细段，每细段必看读百遍，倍（背）读百遍，又通倍（背）读二三十遍，后凡读经书仿此”；“须用数珠记数，或板子记数，每细段二百遍，即以墨销朱点，即换读如前。尽一日之内，须足六七百字，日永年长，可近一千字，宁剩段数，不可省遍数”。这样机械的规定，不顾学生兴趣和个性差异，不分文章深浅难易，也不问能否理解消化，一味强调多读，死硬规定遍数，今天看来不科学

① 叶圣陶：《〈精读指导举隅〉前言》，《叶圣陶语文教育论集》，教育科学出版社，1980年，第5-18页。

不民主，也不重效率。但是，利用学童记性强而悟性差的心理特点，“逼”学生熟读多背经典诗文，这对学生培养语感、储备语料、打好语文基础和精神底子，是很有利的，是“先苦后甜”。

古代学塾课程门类少，学童整天不外读书、写字、做文章，不管情愿不情愿，反正有充足的时间去几十遍、成百遍地读。如今的中小学，学生要学多门功课，不再可能“日只读一书”；即使读语文课文，也不再可能像古时学童那样一二百遍地读。但对于需要精读的篇目特别是需要背诵的短篇诗文来说，读一二十遍是需要的，也是可能的。现代学校阅读课上老师讲书多而学生读书少，这种状况不是正当的。阅读主体与文本和作者未能充分对话，对读物就难有深入的理解，更难有独特的感悟，即使听别人讲解明白了，文本的辞句和义理还是难以化为己有，独立阅读的能力还是得不到锻炼。因此，熟读是精读的第一要义。

精思是精读的第二要义。朱熹《读书之要》强调：“大抵观书，先须熟读，使其言皆若出于吾之口；继以精思，使其意皆若出于吾之心，然后可以有得尔。”这样说，好像熟读与精思是阶段分明的两个过程；其实在很多情况下，熟读、精思是循环往复、交递前进的：读——思——读——思……读中有思，思后再读，读之愈熟，思之愈深。

精思，首先要咬文嚼字，字训其义，句索其旨，正确摄取文字信息。继而通过表象和表象活动，辅以联想和想象，激活头脑中原有的“图式”，将文字信息具体化，转换为自己理解的读物世界。现代阅读的图式理论告诉我们，图式是阅读的基础。所谓图式，就是人们通过各种渠道所积累的知识、经验在大脑中相互联系、相互作用而构成的网络，即人脑中已经具有的认知结构。阅读理解的过程就是运用图式对阅读材料进行解释的过程。美国认知心理学家鲁默哈特（D. E. Rumelhart）认为，图式包括语言图式和内容图式。语言图式是指词汇、语法、习惯用法等方面的语言知识，也就是读者对文章结构、格式等文体知识的熟识度。内容图式指语言的意义和文化背景知识，是读者对文章内容的熟识度。如果读者具备与一篇文章相应的图式，那么阅读会相当顺利，否则便一片迷茫。读者不能正确理解文章的原因至少有三个：一是读者没有具备与文章相应的图式；二是读者虽然具备了与文章相关的图式，但文章作者提供的线索不足以让读者的图式活动起来；三是读者自以为读懂了文章，但这种理解并非作者的表达意图，也就是说误解了作者的意思。[1] 要想准确理解文本的意旨，需要读者敏锐捕捉文本提供的线索，激活自己头脑中的图式，通过推论和修正，从相关图式中选择最为恰当者，完成“你-我”意旨的转换；并随时把新知识吸纳到原有的认知结构中来，重建新的认知结构，不断丰富自己的阅读图式。

精思，还要涵泳体味，达到对读物的深层理解，品味出文面背后的隐含义，并欣赏其境界高下和风格雅俗。涵泳，本指沉浸水中而泳动。朱熹强调读书要“虚心涵泳”；陆九渊也赞同“读书切忌在慌忙，涵泳工夫兴味长”。他们所说的“涵泳”，指沉浸在书卷之中，深入体味。阅读的心理机制表明，阅读主体在反复阅读中会不断调整思维角度、修正自己的看法，预期——证实——扩展——修正，再预期——再证实——再扩展——再修正……循环往复，不断深化自己的理解，越来越接近作者的思想，乃至超越作者的思想。

读者阅读文字作品，势必受原有图式的影响，融入自己的思想，参与文本意义的建构。这样，不同读者对同一作品有不同的理解，乃至不同于作者本意的理解，也就是正常现象了——正所谓“同阅一卷书，各自领其奥”，“作者之心未必然，读者何必不然”，“比作者自己更好地理解作者”。《韩非子》的《喻老》篇，用扁鹊见蔡桓公的故事作比喻，意在阐发《老子》第六十三章的一个哲理：“图难于其易，为大于其细”。而今天的读者却从这个故事引出“讳疾忌医自食其果”的教训。这样解读有如郢书燕说，“通则通矣，非书意也”。韩非泉下有知，大概不会以“望文生义”来非难今天的读者，因为他深谙“古今异俗，新故异备”（《韩非子·五蠹》）的道理。一部《红楼梦》，“单是命题，就因读者的眼光而有种种：经学家看见‘易’，道学家看见淫，才子看见缠绵，革命家看见排满，流言家看见宫闱秘事”[2]；新红学家们又有“自叙传”（胡适）、“色空”（俞平伯）、“爱情悲剧”（何其芳）、“盛衰聚散”（周汝昌）、“封建家族衰亡史”（吴调公）、“反封建”、“颂红”、“无才补天”等纷纭众说，毛泽东则从中看出了阶级压迫和阶级斗争。可见，越是内涵丰富的作品，越耐涵泳品味，变换视角之后，往往会有新的体悟，以至“揭示出全新的意义”。当然，创造性阅读并非离开作品随心所欲地“自由理解”，也不应该把经个人联想生发而赋予文本的新意硬说成作者的本意。

---

① 蔡忠平：《图式理论与阅读个性化研究》，《河北师范大学学报》（教育科学版）2003 年第 3 期。

② 鲁迅：《〈绛洞花主〉小引》，《鲁迅全集》第 7 卷，人民文学出版社，1981 年。

（二）质疑探究

学赖于思，思起于疑。读书贵在有疑，善读书者尤能“于无疑处生疑”。善于从读物中发现问题和提出问题，并通过探索研究解决问题，对于精读来说十分必要。阅读中如何发现和提出问题？可以指导学生尝试并掌握下面的方法。

一是定向发问。国外流行“6W”提问法：读一篇文章、一本书，或者一本书的某一部分，依次用 Who（什么人）、When（什么时候）、Where（什么地方）、What（什么内容）、How（怎么样）、Why（为什么）来引出问题。前 3 个“W”主要是针对作者和写作背景提问；后 3 个“W”针对写作内容、方式方法、意图目的来提问，如：文章写的是什么，或作者想表达什么？文章是怎么写的，或作者表达得怎么样？文章为什么这样写，或作者为什么写这些？这种提问法具有普遍的适用性。

二是发现异常。看读物中的说法与客观事物或自己的认知经验有何不同，有没有不同寻常、不合常规之处？杜甫《羌村三首》其一：“妻孥怪我在，惊定还拭泪。”战乱之中亲人重逢，妻子见“我”还活着，为何不是“喜”反而“怪”？这样写是否不合情理？

三是揭示矛盾。看作者的观点和表达，或者征引的言论、事例，有没有前后不一致的地方？看注者的解说与原作的述说或事实、事理有没有相悖的地方？鲁迅小说《孔乙己》结尾说：“大约孔乙己的确死了。”——“大约”是揣测，“的确”是断定，放在一起不是相互矛盾吗？《左传·郑伯克段于鄢》有一句：“庄公寤生，惊姜氏，故名曰寤生，遂恶之。”《十三经注疏》杜预注云：姜氏“寐寤而庄公已生，故惊而恶之”，后世注家多从此说。姜氏在熟睡之中产下婴儿，醒来吓了一跳，于是讨厌这孩子——产程岂能如此轻松？母亲竟会因此迁怨胎儿？这种解说难以令人信服。

四是比同辨异。把所读诗文与其他相关作品从思想内容或表现形式上进行比较，提出求同或求异的问题。如苏轼《水调歌头·明月几时有》与其他诗人的咏月诗词相比，表达的思想情感有什么不同？古代文人笔下的月亮常有哪些寄托？也可以试想某文某段如果增减某项内容，会有什么影响？如果换另外一种写法，效果如何？要是自己论说同样的问题，会选哪些材料，用什么方法？例如杨朔《荔枝蜜》结尾由赞美蜜蜂写到劳动人民，写到梦中变成蜜蜂，是不是画蛇添足？如果让我来写，我会怎样收尾？

五是引申拓展。在作者交代不明或留有悬念的地方，顺着作者的思路往下延展，引申出问题来。鲁迅《故乡》写杨二嫂在灰堆里掏出十多个碗碟，定说是闰土埋的，以便在运灰的时候搬回家去——那么，闰土会偷埋碗碟吗？作者为什么写这件事呢？老舍《小麻雀》结尾写小麻雀“身子长出来一些，头挂得更低，似乎明白了一点什么了。”——它明白了一点什么呢？小麻雀是死了而作者不忍说，还是活下来了？

读书见疑要注意抓住关键和要害，不宜在无关宏旨的细枝末节处钻牛角尖。

发现问题后如何探究和解决问题？

一可查考判断。有些疑问通过查阅工具书或相关资料，加上自己的分析判断，即可得到合理的答案。“庄公寤生”到底是什么意思？清初黄生认为“寤”是“牾”（倒逆）的通假字，王力主编《古代汉语》采用此说，把“寤生”释为“胎儿脚先出来”。姜氏因难产而受惊恐，所以不喜欢这个孩子——如此解释顺文意，也合情理。

二可分析推理。联系写作背景和上下文，充分利用作者提供的相关信息，分析其中存在的因果关系，进行合乎逻辑的推理，得出正确的理解。“‘妻孥’为何‘怪我在’？”“闰土会偷埋碗碟吗？”——类似问题可用这种方法解决。

三可发散思维。思考同一问题变换多种角度，尽量设想更多的答案和可能，在此基础上加以比较筛选，找出一种或多种合理的答案。《小麻雀》中的小麻雀到底明白了一点什么？古代文人笔下的月亮有哪些寄托？此类带有开放性的问题宜用这种方法解决。

四可逆向思考。设想如果把文中的某一观点倒过来能不能成立，如果舍弃某些材料或采用迥然不同的表达形式会产生怎样的表达效果。如《荔枝蜜》删掉最后两段，文章的结构和作者的表达意图会受什么影响？

五可批判创新。读书不能总是接受作者观点，顺从注者和讲者意见，还需独立思考，敢于批判，提出新见。学生读课文也要学会与文本、作者、编者、老师、同学平等对话，要有勇气提出与名家、老师、教材编者不同的见解。

探究问题，要钻得进，出得来。有些疑问一时难以解决，可以先跳过去或者绕过去，不宜“僵”在那里。须知，对学生来说，发现问题往往比解决问题更重要。

（三）参读比较

参读比较，就是把两种或多种读物放在一起相互参考，比较阅读，以相互印证，相互补充，或显现异同，评判高下。

参考阅读，夏丏尊给中学生讲过这样一个例子，很有典型性和启发意义：

诸君在国文教科书里读到了一篇陶潜的《桃花源记》……这篇文字是晋朝人做的，如果诸君觉得和别时代人所写的情味有些两样，要想知道晋代文的情形，就会去翻中国文学史；这时文学史就成了诸君的参考书。这篇文字里所写的是一种乌托邦思想，诸君平日因了师友的指教，知道英国有一位名叫马列斯的社会思想家，写过一本《理想乡消息》，和陶潜所写的性质相近，拿来比较；这时《理想乡消息》就成了诸君的参考书。这篇文字是属于记叙一类的，诸君如果想明白记叙文的格式，去翻看记叙文作法；这时记叙文作法就成了诸君的参考书。还有，这篇文字的作者叫陶潜，诸君如果想知道他的为人，去翻《晋书·陶潜传》或陶集；这时《晋书》或陶集就成了诸君的参考书。①

如此从一文出发，牵连参阅多种读物，既能深化对《桃花源记》一文思想内涵、写作方法的理解与鉴赏，又开阔了视野，丰富了知识。

比较阅读，是语文学习常用的方法，在精读中具有特殊的价值，特别是在中小学课程改革大力提倡探究式学习的背景下。比较阅读的范围很广，方式多样：从大小上看，有宏观比较和微观比较；从时空上看，有横向比较和纵向比较；从目的上看，有理解性比较和鉴赏性比较；从内容和形式上分，有选材比较、立意比较、结构比较、表达方式比较、语言风格比较、文体语体比较，等等。

宏观比较，是多角度、多层次的综合比较。比如中学语文课本里有《桃花源记》《岳阳楼记》《醉翁亭记》《小石潭记》《石钟山记》《登泰山记》《核舟记》等文言文，通过比较它们的内容和表达方式，可以概括出古代“记”这种文体的特点：“记”属于散文，行文自由，可以记叙，可以写景，可以状物，也可以加入议论或抒情。

微观比较，是单项、局部、片段的比较。比如读《故乡》，把少年闰土与中年闰土的肖像、语言拿来比较，凸现闰土从“小英雄”到“木偶人”的显著变化，加深对小说主题的理解。又如读《宝玉挨打》，把宝钗、黛玉探视宝玉的言神举止加以比照，可见她二人思想性格的差异。

横向比较，也叫共时比较，就是把同一时期不同作者的作品加以比较。这往往出于文学鉴赏的需要。如盛唐诗坛两巨星李白、杜甫诗歌风格的比较，中唐古

① 叶圣陶、夏丏尊：《阅读与写作》，开明书店，1938 年。

文运动领袖韩愈、柳宗元散文风格的比较。

纵向比较，也叫历时比较，就是把同一作者不同时期的作品加以比较，如白居易贬谪江州司马前后诗作的比较，李清照南渡与丧夫前后词作的比较，可以清楚地看到个人遭际、社稷前途给他们的创作造成的影响。

也可以把不同时期而属同一流派的作家作品加以比较，如比较阅读东晋陶渊明、唐代王维、孟浩然、宋代范成大等诗人的田园诗，比较阅读南唐后主李煜、北宋苏轼、南宋辛弃疾等词人的抒情词，可以探寻到我国古代田园诗、豪放词发展的大致轨迹，以及同一流派中不同作家的个性风格。还可以把不同时期的作者所写的同一题材的作品加以比较，如语文教材的编者将古代作家吴敬梓的《范进中举》与现代文豪鲁迅的《孔乙己》放到一个单元，就带有比较阅读的明确意图。

另外，把同一时期或不同时期的作者所写的有关某人物、某事件的文章，拿来参照阅读，可以更客观、更深入地了解人物的思想经历或事件的来龙去脉。如果把一篇作品的草稿与定稿放在一起比较阅读，则更能从作者的改笔中揣摩文章作法、修辞技巧，品味语言运用之妙。

（四）动笔助读

古人向有“不动笔墨不读书”的教诲，精读更需要笔墨的辅助。圈点批注、提纲撮要、作摘录、写札记，对于加深理解、欣赏借鉴、巩固记忆、积学储宝，都是极为有利的手段。

1. 圈点批注。一面阅读思考，一面执笔在读物的字外行间圈点勾画，在书页的天头地脚、左右边白评点批注，最为便捷有效。它可以把读物中重要的、精彩的、应该注意的、值得商榷的、有待查考的内容标示出来，可以把读者在阅读时的感受和看法用精要的文字固化下来，有助于读者迅速抓住读物的重点和疑难，把握宏微意旨，鉴赏写法语言，加深印象，增强记忆，而且对于日后重读或查寻也有提示和参考价值。

圈点批注最好有一套适合自己、沿用成习的圈点勾画符号。符号不足以标示个人意见时，则加配文字批注。不宜把书页画得太乱、写得过满。隔时重读同一本书，最好用不同颜色的笔圈画。还应注意不要在别人的或公共的图书上勾画批注。

2. 列纲撮要。列纲即编列提纲，用小标题式的语言概括各层大意，并按原文顺序分条罗列出来，以显示原文的内容框架。提纲按内容不同，可分为段落提纲、结构提纲、人物提纲、情节提纲、论证提纲等等。按详略不同，又有粗略大纲和详细提纲之别。这些形式可以根据不同需要灵活选择。编列提纲应该注意：动笔之前要认真阅读原文，对全文或全书的主要思想、逻辑结构，以及作者的思想脉络、感情倾向，做到胸中有数。编拟提纲要简明扼要，不遗漏重要层意和观点，按原文次序分行排列，标注序码要分辨级别，准确反映各条提纲之间的逻辑关系。

撮要即提取要点，抓取原文的主要思想、基本内容，或拎出原文关键性语句，加以串联，或用自己的话浓缩原文意旨，执简驭繁。和编列提纲的不同主要在于，它重在展示原文的内容精华，而不必全面显示原文的结构框架，要点的排列可以按相同相关的话题重新组织，或加以整合，而不必拘泥原文的顺序分条缕列。提取要点需要注意：善于分辨读物内容的主次轻重，拨开细枝末节，抓住中心意旨、精粹语段、新颖见解。如果自行组织语言，还应注意准确传达原文意旨，尽量采用原文的关键词语，不宜掺入自己的见解和评论，保证撮要的可信度。

列纲撮要有利于理清行文思路，考察篇章结构，整体把握读物内容，深刻领悟思想精华，同时有利于锻炼读者思维的条理性和语言的概括力，也是积累资料的途径之一。

3. 做摘录。读书中发现自己日后可能用得着的观点或材料，随手在书页上做个标记，或者折个小角；书如果不是自己的，则可夹纸条，或记下页码。待全书读完后，返回去重阅做标记、夹纸条的书页，把日后有用的片段，摘录到卡片上或笔记本中。特别是借阅书刊，更有作摘录的必要。笔录下来比光用脑子记要可靠，便于重温或引用。

作摘录需注意：一要精于选择。所摘的文字应该是读完全篇之后，精心筛选出来的重要内容和最有价值的资料。二要忠于原文。最好是原文照录，连标点都不变。一段话中若有删节，应加省略号。三要注明出处，以备引用时作注或核对原文。

4. 写札记。在阅读中或阅读后，受读物思想内容或表现形式的触发，头脑中往往闪现一些看法和感想，把这些看法和感想及时记下来，就是写札记。写札记对一个有志于做学问的人来说是很重要的。元代文学家陶宗仪如果没有日积月累的十几盆“树叶札记”，就不会留下30卷《南村辍耕录》。当代学者钱钟书1972-1975年在艰难环境中撰写学术巨著《管锥编》，数十年积累的读书笔记，特别是其中记录读书心得的“日札”，给他提供了重要帮助。正如杨绛所言：《管锥编》里“在在都是日札里的心得，经发挥充实而写成的文章。”①

常见的札记形式有阐发式、引申式、评论式、综述式。阐发式主要阐释自己对读物的理解，发掘其深刻的蕴含。引申式则从读物内容出发，通过引申、联想，加以发挥，写出自己的感悟或心得。评论式是对读物内容或形式品头论足，或评说其优劣得失，或提出商榷、质疑。综述式是将多位作者对某一问题相同相异的看法加以梳理，综合在一起。写札记是阅读吸收与写作表达相结合的学习方式，是读书笔记的高级形式，实际上是一种再创造。它建立在对读物内容深入理解、融会贯通的基础上，需要勤于思考、巧于取舍、善于联想、勇于创新。札记的篇幅不求其长，但求精粹，贵在自出机杼，切忌人云亦云。

上述质疑探究、参读比较、动笔助读三项阅读策略，在略读、快读中也用得上。放到这里来谈，是因为它们在精读中的作用更重要，简直可以说必不可少。

二、略读学习指导

略读，即粗略阅读，它与精读相对而言，不求字斟句酌，精研细辨，但求泛览概观，把握要点。

略读的特点，可与精读相比较而彰显：精读追求阅读的深度，旨在透彻理解读物；略读追求阅读的广度，旨在扩大视野，获取更多信息。精读须求细，一字一句，“纤屑不遗”，如下马观花，时时驻足，仔细赏玩；略读则宜粗，掠过或跳过次要语句段落，着意搜求主旨或自己想找的东西，如走马看花，观其大略，重要的地方才多看几眼。精读往往要反复多遍，视读和诵读兼用；略读不需多遍反复，一般只用视读，很少诵读。对于学生而言，精读是基础，课上读课文多用精读，一般有教师指导，有明确要求；略读是拓展，业余读课外书、看报纸杂志多用略读，一般无教师指导，自由度高。

学会略读与学会精读同样重要。叶圣陶在他与朱自清合著的《略读指导举隅》一书的前言中指出：“就教学而言，精读是主体，略读只是补充；但就效果而言，精读是准备，略读才是应用……如果只注意于精读，而忽略了略读，功夫便只做得一半。”② 书海浩瀚而精力有限，知识无涯而人生苦短。要博览群书，建立宽厚的知识基础，精读之外少不了略读。伴着信息时代前进的脚步，略读的实

① 杨绛：《钱钟书手稿集·序》，商务印书馆，2003年。

② 叶圣陶：《〈略读指导举隅〉前言》，《叶圣陶语文教育论集》，教育科学出版社，1980年，第19页。

用价值日益突出。学生的课外阅读，成人的专业阅读、非专业阅读、消闲阅读，特别是新兴的网上阅读，都需要掌握略读技法。过去语文教学重视精读指导，而往往忽视略读指导，学生对略读技法了解不多，掌握不熟。因此，略读学习的指导亟待加强。下面着重讨论略读中常用的泛览、扫读、跳读、寻读四种技法。

（一）学会泛览

所谓泛览，义近浏览。浏览就是大略地看；泛览，除了略观大意，还有广泛阅览的意思——不画地为牢，自闭一隅。鲁迅对青年人谈读书经验很推重“随便翻翻”，他自己就长于泛览博观。

如何泛览？读物不同，个人需要和读书习惯不同，泛览的方式方法也多有差异。如果是浏览一本书，大致应把握如下要领：

一看书名、作者、出版机构和时间。对读物的性质、所属的种类、在同类书中所处的档次、版本的新旧程度，有一个大体的了解或估测。

二看前言、后记、内容提要。前言或自序，后记或跋语，往往说明著述的宗旨和体例、撰写的经过或分工、得到的帮助或感受等，有的还简要阐述书中的重点和难点。他人作的序，往往有对作者、作品的介绍和评论，或对书中观点的引申和发挥。有的书还有内容提要，用简短的文字概括全书的精要。先看看这些，有助于了解这本书的内容概要、在同类书中有何独到之处，建立适当的阅读期待。

三看目录、索引、参考文献。目录分层缕列各章节的大小标题，是全书的结构纲目，不仅给读者查检页码提供方便，而且从整体上显示全书内容涉及的范围，可以帮读者鸟瞰全书轮廓，选择不同章节的阅读方式：或全读、或选读、或跳过去不读。索引和参考文献一般放在全书的最后（不一定都有）。索引可以帮读者通览全书的主要术语、核心概念等。参考文献集中列出对本书写作有重要参考价值的著作或资料，可以帮助读者了解作者所用主要材料的来源或者所持观点的出发点，提供参照阅读的备选书目。

四看正文。读正文前已经对全书轮廓有了大略了解，那么，看正文时可以从前往后，也可以“中间开花”，先看最感兴趣的章节，再勾连浏览其他章节，或者先看末尾的结论、结局，然后再“倒嚼甘蔗”，追本溯源。至于文集一类的书，各部分内容一般没有承续关系，完全可以打乱全书次序，把某一方面的各篇文章聚在一起看，这样要比按顺序往下读效果更好、效率更高。浏览某章某节时，要特别注意揣摩大小标题，留意关键词和中心句。

如果是浏览一本杂志或一份报纸，也应先注意一下报刊名称、出版机构、出版时间，揣测它对于自己有多大的阅读价值；然后浏览期刊的目录或报纸的大字标题，挑选自己有兴趣的文题，再去浏览正文。如果浏览的是一篇长文，则应先看正副标题和各部分的小标题；有内容摘要、参考文献的，也先浏览一下；然后阅读全文，阅读时要特别注意全文以及各部分的开头段、结尾段。

（二）学会扫读

所谓扫读，即扫描式阅读，快速移动视线，逐行逐页扫视，抓取重要信息。不需要精读的书，可用扫读；需要精读的书，头一遍感知大意也可用扫读；不能一次读完的书，下次接茬时先把已经读过的部分“扫描”一下，以便承上启下、前后贯通，也常用扫读；已经读完的书，为了整理要点、加深印象，也可再扫视一遍。《阅读的战略》一书的著者顾晓鸣曾这样介绍他扫读的经验：新书买来后，除看目录提要外，即手拿铅笔挨页翻它一遍。一方面了解本书大概意思和布局，一方面搜寻自己有用的东西，一方面把撞到自己眼里的有趣、有难度或有价值的东西勾出来，以后正式阅读时会减少对读物的陌生感。

要想快速扫读，需要扩大视幅，不能逐字逐词地“瞄”，而应一目一行、一目数行地“扫”，也就是由“点式”阅读、“线式”阅读改为“面式”阅读。《学习的革命》介绍了一种扫读方式：一只手拿着书，将书放到眼睛能看到整页文字、足够远的地方（一般是 2 英尺的距离），另一只手的食指或笔沿书页中间快速下行，眼睛只看手指或笔尖的上方，视线随手指或笔尖下移。如果你知道你要寻找什么特定的内容，你会对你吸收内容的能力感到吃惊。①

如同行路注意路标可以少走弯路、节省时间一样，扫读也应注意寻找和利用“路标”，迅速捕获读物内容的重点和要点，提高阅读的效率。读物中可供利用的“路标”，有形象化的，有词语型的。形象化的“路标”多是版式设计者提供的，如用较大字号排印的大、小标题，加了方框的语句、段落，加下划线或着重号的词句，用粗体字或斜体字排印的词语，还有图示、表格，等等。抓住这些“路标”，往往能提纲挈领地快速了解读物的要点。词语性“路标”则是文本作者提供的，如：表示梳列要点的“首先……其次……”“第一……第二……”“一方面……另一方面……”，表示递进、转折的“而且……”“但是……”，表示归纳总结的“因此……”“综上可知……”“总而言之……”；还有表示突出强调的一些

①［新］戈登·德莱顿、［美］珍妮特·沃斯：《学习的革命》，上海三联出版社，1997 年，第 137 页。

短语，如“问题的关键在于……”“特别应当提到的是……”“这意味着……”，等等。注意这些词语，往往能快速抓住读物内容的关键。

（三）学会跳读

不是逐行逐段逐页地阅读，而是跳跃式前进，有选择地阅读部分内容，略去一些内容，这种阅读方法就是跳读。跳读可以将厚书变薄，使长文化短。跳读的方式，又有如下几种：

一是以标题、重点语句、图表等为主要阅读对象的跳读。读物中的大小标题，用黑体字、着重号或方框标示出的定义、结论、要点之类，是全书、全章、全节的主旨所在，通过跳读，把这些重点内容连贯起来，就构成了此读物的“浓缩本”。

二是首尾句跳读。即只读每个自然段的头一句或末一句。论说文和科学性著作，每段首句往往是提纲挈领的话，末句往往是承上启下或总结性的话，中间则是推理、补充、举例之类。用这种方式跳读，可以顺着全文或全书的主线，迅速理清思路，抓住文章中心。

三是关键词语跳读。只读自己需要的同特定主题有关的词语，略去其他的词句段。多用于查阅文献资料，或分门别类地梳理精读后认为有用的观点或材料。

四是语法结构跳读。根据读物特点，全神贯注抓取关联性词语，并探寻其所关联的句意，把握行文脉络。有时可以集中注意力读各类词组中的中心语，而故意忽略修饰语等辅助性成分。

上面四种方式都是以读物提供的线索为注意点。当然，也可以根据读者的兴趣和思路去选择注意点，这是更为随意的跳读。

（四）学会寻读

“任凭弱水三千，我只取一瓢饮。”带着明确的目的从众多文献中搜寻自己所需要的信息或资料，这种阅读方法就是寻读，有人称作“猎读”。去图书馆查阅资料，上网搜索信息，都离不开这种方法。

利用图书馆，先要根据阅读目的选定寻读范围，熟悉图书分类，利用书目索引，迅速找到自己想读的书刊。现在的图书馆大多有电子检索系统，可以按类目、按作者名、按书名或关键词检索，比利用传统的卡片目录查找书刊更加便利。拿到想找的书刊后，先从目录中寻找与所查内容相关的章节或篇名，然后按页码提示阅读相关篇章，而不必看其他页。

了解读物的类型化特点，对于快速寻读大有益处。不同类型的读物，大都有其“基本框架”。比如，期刊一般会按文章内容所属的范畴划分栏目，报纸总会按不同内容分排版面。假如你想读的是文化教育类的文章，那就不要在其他版面浪费时间，直接翻到文教版，浏览标题选文章即可。读新闻类的文章，往往在第一段可以找到要点。读论说类的文章，一般要有引论、本论、结论三部分，如果只是关注问题和结论，主要读一首一尾即可。

利用互联网搜寻信息资料，主要有两条途径。一条途径是直接登录与所查信息相关的网站。进入网站后，点击相应的专栏和标题，再浏览网页，选择需要的信息阅读或下载。许多网页设有“链接”，点击链接可以便捷地切换到同类其他网站或网页。另一途径是利用网络搜索查询功能。百度（baidu）、谷歌（google）等功能强大的搜索引擎，能以亚秒级的速度搜索上亿张网页，用起来十分便捷。

三、快读学习指导

快读，即快速阅读，也称速读，是一种在尽量短的时间内从读物中摄取尽可能多的有用信息的阅读方法。这种读法的特点是：无须逐字逐句详看，彻底排除音读干扰，眼脑直映，迅速扫视，只关注重要的、有用的信息，快速筛选、思维、记忆，在保持适当理解率的前提下读得越快越好，阅读速度每分钟不少于500字，高的可达几千字、上万字。

快读与略读多有共同之处，但并非一回事。快读与慢读相对，着眼于阅读的速度；略读与精读相对，着眼于阅读的深度和广度。快读要阅览全文并掌握主要信息，理解率最好保持在70%上下；略读则可以跳跃、寻摘、节缩，各取所需，理解率的弹性很大。快读须高度集中注意力，大脑飞速运转；略读常常可以放松身心，随便翻翻，轻松浏览。另外，快读不仅用于略读，也用于精读，换句话说，我们不仅需要快速略读，也需要快速精读。精读一篇文章，用10分钟快读3遍，比10分钟慢读1遍的效果可能要好。

快读并非少数人才有的天分，一般人都有很大的快读潜力等待开发。生理科学研究发现，人每只眼睛的视网膜有15000万个光感受器，每秒钟可以接收数万亿个光子。人脑约由1000亿个神经元组成，它们之间通过一定的连接点（突触）组成一个极其复杂的网状系统，能够容纳5亿本书的信息量。因此，快速阅读、广贮信息的潜能人皆有之。据专家估计：人类的自然阅读能力已被使用的仅占 15-20%，经过培养训练，阅读能力可以增加 6-10 倍，甚至数十倍。①

汉文快读的研究和实验已经揭示，少年期到青年前期是快读训练的最佳时期。与成年人相比，少年儿童反应敏捷，记忆力好，阅读习惯和思维定势还不稳固，容易改变。小学高年级学生一般能认 2500 个左右常用汉字，阅读一般读物的识字率接近 99%，完全有条件学习快读。台湾儿童于如冈小学五年级时参加速读训练班学习速读，经过培训，阅读速度达到每分钟 74800 字。他的父亲于维杰教授说：孩子"学速读后，以前慢半拍的现象没有了，因为阅读速度确已加快，而且读后能记得更久；尤其是读书专心，脑筋灵活，对写作能力也有很大帮助。"②于如冈 15 岁时获得第 34 届国际科技展数学与电脑主奖第一名及数学组特别奖第二名两个大奖，其父称：于如冈能有这样的成就，"并非所谓天才儿童，而是因为从小便奠定了速读基础所致"。台北师专附属小学校长谭达士 1968 年开始研究并实验小学速读教学，经短期训练后，收效明显：小学低年级学生每分钟可读 300—400 字，中年级学生每分钟可读 1000 字左右，高年级学生每分钟可读 2000—3000 字，最快者可达 7000—8000 字。③北京铁路二中语文教师程汉杰 1985 年开始对中学生进行速读训练实验，成效也相当显著：训练 20 次左右（每次 1 课时），阅读速度和阅读效率即可翻番；训练 40 次左右，学生平均阅读速度达到每分钟 1000 字，少数人每分钟可阅读 2000—3000 字。④王学贤老师 1998 年在黑龙江阿城一中高二文科班进行速读训练实验，经过 60 课时的训练，70% 的学生每分钟阅读 6000 字，理解记忆稳定保持在 60% 以上。⑤ 众多实验案例表明，指导中小学生开展快读训练是可行的、有益的，只要训练得法，就能大大提高儿童少年的快读能力。

快读能力的检测有三个指标：阅读速度，阅读理解率，阅读效率。阅读速度（字/分）= 阅读字数÷阅读秒数×60；阅读理解率 = 读后正确答题数÷检测题总数×100%；阅读效率（字/分）= 阅读速度×阅读理解率。开始练习快读时，应坚持计时，并记录阅读速度和理解率，阅读材料不宜偏难，阅读计时精确到秒，专供

① 杨碧堂：《速读的学习法》，于维杰序，台南大坤书局，1987 年。
② 杨碧堂：《速读的学习法》，于维杰序，台南大坤书局，1987 年。
③ 潘意敏、潘峥峥：《快速读书法》，华东理工大学出版社，2002 年，第 26 页。
④ 程汉杰：《高效阅读》，《新中国中学语文教育大典》，语文出版社，2001 年，第 1195-1204 页。
⑤ 曾祥芹、甘其勋主编：《快读指导举隅》，河南大学出版社，2002 年，第 41 页。

快读训练用的材料都有字数统计，后面一般附有10道选择题，读后答对7道，阅读理解率即为70%。

指导学生学习快读，关键是做到以下几点。

（一）眼脑直映，革除默念

儿童学习阅读始于有声阅读。音读的过程是：文字→眼→脑→口→耳→脑。即文字符号通过光波反映到眼睛，视神经将信号传到大脑，大脑指挥发音器官发声，音波通过听觉神经再传回大脑，反馈监听并达成理解。这样，多种感官协同配合，有助于加深理解和记忆；但由于受到发音活动的制约，阅读速度难以提高。要想实现快速阅读，就必须变音读为视读，省去大脑言语分析器的“核准”、口的发声和耳的监听等环节，实现眼脑直映：文字→眼→脑，即眼睛捕获文字信号后直接输入大脑唤起意义达成理解。视读速度一般比音读至少快二三倍。

变音读为视读的难点，不在于抑制出声，而在于革除默念。默念指口虽未发出声音，但是唇还在动（唇读），或舌还在动（舌读），或喉头肌肉还在动（喉读），或内心深处还在自言自语（心读）。默念，实际上还是在逐字逐词地读，发音器官和听觉器官并未真正休息，而是转入“地下活动”——别人听不到声音了，可自己还在或快或慢地念着并听着字音。语文课堂上老师让学生默读课文，许多学生实际上是在默念。这种潜读内听，与朗读外听一样障碍阅读速度的提高，但比朗读外听不易察觉，也不易克服。克服唇读和舌读，可以在视读时紧闭双唇，舌抵齿龈，必要时可以在齿间衔支笔杆或筷子。克服喉读和心读，最好的办法是限定阅读时间，强制自己加快阅读速度，使自己无暇逐字心读、喉读。

（二）扩大视幅，减少眼停

视幅指阅读过程中一次眼停时认知的字数，也叫视域或视距。读书时，眼睛的活动状态只有两种：移动或者停顿。研究发现，眼睛只有处于停顿状态时才能摄取文字信息。逐字逐词阅读时，读完一行文字需要十几次眼停。阅读一定篇幅的文字，眼停次数多，阅读速度就慢；而且一次眼停只看到一字一词，而字词并不表示完整的意思，必然也会影响大脑对文本内容的整体加工。须知，大脑思维的速度常常快于视觉感知文字的速度，缓慢的视读反而不利于大脑的信息加工。如果能将视幅扩大些，一次眼停多认知一些字，捕获一个或小或大的意群，阅读速度自然加快，阅读效率也大大提高。试比较《阿Q正传》中一行文字的两种读法：

A：挨了／假洋鬼子／打／的／阿Q　／越想／越气，／毒毒的／点一点／头："不准／我／造反？／只准／你／造反？"

B：挨了假洋鬼子打的阿Q　／越想越气，／毒毒的点一点头：／"不准我造反？／只准你造反？"

读法A采用逐词阅读，视幅窄，每次眼停捕获的词并不表示完整的意义。读法B采用意群阅读，眼停次数减少，视幅扩大，每次眼停输入大脑的是一个意群，利于快速整体理解这段话的意思：阿Q挨了打很不服气。

一般人阅读时视幅能扩到多大呢？从理论上说，人眼视线的清晰区为15度角，加上清晰区两侧的余光区，眼睛的视角可达35度。如果眼睛距读物33厘米，那么一次眼停在清晰区内可以看到4厘米宽的一段字符（相当于11个5号汉字）。又因为视觉是立体的，在横向和纵向上能同时辨认字符，若调整好人眼与读物的距离和视角，再加以训练，提高余光区分辨字符的能力，那么，一目半行或一目一行，是不难实现的；一目十行，两目一页，也是可以达到的。我们浏览报纸标题或远望大字标语时，几乎都有一眼看一行的体验，只是一读书就习惯于逐字阅读了。这种惯势一旦突破，视幅会逐渐扩大——由"点状视读"变成"线状视读"，进而达到"面状阅读"。当然这需要有个训练的过程。开始时，可以先练习一眼看三四个字，如果每秒眼停3次，那么1分钟能阅读五六百字。以后逐渐增加每次眼停认知的字数，如果一眼能看到11字，那么每分钟就可以阅读2000字左右了。

（三）纵式阅览，减少回视

快读的较高境界是变横读为纵览，即变横行阅读为垂直扫视。目光横向移动，一目只能认知几个字，顶多半行字，阅读速度难以大幅提高。要想跨过"高原"，更上层楼，则需采用纵览快读法（或称直读法），即把目光放在书页的中心线，垂直向下快速扫视。

开始练习垂直扫视时，可以借鉴美国速读专家创导的"徒手直视速读法"。所谓"徒手直视"，就是把右手食指或中指放在书页的中线或右端，由上向下匀速滑动，引导目光垂直运动，快速扫视读物。训练初期暂不必要求看清每行的所有文字，尤其是余光区的文字，看不全也不必介意，关键是破除横读的习惯，初步形成纵览的习惯。纵览习惯养成后，再进一步练习，提高捕获文字的清晰度。

回视，指在扫视过程中，由于某些文字没看清，或不认识、不理解、没记住，而返回去再看。偶尔回视在所难免，频繁回视则会大大降低阅读速度。明智的做法是“未晓不妨先放过”，目光少滞留，尽管往下看，看完整页或全文再说。抓住了主要的内容、有用的信息，漏过一些细节或次要信息无关大局；如果没看清、没看懂的地方比较重要，妨碍着上下文的理解，可以在全页或全文看过后再整体扫视一遍以至多遍，这样易于融会贯通，而且比“一步三回头”的读法省时高效。

（四）集中注意，快思速记

快速阅读不光要练眼，更要练脑。也就是说，不但要训练视觉的广度和速度，更要训练思维的敏捷度和记忆的准确度。快读追求的是提高阅读效率，而不单是阅读速度，这就要求阅读速度与理解率保持适度平衡。一般认为，理解率保持在70%左右，阅读速度比较适中。阅读学专家普遍认为，最佳的阅读者不是读得最快的人，而是根据不同的阅读目的，能快能慢、灵活控制阅读速度的人。

要想在加快阅读速度的同时提高理解率，必须增强注意力、思维力和记忆力。

一要集中注意力。快读时要求做到全神贯注、心无旁骛，还要恰当分配注意力，既把主要注意力放在重点词句上，又能兼顾次要内容，善于分辨哪些内容应予以重视，哪些可以置之不顾。

怎样才能使注意力高度集中？日本心理学家保坂荣之提出的“形象控制法”对训练快读注意力很有借鉴价值。采用此法集中注意力有10个要点：1. 使心情平静下来，身心轻松舒畅；2. 确立“我一定能集中注意力”的信心；3. 采用适合自己的方法和习惯；4. 对阅读的材料抱有兴趣；5. 保持一定的紧迫感和迫切感；6. 与愉快的事情结合起来；7. 为了集中注意力，需要下定决心；8. 浮想过去和未来美好景象；9. 确定完成阅读任务的时限；10. 适当的休息。①

二要快速思维。快速理解是实现快速阅读的关键。快读时，要快速激活头脑中储备的与读物内容相关的知识背景，展开判断、推测、联想、想象、分析、综合，充分利用大脑具有的选择和压缩信息的功能，快速筛选关键词和中心句，抓住关键词快速推测句意，抓住中心句快速归纳段落大意和篇章主旨，抓住主要段篇快速感知全书的内容和特点。

三要快速记忆。需要记忆的要点一般是：1. 标题；2. 作者；3. 出处及发表时间；4. 基本内容；5. 文中涉及的重要事实；6. 文章特点及有争议之处；7. 文

① 潘意敏、潘峥峥：《快速读书法》，华东理工大学出版社，2002年，第65—66页。

中的新观点、新思想及读后启示。这七项要点包括了一般性阅读和研究性阅读所要寻找的内容。如果能按照这些要点快速摄取信息，形成思维定势之后，可以大大提高记忆效率，使快读速记变得不很费力。

四、诵读学习指导

“诵读”一词，人们理解有所不同。狭义的理解，把“诵读”当做偏义复词，相当于“诵”，义如段玉裁《说文解字注》：诵“非直背文，又为吟咏以声节之”，是抑扬顿挫、行腔使调的一种读法。广义的理解，如同《现代汉语词典》的解释，诵读就是“念（诗文）”，它与默读（视读）相对，相当于有人所说的“音读”。本书取其广义，泛指出声地读，包括念读、朗读、朗诵、背诵、吟诵、唱诵（吟唱）等。

念读是把文字念出声，高低快慢随意，如念信读报。朗读是清晰而响亮地读，意在传声于人，因声解义，与听者共同理解，多用于课堂教学。朗诵是高声而诵，抑扬有致，顿挫分明，重在因声传情，感染听众，多带话剧腔，还常辅以动作表情或音乐以增强感染力，多见于登台表演。背诵是摆脱书本而诵，重在积累语料或检查记忆，多用于语文学习。吟诵，有腔有调，尽量传达出韵律节奏，声音不一定高，依诵者心绪及所处情境，或低声恬吟，或朗声而诵，重在欣赏玩味，个性色彩鲜明。唱诵，用歌唱的音调来诵读，或依曲谱，或依师传腔调，或随个人兴致而歌咏。吟诵和唱诵都讲究行腔使调，沉浸其中，有人称之为“美读”，适于读诗歌和古文。下面选择语文学习中的常用方式，讨论其指导要点。

（一）练好朗读

朗读在语文学习中运用最广，适用于所有的文体和语体。

义务教育语文课程标准对朗读的要求是：能用普通话正确、流利、有感情地朗读。正确，就是要运用普通话，读准声韵调，不读错音，不添字、不漏字、不吃字、不倒字，而且能恰当地读出语流中的音变，如语气词“啊”的音变、“一、不”的变调、上声的变调、轻声、儿化等。流利，不等于读得快，而是要把握好节奏，疾徐快慢合宜，停顿连接恰当，不读破句，不打磕绊，不颠倒、重复。有感情，就是把握好作品的感情基调，传达出语句的感情色彩，声情并茂，激发听者共鸣。

一般而言，普通话讲得不错的中小学生朗读语文课文，经过预习准备，或者听了范读再经过练习，做到朗读正确问题不大，达到朗读流利的要求也不难；难点在于读出感情——既不平淡单调、又不矫揉造作，不瘟不火、真切自然地传达出原作的思想感情。

要全面达到正确、流利、有感情地朗读要求，关键在于：一要深入理解作品的思想内涵，二要熟练掌握朗读的表达技巧。朗读的表达技巧主要表现在停连、轻重、语气和节奏四个方面。具有朗读播音的丰富经验、又对朗读学问有精深研究的张颂教授，在他的专著《朗读学》中称停连、重音、语气、节奏是“朗读声音形式的四大支柱”。①要指导学生练好朗读，需要在这四个方面多下工夫。

1. 处理好停连

停连指朗读语流中声音的中断和延续。朗读任何作品，在段落、层次、语句、词组乃至词之间，都会出现声音的中断或延续。这既是生理上换气的需要，更是思想感情表达的需要。停连与段落起止、标点符号密切相关。一般而言，停顿可分为五级：篇章标题与正文之间、段落之间，停顿时间长；句号、叹号、问号、省略号处，停顿时间较长；分号、冒号、破折号处次之；逗号处又次之；顿号、间隔号处停顿时间最短。但是，停顿又不能拘泥于标点。因为书面上的标点符号主要是为了看的，而朗读时的停连是为了听的。朗读是把书面言语转换成有声言语的再创造，完全可以而且应该突破标点的束缚，有标点的地方是停是连、停长停短应灵活处置，没标点的地方根据需要可加入适当的停顿，以使思想感情表达得更准确、更鲜明。

停和连是相辅相成的。以往讲朗读技巧只关注停顿，不重视连接，是不全面的。又往往把朗读中的停顿分为三种：语法停顿、逻辑停顿、感情停顿，其实这三种停顿很多时候难解难分。张颂依据作品的内容、脉络和听者的心理，把停连分为10类：（1）区分性停连。区分语法关系，使语意更清晰。（2）呼应性停连。突现呼应关系，强化语意联系。（3）并列性停连。显示并列关系。（4）分合性停连。分列与合说之间要有停顿。（5）强调性停连。在想强调的词语前边或后边停顿。（6）判断性停连。在需要思索、判断的地方停顿。（7）转换性停连。在文势跌宕或转折处延长停顿时间。（8）生理性停连。在语噎、哽咽、气喘、垂危等情形下象征性停顿。（9）回味性停连。在需要联想、回味的地方作必要的停顿。（10）灵活性停连。突破常规，作技巧性处置，给人以新鲜活泼感。这样归纳分

① 张颂：《朗读学》，北京广播学院出版社，1999年，第160页。以下对“四大支柱”的阐说多参考此著161-293页。

析对学习朗读有切实的指导价值。

要充分发挥停连的作用，需要克服不敢停、不敢连，特别是不敢长停的心态，要敢于停连，善于长停。同时要注意停顿不是刀切斧断，应配合语调、语势变化，音断意未断，无声胜有声。

2. 区分出轻重

朗读作品时，一句话里的若干词语的轻重程度是不一样的。有的词语有意识地读得比较响亮，是重音，其他不太响亮的是轻音。重音主要体现在音高和音长上，与音强也有一定关系。重音和轻音体现作品中词语关系的主次，是明确传达语句旨意的重要手段。一般说来，每句话（包括分句）至少有一处重音，如果有两处则宜区分主重音和次重音。

许多讲朗读的书把重音区分为语法重音、逻辑重音、感情重音。而实际朗读中一句话的重音宜少不宜多，重音过多会使语意模糊，令听者捉摸不定。同一句话，语法重音、逻辑重音、感情重音如果各在一处，会使朗读者无所适从。所以，确定重音需要把语法、逻辑、感情诸要素综合起来加以考虑。张颂认为，应该抓住语句的实质，联系上下文，明确语句的目的，然后根据遣词造句的具体情况确定重音。他把重音梳理为以下 10 种（例句中粗体字读重音，粗体加下划线的字是主重音）：

（1）并列性重音。如：桂林的山**真奇**啊……桂林的山**真秀**啊……桂林的山真**险**啊……

（2）对比性重音。如：反动派，你看见**一个倒**下去，可也看得见**千百个继起**的。

（3）呼应性重音。如：《背影》一文从开头到结尾前呼后应四次点出的“**背影**”。

（4）递进性重音。如：竹叶烧了，还有**竹枝**；竹枝断了，还有**竹鞭**；竹鞭砍了，还有深埋在地下的**竹根**。

（5）转折性重音。如：这正如地上的**路**；其实地上本**没有**路，走的人**多**了，也便**成**了路。

（6）强调性重音。如：战斗进行了**很久**，敌人**始终**不能前进一步。

（7）比喻性重音。如：叶子出水很高，像亭亭的**舞女**的**裙**。

（8）拟声性重音。如：风，**呼呼**地刮着；雨，**哗哗**地下着。

（9）肯定性重音。如：那就是白杨树，西北极普通的一种树，然而**实在不是**

平凡的一种树。

（10）反义性重音。如：好个国民党的“**友邦人士**”！是些什么东西！

重音的表达，不一定都采用提高音量、增加音强的方式。除了低中见高、弱中加强的方法之外，有时可以采用快中显慢法，延长重音音节，或采用连中有停法，在重音前后略作停顿。有时还可以采用实中转虚法，如：“烈火在他身上烧了**半个多钟头**才渐渐熄灭，这个伟大的战士，直到最后一息，也没挪动**一寸**地方，没发出**一声**呻吟。”重音处宜声轻气多，用虚声来显示。

3. 运用好语气

语气，在语法学中指表示陈述、疑问、祈使、感叹等分别的语法范畴；在朗读学中，指通过声音和气息合成的形式流露出来的语句的气韵。语气是传达思想感情最重要的手段。语句包含的思想感情不同，朗读时要通过声音气息、发声方法的变化，来表达不同的感情色彩。张颂归纳出以下10种感情色彩用气发声的要领，值得参考：

（1）爱——气徐声柔。口腔松宽，气息深长，造成温和感。

（2）憎——气足声硬。口腔紧窄，气息猛塞，造成挤压感。

（3）悲——气沉声缓。口腔如负重，气息如尽竭，造成迟滞感。

（4）喜——气满声高。口腔似千里轻舟，气息似不绝清流，造成跳跃感。

（5）惧——气提声凝。口腔像冰封，气息像倒流，造成紧缩感。

（6）欲——气多声放。口腔积极敞开，气息力求畅达，造成伸张感。

（7）急——气短声促。口腔似弓弦，气息如穿梭，造成紧迫感。

（8）冷——气少声平。口腔松懒，气息微弱，造成冷寂感。

（9）怒——气粗声重。口腔如鼓，气息如椽，造成震动感。

（10）疑——气细声黏。口腔欲松还紧，气息欲连还断，造成踟蹰感。

除了感情色彩不同，语气还有分量差异。语气的分量可分为重、中、轻三度。重度，用于核心语句、关键语句，需要用较长的停顿、突出的重音、鲜明的色彩来显示。中度，用于比较重要的语句，要用稍长的停顿、稍突出的重音、稍鲜明的色彩来显示。轻度，用于次要的语句，可用较短的停顿、较清楚的重音、较淡薄的色彩来显示。

句调是表达语气的重要方式。它贯穿在整句话中，在句子末尾表现得特别明显。过去多把句调分为平、升、曲、降四类：平直调一般用于叙述、说明或表示平和、庄重、冷淡的语气；昂升调常表示疑惑、反问、惊异、号召的语气；弯曲调常表示迟疑、暗示、讽刺、双关等语气；降抑调常表示肯定、赞赏、叹息、请求等语气。这样区分显得简单明了，但是实际情况却复杂得多：表达某种语气不一定非用某种句调，即使采用某种句调也有丰富多样的变化形式。朗读时还须揣摩上下文意和作者情感，根据具体语境灵活选用句调形式，避免简单化。

曲折性是句调的基本特征。句调的曲折性造成语势的变化。从句首、句腹、句尾声音行进的态势来考察，语势可分为五种类型：[①] 一是波峰型——起点低，逐渐升高，再向下行；二是波谷型——起点较高，逐渐下行，再升高；起潮型——起点较低，逐渐上升，句尾最高；落潮型——起点较高，逐渐下行，句尾最低；半起型——起点较低，上行中途，突然收住，声已停而气未完，如某些疑问句。这几种语势之间，存在交叉、变通的可能。朗读中要使语势不单调、不呆板，需注意：相连的几个句子，句首最好不在同一起点，句腹不用同一波形，句尾不归同一落点。

4. 把握好节奏

朗读学里所说的节奏，是“由一定的思想感情的波澜起伏所造成的，在朗读全篇作品过程中所显示的，抑扬顿挫、轻重缓急的声音形式的回环往复”。[②] 节奏的缓急变化，通过语节中词的疏密度显现出来。语节有点像乐谱里的节拍，但比节拍灵活得多。它一般以词或词组为单位，一个语节包含的音节，少的一两个，多的七八个。语节不等于停顿，它是语流行进速度的路标，不是歇脚的凉亭。如果每个语节都停顿，会导致呆板和生涩。

从作品的基调和初学朗读的需要出发，可把节奏分为六种类型：

（1）轻快型——多扬少抑，多轻少重，语节少，词的密度大。如《春》。

（2）凝重型——语势平稳，多抑少扬，语节多，词疏一些。如《藤野先生》。

（3）低沉型——语势多为落潮型，句尾多显沉重，音节多长，声音偏暗。如《为了忘却的记念》。

（4）高亢型——语势多为起潮型，峰峰相连，扬而更扬，势不可遏。如《安塞腰鼓》。

（5）舒缓型——语势多扬而少坠，声较高而不着力，语节内较疏而不多顿，

① 张颂：《朗读美学》，北京广播学院出版社，2002 年，第 131-132 页。

② 张颂：《朗读学》，北京广播学院出版社，1999 年，第 267 页。

气流长而声清。如《荷塘月色》。

（6）紧张型——多扬少抑，多重少轻，语节内密度大，气较促，音较短。如《最后一次讲演》。

某篇作品属哪种节奏，是就重点语句和段落而言，并非从头到尾都用一种节奏来读。朗读时应随行文波澜和思想感情的变化适当转换朗读的节奏：快与慢，抑与扬，轻与重，虚与实。朗读节奏转换的方法，常用的有：欲快先慢，欲慢先快；欲扬先抑，欲抑先扬；欲轻先重，欲重先轻；欲实先虚，欲虚先实。

上述四种朗读技巧，最重要的是语气。因为“语气可以支配停连、重音，也可以形成节奏的不同类型。同时，停连、重音、节奏的各自不同的变化，主要由语气来体现。”① 以语气为中心，便于协调发挥停连、轻重、节奏的功能，突破“有感情”这个朗读难点，更准确、鲜明、生动地传达作品的思想、情感、气韵。

（二）学习吟诵

吟诵以朗读为基础，又与朗读有所不同。二者的区别主要表现在：

首先，朗读重在正确流畅，出声响亮清朗，传声于人，因声解义，与人达成共同理解。吟诵特别讲究音调节奏，出声无论大小，都要抑扬顿挫，舒缓不迫，有腔有调，重在沉潜体悟、欣赏玩味。

其次，朗读讲求规范化，声音形式规规矩矩、工工整整，可以有统一的要求或范式。吟诵追求个性化，行腔使调全凭个人感悟和兴致，可以人人不同，不应有统一的要求和范式。

再次，朗读只需形之于声，一般不需要体态配合。吟诵则往往伴有动作表情，以至摇头晃脑，击节踏足。

最后，朗读可用于各种文学文和实用文、语体文和文言文。吟诵则主要用于诗词曲和文言文，不适合语体文。其中原因，朱自清曾经中肯地指出：“古文和旧诗、词等都不是自然的语言，非看不能知道它们的意义，非吟不能体会它们的口气——不像白话诗文有时只听人家读或说就能了解欣赏”，“文宜吟诵，因为本是不自然的；语只宜读或说，吟诵反失自然，使学生只记词句，忽略意义。”②

① 张颂：《朗读学》，北京广播学院出版社，1999 年，第 291 页。

② 朱自清：《论朗读》，《朱自清论语文教育》，河南教育出版社，1985 年，第 99 页、97 页。

我国古代教育向来有重视吟诵的传统。《周礼》记载，大司乐以乐语教国子，六种方法中有“讽”（背诵）、“诵”两法。孔子教弟子“诵诗三百”，孟子也强调“诵其诗，读其书”。汉魏以降，学子诵读“五经”（诗、书、易、礼、春秋）蔚然成风。《汉书·朱买臣传》记载朱买臣贫贱时上山砍柴，“担束薪行且诵书”。唐代韩愈“口不绝吟于六艺之文，手不停披于百家之编”。清代曾国藩认为：四书五经、《昭明文选》、李杜韩苏之诗、韩欧曾王之文，“非高声朗诵则不能得其雄伟之概，非密咏恬吟则不能探其深远之趣”。[①]“五四”以后，传统文化和传统教育受到批判冲击，语体文逐渐取代了文言文在语文教学中的统治地位，西方新式教学法输入并被大力提倡，传统的诵读教学法渐被冷落。20世纪三四十年代，教育界曾针对学生国文水平下降有过讨论，黎锦熙、朱自清、夏丏尊、叶圣陶等有识之士指出忽视诵读是重要原因，呼吁加强诵读教学。1946年12月，魏建功代表台湾省教育当局和国语推行委员会邀请黎锦熙、朱自清、沈从文、游国恩、朱光潜、余冠英、周祖谟等20余人，在北京大学召开“中国语文诵读方法座谈会”，专门讨论诵读方法问题。[②]但诵读衰微之势终难扭转。新中国成立以后，语文教材里古诗文比例降低，语文课堂上讲解分析盛行，琅琅书声渐渐稀疏，吟诵之法更被贬斥为捏腔拿调、摇头晃脑而遭否定。近些年来，随着对传统语文教法学法的反思，吟诵之法开始重返语文课堂。

吟诵在语文教学中有没有存在的必要？答案是肯定的。因为至少是在古代诗文的教与学中，吟诵确实有朗读难能达到的效果。语文教材中的古诗词和文言文，是千百年来大浪淘沙淘出来的语言精品，辞约意丰，节奏感强，音调铿锵，气韵悠长，文质兼美。有腔有调的吟诵能更好地由声入情、因声求气，表现古诗文特有的音律节奏，品味并传达其特有的神韵，使人获得审美的愉悦，在审美愉悦中加深理解、增强记忆，实在是精读古典诗文的妙招。叶圣陶在《精读指导举隅》的前言里指出：“吟诵的时候，对于研究所得的不仅理智地了解，而且亲切地体会，不知不觉之间，内容与理法化而为读者自己的东西了，这是最可贵的一种境界。学习语文学科，必须达到这种境界，才会终身受用不尽。”[③]朱光潜也说：“过去我国学习诗文的人大半都从精选精读一些模范作品入手，用的是‘集

① 曾国藩：《家训·字谕纪泽》。

②《国文月刊》，1947年，第53期。

③《叶圣陶语文教育论集》，教育科学出版社，1980年，第13页。

中精力打歼灭战’的方法，把数量不多的好诗文熟读成诵，反复吟咏，仔细揣摩，不但要懂透每字每句的确切意义，还要推敲出全篇的气势脉络和声音节奏，使它沉浸到自己的心胸和筋肉里，等到自己动笔行文时，于无意中支配着自己的思路和气势。这就要高声朗诵，只浏览默读不行。这是学文言文的长久传统，过去是行之有效的。”①

叶、朱二位先生所讲吟诵的好处，还只是对读者自己而言的。对于听者，吟诵也更能诱发兴味，使人由声而入境、因声而动情，受到感染，激起共鸣。南京师范大学的陈少松教授曾做过这样的试验：教大学生吟诵杜甫诗《闻官军收河南河北》之前，先请学校朗诵团一位学生用现代方法朗读一遍，然后他用传统方法放声吟诵。那位学生普通话水平很高，朗读也有技巧，但相形之下，抑扬顿挫合度、疾徐轻重有致的吟诵更能充分再现诗情诗境，具有更强的艺术感染力。② 特级教师钱梦龙曾这样回忆他有幸遇到的两位国文老师：一位老师教文言文先结合讲解指导学生何处加点、何处加圈，圈点以后总要拉长了声调领学生诵读，凡读到加密圈的词句，往往眉飞色舞，读得格外声情并茂，感染得我们也都陶醉在文章优美的词句里。另一位老师喜欢教我们吟唱诗词，他吟唱李后主词“窗外雨潺潺”时那种摇曳生情的声调，至今还记得。在这样的老师的影响下，不少同学对古典诗文产生了浓厚的兴趣，于是都在课外自动地找些选本来读，如《古文观止》《唐诗三百首》等，阅读文言文的能力就这样在不知不觉中提高了。③现在，学生读文言诗文不如那时多了，善于吟诵的老师也难得遇到了。但可以肯定的是，汉民族特有的与文言诗文相适应的吟诵之法，今天和今后依然会产生独特的教学效果。

吟诵是如何行腔使调的？根据前人的记载和描述，大略可知一些眉目。段玉裁《说文解字注》：“诵则非直背文，又为吟咏以声节之。”朱自清据此推测：“古代的诵是有腔调的，由此可见。腔调虽不可知，但‘长言’或‘永言’——就是延长字音——的部分，大概总是有的。”④ 黄仲苏在《朗诵法》一书中称：“吟哦之际，行腔使调，至为舒缓，其抑扬顿挫之间，极尽委婉旋绕之能事……盖吟读

① 朱光潜：《谈美书简》，上海文艺出版社，1980 年，第 114 页。

② 陈少松：《古诗词文吟诵》，社会科学文献出版社，2002 年，第 23 页。

③ 钱梦龙：《文言文教学刍议》，《中学语文教学》1997 年第 4 期。

④ 朱自清：《论朗读》，《朱自清论语文教育》，河南教育出版社，1985 年，第 96 页。

专以表达神韵为要。”[①]鲁迅描写三味书屋寿先生吟诵清代刘翰《李克用置酒三垂冈赋》：“铁如意，指挥倜傥，一座皆惊呢～～～；金叵罗，颠倒淋漓噫，千杯未醉嗬～～～”，其中的“呢”“噫”“嗬”三个语气词当是诵读者为舒缓节奏而加上去的，两处“～～～”表示拖长声音，摇曳生情。寿老先生读到此处，陶醉其中，微笑着将头仰起，摇着，向后面拗过去，拗过去。

今天我们吟诵古诗文不必（并非不能）如此夸张作态，也无须随兴增添语气词之类。2011年版语文课标增写了“朗读要提倡自然，要摒弃矫情造作的腔调”的建议。但比起一般的朗读来，吟诵的语速总要舒缓些，抑扬顿挫分明些，语节划分密一些，停顿和拖腔多一些。

指导学生吟诵古诗词，在理解主题、确定基调的前提下，一要注意划分好音步，放缓些节奏，延长些声音。二要注意押得稳韵脚，以造成回环往复的音韵美。三要注意突出些平仄，特别是节奏点上的字，更要抑扬分明，一般处理为仄短平长。

文言文单音词多，用词简约，句子成分多有省略。指导学生吟诵时，语速宜舒缓，顿挫可加多，重点词语更要拓开些，显出从容不迫，字字珠玑，自己有玩味的间隙，也给听者留有思索的余地。

至于唱诵（吟唱），是音乐与文学的结合，歌唱与吟诵的交融。这需要有点音乐的天赋、歌唱的本领，所以并不适合于所有语文学习者。但有兴趣的学生学一学，有益而无害。因为唱诵古诗文，比一般的朗读和吟诵，更便于体会和展现诗词曲赋的音乐美，更容易诱发联想和想象，进入意境，摇荡性情，提高审美鉴赏力，还有利于提高记忆和背诵的效率。古诗文吟唱的示范，除了由善于吟唱者当堂范诵之外，可以借助现代化教学媒体。一些老师采用播放光盘、录音带、多媒体课件的方式，带学生欣赏、吟唱古诗词，收到很好的教学效果。有条件者值得一试。

（三）重视背诵

古人学语文主张大量背诵，所谓“熟读唐诗三百首，不会作诗也会吟”，“能读千赋，则善为之”。从古到今，大凡语文素养深厚、学识渊博者莫不得益于少年时熟背诗书。作家巴金谈起散文写作，十分感谢当年那位强迫他背《古文观止》的私塾老师。学者余秋雨也由切身体验得出这样的认识：“在孩子们还不具备对

① 黄仲苏：《朗诵法》，转引自《朱自清论语文教育》，河南教育出版社，1985年，第98页。

古诗文经典的充分理解力的时候，就把经典交给他们，乍一看莽撞，实际上却是文明传代的绝佳措施。幼小的心灵纯净空廓，由经典奠基可以激发起他们一生的文化向往。”①

儿童少年机械记忆力强而理解能力差。应充分利用他们易记难忘的心理特点，鼓励他们大量背诵积累。许多诗文名篇思想蕴含深，儿童少年一时难以理解，先“吞”进去，背下来，随着阅历增加，以后会慢慢加深理解。如果等到阅历多了、悟性强了再来背诵，那就错过了一生中背诵积累的黄金季节，“时过然后学，则勤苦而难成”，必然留下终生遗憾。

语文新课标吸取以往教训，重视背诵，要求 1 ~ 6 年级学生背诵古今优秀诗文 160 篇（段），7 ~ 9 年级学生背诵 80 篇（段），9 年总计 240 篇（段）。这样的数量要求是参照历史实际、兼顾未来需要与现实可能而提出的，学生经过努力应该不难达到。

背诵主要是一种记忆活动。中小学生背诵诗文，除了精选佳作，肯下功夫，还应讲究记背方法。“死记硬背”对学龄前儿童和低年级小学生有可行性，但对高年级小学生特别是中学生则不宜提倡。因为他们的阅读理解能力已有长足进步，教材所选或老师推荐的篇目又大都难易适度，在老师指导或讲解的基础上，学生一般能够理解或大致理解。在理解或大致理解的前提下，再运用适当的方法来背诵，比起“死记硬背”来，效果要好得多。下面一些方式方法，有助于提高背诵效率，可以指导学生灵活选用。

1. 分层切块。遵循作者思路，把作品分成若干层次，记清各层大意和衔接次序，分层击破，逐块背下，然后循序组装，合成全篇。此法适于背诵篇幅较长的作品，如欧阳修《醉翁亭记》、苏洵《六国论》、朱自清《春》。

2. 以头带身。背诵多层多段组成的作品，卡壳现象常常出现在一层一段的开头。记牢每段起头的词语或句子，整段话就能顺流直下，脱口而出。如背诵《论语十则》、荀子《劝学》。

3. 以词带句。此法适于背诵散文。散文的句式或整或散，散句居多。拎出句中的关键词或关联词，就容易带出一串句子、一段话。如背诵韩愈的《师说》、鲁迅《从百草园到三味书屋》的写景段。

---

①《海内外著名学者论古诗文修养》，《山东教育》2000 第 1、2 期。

4. 以韵带句。此法适于背诵诗词。依序熟记韵脚字，利于快速背诵全诗，并且经久难忘。散文的某些片断如果有韵，用这种方法也相宜。如《岳阳楼记》“至若……而或……”一段，记熟押韵字，背诵时可以避免漏句、倒句。

5. 存同识异。有些诗歌，如《关雎》《乡愁》，采用重章叠句之法；有的文章，如《扁鹊见蔡桓公》《少年中国说》，运用反复、排比手法。背诵这样的诗文，在熟悉层次结构的基础上，可以比同辨异，重点识记各层、节、句中换用的词语。

6. 多官协同。耳、目、口、手、脑，多种感官协同参与，能使大脑皮层留下较多的“同一意义”的印记，比单用口、脑记诵效果要好得多。动口背诵时，可以辅以画面、图示或提示线索的文字，给以视觉信号刺激；可以在听录音或听他人背诵的同时低声默诵；可以动笔抄写或默写，以写促记。把抄写与背诵结合起来，是古来读书的有效方法，既加深记忆，又能练字、正字；基本背过之后默写一两遍，既能检查背诵效果，又能提高应试能力。

7. 巧用时间。一是善于选择高效背诵时间。一般来说，早晨或晚上背诵效果较好。早晨背诵，大脑尚未摄入其他材料，不会出现前摄抑制（即先学的材料干扰后学材料的保持和记忆）；睡前背诵，大脑不再摄入其他材料，可以避免后摄抑制。二是充分利用零星时间。如上学路上步行或乘车时暗自默诵。三是按照遗忘规律，先密后疏，及时复习背诵。

8. 变换方式。单兵作战时，可以先读后背、先看后背，尝试背诵后再读、再看；可以先抄后背，背后默写；可以听录音跟随记诵；还可以自己试背同时录下音来，然后回放录音，看书校对，检查错漏。合作学习时，可以两人或多人轮流背、接句背、接段背、齐口背、分角色背、利用多媒体背，等等。

五、译读学习指导

阅读文言文，与阅读现代文明显的不同之处，在于多了一层语言隔膜。这是由于古今汉语在词汇、语法等方面存在诸多差异所致。要读懂文言文，往往需要将古代文言转换成现代白话，这就是所谓“翻译”。这种翻译发生在同一语种不同语体之间，不同于外文与中文之间的翻译，但它同样是阅读理解的基础。能不能把文言的句子正确地转换成白话，标志着能不能正确地识文断句，能不能准确理解词义和词语间的关系，能不能读懂文章。因此，学会译读是阅读文言文的一项基本功。

近代学者严复曾把翻译的原则概括为“信、达、雅”，这本是针对外文中译来讲的，人们也把它作为古文今译所追求的目标。要达到这样的要求，需要有灵敏的文言语感、丰富的古今汉语知识和良好的语言驾驭能力，自非一日之功。对中学生，特别是接触文言文还不多的初中生而言，要求应当降低些。义务教育语文课程标准提出的目标是：能借助工具书阅读浅易文言文。据此，一般中学生借助注释和工具书，能做到用现代汉语比较准确、通顺、明白地传达原文意思，也就是基本上做到“信”和“达”，就可以了。

直译和意译是翻译文言文的两种不同方式。直译就是按原文的词义和句式用现代言语对应翻译，在通顺的前提下尽量保持原文的语序和语气。意译则不拘泥于原句的语序和词语的表层意义，不求一一对应，只求从整体上准确明白地传达原文的意思。如《岳阳楼记》中“不以物喜，不以己悲”，两句互文见义，如果直译就不能准确表达作者的情志，须把两个分句糅合起来，意译为“不因外物的好坏和自己的得失而或喜或悲”。直译和意译两种方式各有短长，往往结合起来使用。杨伯峻的《论语译注》堪称两法结合的典范。指导中学生语译文言文，当以直译为主，意译为辅。

从动口还是动笔的角度，翻译又分口译和笔译。口译，常用于文言文课堂教学当中，多安排在诵读之后、深入理解之前。传统的做法是教师串讲，学生听、记。现在提倡自主学习，应当相信学生在课文注释和工具书的帮助下，能够语译。不要怕学生译错，学生译错的地方正是需要教师重点讲解的地方。如此坚持下去，才有望到达“不教”之境。笔译，常用于课后练习和考试考查，是检测文言文学习效果、加深理解巩固记忆的一种好方式。在课堂教学中，如果将笔译与口译结合起来，让学生先笔译再口译，有利于提高口译的质量；或者先让学生口译，补充订正后再笔译，有利于及时强化翻译文言文的能力。笔译时最好先默写或抄写原文，然后再翻译。“三行对译”是一种很适合中学生学习文言文的笔译方式：第一行，逐句照录原文，字词的间距适当留大一些。第二行，注解古今异义的重点词语。第三行，用现代白话通译全句。

文言文无论直译和意译，还是口译和笔译，都需指导学生掌握基本的翻译方法：替换、保留、增补、删减、调整。

（一）替换

替换，即用现代语词对应替换原文中今天已经不用或罕用的古代语词。

古今汉语词汇的显著差异是古汉语以单音词居多，现代汉语以双音词居多。

因此，文言文中的许多单音词，翻译时要用与其词义相当的双音词、多音词乃至短语来替换。需特别提醒学生注意，谨防把文言文中两个连用的单音词误当做现代汉语的双音词。

古代汉语的词汇总量比现代汉语少得多，一词多义的现象更突出。再加上古今词义的演变——扩大、缩小、转移，或情感色彩变异，造成了一大批古今异义词。此外，还常有通假、借代、偏指等语用现象。语译时须指导学生根据上下文推敲词义，审慎选择恰当的替换词语，不要轻率地以今例古。

（二）保留

古今意义相同的词，以及古代的人名、地名、国名、朝代名、帝号、年号、官职名、典章名、度量衡单位等，翻译时可以保留不变。

（三）增补

与现代文相比，文言文中省略成分的现象特别多。翻译时应按现代汉语的表达习惯，依据语境和文意补充原文省略的成分。

（四）删略

有的文言虚词，在句中只起表示语气、停顿、补足音节或舒缓语气的作用，找不到合适的现代词语来翻译，省掉它又不影响表达句意，则可以删减不译。

（五）调整

文言文中有些特殊句式，翻译时需要按现代汉语的表达习惯调整语序。如谓语前置——“其矣，汝之不惠”；宾语前置——“宋何罪之有”；定语后置——“蚓无爪牙之利，筋骨之强”；状语后置——“季氏将有事于颛臾”，加下划线的词语翻译时须挪后或前移。此外，文言文中还常有使动、意动、词类活用、互文见义等语用现象，语译时也要依现代汉语表达习惯作必要的调整。

第二节　阅读学习指导策略

阅读是披文得意、运思及物的复杂的心智活动，阅读学习指导既要讲科学性，也要讲艺术性。阅读学习指导的方法千头万绪，本节缕为四项策略。

一、优化阅读心理品质

阅读心理品质，包括认知和意向两个系统，认知系统由感知、思维、联想、想象、记忆等智力因素构成，意向系统由动机、兴趣、情感、意志、性格等非智力因素构成。阅读学习指导，既要重视开发学生的智力，培养阅读的感知力、思维力、联想力、想象力、记忆力，又要重视非智力因素，优化阅读的动机、兴趣、情感和意志。这是因为，“缺少了非智力系统，阅读行为将无从发生；发生了，也不可能有好的阅读效果；即使一时心血来潮获得小的成效，也难以持久地获得巨大成效”。①

有研究者指出：阅读心理品质（指阅读智能中的非智力因素）“在阅读过程中的表现为阅读的主动性、自觉性、积极性、专注性、坚持性等”，它具有增强阅读动力、为阅读活动导航定向、调节并强化阅读中的智力因素、维护并加强阅读技能的充分发挥等重要作用。② 这里主要讨论阅读动机、阅读兴趣、阅读意志的优化。

（一）优化阅读动机，培养阅读的自觉性、主动性

阅读动机是直接推动人们阅读的内部动因，是阅读学习积极性的内在动力，其直接表现是需要阅读、愿意阅读。阅读动机有直接、间接之分，近景、远景之别。直接的阅读动机是由读物或阅读活动的吸引力、阅读学习的直接结果引起的，带有更多的感性色彩和近景性，如读物新鲜有趣，完成老师交给的任务，赢得老师、家长的表扬，考试得高分，考取理想的学校等。间接的阅读动机是由了解阅读的社会意义而引起的，带有更多的理智色彩和远景性，如为了增长知识、提高文化素养，为了陶冶情操、充实精神世界，为了实现远大抱负、成才报国等。与直接的近景性阅读动机相比，间接的远景性阅读动机具有稳定而持久的定向作用，不容易受偶然因素和情境变化的干扰。

一般而言，小学生的阅读动机以直接、近景为主，中学生、大学生的阅读动机以间接、远景为主，但同一学段的学生，他们的阅读动机会有近远、高下的差别。周恩来 12 岁读高小时，老师问学生为什么读书，同学的回答各种各样，而周恩来的回答是“为了中华崛起而读书”。时下许多中学生是为了中考、高考而读书，也有一些志存高远的中学生读书绝不单是为了应试，更是为了与古今杰出人物对话，陶冶情操充实人生，为了积蓄学识，日后贡献祖国和人民。而这不同的

① 曾祥芹主编：《阅读学新论》，语文出版社，1999 年，第 130 页。

② 张维坤：《加强阅读心理品质的培养——古代阅读教学初探之一》，《保定师专学报》2004 年第 3 期。

阅读动机带给学生的动力和回报是大不一样的。

前人对读书动机与成才成功的关系早有认识，因此十分重视读书先立志，尤重立大志。东汉徐干《中论·治学第一》：“志者，学之师也；才者，学之徒也。学不患才之不赡，而患志之不立。是以为之者亿兆，而成之者无几。故君子必立其志。”宋代张载《张子全书·学大原》：“学者不宜志小，气轻志小则易足，易足则无由进。”梁启超《饮冰室文集之二·湖南时务学堂学约》：“一曰立志。《记》曰：‘凡学，士先志。’孟子曰：‘士何事？曰尚志。’朱子曰：‘书不熟，熟读可记；义不精，细思可精。惟志不立，天下无可为之事。’……科第衣食，最易累人。学者若志在科第，则请从学究以游；若志在衣食，则请由市侩之道。有一于此，不可教诲，愿共戒之。”

今天，我们指导学生读书更应重视立志教育，高尚其志向，优化其动机。要使学生早些懂得阅读是发展和完善自我的需要，是成才和报效国家的需要，使他们产生持久而强烈的阅读需求感，具有阅读的自觉性和主动性。这样，学生就会有明确的阅读目的和阅读计划，把“要我读”变成“我要读”，不靠外力驱动，自觉选择读物，自主支配阅读行为，主动改善阅读方法，排除干扰，克服困难，达到阅读目的。

（二）强化阅读兴趣，培养阅读的积极性

阅读兴趣是人们对读物和阅读活动的一种认识倾向，是阅读学习积极性的原驱动力，表现为喜好阅读。兴趣与情感相联系，当学生对阅读发生兴趣时，必然伴随愉快的情绪和专注的心理，乃至手不释卷，废寝忘餐，不辞苦累，乐在其中。

近一二十年来，由于电视、电脑的普及以及不良读物的冲击，青少年学生的阅读兴趣和阅读品位有明显的下降趋势。主要表现为：学生用于书面阅读的时间减少，用于看电视、玩电脑、上网的时间增多；课外阅读量减少，不看或很少看课外书的学生增多；阅读兴趣感性化、浅层化，疏远文学名著，冷落科技读物，书刊消费减少，花钱买娱乐增多。一项就阅读问题对浙江定海8所中小学校学生进行的调查，结果显示：仅有0.6%的学生对阅读感兴趣，57.4%的学生对阅读兴趣一般，而对阅读缺乏兴趣的占42%。[①] 大学生的阅读兴趣也不能令人满意。

① 叶史品、宋秋前：《阅读问题原因的调查分析》，《教学与管理》1998年第9期。

北京大学温儒敏教授说："我在大学教书，发现许多学生虽然都是高分考上大学的，却不一定有喜欢读书的习惯。除了自己专业的书之外，他们再也没有读其他书的兴趣和计划，顶多随兴所至读一些诸如武侠言情之类的流行通俗作品，或一有时间就上网看电视。"① 他认为，在中学阶段尽量养成阅读的习惯，对人的一生都是非常重要的。如果只是瞄准高考，纯粹为应试而进行技能性训练，甚至连课外阅读也全都纳入应试目标，那就容易扼杀兴趣。他呼吁，在应试教育还不可能完全取消的情况下，最好还是除了"为高考而读书"，适当保留一点自由阅读的空间，让学生的爱好与潜力在相对宽松的个性化阅读中发展。

针对青少年学生阅读兴趣下降的现状，要激发并保持学生的阅读兴趣，应抓好如下"两手"。

一手是在阅读教学中充分发挥学生的主体性，引导他们亲近语文课文和语文读本，在诵读、品味、对话、探究中体验阅读的乐趣、成功的喜悦。语文课本和语文读本中的选文，文学精品多，人文内涵丰厚，时代色彩鲜明，容易唤起学生阅读的兴味和灵性。教师如果放弃冗长而沉闷的讲析，少搞机械而单调的训练，精心设计和组织能够调动学生积极性的阅读对话、探究品味活动，辅之以新颖有趣的导语、机智巧妙的点拨、形式多样的练习、生动形象的现代教学媒体、鼓励表扬为主的课堂评价，学生的阅读兴趣肯定会增强。学生阅读兴趣的增强又会激发他们以更高的热情投入新的阅读，品尝到更多的成功喜悦。这样，学生会由"要读书"进而到"好读书""乐读书""读书乐"，形成阅读学习的良性循环。

另一手是积极引导课外阅读，拓展学生阅读的时空。《义务教育语文课程标准》在"总体目标"中规定"九年课外阅读总量应在400万字以上"，在"教学建议"中提出："要重视培养学生广泛的阅读兴趣，扩大阅读面，增加阅读量，提高阅读品位。提倡少做题，多读书，好读书，读好书，读整本的书。"《普通高中语文课程标准》要求学生"具有广泛的阅读兴趣，努力扩大阅读视野。学会正确、自主地选择阅读材料，读好书，读整本的书，丰富自己的精神世界，提高文化品位。课外自读文学名著（5部以上）及其他读物，总量不少于150万字。"12年课外阅读550万字，这是最低指标。学生能不能达到这样的指标，各学段语文教师的引导至关重要。如果引导得法、措施有力，学生完全可以大大超过各学段

① 温儒敏：《谈谈阅读兴趣的养成》，《课外语文》（初中）2004年第7期。

的课外阅读指标。“广泛的阅读兴趣”激发起来还不算难，保持下去却不容易。关键在于，教师不能停留在“大家要注重课外阅读”“要多读好书、读整本的书”这样空泛号召的层面，而应帮助学生制定切实可行的课外阅读计划，参照新课标关于课外读物的建议，结合阅读教学和学生实际推荐优秀读物，说明推荐理由和阅读时要注意的问题，并注意取得家长支持与配合，还可以采取开读书报告会、办读书成果展等措施，为学生课外阅读营造适宜的环境和氛围。

（三）砥砺阅读意志，培养阅读的自控力和持久性

阅读意志是人们在阅读活动中自觉调节行为去克服困难以达到预定目标的一种心理品质，是阅读学习积极性的稳固动力。其直接表现是勤于阅读，坚持不懈。

学生阅读，特别是课外阅读，总会遇到这样那样的困难，如时间紧，功课多，读物厚，内容深，障碍多，环境差，干扰多，参考资料少，等等。这就需要磨砺阅读意志，树立阅读决心、信心和恒心，尽力排除杂念和干扰，充分发挥注意、思维、想象、记忆等智力因素的功能，克服障碍，解决困难，完成阅读计划，达到阅读目的。

培养学生阅读的自控力和持久性，需以优化阅读动机和阅读兴趣作基础。此外，教师可以向学生介绍古今名人勤勉有恒、读书有成的范例，为学生树立可供效仿的榜样。教师还可以有意识地、循序渐进地布置有一定难度的阅读作业，如：限定时间背诵诗文，课前自学课文查解疑难，课上凭借注释语译文言文，课外阅读名著写出读书报告。有布置，还要有督导，有验收，有评价，以此锻炼学生意志品质和阅读能力。

二、关注整个阅读过程

阅读过程是阅读行为发生、持续到结束的时间流程，是阅读者披文得意、缘文对话、进行精神消费和素质生产的过程。为学习而阅读、为欣赏而阅读、为研究而阅读、为创作而阅读、为消遣而阅读，阅读目的以及读物类型不同，阅读过程也不会完全相同。一般而言，完整的阅读过程包括“前阅读”“正阅读”“后阅读”三个阶段。①“前阅读”是阅读的准备阶段；“正阅读”是正式阅读阶段，阅读者一般要经历“感知——理解——鉴赏——评价”的心理过程；“后阅读”是

① 曾祥芹主编：《阅读学新论》，语文出版社，1999 年，第 196-197 页。

阅读后期的存储和活用阶段。

以学习语文为目的的阅读，应是经历上述完整过程的阅读。指导者必须关注学习者整个阅读过程，才能全面培养学生的阅读能力，提高语文学习的效率。

（一）前阅读：选择读物、读法，引发阅读期待

阅读准备阶段，教师主要应做好两项工作。

1. 精心选定读物，恰当设计读法

用作语文学习的读物，大略可分课内精读、课内略读、课外自读三类。课内精读、略读的课文，当然要充分领会教科书编者的意图，优先选用语文课本的篇目。但优先选用不是绝对服从，教师完全可以依据阅读学习目标和本校学生实际，对精读、略读篇目做出撤换和调整。新的初中课本里有篇《犟龟》，如果你不愿意引导学生为犟龟那种有违实事求是科学精神的行为强作辩解，更不希望学生学习犟龟那种盲目自信、固执己见的性格，就不如另选一篇优秀童话替换它。小学课本里撤掉了《狼牙山五壮士》，如果你的学校地处冀中或太行山，就可以把它补充进来。课外自读用书，一般有与课本配套的《读本》，教师应指导学生配合教学进度课外阅读，有的篇目可以拿到课内来指导精读或略读。此外，还应有计划地推荐阅读文学名著、文化经典。

读物选定后，还要设计读法。教材里精读、略读、课外自读三类课文，教师可以变通调整。特别是精读篇目，需根据课文体裁、篇幅、难易等，恰当选择具体的阅读方式。

2. 适量布置预习，引起阅读期待

“阅读期待”是语文新课标中出现的阅读新概念之一。我国阅读学研究者阐释说：“阅读期待指阅读主体的认知结构（生活经验、文化知识、思想水平、审美能力）和阅读需求（阅读动机、阅读目标、阅读疑问、阅读胃口）”；“阅读期待有四重视界：期待‘解文’，解开文本的篇章意义，进入阅读的第一视界；期待‘知人’，追寻作者的写作意图，进入阅读的第二视界；期待‘论世’，挖掘文本的社会意义，进入阅读的第三视界；期待‘察己’，省察文本的自我修养意义，进入阅读的第四视界。”①

课前预习课文，初知课文大意，了解作者及写作背景，发现疑点、难点，有

① 曾祥芹：《汉文阅读学导论》，中央文献出版社，2004 年，第 634 页。

助于学生建立阅读期待。但布置预习应控制分量，不要把课堂研读的某些任务压到课前。不然，会加重学生的课业负担，也会减弱他们课上探究的兴味。

（二）正阅读：引导阅读对话，重视自主、探究

这是阅读学习的主体阶段，对阅读者和指导者双方来说，同样是任务重，要求高。参照语文新课标提出的阅读学习目标和阅读教学新理念、新策略，教师应把指导的功夫重点放在四个方面。

1. 开展有效对话，善于诱导点拨

语文课标吸收当代西方“阅读对话”理论和“对话教学”理论，将其整合为“阅读对话教学”。《义务教育语文课程标准》在“教学建议”中提出：“阅读教学是学生、教师、教科书编者、文本之间对话的过程”；“语文教学应在师生平等对话的过程中进行”。《普通高中语文课程标准》在“教学建议”中进一步指出：“阅读教学是学生、教师、教科书编者、文本之间的多重对话，是思想碰撞和心灵交流的动态过程”；“阅读中的对话和交流，应指向每一个学生的个体阅读。教师既是与学生平等的对话者之一，又是课堂阅读活动的组织者、学生阅读的促进者。”

按照语文课标的建议，教师作为阅读对话教学的组织者、促进者和平等参与者，要开展好多重对话，须重视如下策略。

第一，要让学生亲密接触文本，面对文本倾听倾吐，与文本的作者和作品中的人物直接对话。学生与文本的对话是开展师生对话、生生对话的前提。如果学生还没有认真读书，对课文只是一知半解，还没有切实的感受和思考，就匆忙转入问答、讨论，这样的对话往往是学生被老师牵着走，或者在表面滑行，难以深入下去，徒有对话的形式，难获对话的实效。因此，实施对话教学首先必须保证学生有相对充足的时间接触文本。除了课前预习，课上应尽量多给学生一点读书的时间，许多课文不能只读一遍。除了听教师范读，可以让学生自由读、单独读、轮换读、接续读、齐声读、配乐读，根据需要灵活组合多种方式。除了朗读，还有默读、浏览、跳读，可以根据课文特点，或以一种读法为主，或用多种读法互补。这样才能有效防止用问答、讨论代替学生的个人阅读，防止流于形式，表面滑行，或脱离文本的任意发挥。

第二，师生对话、生生对话，要选好话题。话题的选择，既要针对课文内容上的重点和形式上的特点，紧扣学习目标；又要针对学生的疑难和困惑，有的放矢；核心话题最好有一定开放性，给学生拓展思维、创意表达留有空间。话题的

来源，一是教师备课时在与文本作者、教材编者的碰撞、对话中产生，在吃透“两头”（教材、学生）的基础上精心设计而成。这样的话题具有预设性，需要注意不要照搬教材、教参编者或他人教案设计的问题，不要在课堂上拘执预设的话题，而应依据学情有所变通。二是课堂上由学生质疑，提出问题，教师快速筛选，确定话题。这样的话题是在教学情境中师生互动生成的，往往是师生共同关注的“真问题”，更具研读对话价值。教师应该注意的是：要善于为学生创设问题情境，激发他们的问题意识，鼓励他们大胆提问；还要善于从学生的发言中敏锐捕捉疑难点，快速筛选生成有探究价值的话题，而不能放弃主导作用，被学生“拽”着走。

第三，要真心维护学生言说权利，给学生平等对话的心理安全感。这需要教师具有互动交往的教学理念和民主包容的教学作风，善于创设和谐宽松的对话情境，珍视学生的独特感受和个性化表达，不光重视问题的答案，更重视探究的过程和思考的方法，鼓励学生的求异思维。在这方面，北京特级语文教师宁鸿彬践行“三鼓励”——鼓励质疑、鼓励发表与教材不同的见解、鼓励发表与老师不同的见解，“三允许”——允许学生说错做错、允许学生随时改变观点、允许学生长期保留个人意见，是值得每个语文教师学习的。

第四，教师要善于诱导、点拨、调控，尽量减少无效对话，避免时间浪费。当学生因知识经验缺失而遇到阅读障碍时，教师应及时提供相关的知识信息，为学生铺设跨越障碍的阶梯。如阅读《再别康桥》，学生对徐志摩留学剑桥时的思想经历缺少了解，会导致理解“寻梦”诗句的困难，不管教师怎样启发，学生怎样争论，效果都不会好，这时就需要作为“先知”者的教师介绍徐志摩青年时期的“梦”（理想）。或者暂时“阙疑”，留待学生课下探究查考，如《普通高中语文课程标准》指出的那样：“应引导学生在阅读文学作品时努力做到知人论世，通过查阅有关资料，了解与作品相关的作家经历、时代背景、创作动机以及作品的社会影响等，加深对作家作品的理解。”当学生思考问题的方向出现偏差，或者脱离文本、节外生枝时，教师要敏锐察觉学生的思维走向，善于点拨路径和关节，把偏离文本的思绪引回来。在这方面，安徽特级语文教师蔡澄清的“点拨教学法”、上海特级语文教师钱梦龙因势利导的教学机智，为我们提供了很好的示范。

2. 指导自主阅读，珍视独特体验

《义务教育语文课程标准》在关于阅读的“教学建议”中指出：“阅读是学生

的个性化行为。阅读教学应引导学生钻研文本，在主动积极的思维和情感活动中，加深理解和体验，有所感悟和思考，受到情感熏陶，获得思想启迪，享受审美乐趣。要珍视学生独特的感受、体验和理解。”这条建议包括两个意思，一是鼓励自主阅读，教师少讲析而让学生多阅读、多体验、多思考、多交流；二是鼓励个性化阅读，珍视学生的独特感受和理解。

学生自主阅读，需要教师做什么？重要的是：教师要为学生自主阅读创设良好的环境，提供有利的条件；指引研读的目标和方法，组织合作学习和交流；点拨学生的疑难和困惑，对学生的阅读收获给予积极的评价，扩展学习成果。

鼓励个性化阅读，教师怎么做？要紧的是：教师要充分关注学生阅读态度的主动性、阅读需求的多样性、阅读心理的独特性；尊重学生个人的见解，鼓励发表不同意见；对学生的误读误解给予疏导、点拨和指正，但“不应以教师的分析来代替学生的阅读实践，不应以模式化的解读来代替学生的体验和思考”，不摆权威的架势，不强制学生接受，允许学生保留个人意见。

3. 引导探究、创造，拓展思维空间

语文新课程注意培养学生探究性阅读和创造性阅读的能力。《义务教育语文课程标准》在“教学建议”中指示了达到这一目标的策略：“在理解课文的基础上，提倡多角度、有创意的阅读，利用阅读期待、阅读反思和批判等环节，拓展思维空间，提高阅读质量。”

探究性阅读，比感受性阅读深入一步，需要读者对文本的深层意蕴进行探索研究。指导学生进行探究性阅读，一要提出具有探究价值的问题，明确探究阅读的目标；二要给学生创造适合探究的环境和条件，如结成小组，分工合作，推荐参考资料等等；三要指导学生掌握探究学习的技能，如利用工具书、图书馆和网络搜寻、筛选信息，帮助阅读。

创造性阅读，比感受性、理解性阅读更高一层，需要读者在正确理解的基础上，变换角度，深入思考，发现新意，得出前人或他人未曾有过的见解或结论。文本内涵的多义性和不确定性，给创造性阅读提供了空间和条件。

创造性阅读需要拓展思维空间。现代阅读学把读者与文本、与作者、与世界、与自我的“四大距离”称之为“阅读思维的四维空间”。不同读者的思维空间有大有小。小者自闭一隅，只见其一，不见其二；或囿于文本，不见作者、世界和自我。大者心游万仞，思接千载，联想想象，自由驰骋，往返于“四大距离”之间。

如何拓展学生阅读的思维空间？一要引导学生走进文本，正确理解作品的意义。二要引导学生与作者进行心灵交流，领会作者的写作意图。三要引导学生透过文本，认识作品所反映的自然和社会。四要引导学生拿作品当镜子来省察自身，升华自己的思想情感，实现从“旧我”到“新我”的超越。

创造性阅读需要利用阅读反思和阅读批判。阅读反思是阅读期待与阅读批判的中介和桥梁。阅读批判（或称“阅读批评”）属于评价性阅读。“如果说欣赏性阅读是‘入书’，是敬重作品的‘仰视式’阅读；那么批评性阅读则是‘出书’，是裁判作品的‘俯视式’阅读。”① 阅读批判建立在正确理解和欣赏的基础之上，要对作品内容和形式的是非、美丑、优劣做出自己的判断和评价，它最能体现阅读者的个性和创造性。

指导学生开展阅读批判，首先要鼓励学生不迷信古人、不迷信名家、不迷信教师和教材编者，爱护学生质疑和批评的积极性，不因他们的质疑和批评浅薄稚嫩而予以压制或轻易否定。其次应引导学生在虚心涵泳、切己体察的基础上，从作品中跳出来，尽量站得高些，从多角度加以审视和思考。三要引导学生顾及作品“全篇”、作者“全人”以及作者所处的时代和社会状态，批评有根有据，力求客观公允。这样，才能逐步将学生的阅读批判从浅薄引向深刻，从片面引向全面，从稚嫩引向成熟。

4. 加强语感培养，注重整体把握

《义务教育语文课程标准》在“课程基本理念”中提出：“语文课程应特别关注汉语言文字的特点对识字写字、阅读、写作、口语交际和学生思维发展等方面的影响，在教学中尤其要重视培养良好的语感和整体把握的能力。”

语感是一种对语言文字的敏锐感受力和理解力。撇开语感是不是语文教学的“核心”“牛鼻子”之类的争论，我们应该明确认识到，培养良好的语感是提高学生语文素养的需要，加强语感教学是实施语文课程改革的需要，这有利于语文教学从注重传授系统知识向注重培养言语能力转变，从注重讲解课文思想内容、剖析篇章结构向注重品味语言、整体把握、积累语料转变。

① 曾祥芹：《汉文阅读学导论》，中央文献出版社，2004 年，第 603 页。

尽管“语感作为内潜的心智操作、情感活动，不如听说读写那样有可操作的外显行为，不易把握，且难以客观化”,[①] 语文学习指导者还是迎难而上，探索出了不少便于操作的语感训练模式和方法。例如，湖北特级语文教师洪镇涛主张把语感实践和语感分析结合起来，使语感训练成为有目的有计划的教学活动。他们经过几年实验，总结出了一套常规课堂教学结构：感受语言，触发语感——品味语言，领悟语感——实践语言，习得语感——积累语言，积淀语感。还摸索出了实行语感教学的四种方法：美读感染法——指导学生美读课文，感悟语言的意蕴、情感、韵味；比较揣摩法——对课文的标点、字词、句子或段落，采用加一加、减一减、联一联、调一调、换一换等办法，让学生在比较中体味语言运用的妙处；语境创设法——创设特定的言语情境，让学生以特定身份参与言语活动，从动态语言中获得语感；切己体察法——指导学生结合生活经历和切身体验，体察课文语言的意蕴、情感和韵味，以培养语感。[②] 韩雪屏教授则专门针对阅读教学，提出了以“读”为主线的四环八步语感训练模式：第一环初读，包括捕捉初感、画出感点两步；第二环品读，包括增删移换、品味悟理两步；第三环美读，包括标示符号、诵读传送两步；第四环写读，包括叙写札记、默写仿写两步。[③] 这些模式和方法都值得借鉴。

注重“整体感知”“整体把握”，是对以往阅读教学过于看重分层划段、逐层解剖、繁琐讲析的反拨，这既合乎中国人重经验综合、轻理性分析的思维倾向，也符合汉语言重“意合-人治”、少“形态-法治”的特点。

落实“整体感知”“整体把握”，需要指导学生将阅读学习的重点，从划分段落、概括段意、逐层剖析、形成统一意见，转移到理清思路、概括要点、品味语言、体会思想感情。强调整体感知、把握，并非不要分析。理性分析，在论说文和科技文的解读中不可少，在文学作品的解读中也需要。解读文章的一般步骤大体应是：从通读课文、整体感知入手，经由局部探究、重点分析，然后归结到整体把握。因此，必要的分析不应排斥。应该反对的是跳过初读感知急于进入分析，且分析之后不回到整体把握上来。那种割裂肢解、盲人摸象、见木不见林的分析，更应该抛弃。

---

① 徐云知：《语感和语感教学研究》，高等教育出版社，2004 年，第 221 页。

② 洪镇涛：《构建“学习语言”语文教学新体系》，《课程·教材·教法》1998 年第 3 期。

③ 韩雪屏：《语文教育的心理学原理》，上海教育出版社，2001 年，第 311-314 页。

（三）后阅读：重视存储积累，促进迁移运用

披文得意、理解赏鉴不是阅读的终结，其后还有存储和活用。存储包括内存和外储，内存靠大脑，外储用笔记。活用即将阅读获得的知识、体验灵活运用到学习、生活和工作中去，由阅读吸收向说写表达迁移。阅读学研究者指出："阅读是吸收和表达的统一过程。阅读教学重点局限于吸收、认知，不管表达、笃行，是不够的，片面的。'半程阅读论'的统治，恰是阅读教学效率不高的思想病根。"①

后阅读阶段应指导学生重视存储积累。除了摘录、记忆自己喜欢的优美词语、格言警句、精彩句段，还要把需要背诵的诗文篇目扎扎实实地背诵下来，烂熟于胸，以备随时取用。

后阅读阶段还应指导学生做一些迁移性的表达练习，把阅读所得的知识、技能和情志运用到同类或异类的事物中。练习的方式可以是口头的，也可以是书面的，如复述、口头作文、造句、仿写、改写、扩写、缩写、写读书札记等。至于把活用的范围扩展到学生的写作、交往和生活中，也是语文教师应予关注和引导的。

三、教给学生阅读方法

阅读方法的分类，多侧面、多层级、多序列。曾祥芹主编《阅读技法系统》着眼于阅读的整个过程、阅读的生理机制、阅读教学的效度、阅读的职业应用等四个角度，把108种阅读技法缕列为四条阅读链，分属24种阅读术。这种分类体系视界开阔，序列清晰，对系统研究阅读技法颇有价值。但因划分角度不同，24"术"之间，108"法"之间，难免交叉互见。本章第一节从学生学习语文的实际出发，选介了精读、略读、快读、诵读、译读等阅读方法的指导要点，下面探讨怎样教学生掌握阅读方法。

（一）教师做好示范

如同游泳教练教人学游泳要下水示范一样，阅读"教练"教学生阅读技法，也不能只靠讲解要领，必要时得"下水"演示，学生才能见得亲切，易于效仿。有时候一遍良好的示范，胜过多遍指令和说明。一位老师指导学生诵读《再别康

---

① 曾祥芹：《汉文阅读学导论》，中央文献出版社，2004年，第625页。

桥》，再三要求读好节奏、读出感情，可学生单读、齐读、轮读，虽每一遍教师都有指正，但几遍下来学生还是读得平板单调。于是老师声情并茂地范读了一遍，赢得学生热烈的掌声。学生再读，情感饱满多了，节奏缓急长短、语音轻重高低随诗情而变化，与前大不一样。

（二）训练操作常规

各种阅读方法都有一定的操作规范。教师可以针对阅读学习目标和学生实际，选择或设计科学、实用的阅读程式，并训练学生熟练掌握操作要领，以使学生尽快掌握某种阅读方法。

在这方面，许多语文教师有成功的实践。如钱梦龙老师根据阅读文章的思维流程设计的阅读训练的“格”，包括五步：认读感知——辨体析题——定向问答——深思质疑——复述整理。每一步都有要求明确的操作规格，从初一开始指导学生分阶段逐步掌握，经过三个学期严而有“格”的训练，学生就能进行“全程”阅读，以后操作渐熟，对锻炼独立阅读能力十分有效。[①]

当然，“常式”不是“定式”，训练不可“死板”。魏书生老师训练他的学生用“四遍八步”读书法精读一篇课文，第一遍跳读，整体感知大概内容；第二遍速读，初步理清文章脉络；第三遍细读，深入理解思想内容；第四遍精读，重点欣赏写作特色。每读一遍都有明确的目标，有点像苏东坡的“八面受敌”读书法。但“八步”任务规定得有点“死”，实际操作中应根据课文体裁和内容特点有所变通。魏老师也说：这种读法“是适用于大部分文章的方法，绝不是适用于所有文章的方法”。[②] 就是“四遍”也并非一“程”不变，浅短的文章读两遍可能就完成了任务，深而长些的文章可能要多读一两遍。

（三）随机给予指点

学生掌握一种阅读技法，需要经过反复实践练习。教师除了有计划地给学生提供练习机会，还须在训练中随机给予指点。例如要求学生在限定时间内快速默读课文，勾画生词难句、发现疑难问题，有的学生可能读速太慢，拿笔指着字行默念，有的学生可能只是看，不动笔勾画，有的可能不会用不同的符号，圈画太乱。老师应善于观察，发现不合要求的做法，适时个别指点，对较为普遍的问题

① 钱梦龙：《导读的艺术》，人民教育出版社，1995 年，第 44-50 页。

② 魏书生、张彬福、张鹏举：《魏书生中学语文教学改革实践研究》，山东教育出版社，1997 年，第 35 页。

可以面向全班评点，以督促学生改掉不良习惯，养成良好习惯。

（四）组织经验交流

在指导学生掌握各种阅读技法的过程中，学生会有各自的体验和创造。老师可以引导学生反思运用某种阅读方法的得失，总结经验教训，并选择适当的时机开展交流活动。交流的形式灵活多样，可以是口头的或书面的、小组的或班级的、阅读课上随机穿插的或结合课外阅读专题组织的。老师最好以平等对话的身份参与其中，介绍自己的阅读经验和技巧方法，实现教学相长。

四、培养良好阅读习惯

阅读习惯是在阅读实践中经反复培养而形成的比较稳定的行为倾向。学生应该注重养成的良好阅读习惯主要有：1. 有目的、有计划地阅读的习惯；2. 读思结合、质疑探究的习惯；3. 咬文嚼字、品味语言的习惯；4. 勤于查工具书的习惯；5. 不动笔墨不读书的习惯（圈画批注、记笔记）；6. 熟读背诵精美课文的习惯；7. 课外喜欢读书看报的习惯；8. 讲究阅读卫生的习惯（视距、姿势、采光、洗手等）。

培养学生良好的阅读习惯，可以采取如下策略：

（一）提高认识，引起重视

首先，是教师要提高认识，高度重视。习惯是行为的自动化，不需要特别的意志努力，更不需要别人的监控，在什么情况下就按什么方式去行动。养成良好的学习习惯，对学生的学习和发展至关重要。乌申斯基说："良好的习惯是一个人在自己的神经系统中存放的一注道德资本；这注资本不断地增长着，一个人自己毕生都将从它那里得到利息。"叶圣陶讲得更直截了当："什么是教育？简单一句话，就是要养成良好的习惯。"从这个意义上说，教师的职责就是培养学生的良好习惯，其中当然包括学习习惯，包括阅读习惯。

身教胜于言教。要培养学生良好的阅读习惯，教师应率先垂范，"己欲施而施人，己欲达而达人"。要求学生做到的，教师自己做不到，那指导效果肯定大打折扣，乃至助长了学生的不良习惯。

其次，是提高学生的认识，引起他们的重视。一些学生不注意良好习惯的养成，往往是因为他们认识不到良好习惯对自己学习和发展的意义。教师要设法提高学生对养成良好学习习惯重要性的认识。学生认识提高了，才会产生养成良好学习习惯的欲望，才会自觉自愿地付出努力。

（二）目标明确，抓早抓实

阅读习惯养成，早抓为好，小学阶段显得格外重要。但不能因此把培养良好阅读习惯的任务都压给小学老师。应该按照学生身心发展的规律和习惯培养的轻重缓急，有一个分阶段重点抓的大致顺序。这个大致顺序，在语文课程标准和某些教科书里有所体现，但还不够明确，需要教师宏观着眼，微观抓实。

例如，朗读课文正确、流利、有感情，九年四个学段都这样提，都一揽子抓，就不如各学段各有侧重：第一学段侧重养成发音正确、清晰响亮的习惯；第二学段侧重培养朗读流利、停连自然的习惯；第三学段侧重培养重音突出、语调得当的习惯；第四学段整合训练，侧重语气、节奏，感情真挚饱满。善于朗读的学生可以超前，不善朗读的学生也必须夯实侧重点。这样，既有阶段性，又有连续性，抓一点就落实一点，形成习惯，免得学生上了初中、高中，朗读课文还停留在低声细气、平板乏味的水平。其他如快速默读的习惯、读书动笔的习惯、品味语言的习惯，也最好小学、初中、高中各有明确目标，大致循序渐进，分项逐步落实。

（三）严格要求，加强指导

良好的学习习惯必须经过反复练习和长期实践才能养成。在培养过程中，要不断强化学习情境的刺激，使一定的情境刺激和相应的操作行为在学生大脑皮层形成稳固的神经联系。这样，每当面对某种情境或任务，学生就会自动进行相关的操作。例如培养读书动笔的习惯，先提出明确要求：阅读课文顺手标出自然段序号，边阅读边圈点或摘录生字新词，勾画关键语句和疑难语句，扼要记下疑难问题和独特感悟，然后督导学生按要求操作，并施以反复训练，强化刺激。一两个学期下来，多数学生就会初步形成习惯，然后再加巩固，这种习惯就有望养成。如果老师只是说说，学生爱做不做，或者说了不算，动辄“破例”，或者时紧时松，一曝十寒，那么，培养良好阅读习惯的愿望和计划就会落空。

除了严格要求，还需加强指导。特别是在训练初期，教师要具体指导操作方法，引领学生顺利入门。魏书生老师培养学生学习习惯，采取“首次慢动，逐渐加速，系统计划，控制时空”的指导策略，初次训练慢而求稳，学生上路之后逐渐加快速度，帮助学生制订系统而具体的计划，并为学生创设执行计划的时空环境，学生就能“像冲破重重阻力进入空间轨道的飞行器，基本上可以靠惯性运转了”①。教师的指导还应充分考虑学生的个性差异，因材施教，注重实效。必要时，可以取得学生家长的配合，将良好阅读习惯的培养延伸到家庭学习环境之中。

（四）矫正不良阅读习惯

习惯有好坏之分，好习惯养成了，一辈子受用；坏习惯养成了，一辈子吃它的亏。阅读学习习惯的培养要两手抓，一手抓良好习惯的形成，一手抓不良习惯的矫正。不良习惯的消退，等于良好习惯的增进。

不良的阅读习惯有许多表现，常见的如：读书弯腰驼背、视距过近，翻页用手指抿唾液，指读、唇读、喉读影响默读速度，懒于熟读背诵，厌烦摘录积累，等等。矫正这些不良习惯，也要严格要求，抓早抓实，还要富有耐心，讲求策略。可以针对学生个性特点，有选择地尝试运用下列方法。

1. 疏导法。这是一种柔性策略，不采取强迫手段，而是抓住学生兴奋点和兴趣点顺势引导，使其在不知不觉中接受教育的方法。采用这种方法的关键在于贴近学生，“投其所好”，消除学生的戒备和抗拒心理。这就比一味禁止或说教要好。

2. 惩罚法。这是一种借助外部强制力量的刚性手段。它对矫正不良习惯具有一定作用，但运用时要慎重，须注意惩罚适度、适量、适时，罚之有理，讲究技巧。

3. 激将法。用较强烈的言语行为故意刺激学生，唤起学生的自尊，促其猛醒，从而下决心改掉不良学习习惯。运用此法要选择合适的对象（不能用于羞怯、敏感、脆弱的学生），选择合适的言行和合适的场合。

4. 消极练习法。让学生故意重复那些无意识的不良习惯，使学生清楚地了解不良习惯的行为进程，增强对它的意识程度，降低其自动化水平，从而克服不良习惯。

5. 切断联系法。设法切断不良习惯和先行事件之间的联系，尽量避开先行事件，或有意识地中止开始出现的行为。原来连贯的环节接不上了，不良习惯就会随之逐步消除。

上述培养良好阅读习惯、矫正不良阅读习惯的指导策略，同样适用于写作习惯、口语交际习惯的培养，相关章节不复论述。

---

① 魏书生、张彬福、张鹏举：《魏书生中学语文教学改革实践研究》，山东教育出版社，1997 年，第 122 页。

第三节　阅读学习经验借鉴

总结前人与时贤阅读学习的宝贵经验，选择其中对当今学子富有借鉴价值的部分，用于指导阅读学习的实践，是语文学习指导研究题中应有之义。本节精选古今中外代表性、实用性强的阅读学习经验加以述评。各项经验均拟一标题冠之，以彰其旨；标题或从经验者话中提取，或概括其大意，读者若有引用，慎勿混同。经验出处尽量随文交代，不详加脚注，以节省篇幅。

一、古代阅读学习经验借鉴

○孟子：以意逆志，知人论世

孟子（约前372–前289）认为："说诗者不以文害辞，不以辞害志；以意逆志，是为得之。如以辞而已矣，《云汉》之诗曰：'周余黎民，靡有孑遗。'信斯言也，是周无遗民也。"（《孟子·万章上》）他的意思是说，解读诗的人不能因一个字而妨害对词句的理解，也不能因词句的表层含义而影响对作者内心情志的理解。应当通观上下文，从整体意旨出发去推求作者的情志，才能得到诗的真意。[①] 否则，读《诗经·大雅》里的《云汉》一诗，就体会不出作者为旱灾惨烈而忧患的真意，而容易误解为"周朝剩余的黎民真无遗种"了。

孟子充分注意到诗歌用词简省、跳跃性强的特点，提倡联系上下文，整体把握诗意，这比忽略语境、单抠字词的读法要高明得多，不仅适于读诗，也适用于读文。北宋学者张载讲"观书必总其言而求作者之意"，反对"字字相校""泥文而不求大体"（《经学理窟》），与孟子主张一脉相承。

孟子还提倡阅读诗文要知人论世："颂（诵）其诗，读其书，不知其人，可乎？是以论其世也。"（《孟子·万章下》）读前人诗文，有必要了解其境遇为人及其所处的时代。否则，就不容易准确把握其诗文的真意。经过历史检验，这已成为阅读前人作品的一项重要原则。

① 前人对孟子"以意逆志"一语有不同解释。朱熹解作"当以己意迎取作者之志"，王国维解为"使我所意不失古人之志"，此皆不取。

○诸葛亮：独观大略

《三国志》载，诸葛亮（181-234）隐居南阳时，常与好友徐庶、石广元、孟公威一起读书论学，但读书的方法却不相同。三位友人皆“务于精熟”，在精读细研、烂熟于心上很下工夫；而诸葛亮却“独观大略”，读书不纠缠于细枝末节，重在整体把握精神实质。

两种读书方法各有千秋，但诸葛的读法似乎更高明些。“务于精熟”一般人读书都比较看重，肯下工夫就能做到；而“观其大略”则要高屋建瓴，善于分析概括，得其精髓，见其实质。这种读书方法，对于诸葛亮通晓并吸纳儒、墨、道、法各家的思想精华，熟知并活用孙子、吴起等兵书战策，是大有裨益的。清代学者李光地曾评论说：“孔明当时独观大意，今人解作草略便不是——大意者，即精英根源也”；“读书要搜根，搜得根便不会忘。”（《榕村集》）梁绍壬也曾指出不要曲解陶渊明和诸葛孔明的读书法：“渊明读书不求甚解，是涵养性情事；孔明读书观大义，是讲求经济事。冥心躁气者不得借口。”（《两般秋雨庵随笔》）

○陶渊明：好读书，不求甚解

东晋诗人陶渊明（约365-427）在《五柳先生传》中假托五柳先生以自述：“好读书，不求甚解，每有会意，便欣然忘食。”后世对陶渊明的“好读书，不求甚解”，有人推崇，有人批评。其实，陶渊明这句话的真意，并非主张读书浮光掠影，浅尝辄止，而是说自己喜好读书，但不愿在死抠字眼上花费工夫，只求领会书中要旨。所以一旦领会了文章要旨、作者真意，他竟高兴得忘掉吃饭。这一点，元代学者李治曾指出过：“盖不求甚解者，谓得意忘言，不若老腐儒为章句细碎耳。”

陶渊明生活的时代，经史典籍多有汉代经学家作的注，有些注释“浮辞繁长，多过其实”（《后汉书·桓郁传》），“若秦延君之注‘尧典’，十余万字；朱普之解《尚书》，三十万言。”（刘勰《文心雕龙·论说》）如果处处细抠字眼，追求“甚解”，那不仅会耗费大量时间和精力，而且对理解原著真意不一定有多少帮助，甚至非但无益，反而有害。汉儒有“至白首犹不能通一经者”，即为明证。在那样的学术风气下，陶渊明能独持己见，“不求甚解”，是明智的做法。今天我们读书是否“不求甚解”，当因读物不同、目的不同、环境不同而异。

○韩愈：提要钩玄，细大不捐

唐代古文运动的首倡者韩愈（768-824）在《进学解》里借弟子之口述说自己读书：“口不绝吟于六艺之文，手不停披于百家之编。记事者必提其要，纂言者必钩其玄。贪多务得，细大不捐。焚膏油以继晷，恒兀兀以穷年。”这本是讲他读书之勤苦用功的，但中间两句也披露了他的读书方法：读记事类的书一定得理清头绪，抓住它的要领，读论说类的书一定要由表及里，探寻它的深远意旨；力求多思多得，大处、细处都不放过。

韩愈读书是怎样“提要钩玄”“细大不捐”的？从他读《冠子》一书所做的札记可见一斑：

《冠子》十有九篇，其词杂黄老刑名。其《博选篇》，“四稽”“五至”之说当矣。使其人遇时，授其道而施于国家，功德岂少哉！称“贱生于无所用，中流失舟，一壶千金”者，余三读其词而悲之。文字脱谬，为之正三十有五字，乙者三，更者二十有二，注十有二字云。

这段笔记，先总括《冠子》一书的内容既有道家思想又有法家观念。接着提出《博选篇》加以评论。然后引书中一句话（物被贱视是由于没人利用它，假如有人在激流中翻船落水，一个葫芦这时候会变得价值千金），谈自己的感想。最后指出书中文字错漏不少，为它订正了35字之多。从这段话中，可以窥见韩愈读书既能大处着眼，“提要钩玄”，又能含英咀华，“细大不捐”，连书中错字也不放过。

○欧阳修：计字日诵

北宋文学家欧阳修（1007－1072）能诗善文，德高学博，出类拔萃，其根底在于胸藏万卷书。年少时，他挑选10部需要精读成诵的书：《论语》《孟子》《周易》《尚书》《诗经》《孝经》《礼记》《周礼》《春秋》《左传》，统计这10部书约有455 800字，然后制订计划，每天至少熟读成诵300字，一年能背10多万字，用4年时间背熟10部书。他坚持计字日诵，每天起码完成定额，寒暑不懈，4年下来，10部经典全装到了肚子里。

这种方法看起来耗时久，见效慢，实际上稳扎稳打，切实有效。今天的中小学生难有充裕的时间用于熟读背诵整本的书，但古今诗文中的名篇佳作还是应当挑选一些熟读成诵的。如能借鉴此法，从小学到初中哪怕平均每周背一诗、两周背一文，九年下来至少有三五百首好诗、一两百篇名文烂熟于胸，“腹有诗书气自华”，一生受用无穷。

○苏轼：八面受敌

北宋文豪苏轼（1037－1101）善读书，晚辈向他请教读书方法，他回信说：“卑意欲少年为学者，每一书皆作数过尽之。书富如入海，百货皆有，人之精力不能兼收尽取，但得其所欲求者尔，故愿学者每次作一意求之。如欲求古今兴亡治乱，圣贤作用，但作此意求之，勿生余念。又别作一次求事迹故实，典章文物之类亦如之。他皆仿此。此虽迂钝，而他日学成，八面受敌，与涉猎者不可同日而语也。”（《又答王庠书》）

“八面受敌”本是兵家术语，意谓遭遇敌人从四面八方来的攻击时，不可分兵抵御，而应集中兵力选点出击，然后各个击破。苏轼用“八面受敌”作比喻，说明要精读一本书，最好分多遍来读，一次选一个角度或一个专题，读通后再换另一个角度或专题。这种读书法特别适用于阅读内容广博、涵蕴精深的经典著作。每次集中精力只关注某一方面的问题，然后变换角度反复研读，最终自然读得全面而透彻，所获教益与泛泛而读肯定大不相同。苏轼曾用这种方法抄读《汉书》，每抄读一遍都带有明确的目的，头遍主要研读治世之道，二遍主要学习用兵之法，三遍主要研究人物和官制。“每一过专求一事，不待数过，而事事精窍矣。”清代学者李光地曾用此法研读《左传》，他将《左传》分类编纂，“言礼者一处，言乐者一处，言兵者一处，言卜筮者一处，嘉言美行一处，如此容易记。”（《榕村集》）“八面受敌”，今天依然是实用高效的精读方法。

○陈善：读书须知出入法

两宋之际的学者陈善（生卒年不详），在他所著的《扪虱新话》中，对知入知出这种读书方法有精辟的解说：“读书须知出入法。始当求所以入，终当求所以出。见得亲切，此是入书法；用得透脱，此是出书法。盖不能入得书，则不知古人用心处；不能出得书，则又死于言下。唯知出知入，得尽读书之法也。”

按照陈善的意思，读书要既能入又能出，先要钻得进去，后要跳得出来。钻得进去，就是要虚心涵泳，洞幽察微。跳得出来，就是要用自己的眼光加以审视，明辨是非，不盲信盲从，还要联系实际灵活运用，解决现实问题。能入能出，读而能化，知而能行，这才是把书读活了，当代学者邓拓赞之为读书“绝法”。

○朱熹：熟读精思，涵泳体察

南宋教育家朱熹（1130-1200）的门人将他言传身教的阅读经验概括成“朱子读书法六条”：居敬持志、循序渐进、熟读精思、虚心涵泳、切己体察、着紧用力。

熟读精思是朱熹最为强调的。他说：“泛观博取，不若熟读而精思。”（《朱子语类》卷十）对于熟读，朱熹的要求很具体：“凡读书，须整顿几案，令洁净端正，将书册整齐顿放。正身体，对书册，详缓看字，仔细分明读之。须要读得字字响亮，不可误一字，不可少一字，不可倒一字，不可牵强暗记。只是要多诵遍数，自然上口，久远不忘。古人云：读书千遍，其义自见。谓读得熟，则不待解说，自晓其义也。”（《训学斋规》）为纠正学童读书动口不动心的毛病，他强调读书不只是眼和口的事，更须用心才行：“读书有三到：谓心到，眼到，口到。心不在此，则眼不看仔细。心眼既不专一，却只漫浪诵读，决不能记，记亦不能久也。三到之中，心到最急。心既到矣，眼口岂不到乎？”（《训学斋规》）

关于精思，朱熹提出多项要求——一是平心静气，细心品味：“今且要读书，须先定其心，使之如止水，如明镜。暗镜如何照物？”（《朱子语类》卷十一）“读书须是仔细，逐句逐字要见着落。”“譬如饮食，从容咀嚼，其味必长，大嚼大咽，终不知味也。”（《朱子语类》卷十）二是善于发现和解决疑点：“读书无疑者，须教有疑。有疑者，却要无疑，到这里方是长进。”（《朱子语类》卷十一）三是独立思考，不迷信权威：“观书但当虚心平气，以徐观义理之所在。如其可取，虽世俗庸人之言，有所不废。如有可疑，虽或传以为圣贤之言，亦须更加审择，自然意味和平，道理明白，脚踏实地，动有依据，无笼罩自欺之患矣。”（《学规类编》）四是统观文势语脉，不拘泥个别字词：“读书，须看他文势语脉。”（《朱子语类》卷十）“凡读书，须看上下文意是如何，不可泥著一字。”（《朱子语类》卷十一）①

虚心涵泳，切己体察，也是朱熹极力提倡的。他说：“学者读书，须是敛身正坐，缓视微吟，虚心涵泳，切己省察。”（《朱子语类》卷十一）“涵泳”，本指沉浸水中而泳动，朱熹用它来比喻读书不可浮在表面，必须潜沉下去探寻思考。

如何虚心涵泳？综合朱熹意见，可归为四点：一要尊重原著，莫先立己意。他指出：“今人观书，先自立了意后方观，尽率古人语言入做自家意思中来。如此，只是推广得自家意思，如何见得古人意思？”因此他要求：“凡看书须虚心看，不要先立说。”（《朱子语类》卷十一）二要客观公正，不偏执一端。“读书若有所见，未必便是，不可便执着。且放在一边，益更读书，以来新见。若执着一见，则此心便被遮蔽了。”（《朱子语类》卷十一）三是遇到疑难，要虚心搜讨，反复详玩。他针对有些学者“卒然穿凿，便为定论；或即信所传闻，不复稽考”，尖锐指出：“所以日诵圣贤之书，而不识圣贤之意，其所诵说，只是据自家见识，

① 本节所引朱熹语录，凡重见于《朱子语类》（宋·黎靖德编）和《学规类编》（清·张伯行编）的，皆照《朱子语类》（中华书局1983年版）引录。

杜撰成耳，如此岂复有长进?”（《学规类编》）四要注意字缝之处，领会言外之意：“读书须是看着他那缝罅处，方寻得道理透彻。若不见得缝罅，无由入得。看见缝罅时，脉络自开。”（《朱子语类》卷十）

如何切己体察？朱熹提出读书思考应该与自身的思想实际和生活经验结合起来。他说：“读书穷理，当体之于身。”“读书须要切己体验，不可只作文字看”；“学者当以圣贤之言反求诸身，一一体察。”针对秦汉以后只重向书册上求、不就自身理会的积弊，他强调：“读书不可只专就纸上求义理，须反来就自家身上推究。”（《朱子语类》卷十一）同时也要注意不可为自身体验所局限：“观书以己体验，固为亲切，然亦须遍观众理而合其归趣乃佳。若只据己见，却恐于事理有所不周，欲径急而反疏缓也。”（《学规类编》）

朱熹善于读书治学，善于阅读指导，经验丰富老到，十分值得语文学习指导者批判继承、研究借鉴。

○陆九渊：读书不必太滞

与朱熹同时的教育家陆九渊（1139-1193），在读书治学上的主张和做法与朱熹有同有异，明显的不同之一就是陆九渊不像朱熹那样提倡“逐字训释，逐句消评，逐段反复”，反对读书一味考证注释，疲精神，劳思虑，而主张读书应当平淡看去，重在领会书中的精神意旨，未晓之处不妨放过。他教导门徒说：“读书不必穷索”；“如今读书且平平读，未晓处且放过，不必太滞。”他在《与刘深父书》中说：“学固不可以不思，然思之为道，贵切近而优游。切近则不失己，优游则不滞物。”“开卷读书时……纵有滞碍，此心未充未明，犹有所滞而然耳，姑舍之以俟他日可也，不必苦思之。苦思则方寸自乱，自蹶其本，失己滞物，终不明白。”（《陆九渊集·卷三》）他还给学生推荐一首读书诗：“读书切戒在慌忙，涵泳功夫兴味长。未晓莫妨权放过，切身须要急思量。自家主宰常精健，逐外精神徒损伤。寄语同游二三子，莫将言语坏天常。”（《陆九渊集·卷三十四》）

阅读总有一个逐渐深入的过程，特别是蕴涵深厚的诗文，初学者不可能一下子全部理解。他主张先于易晓处“沉涵熟复”，难晓处留待他日，随背景知识加多自可“涣然冰释”。在《与朱济道书》中，他说：“某尝令后生读书时，且精读文义分明、事节易晓者，优游讽咏，使之浃洽，与日用相协，非但空言虚说，则向来疑惑处，自当涣然冰释矣。纵有未解，固当候之，不可强探力索，久当自通。”（《陆九渊集·卷十一》）前人管这种读书方法叫“优游读书法”。这种读法讲求平心静气，不僵不滞，循序渐进，水到渠成，合乎阅读理解规律，也利于保持阅读兴味，减轻身心疲惫。

○张溥：多遍抄读，七录七焚

明代文学家张溥（1602-1641），幼时读书勤奋，为了加强记忆，他采取多遍抄读的方法：每读一书，先抄一遍，抄完后高声诵读，诵读后就烧掉。然后再抄、再读、再焚，如此反复六七次。右手握笔管处，指掌都磨成了老茧。冬天手上冻了裂口，每天用热水烫洗几次，照样抄读不误。因此他将自己的书斋命名为“七录斋”，留下了勤读不厌的佳话。

古人抄书而读，情由不同。有的因贫寒，家中无书，也买不起书，只好借书抄读，如汉代王充、元末宋濂。有的是为摘抄精要，如晋代葛洪“抄缀众书，撮其精要，用功少而所收多，思不烦而所见博”。有的是为便于携带，易于查阅，如南齐高帝之子萧钧用蝇头小字细抄五经各为一卷，置巾箱中随时检阅。有的还为练字，如梁朝袁峻每日抄五十张纸而读之。张溥多遍反复抄读，是为了把眼看、手抄、口诵、心记多种感官功能结合起来，强化记忆。今天如果再提倡整本抄读，可能会被讥为迂腐。但此法仍有其特殊价值。需要熟读背诵的诗文，如能熟读结合抄写，无需七录七焚，只抄三两遍，哪怕是一遍，肯定比不抄要背得更快，记得更牢。

○陆世仪：诵读、讲贯、涉猎，三节读书

清初教育家陆世仪（1611-1672）有感于书籍之多汗牛充栋，苟欲博学难于古人，提出“三节读书”之法：“将所读之书，分为三节，自五岁至十五为一节，十年诵读；自十五岁至二十五为一节，十年讲贯；自二十五岁至三十五为一节，十年涉猎。”（《思辨录》卷四）并按书的类型和内容分别轻重缓急，将各节当读之书开列出一份书单。

他为什么提出十五岁之前要侧重诵读？因为他认识到：“凡人有记性，有悟性。自十五以前，物欲未染，知识未开，则多记性，少悟性；自十五以后，知识既开。物欲渐染，则多悟性，少记性。故人凡有所当读书，皆当自十五以前，使之熟读，不但四书五经，即如天文地理、史学算学之类，皆有歌诀，皆须熟读。若年稍长，不唯不肯诵读，且不能诵读矣。”（《思辨录》卷一）在对儿童心理尚无实验研究的17世纪中叶，陆世仪就认识到十五岁之前之后识记能力与理解能力的消长变化规律，并强调充分利用五岁到十五岁（大致相当今天的学前到初三）这段记诵的黄金时期，把需要终生反刍的义理类典籍熟读成诵，称得上远见卓识。上世纪中叶以来，中小学生忽视熟读背诵，导致语文素养乃至文化素养下降，这一教训从反面证明了陆世仪主张的正确性。

○唐彪：分类读书，圈点标注

清代教育家唐彪（生卒年不详）认为，书“有五等分别”：“有当读之书，有当熟读之书，有当看之书，有当再三细看之书，有必当备以资查考之书。”读者应根据书的正闲、精粗、高下和自己是否急需加以区分。“学者苟不分别当读者何书，当熟读者何书，当看者何书，当熟看者何书，则工夫、缓急、先后俱误矣。至于当备考究之书，苟不备之，则无以查考，学问知识何从而长哉！”（《读书作文谱》卷一）他又根据前贤经验和应试需要，提出读书须博约兼顾，并把博览与约读（即精读）的做法归纳为先博后约、博约并举、阅者宜博而读者当约等不同类型，供学习者依自身情况选用。

唐彪还在吸取前人读书圈点经验的基础上加以发展，设计了一套在当时看来较为完备的标记符号。这套标记符号，除了标明句读的“圈”和“点”，还有：在“奇思妙论”的文字旁边加密圈，以显其“美境”；在年号、国号、地名、官名的一侧画竖线，以使披阅者“一目了然”；在“大界限、大段落”“大小节次”中间画断线，以显示“章法与命意之妙”；在揭示“根因”（即写作缘由）和“归重”（即书文主旨）的地方也分别加上标记，以使“阅书阅文有定见，而书文亦易明悉”。（《读书作文谱》卷二）他的主张和他设计的标记符号显示了建立汉文标点符号的进步观念，也体现了善于继承发展的创造精神。

○郑燮：读书求精求当

被誉为画、诗、书“三绝”的清代画家郑燮（号板桥，1693－1765）在读书方面也颇有经验。他认为读书必须求精、求当。他说：“读书求精不求多，非不多也，唯精乃能运矣，徒多徒烂耳。”又说：“当则粗皆精，不当则精皆粗。”（《板桥集外诗文·板桥自叙》）

选择读物求精当，要精选适合自己需要的好书，不能逮住什么读什么。好书如果是大部头，也不一定篇篇都精读。若不加选择，贪多而不求精，会“胸中撑塞如麻”，“徒多徒烂”，耗费精力多而价值不大。他认为：“五经、廿一史……句句都读，便是呆子；汉魏六朝、三唐两宋诗人，家家都学，便是蠢才。”（《随猎诗草·花间堂诗草跋》）“一部《史记》，篇篇都读，字字都记，岂非没分晓的钝汉！”（《潍县署中寄舍弟墨第一书》）

精选的读物，则要反复品读。郑板桥在外做官，把儿子托付给堂弟管教，他写信嘱托堂弟教子侄读书不可“以过目成诵为能”。他推崇孔子读《易》韦编三绝，“不知翻阅过几千百遍来，微言精义，愈探愈出，愈研愈入，愈往而不知所穷”。他为虞世南等辈“书不再读，迄无佳文”而惋惜。他赞赏苏东坡在翰林时夜读《阿房宫赋》，反复诵读到四鼓，“洒然不倦”。（《潍县署中寄舍弟墨第一书》）他自己读书十分用心，有时简直到了入迷的程度：“舟中、马上、被底，或当食忘匙筯，或对客不听其语，并自忘其语，皆记书默诵也。”光熟读记诵还不够，他提倡独立思考，有所取舍。他有一首读书诗：“读书数万卷，胸中无适主，便如暴富儿，颇为用钱苦。”

○姚鼐：学古文看不如读

清代散文大家姚鼐（1731-1815）认为：“大抵学古文者，必须放声疾读，又缓读，只久之自悟。若但能默看，即身作外行也。”急读与缓读各有各的好处：“疾读以求其体势，缓读以求其神味，得彼之长，悟己之短，自有进也。”（《惜抱轩集·与陈硕士书》）与他的老师刘大櫆一样，他也提倡用吟唱的方法来读古文：“取古人之文，抗声引唱，不待说而文之深意毕出。”（《惜抱轩集·左笔泉先生时文序》）

○黄本骥：两书对照探其妙

今人所谓比较阅读，其实古人早有运用。清代学者黄本骥就曾提出：“凡读古书，皆须两本对看。如《史记》采《国语》《左传》《国策》，《汉书》采《史记》，其增减易置，要非漫然下笔。即此可以增长见识。”他举例说：《史记》中的《项羽本纪》是司马迁最得意的文字，班固写《汉书》时删去了2683字。两书对照，“史记多字处有多字之妙，汉书少字处有少字之妙。多者逸，少者遒。”（《读文笔得》）

○陈彝：敬惜字纸，爱惜书籍

清代学者陈彝十分强调儿童读书须敬惜字纸，爱惜书籍。其《重订训学良规》要求：“所读之书，尤宜爱惜，务使安放整齐，不许乱堆乱掷及皱折污损。一有破损，即为补好。”“馆中宜设净水一盆，大小便后，务令盥手，方许执书。幼童无知，每以手扪足及下体者，宜痛责之。出恭看书，尤当切戒。”今天人们不再把“字纸”看得那般神圣，可爱护图书、讲求读书卫生的习惯还应当从小培养。

二、近现代阅读学习经验借鉴

○梁启超：区分精读涉览，重视抄录浮凸

近代学者梁启超（1873-1929）主张书不必全都精读，应区分为精读和浏览。

他说：“每日所读之书，最好分两类，一类是精读的，一类是涉览的。因为我们一面要养成读书心细的习惯，一面要养成读书眼快的习惯。心不细则毫无所得，等于白读；眼不快则时候不够用，不能博搜资料。诸经、诸子、四史、《通鉴》等书，宜入精读之部，每日指定某时刻读他，读时一字不放过……另外指出一时刻，随意涉览，觉得有趣，注意细看；觉得无趣，便翻次页。”（《国学入门书要目及其读法》）

无论精读还是涉览，都要注意抄录和搜集资料。在他看来，抄录“是促醒注意及继续保持注意的最好方法”；“当读一书时，忽然感觉这一段资料可注意，把他抄下，这件资料，自然有一微微的印象印入脑中，和滑眼看过不同。经过这一番后，过些时碰着第二个资料和这有关系的，又把他抄下，那注意便加浓一度。经过几次之后，每翻一书，遇有这项资料，便活跳在纸上，不必劳神费力去找了，这是我多年经验得来的实况，诸君试拿一年工夫去试试。”（《治国学杂话》）

对于精读的书，梁启超认为不能主次不分，平均用力。他指导学生说：真正会读书的人，得把一些字句读得“浮凸”出来。读书能快速区分出重要、次要和不重要的字句段落，略其所当略，详其所当详，使关键字句从纸面上凸现出来，这种善于读书的本领需反复锻炼。梁启超说：“如何才能使书中字浮凸起来？唯一的办法，就是训练注意。”“读一本书，专取一个注意点；读第二遍，另换一个注意点。这是最粗的方法，其实亦是最好的方法。”（《中国历史研究法补编》）

○徐特立：读书定量有恒

教育家徐特立（1877-1968）的渊博学识多是在边教书边自学的过程中积累的。他说：“我读书的方法总是以‘定量’‘有恒’为主。不切实际的贪多，既不能理解又不能记忆。要理解，必须记忆基本的东西，必须‘经常’‘量力’才成。”他在教书之余，利用晚上八九点钟以后的时间读书，把重要的内容抄录下来，再利用零碎时间熟读，用这种方法他读熟了一本又一本书。他自学许慎《说文解字》，每晚只研读两个部首，睡前用右手指在左掌上反复默写，加深记忆，不到一年就记熟了《说文解字》的540个部首。他43岁时去法国留学，也用这种方法学法语生词，掌握了法语。

○鲁迅：下线，拔萃，重读

现代文学巨匠鲁迅（1881-1936）在《读书的方法》一文中谈了不少他认为好的或自己用来有效的读书方法，这里推荐三条。

添线加批。他说："这下线法，是一般读书人所常用的，如果在余白上，再来试加记注，则读书的功效，似乎更伟大。""倘将批评写在余白上，当读书的时候，批评精神便常常醒着，所得似乎可以更多"；"几个月后，再取那书，但将加上红蓝的线的处所，再来阅读，仿佛也觉得是省时间，见功效的方法。"

摘录拔萃。鲁迅说："一面读，一面摘录，作成拔萃簿。这是古来的学者所广用的方法，有了大著述之类的人，似乎大概是作过拔萃的。"他同时指出：拔萃也有弊端，会减少读书的兴味，影响读书的速度。通观鲁迅的意见，若是自己的书还以添线加批为好，利于日后再读；若是别人的或图书馆的书，"便不得不并用拔萃法了"，因为"在借来的书上，或图书馆的书上，加上红线去，是不道义的"。

重复阅读。鲁迅认为："比拔萃法更有效的读书法，是再读。就是将已经加了下线的书籍，来重读一回。""尤其是含蓄深奥的书籍，愈是反复地看，主旨也愈加见得分明。"

○夏丏尊：书分三种，读法不同

语文教育家夏丏尊（1886－1946）把中学生应读的书分成三种：教科书，参考书，关于趣味和修养的书；并详说了三种书的不同读法。

教科书的读法，因学科性质而有不同。一类是有严密的系统的，如算学、理化、地理、历史、植物、动物等科的书；一类是没有严密的系统的，如国文读本、英文读本。"一般科学的教科书应该偏重于阅，语言文字的教科书应该偏重在读"；"一般科学的教科书应懂它的内容，不必从文字上去瞎费力，只要好好地阅就行，像国文、英文两门是语言文字的功课，应在形式上多用力，只阅不够，该好好地读。"

参考书是为用功的学生预备的。读参考书，心中要先有想查究的题目，根据探究的目标去查阅相关的参考书。与自己想查考的题目没有直接关系的资料，不该去多分心。

至于趣味和修养的书，跟学校功课关系不大，不妨全按自己的嗜好和需要自由选择。在一段时期内，种数不必多，选择却要精。正课以外有闲暇就读，读了一个学期还有兴趣，下学期接着读，读到厌倦了就换其他种类。

这些意见见于他在《中学生》杂志（1936 年 1 月）发表的《阅读什么》和《怎样阅读》，是专门针对中学生的。今天更提倡自主、探究阅读，这些指导意见仍很宝贵，对大学生也适用。

○**胡适：一精二博，读书四到**

现代学者胡适（1891－1962）在《读书》一文中提出读书有两个要素：第一要精，第二要博。

读书如何做到精？胡适说："我以为读书三到是不够的；须有四到，是：眼到，口到，心到，手到。"眼到是要逐字认得，不可随便放过。口到是一句一句念出来。"念书的功用能使我们格外明了每一句的构造，句中各部分的关系。往往一遍念不通，要念两遍以上，方能明白的。"心到是用心考究每章每句每字的意义是怎样的，为什么是这样。不要怕疑难，只怕没有疑难。手到就是动手标点分段，翻字典，查参考书，作读书札记。他强调："手到是心到的法门"，"自己必须做一番手脚，或做提要，或做说明，或做讨论，自己重新组织、申述、用自己的语言记述过——那种知识思想方才可算是你自己的了。"

博，就是提倡多读书。"读一书而已则不足以知一书。多读书，然后可以专读一书。"他把专攻一技一艺、除此一无所知的人，比作一根旗杆、一根孤拐，孤单可怜；又把虽博览而一无专长的人，比作一张很大的薄纸，禁不起风吹雨打。理想中的学者应"既能精深，又能博大"；"精深的方面，是他的专门学问。博大的方面，是他的旁搜博览。博大要几乎无所不知，精深要几乎唯他独尊，无人能及。他用他的专门学问作中心，次及于直接相关的各种学问，次及于间接相关的各种学问，次及于不很相关的各种学问，以次及毫不相关的各种泛览。"他把这番意思编成两句口号："为学要如金字塔，要能广大要能高。"

今天，学科门类繁杂，知识量激增，真能达到这种理想境界的人恐怕很少。但这样的读书目标对有志成才、成大才的青少年是极具启发意义的；不管最终能否到达，朝这目标去奋斗的过程会使人生价值大增。

○**冯友兰：精选、解言、知意、明理**

哲学家冯友兰（1895－1990）在《我的读书经验》一文中把自己80年读书经验归结为：精其选，解其言，知其意，明其理。

精其选。他认为可以把书分为三类，第一类是要精读的，第二类是可以泛读的，第三类是仅供翻阅的。精读的，要认认真真、扎扎实实地读。泛读的，可以粗枝大叶地读，只要知道大概说的是什么就行。翻阅的，就像看报纸那样，看看标题，有兴趣的地方就大略看看，没兴趣的地方就随手翻过。书虽多，但真正值得精读的并不多。哪些书值得精读，最公正的评选家是时间。"经典著作"是经过时间考验流传下来的，值得精读。

解其言。对精读的书，先要解其言，就是要攻破语言文字关，懂得它的文字。古文、外文难解一些，更需用心解读。

知其意。意离不开语言文字，但有些意是语言文字不能完全表达出来的，正所谓“书不尽言，言不尽意”。读书要注意字里行间，要在文字以外体会其精神实质，得其“弦外音，味外味”。“语言文字是帮助了解书的意思的拐棍。既然知道了那个意思以后，最好扔了拐棍。这就是古人所说的‘得意忘言’。”

明其理。理是客观的道理，意是著书人主观的认识和判断。理和意既然有客观主观之分，就不能完全相合。所以读书仅得其意还不行，还要明其理，才不至于为前人的意所误。明其理，就有了自己的意。把自己的意与前人的意互相比较、补充、纠正，就可能有比较正确的意，就可以用它处理事务，解决问题。这就是“六经注我”。读书到这个程度就算是把书读活了。

这些读书经验不只是个人经验，还有深刻的理性思辨，构成系统的“一家之言”，于读书治学有普遍的指导价值。

○茅盾：鸟瞰、精读、消化三遍读书

现代文学巨匠茅盾（1896-1981）主张：“读名著起码要读三遍，第一遍最好很快地把它读完，这好像在飞机上鸟瞰桂林城全景；第二遍要慢慢地读，细细地咀嚼，注意到各章各段的结构；第三遍就要细细地一段一段地读，领会，运用，这时要注意到它的炼字炼句。”

鸟瞰——精读——消化，这种三遍读书法，既适用于阅读文学名著，也适用于精读其他文章。对学生来说，既适用于语文课堂的阅读，也适用于课外的重点阅读。

○老舍：作品、评论、传记结合阅读

现代小说家、剧作家老舍（1899-1966）从自己的读书经历中感悟出一种读书方法：不宜孤立地读作品，最好把作品与有关作品的评论以及作者的传记三者结合起来读。他在《谈读书》文中说：“读了一本文艺作品，或同一作家的几本作品，最好找些有关于这些作品的研究、评论等著述来读。也应该读一读这个作家的传记。”这样做的好处是“会使我们把文艺作品和文艺理论结合起来，把作品与作家结合起来，引起研究的兴趣”；“会使我们对那些作品与那个作家得到更深刻的了解，吸取更多的营养”。

老舍说自己年轻时极喜欢读英国小说家狄更斯的作品，初学写作也有些仿效他，学来些耍字眼、故意逗笑等等窍门就自鸣得意。后来读了些《狄更斯研究》

之类的著作，才知道自己模拟的正是那个大作家的短处，认识到假若狄更斯能够控制自己，减少些绕弯子逗笑，他会更伟大。鉴于自己的经验教训，老舍建议读了一位作家的两三本代表作，再去读一两本他的传记，又去读几篇有关他作品的评论。看了作家的传记，会加深对作者作品的理解；看了别人的意见，会重新审视自己的看法，去掉狭隘片面的认识，拓展思路，取精去粕地吸收营养。

○巴金：背书多益处，默想可读书

著名作家巴金（1904-2005）以切身体验证明，年少时多背些书，成年后会受益无穷。他小时候读私塾，在先生严厉督促之下，熟读成诵了几本古书。40 多年后，他在《谈我的散文》一文里回忆说：当时背诵得较熟的几部书中有一部《古文观止》，“读多了，读熟了，常常可以顺口背出来，也就能慢慢体会到它们的好处，也就能慢慢地摸到文章的调子”。这对他后来的写作生涯多有益处，他称这两百多篇古文“是我真正的启蒙老师”，因为“有两百多篇文章储蓄在我的脑子里面了，虽然我对其中的任何一篇都没有好好地研究过，但是这么多的具体的东西至少可以使我明白所谓‘文章’并非神秘不可思议，它也是有条有理，顺着我们的思路连下来的”。因此，他从内心感谢当年强迫他硬背《古文观止》的私塾老师。由此联系许多过来人的经验，可以肯定，我们趁学生年少“逼”他们多背一些诗文名篇，他们可能暂时有些抱怨，可长大后会感念老师的。

在没有书、环境也不允许读书的情况下，巴金也能读书，这是他创造的一种默想“读”书法。他在《读书》杂志上撰文说：“我第二次住院治疗，每天午睡不到一小时就下床坐在小沙发上……一动也不动，但并没有打瞌睡。我的脑子不肯休息，它在回忆我过去读过的一些书，一些作品，好像它想在我的记忆力完全衰退之前，保留一点美好的东西。”他在病中没有精力阅读新的作品，医生护士也限制他看书，离不开书的巴金就用这种独特的方法来“读”书。这种默想回忆的方法，“文革”期间给他帮过大忙。那时他的书房“被贴了封条，加了锁，封闭了十年”，静下心来时，他就常常回想或默诵过去读过的书。回味过去读过的东西，既不受环境与条件的限制，还能像牛儿反刍一般进一步消化和吸收营养，得到新的感悟和启迪。在病痛或困境中，尤其能够从昂扬向上的诗文中获得情感慰藉和精神鼓励。

○钱钟书：博览群书，善用笔记

钱钟书（1910-1998）一生“钟情于书”。儿时受伯父启蒙，入小学前已囫囵吞枣读完了家藏《西游记》《三国演义》《水浒传》等小说名著，还在街头书摊上读家中不屑收藏的《说唐》《七侠五义》等侠义小说，回家讲给弟弟听。上小学时，开始读林纾翻译的外国文学作品。上中学时大量阅读现代小说杂志，还迷上英文原版小说，一本接一本地读，《圣经》《天演论》等原著也读过，这使他的英文成绩突飞猛进。受父亲严教，又认真系统地阅读《古文辞类纂》《骈体文钞》《十八家诗钞》等古代文学作品。1929年他以优异的国文、英文成绩和只有15分的数学成绩被清华大学外文系破格录取。入学后，他立下“扫荡清华图书馆”的宏愿。同班同学后来回忆说：“在校四年期间，图书馆借书之多，恐无能与钱兄相比者，课外用功之勤，恐亦乏其匹。”（孔庆茂《钱钟书传》）

1935年，钱钟书到英国牛津大学留学。这所大学拥有世界一流的图书馆，使他得以尽情饱览。除了贪读小说，他还大量阅读了康德、黑格尔、萨特、弗洛伊德、克罗齐等人的哲学、心理学、美学著作。这段时间读书之多，连陪伴他的夫人杨绛也难以说清。1938年回国后，在蓝田国立师院执教期间，他几乎把图书馆《四部丛刊》《四部备要》《丛书集成》《古今图书集成》等藏书浏览一遍。其中仅明清别集就有千余种，别人随便拿一部作家诗文集来考问，他十之八九能复述。

钱钟书每读书必做笔记，数十年积下笔记几百册。有人说他读书过目不忘，具有“照相机一般”的记忆力，可他本人并不以为自己有那么“神”。“他只是好读书，肯下功夫，不仅读，还做笔记；不仅读一遍两遍，还会读三遍四遍，笔记上不断地添补。所以他读的书虽然很多，也不易遗忘。”（杨绛《钱钟书手稿集》序）据杨绛回忆，钱钟书做笔记的习惯是在牛津大学图书馆读书时养成的，那里的图书不外借，入馆读书只准携带笔记本和铅笔，书上不准留任何痕迹，只能边读边记。做笔记的时间，约是读这本书的一倍。他读书也不忽略学术刊物，凡是著名作家有关文学、哲学、政治的重要论文，他读后都做笔记，并记下刊物的出版日期。

钱钟书把笔记视为最宝贵的财富，从国外带到国内，从上海带到北京，从一个宿舍搬到另一个宿舍。每有闲暇他总爱翻阅一两册中文或外文笔记，还常把精彩片段读给夫人听。“文革”后期在艰难条件下写《管锥编》，主要的参考资料就是杨绛为他从家中整理出来的五麻袋读书笔记。钱钟书去世后，杨绛整理他的大量笔记交商务印书馆扫描出版，计有外文笔记（包括英、法、德、意、西班牙、拉丁文）178本，34,000多页；中文笔记数量与外文笔记不相上下；另外还有“日札”（读书心得）23册，2000多页。钱钟书生前就享有“当代第一博学鸿儒”美誉，原来“博学”并非天才！

○**华罗庚：由薄到厚，由厚返薄**

著名数学家华罗庚（1910－1985）谈到读书的经验，有一点深刻的体验，就是读书有两个必经的过程，先“由薄到厚”，再“由厚到薄”。

“由薄到厚”是学习、接受的过程，“由厚到薄”是消化、提炼的过程。他说：“一本书，当未读之前，你会感到，书是那么厚。在读的过程中，如果你对各章各节又作深入的探讨，在每页上加添注解，补充参考材料，那就会觉得更厚了；但是，当我们对书的内容真正有了透彻的了解，抓住了全书的重点，掌握了全书的精神实质后，就会感到书本变薄了，愈是懂得透彻，就愈有薄的感觉。”

○**陈从周：学语文不读不背不行**

陈从周（1918－2000）是著名的古建筑、园林专家，又擅长文、史，兼工诗词、绘画，他自己说“可算是杂家”。他在多个领域取得突出成绩，除了天资与勤奋，少年时的博览与背诵为他的成才打下了坚实基础。

他年近七旬时在给《语文学习》杂志写的文章《读书的回忆》中，回忆自己学习语文的经历：5 岁上私塾，整天读书背书。10 岁插入美国人办的教会小学，每天放学后跟科举出身的姑丈读古文，星期天加一篇作文。幼年的熟读背诵，使他受益终生。《千家诗》全都背过，到老年仍篇篇熟悉。背诵《幼学琼林》觉得音节很美，上口易记。书中许多人物掌故、史地常识等，并不完全懂，但长大后就豁然贯通了。想不到的是：“这本《幼学琼林》对我后来研究建筑史及园林艺术起了很重要的作用，它是一本最概括的索引。要不是我孩提时代背熟了这本书，长大后需要检索类书就十分不方便了。”他读中学时，语文教师也严格要求背诵课文，“所以文学史上的一些精彩篇章全在我肚中了”，“那时的老师讲得透，学生背得熟，一辈子受用无穷”。因此，他根据切身体验，针对语文教学忽视背诵的时弊，热切呼吁：“如今电脑发展了，但不能使人脑退化……学语文，名篇不背，人脑的记忆功能不就退化了？读书人应尽量利用人的记忆功能。尤其是中小学生，学语文不读不背是不行的”；“读书没有捷径，最愚蠢的方法却带来最聪明的结果，事物就是这样在转化。”

○**张寿康：不摆卡片不读书**

语言学家张寿康（1925－1991）在用卡片积累资料方面有深刻体验。他回忆说，上中学时习惯用笔记本作课外读书笔记，一个本子里所记的内容很杂，笔记写了很多本，翻检起来很不方便。上大学后，黎锦熙先生教他记卡片，记下的卡片可以分门别类，便于储存翻检，感到比用本子强多了，从此他养成了读书看报记卡片的习惯。

他从几十年用卡片的经验中总结出如下六项注意点：1. 写卡片的体例要一致，如文章题目写在哪个部位要固定，要按内容标明类目。2. 卡片所记内容的出处一定要写清楚。3. 卡片记多了，放入卡片盒，要用导片标明类目，导片可略高于卡片。4. 卡片大小要一致，不一定买印制品，可以用比报纸厚一些的纸自己裁制。5. 除了用卡片抄写资料或者作摘要，还可以把剪报贴在卡片上，剪报比卡片大的可折叠一下。6. 卡片用完后要及时放回原类。

张寿康之外，还有许多著名学者推崇用卡片积累资料，如历史学家吴晗、作家姚雪垠、教育家王云五、元曲研究专家王学奇。笔者20多年前听取王学奇先生建议，以卡片替代笔记本，为教学和科研带来极大方便，并为此前所积几十本笔记难能变成卡片而抱憾。

○王梓坤：读生书先缓后快

中科院院士、数学家王梓坤（1929-）读书面广，数学之外的自然科学、科学技术发展史、古今中外人物传记、文学作品等，他都喜欢读。2001年他应邀来保定学院讲学，谈到自己读书治学的经验时说：读一本难懂的新书，开始的时候不要着急，要耐着性子慢慢读，细细琢磨，先把前面一两章读懂，了解了这本书的基本体系、特定内容和作者的写作思路之后，再往下读，障碍就少了，兴味就来了，读书的速度也就可以加快了。他以自己的切身体验举例说：20世纪50年代被选派去苏联学习数学概率，这对我国学者来说是一个新的研究领域，自己从未接触过，出国前先买讲概率的书来读。开始读不懂，就每天只读一页，细心钻研，记笔记，做习题，等把前面一两章啃下来，摸到了门，后面就快些了。

这种先缓后快的读书方法，适用于开辟新的学习领域。每读某方面的新书，开始总要慢一些，先摸摸门路，然后才好加速。

三、国外阅读学习经验借鉴

○蒙田：读书追求愉快

我国传统教育向来推重勤学苦读，“书山有路勤为径，学海无涯苦作舟”，是人们经常用来互勉的箴言。古人读书读得“口舌生疮”，写字写得“手肘成胝”，疲累困倦时“头悬梁，锥刺骨”，常被颂扬和效仿，至于身心受到怎样的损坏，往往是忽略不计的。法国文艺复兴时期的思想家、文学家蒙田（1533-1592）读书则追求愉快，反对以牺牲健康为代价而拼命读书。

他说："书给人带来乐趣。但是，啃得太多，最后便兴味索然，还要损害身体，而快乐和健康却是我们最可宝贵的。倘若结果弄到有损身心的地步，那么我们就抛开书本吧。"又说："无论主持家政、钻研学问、外出行猎或处理其他事务，都应当以不失其乐趣为限度，要注意不要超过这个极限，不然苦便会开始掺进乐中来。"蒙田一生酷爱读书，但他始终把读书当做一件愉快有益的事，为了自娱和增进知识而阅读，"从来不曾抱过谋利的目的"。

人的生存环境有别，读书目的和志向也不同，我们的青少年学生读书不可能都像蒙田那样优游自在，"只喜欢有趣而且易读的书本"，但蒙田自得其乐的读书态度对一味拼命苦读的人当有启迪。

○培根：书有多种，读法不同

英国哲学家弗兰西斯·培根（1561-1626）认为，书有多种，读法不同，应当知道变通才行。他说："有些书可供一尝，有些书可以吞下，有不多的几部书则应当咀嚼消化：这就是说，有些书只要读读他们的一部分就够了，有些书可以全读，但是不必过于细心地读；还有不多的几部书则应当全读，勤读，而且用心地读。"他甚至说，有的书可以请别人代读，然后看他的笔记摘要就行了。当然，"这种办法只适于次要的议论和次要的书籍；否则录要的书就和蒸馏的水一样，都是无味的东西。"（《培根论说文集》）

○叔本华：书分好坏，决不滥读

德国19世纪哲学家叔本华（1788-1860）在《读书论》一文中总结自己的读书经验，其中一条是绝不滥读。他说："善于读书的人绝不滥读，这是极为重要的一点。"他认为：阅读应当精选，不要仅仅因为某本书畅销一时就拿来便读。为愚人写作的书总会有大量的读者，不如把宝贵的时间用于阅读古今中外超群绝伦的名著，读这些书才是开卷有益的。他又说："坏书是伤害精神的毒物"；"不读坏书，是读好书的一个条件。因为人生短促，时间和精力都是有限的。"

○列宁：快速阅读，批注摘记

列宁（1870-1924）读书广博而神速。他读书速度之快、理解力之强，令许多看到他读书的人吃惊。邦契·布鲁也维奇回忆说："弗拉基米尔·伊里奇读书的方法完全是独特的。每当我看见列宁在读书的时候，总觉得他不是在一行一行地读，而是在一页一页地读，并能迅速地掌握全部内容，其深度和准确性令人惊奇不已：过了一段时间后，他能凭记忆援引某些句子和段落，仿佛他是花了很长时间专门研究过这本书似的。"列宁读书为什么能如此快速而高效？除了他具备异常敏捷的思维、相当广博的学识、超乎寻常的记忆力之外，一个重要的原因是：时间紧迫而必须大量阅读使他养成了非常珍惜时间、读书全神贯注的习惯。

列宁读书喜欢写批注，善于做笔记。有人统计，列宁在近千种图书报刊上留下了批注，用过的批注符号达40多种，符号之外还有大量批注文字。他的批语措辞精当，观点鲜明，富有感情色彩。他认为重要的地方，就批上“注意”“非常重要”；认为正确的地方，就批上：“对”“不坏”“非常正确”；认为精辟的地方就批上“说得好”“中肯”“细致而深刻”“妙论”；他认为平庸、肤浅、谬误的地方，就写上“童稚之见”“谎言”“诡辩”“胡说八道”“莫名其妙”；存有疑问的地方，就写上“嗯？”“是吗？”“真的吗？”“未必正确”；顿然领悟的地方，就批上“原来如此”“啊哈！”有的批语写得较长，如：“这里有辩证唯物主义的观点，但这是偶然的、不彻底的、尚未发展的、倏忽即逝的。”（《亚里士多德〈形而上学〉一书摘要》，《列宁全集》第55卷312页）据克鲁普斯卡娅回忆，列宁作批注、写摘要的速度非一般人可比，与他读书的速度合拍。她说：“列宁写字快得惊人，他使用缩写词……他写得很多，写得津津有味。”

马克思、列宁、毛泽东，不同时代不同国度的思想巨人，读书都善批善记，并非偶然巧合。

○毛姆：交叉阅读

人们读书大多习惯读完一本再换另一本，英国作家、文艺批评家毛姆（1874-1965）却主张同时读几本书。他在《读书的方法》一文中写道：“最好，你还是随自己的兴趣来读；我也不劝你一定要读完一本再换另一本。就我自己而言，我发觉同时读五六本书反而更合理。”这是因为：“我们无法每一天都保有不变的心情，而且，即使在一天内也不见得会对一本书具有同样的热情。”他为自己安排的读书计划是每天在不同的时间里读不同的书：早晨趁头脑清醒，读科学著作或哲学著作；一天的工作完毕，心智活动不想激烈，就读历史、散文、评论或传记；晚上则读读小说。此外，常随身带本诗集，得空就随手翻阅。

像他这样，每天交叉阅读几种书，既能收获多方面教益，又能调整心境和节律，不妨试试。

○小林多喜二：揣测阅读

日本作家、鲁迅的好友小林多喜二（1903-1933）读书爱跟自己“捉迷藏”。他的朋友见他读列宁的《无产阶级革命和叛徒考茨基》，读着读着，他突然用稿纸盖住下面的书页若有所思起来。朋友感到奇怪，问他怎么回事，他回答说：

“我先想想，然后再看列宁怎么批判考茨基。”过了一会，朋友又问：“列宁的批判与你想的一样吗?”他说：“不一样。但是这样一来，我更理解列宁的观点了。”

像他这样读书读到关节处突然打住，掩卷而思，揣测下文会如何发展，会得出什么结论，然后再读原文，看作者是怎样往下写的，从而发现作者的构思或结论与自己的揣测有何异同，既可以锻炼自己的思维，检验自己的认识水平，又能加深对作者思想观点的理解，领悟作者运思行文的妙处。笔者效仿此法，也多次得到上述体验。近观《李海林讲语文》（语文出版社，2008），看到特级教师李海林回忆自己上大学时，为完成毕业论文曾“硬着头皮啃”《资本论》第一卷，读第一篇时就感到被一种强大的逻辑力量所推动，他就顺着这种逻辑往下思考，猜测后面的内容。马克思推论的内在逻辑，有时跟他猜的一样，这让他感到莫大的快乐；有些和猜的不一样，就回过头去再来揣测。于是不断地猜测，又不断地用作者后面的论述来印证，不断地被作者提供的新的信息所激动，自己的智力、阅读能力不断地接受挑战。他由此得到了逻辑推导的锻炼，以后一直喜欢用这种猜测的方法读书。

第七章　写作学习指导

写作学习是语文学习的难点。“书面作文难教难学已经成为世界性问题，特别是因其久攻不下而成为许多国家语文教育研究的焦点”。[①] 我国学生从小学三年级开始习作训练，到中学毕业，能写出一手好文章的并不多。这不但可以从中考、高考作文阅卷中得到印证，更可以从中学毕业后人员的应需写作中反映出来。一项对中学后人员所作的写作状况调查表明，中学后人员的写作能力与工作和社会需要相距甚远，绝大多数人惧怕或者回避写作，写作意识和写作能力极差；大多数人不能正确掌握常用文体特别是应用文体的基本格式，不少人甚至写不好一张请假条，而且字体潦草，错别字多。[②] 基础教育阶段未能完成好培养学生写作基本能力的任务，这也是导致社会各界对中小学语文教育不满意的原因之一。

写作能力高低，是一个人语文素养发展水平的重要体现。如何有效地指导学生学好写作，切实提高他们写作的基本能力，是语文教育工作者应当着力解决的问题。

第一节　写作学习指导要点

学生学习写作，最需要指导的是什么？从写作过程上看，学生写一篇文章，

① 刘淼：《作文心理学》，高等教育出版社，2001 年，第 4 页。

② 汪苹：《从中学后状况反观中学语文教学》，《语文教学之友》1997 年第 5 期。

总是从审题或拟题开始，经过构思、表达、修改，最终完篇。本节即围绕写作过程中的这几个主要环节，阐说写作学习指导的要点。

一、拟题、审题指导

命题作文、话题作文、材料作文、情境作文、自由作文，是学生学习写作的主要方式。写命题作文，首先遇到的是审题问题；写其他几种方式的作文，还需要给文章拟定一个合适的题目。新的语文课程标准提倡少写命题作文，多写自由拟题的作文。不管是平时作文还是应试作文，学生遇到自主拟题的机会都比过去增多了。

（一）拟题指导

像人有人名、书有书名一样，一篇文章总要有个题目，或叫标题。人们说“题好一半文”，未免有些夸张，但说“题目是文章的眼睛”，是恰如其分的。文章题目拟得好，不仅能传达文章要旨和神韵，启发读者联想和想象，而且能增添文章的艺术性，引起他人阅读的兴趣。

指导学生自主拟题，需注意以下要求。

第一，题目要贴切，紧扣文章内容。如《济南的冬天》与《冬天的济南》，标示文章内容有不同的侧重；《罗布泊，消失的仙湖》要是改为《罗布泊》，就不能准确揭示文章的旨意；《反对自由主义》《继续保持艰苦奋斗的作风》，一看题目马上就能知道文章讨论的问题和作者的观点。

题目多由短语构成，有的短语可能产生不同的结构关系，或用一种结构表达多种语义关系，这就是语法学上所说的“多义短语”。用短语拟题时对此应当有所注意。传统课文《母亲的回忆》（朱德），后来编者把标题改作《回忆我的母亲》，就是为了消除歧义。

第二，题目要精练，有高度概括性。一般来说，文章题目以短为宜。学术论文的题目有时不得不长，但期刊编辑一般要求控制在20字以内，必要时可加副标题补充题意。那么，一般文章的题目则最好别超过10个字。品味一下《背影》《风筝》《谈骨气》《想和做》《小巷深处》《往事依依》等课文题目，不能不佩服作者命题高超的概括力。雨果写给法国一个军人的那封谴责英法联军烧毁圆明园的信，被选进了新编语文教材，一种教材（人教社）的标题是《就英法联军远征中国给巴特勒上尉的信》，另一种教材（语文社）的标题为《给巴特勒的信》，前者包含的信息多，但从便利称说和传播的角度来说，还是简短者为好，写信原由看信便知，题中可不做交代。

当然，给文章拟题也并非越短越好。《一次大型的泥石流》若改成《泥石流》，就失之笼统；《邹忌讽齐王纳谏》比《邹忌》或《齐王纳谏》，都贴切得多。

第三，题目要新颖，有较强吸引力。这也可以从语文课文篇名得到启发，如《为你打开一扇门》《死海不死》《沙漠里的奇怪现象》《中国人失掉自信力了吗》，看到题目，就会产生读下去的欲望。

第四，题目要合“体”，体现文章体裁的特点。如一看题目《从百草园到三味书屋》，就能判断是记事文；《桥梁远景图》，一定是篇说明文；《小溪流的歌》，十有八九是童话；《洲际导弹的自述》，很可能是文艺性说明文，或者叫科学小品文。

拟定文章题目，一般是在写作之前，以便构思和行文时注意扣题、点题，避免偏题、跑题。文章写成之后，还可以回过头来，看看所拟题目与正文是否相配，是否符合上面讲的四条要求。如果不满意，还可以斟酌修改。

（二）审题指导

按照他人给出的题目来作文，首先必须认真审题，确切领会文题的真实含义，把握题目所含的限制因素，这样才能紧扣题目构思，写出切题合体的文章。如果审题不清或不准，就可能“下笔千言，离题万里”，即使没有完全“跑题”，也会不同程度地偏离题意，导致作文的失败。

指导审题，主要应教学生掌握下面几点：

1. 分辨文体

如果题干和说明中没有明确提出体裁要求，那就需要通过分析题目来确定体裁。多数作文题目对应该写成哪种体裁是有所指示的。有的题目带有某种体裁的标志词，如“记”“忆”“游”“见闻”，要写记叙文；“论”“说”“评”“驳”“有感”，要写议论文；“介绍”“说明”“简介”，要写说明文；“赞”“颂”“咏”“抒怀”，则应写散文。有的题目没有明显的标志词，但有所暗示，例如，题目含有时间、地点、人物、事件等记叙要素的，多为记叙文，像《童年趣事》《难忘的一课》；题目本身含有某种观点或是非问题的，应写议论文，如《近墨者未必黑》《这样“助人”对吗》；题目要求说明事物性状、功用、制作过程、使用方法的，应写说明文，如《一种奇异的花》《书是怎样印成的》；题目含有浓重抒情色彩的，宜写成抒情散文，如《啊，朋友》《再见吧，母校》。

有些题目本身不带有明确的文体表征，题干或说明中也未作限定。新课程实施以来，写作教学和作文考试有“淡化文体”的趋向，这是为了减少写作的束缚，鼓励学生用自己擅长的体裁写自己熟悉的题材，表达真情实感。碰到这样的题目（或“话题”），如《包容》《买镜子》《北京的符号》之类，可以根据自己对题意的理解，权衡个人的材料储备和文体擅长，选定某种体裁。所选体裁不管是“常规”的，还是“非常规”的——如近些年中考、高考作文中不时见到的日记体、书信体、寓言、童话、报告书、说明书、辩论辞、短剧等等，写作时都应有明确的“文体意识”，按所选体裁的特点和要求去构思行文，不要写成“四不像”。

2. 确定人称

作文该用哪种人称，很多题目本身已经作出限制。如《当我接到录取通知书的时候》《植树节有感》，需用第一人称；《妈妈的童年》《班主任二三事》，当用第三人称。

有的题目，适用人称比较灵活。如《球场风波》《昨天·今天·明天》，可以根据想写的材料选择相应的人称。不管采用第几人称，全文应该保持一致，除非特殊需要，不要中途改换，更不能频繁变换人称。

3. 明确范围

如果题目是个短语——特别是比较复杂的短语，可以把它分解开来，明确每个词的内涵和外延，然后再组合起来，弄清整个题目的意义指向和范围，据此确定所写题材的对象、时空和数量。如《最近发生在班里的一件新鲜事》，“新鲜事”指明了所写对象和属性，“一件”限定了数量，“最近”限定了时间，“发生在班里”限定了空间。忽略了其中任何一项“已知条件”，都会导致偏离题意。

有些题目可以采用换词比较的方法来认清所写范围。如《难忘的一天》，审题时可把“一天”试换成“一刻”“日子”，就能辨明题目所示时间段的长短；审《我与老师》，可与《我的老师》相比较，就能认清题材对象的不同。

4. 抓准题眼

以短语形式呈现的作文题，每个词都起作用，但作用大小不同。其中往往有隐含命题者特殊用意的关键字，即“题眼”。偏正式短语的题目，题眼往往不在中心词，而在修饰限制词，如“一次特殊的考试”，“特殊”是题眼；《心灵深处的阳光》，“深处”比“心灵”更关键。主谓式短语的题目，题眼一般在谓语里，如《这里风光独好》，“独好”是关键，特别是“独”字，要求写出与别处风光不同的好处。《我找回了自信》，“找回”是关键，它暗示着要写出“曾经有过—一度失去—重新拥有”这样一个过程。

题眼抓得准，能确保主题鲜明集中，避免文不对题；有时还可把题眼当线索来布局谋篇，增强文章结构的艺术性。

5. 透视寓意

文题提供的信息，有显有隐，显性信息易于把握，隐性信息易于忽略，或不易把握准确。某些题目，在字面意义之外还别有寓意，特别是含有比喻、象征、双关意义的题目，如《桥》《路灯》《脚印》《春雨润物》《我想握住你的手》，命题者所期待的往往不是就物说物，就景写景，就事记事。遇到这类题目，审题者不宜“浅尝辄止”，最好能发挥联想和想象，由表及里，深入剖析，由具象到抽象，由求同到求异，引申生发出新意。若能如此，则可以展开更新颖的构思，赋予文章更深一层或更有价值的旨意，从而避免思路阻塞、主题肤浅或流于一般。

另外，作文题目前后的其他要求和提示也要看明白，如“以……为题”有别于“以……为话题”“以……为主题”，半命题的需要把题目补充完整，还有体裁、题材有无限制，篇幅不少于多少字，等等。

二、构思指导

写作要“写”，但动笔行文之前的通盘构思至关重要。清人李渔说过：“袖手于前，始能疾书于后。”构思不成熟就急于下笔，行文难免迟钝滞塞，欲速不达。

构思，包括立意、选材、布局。立意主要解决言之有理的问题，选材主要解决言之有物的问题，布局则是解决言之有序的问题。

（一）立意指导

“古人作文一篇，定有一篇之主脑。主脑非他，即作者立言之本意也。”① 立意，就是确立文章的主脑。今天多把古人所说的“主脑”“主意”叫“主题”。如果把文章比作躯体，那么主题就是灵魂。立意，制约着材料的选择和结构的安排。古人说：“意犹帅也。无帅之兵，谓之乌合。”② 一语道破了写作的玄机。

所立之“意”，要力求正确、鲜明、集中、深刻。

① 李渔：《闲情偶寄·立主脑》。

② 王夫之：《船山遗书·夕堂永日绪论·内编》。

正确，是要真实表现事物，反映客观规律，体现正确的价值观，具有积极向上的思想意义。

鲜明，是说思想观点不含混不摇摆，情感态度不虚假不暧昧，是非清楚，憎爱分明。

集中，是说一篇短文要集中表达清楚一个意旨，不能意绪驳杂。“多中心”等于无中心。

深刻，是要透过表象，揭示事物的本质，反映时代精神，不停留在感性认识阶段，上升到理性认识。还要力求表达自己的独到看法，敢言人所未言，而不人云亦云。

主题正确、鲜明、集中是基本要求，主题深刻则是较高要求。对不同年龄阶段的学生来说，“深刻”应有不同的尺度。立意能否达到上述要求，主要取决于写作者的生活阅历、思维品质和思想修养。这就需要指导学生练好“内功”，“养其根而俟其实，加其膏而希其光”，而“无望其速成”。

（二）选材指导

选材，就是从材料仓库里选择最能表达主题的材料。材料的选择，要力求真实、典型、新颖。

真实，无论第一手材料还是第二手材料，都要回忆准确，记不准的最好查核一下。特别是涉及真人真事和数据的材料，更要合乎实际。

典型，就是最有代表性，能从不同方面或角度突出主题。这样的材料选得好，能以少胜多，如《谁是最可爱的人》中的三个事例，《谈骨气》中的三个论据。

新颖，就是最好放弃老生常谈、司空见惯的材料，至少不要都是为人熟知的，尽可能选取让人耳目一新、富有时代气息的典型材料。这样的材料能带给读者新的见闻、新的启示，提升文章的价值。

选材的前提条件是有所积累和储备。积累材料的途径，一是在生活中留意观察、体验和思考，善于发现有价值的素材，并注意记录和梳理。记观察笔记、写日记，是积累第一手材料的好方法。二是从读书看报和各科学习中搜集写作可能用得着的材料，写读书笔记、做资料卡片，或建电子文档，是积累第二手资料的好方法。要指导学生利用这些途径和方法，养成善于观察生活、勤于积累材料的好习惯。平时储备了比较丰富的素材和语料，作文选材时就不愁“无米下锅”，构思起来也快。

（三）布局指导

布局，指的是恰当安排文章的结构。文章结构的安排，要求做到完整、协调、严密。

完整，就是开头、主体、结尾几个部分有机组合，浑然一体，不缺头少尾，也不缺臂少腿。

协调，指的是结构与主题相应，形式与内容统一，繁简详略适宜；“凤头、猪腹、豹尾”，配合得体。

严密，就是思路清晰，层次合理，过渡自然，联系紧密，开合有度，起伏相间，前后呼应，照应周密。

初学作文往往难于写好开头、结尾。古往今来人们总结出了许多开头、结尾的方法。开头的方法如：开门见山、奇句夺目、高唱入云、欲扬先抑、借宾陪主、反面拍题、引用名言、借用故事、设问入题，等等；结尾的方法如：画龙点睛、卒章显志、宕开一笔、转出别意、题外引申、媚语摄魂、含蓄蕴藉、议论抒情，等等。可以结合范文指导学生领略不同方法的妙处，并有选择地用到自己的作文中去。

值得一提的是，近些年高考中考作文，经常见到开头段前加“题记”、结尾段后添“后记”的情况，多是叠床架屋，画蛇添足，挤占了原本有限的篇幅，妨碍了主体部分的展开。还有一种“流行”的结构方式：把正文分成几块儿——少则三块儿，多者五六块儿——每个板块都加一个小标题。这种板块式结构，用得好，可清晰显示文章框架，便于阅卷者迅速捕捉要领，也可省去一些过渡语句，不失为一种明智选择；用得不好，反使文章支离破碎，有的“板块”就那么短短数行，说不透，道不明，有损结构的协调和严密。

列提纲是谋篇布局的好办法，最好教学生养成习惯。列提纲的过程就是使思考深入、思绪条畅、思想明确的过程，花点儿时间值得，“磨刀不误砍柴工”。有人喜欢打腹稿——把提纲列在心里，有人喜欢在纸上写提纲。平时训练学生作文，还是要求写提纲为好。因为把提纲写在纸上，能将意念物化为文字，与心中默想相比，多动了手、眼两种感观，更便于补充调整，使构思更清晰、更严密。同时，也可以记下一闪而过的灵感，不至于让它转眼溜掉。

当然，提纲没有理由成为行文表达的桎梏。落笔行文时肯定会出现新的意念，意到笔随，行于当行，止于当止，不能被提纲捆住手脚。近些年有人倡导“非构思写作”，下节将会有所讨论。

三、表达指导

表达，这里指书面表达，就是将思想转化为文字，将构思转化为文章。就整个写作过程来说，审题、拟题、立意、选材、布局都是写作的准备，表达才是正式施工，是成文的关键环节。

行文表达时，最好进入兴奋状态，全神贯注，思维快速，意到笔随，心手相应，一气呵成。中途遇到障碍，能迈就先迈过去。字不会写的先空着，词句拿不稳的先写上，起草成篇后再去查考推敲。犹犹豫豫，进进退退，“十步九回头”，不只耽搁时间，而且扰乱思绪，衰减自信，容易造成“难产”。

行文表达的最佳境界是文气贯通。“文气”的构成因素，一是道理正确，理直则气盛；二是脉络清楚，逻辑性强；三是文辞畅达，注之以情；四是表达方式运用灵活合体。前两条，上文讨论立意、布局已经涉及；下面简说后两条。

（一）表达方式运用

作文常用的表达方式，有叙述、描写、议论、说明、抒情。运用这些表达方式，既要合体，又要灵活。

合体，就是表达方式合乎文章体裁要求。不同的文章体裁，所用表达方式自应各有侧重。写记叙文不以叙述为主，写出来就不像记叙文；写议论文不以议论为主，就称不上议论文。一些“四不像”的作文，多是表达方式运用不当造成的。

灵活，就是运用表达方式不搞“单打一”。一花独放，色彩单调；一副笔墨，表现力差。前人说作文须善用多副笔墨，这“多副笔墨”指的就是善用不同的表达方式。写记叙文，叙述当中辅以必要的描写或说明，能使所写人物、事物或环境更鲜明；叙述当中或叙述之后加入适当的议论和抒情，能增强文章的思想性和感染力。同理，写议论文也常常用到叙述、说明，写说明文也常常用到描写、叙述，写散文更需要多种表达方式。关键是适应主题表达的需要，当用则用，简繁适度，穿插灵活，行止合宜。阅读课上学过的课文，多有灵活恰当运用多种表达方式的范例，足资效仿。

（二）书面语言运用

语文学习的核心目的是提高运用语言的能力。语言运用包括口头语言和书面语言，提高书面语言运用能力是语文学习的重点和难点。中考和高考语文试卷中，作文所占的分值最高。而评判作文成绩，多从内容、结构、语言、书写几方面着眼，在分项权衡基础上综合评定，其中又以语言一项，权重最大。

语言运用的基本要求，是规范、准确、通顺、简洁。这不必多说。

语言运用的较高要求，是有文采，有鲜明的个性。“言之无文，行而不远”；传世佳作，必有文采。有文采，不一定是辞藻华美，质朴自然也是一种美。鲁迅、郭沫若、朱自清、老舍、毛泽东，他们的文章语言风格不同，但都称得起文采焕然，又都个性鲜明，“笔锋常带感情”。对中学生来说，这两条要求显得高些，不能希望他们都能达到。但中学阶段是一个人书面语言发展的黄金季节，是语言个性开始形成的重要时期。有没有这样的目标，肯不肯自觉地追求，其结果是大相径庭的。不少中学生舍不得下工夫学习语言，不肯千方百计丰富自己的语汇，作文常常说套话、“公话”，乃至自觉不自觉地说空话、大话、假话，不愿意尝试个性化表达和有创意的表达。这是亟须加以引导的。

四、修改指导

文稿写成后，还需要修改、润色。“文不厌改”，“好文改中来”。古今名篇佳作，无一不是经过作者反复推敲而写成的。即使文章高手，也很难做到落笔便佳，只要时间允许，总要认真修改，乃至改了又改，直到满意为止。欧美写作理论和教学实践，把写作当成一个复杂的智力、心理、社会和技术的过程，“修改”贯穿于写作的整个过程，乃至认为“写作就是重写或修改”。① 这对重“完篇”轻“修改”的写作者和指导者当有所启发。

（一）修改的幅度和内容

文章修改的幅度，有大有小。小幅度的修改，主要是语言加工。修改内容包括推敲词语，调换句式，斟酌标点，分清段落，核对引文，删除冗词赘语，改正错字病句，以使表达准确、简明、顺畅，并力求增加一些生动性。大幅度的修改，除了润饰语言之外，修改内容还涉及结构的调整改动，材料的增减替换，意旨的修正完善，等等。为的是让内容更充实，结构更严谨，材料更典型，详略更得当，主题更深刻、更突出。应需写作、自由写作或文学创作练笔，时间充裕，当然不应回避大改。而课堂限时作文或考场应试作文，时间紧迫，往往不允许大改，只能小改。这就更应强调落笔行文之前的认真审题和通盘构思。

---

① 王荣生：《语文科课程论基础》，上海教育出版社，2003 年，第 257 页。

（二）修改的手段和方法

修改文章的手段，不外增润、删削、调整、替换。语文教师应有计划地指导学生掌握这些手段以及相应的修改符号，学会自己动手修改文章，养成主动修改文章的习惯。

修改文章的方法有多种，下面几种有必要指导学生学会使用。

1. 读改法。文稿写成后逐段逐句逐字地读它一遍，环境许可时最好读出声来，否则就默念。这样从头到尾一读，就会觉察到："理不足读不下去，气不盛读不下去，情不真读不下去，词不雅读不下去，起处无用意读不起来，篇终不混茫读不了结。"① 错字、病句、冗赘、歧义、脱节、语气不合适、音节不协调等等毛病，在诵读中更容易显露出来。边念读边思考，发现毛病随手修改，"漏网"的语病会减到最少。读改一遍仍不满意，就再来一遍，改到满意为止。这种方法既方便又有效，尤其适合小幅度修改文章。

与读改法相类的有抄改法。作文先写在草稿纸上，然后再修改、誊清，誊抄中又有修改。这种方法可以与读改法结合起来用，尤其适用于初学写作者。

2. 冷改法。文稿写成后先搁置一下，过一段时间再拿出来修改。由于有了一定的冷却时间，作者可能会产生新的认识，发现更典型的材料，或者找到更恰当的表现方法，这时再改，能弥补初稿写作时因思虑不周而留下的疏漏和缺憾，提高文章的思想性和艺术性。至于搁置时间长短，要看需要和情境，短则几小时，长则几天、几周，乃至更长。这种方法对大幅度修改文章更为有利。

与冷改法相对的是热改法。热改就是趁热打铁，写完马上就改。限时交卷的作文只好采取这种方法。不过平时作文训练，学生热改、交文之后，老师可以另外安排时间指导学生修改，或讲评之后发还学生修改或重作。这样将热改与冷改结合起来，修改效果会更好。

3. 求教法。"凡人为文，私于自是，不忍于割截，或失于繁多，其间妍媸，益又自惑。必待交友有公鉴无姑息者，讨论而削夺之，然后繁简当否得其中矣。"② 的确，许多人都有这样的体验：自己写的文章，有些毛病自己很难发觉，即使觉察到有些"繁多"，也往往不忍"割爱"。如能怀着虚心求教的态度请人看一看，听一听人家的意见，别人则不难发现并指正一些本人看不出的缺点，正所谓"旁观者清"。教师应有意识地创造条件，促进学生作文后的相互交流、指正。

① 何绍基：《与汪菊士论诗》。

② 白居易：《与元九书》。

第二节　写作学习指导策略

要把文章写好，需要具备多方面的素养。除了文体知识、谋篇布局、语言运用、表达技巧之外，还离不开思想认识、生活经验、思维品质、审美情趣。这诸多因素就像构成木桶的多块木板，哪一块短都会影响整个木桶的容量。所以，要想切实提高学生的写作能力，必须整体着眼，全面指导，协调促进。急功近利、投机取巧的短视行为，不能从根本上解决问题。学生个体不同，其写作困难表现也不同，因此，分析学生的个体差异，施以有针对性的指导，是十分必要的。本节针对学生较为普遍的写作困难，论说写作学习指导的有效策略。

一、激发写作兴趣，使学生爱写

在学生写作的多种困难中，动力性困难最为突出。动力性困难的主要表现是缺乏写作兴趣，积极性不高，写作时常常处于被动应付的消极状态，或者出于应试需要而勉强为之，严重者害怕作文，厌烦作文，逃避作文。这些情况在中小学学生中间比较普遍。山东荣成市实验中心对近千名中学生做过作文心理状态问卷调查，统计结果显示："喜欢作文，不怕作文"的，在初中生中只占6%，在高中生中只占10%。[①] 新课程实施以来，情况发生了一些变化，但从现状来看，不喜欢作文、怕写作文的学生还占相当大的比例。因此，优化学生的作文心理，激发他们学习写作的兴趣、热情和自信心，使学生乐于书面表达，至少不害怕、不厌烦写作，是首要的问题。

如何激发学生的写作兴趣，使他们乐于作文？许多语文教师和语文教育研究者做了大量实验和研究，探索了一些有效的指导策略。下面两项实验研究成果较有代表性。

（一）"快乐作文"指导策略

"大语文教育"的忠实实践者、河南新乡铁路一中语文教师姚竹青，为

① 岳秀峰、秦胜：《中学生作文心理调查及对策》，《山东教育科研》1996年第6期。

根治初中学生的“作文头痛症”，让学生喜爱作文，甚至于迷恋作文，在十几年教学实践中探索并总结出了一套特色鲜明、成效显著的“快乐作文教学法”。①

姚竹青认为学生怕写作文的原因之一是老师对学生写作的要求过高，不少教师要求学生“用优美的词句”去“写有意义的事”，使得学生望而生畏。他则提倡“用平常话，写平常事”。“用平常话写平常事”是使学生快乐作文的前提，是他“十几年作文教改经验的浓缩和结晶”。他在课题研究中归结出两个公式：“优美的词句+有意义的大事=作文难”；“平常的话语+平常的小事=作文易”。

姚竹青把作文与少年儿童的生活和游戏融为一体，让学生无拘无束、轻轻松松地写。他鼓励学生写放胆文、生活文、游戏文、芝麻文、激情文。他想方设法引导学生为自己的兴趣爱好而写，为游戏好玩而写，为记下生活中的新鲜事、可笑事、难忘事而写，为了太激动、太兴奋、太委屈、太生气而写，为了消除别人对自己的偏见和误解而写，为了关心家事、班事提出建议、表达己见而写，为了好奇、存疑、发问或总结经验教训而写，为了记录遐思幻想中的美事梦境而写。如此一来，孩子们渐渐意识到，作文不失为用平常话和平常事编织起来的好玩的“变形金刚”，不再是应付老师、硬拼硬凑、无病呻吟、胡编乱造的东西，越写越觉得有意思，越写越来劲。

姚竹青乐于欣赏学生，善于激励学生。对学生的作文，不管多么幼稚，不管有多少毛病，都坚持不挑剔、不指责、不讥笑，对那些微不足道的可取之处和一闪即逝的闪光之点，都给予热情赞美，从不吝啬激情洋溢的盛赞之辞和慷慨激赏的褒奖之语，并巧于向学生提出殷切的期望，帮学生明确努力的方向。对优秀和良好的作文，他还给予“金菊大奖”“金菊奖”“金牌佳作”“银牌佳作”等嘉奖。老师用红笔在佳作末尾写的表示奖励的大字和热情赞美的评语，极大地满足了少年作者渴望习作得到老师肯定和赞赏的心理，对调动学生写作的积极性有不可估量的激励作用。

他还想各种办法为学生的作文提供展出和发表的机会，并努力使展出和发表经常化、有序化、大批量、大面积，来满足小作者们越来越强烈的写作欲和发表

① 姚竹青：《大语文教学法》，中国社会科学出版社，2001 年，第 234-238 页。

欲。他们常用的展出、发表学生习作的形式，书面的有手抄报、墙报、黑板报、油印报、复印报、原稿型作文选，口头的有手抄报选读评说会、小能人佳作展读会、小能人逞能表演会，等等。

他授予学生“作文小能人”称号，创建班级“作文小能人笔会”，对学生也有极大的激励效应。“作文小能人”分初级、中级、高级、超级四等。初级的标准是：已经由害怕作文变为喜爱作文，而且写得多、真、实；中级的标准是：写得有物有序，写得勤、细、顺；高级的标准是：写得有物有序还有点新意，写得多、快、巧；超级的标准是：多次在正式报刊上发表习作，或多次在规模较大的作文竞赛中获奖，或在高级小能人中始终保持佼佼者声望。

姚竹青老师属民主型、激情型的教师，他创造的作文指导策略，体现了他个人的教学风格，也适合初中学生的心理特点。有的做法可能不太适合小学和高中阶段，但其指导理念和创造精神值得每位语文教师学习借鉴。

（二）“大作文”指导策略

中国青少年写作研究会副会长、上海大学教授李白坚，为探索将小学、初中、高中以至大学的写作教学进行一体化设计，在执教大学写作课的同时，到中小学给学生上作文课，指导实验学校开展作文教学改革实验，经过十多年实践积累，创立了“大作文”教学体系，编写出版了《快乐大作文》《趣味大作文》《创新大作文》等系列教材，[①] 在激发学生作文兴趣，使学生爱写、乐写、会写方面取得了成功经验。

在小学，“快乐大作文”采用“现场演示”的教学方法，将习作与游戏活动结合起来，让学生比较轻松地赢得“攫取生活材料”和“产生写作激情”两大写作基本条件，从而达到“易于动笔、乐于表达”的美好境界。李白坚用这种方法教小学生作文，学生很快就摆脱了对作文的畏惧，变得喜欢作文。江苏无锡市清扬中心小学2002年成为“快乐大作文”实验基地，从一年级到六年级都放弃以往“先指导再作文”的静态教学模式，采用“先游戏再作文”或者“游戏和作文交替进行”的动态教学模式，不同学段的学生大都能轻松地完成写话或习作任务。实验几年来，学生普遍爱上作文课，低年级学生看到老师发下作文练习纸，会高兴地欢呼：“啊，又写作文啦！”中、高年级学生很不愿意把作文课挪作他

---

①“大作文”系列教材包括：《快乐大作文》（小学）、《趣味大作文》（初中）、《创新大作文》（高中）以及《大作文——写作教学的新观念与新方法》（教师用书），上海交通大学出版社，2001年。

用，如果挪用，学生坚决要求“把作文课补回来”。①

在中学，“趣味大作文”“创新大作文”则采用题型作文教学法。他们的“题型作文”有精心设计的“训练规程”。初中《趣味大作文》的训练规程包括三编：第一编是“基本技能”，第二编是“写作实践与自我认识”，第三编是“研究提高”。其中第二编，包括观察视角训练、记叙训练、描写训练、想象训练、思维连续性与变动性训练、议论题目训练、立论驳论训练、思维拓展训练、信息发布训练等项内容。每项训练，都有趣味性较强的活动设计。例如，高中《创新大作文》“我们来办出版社”，写作活动按下面的程序展开：

1. 将全班分成若干小组，每小组四五人，组成小小的“出版社”。民主推选一位同学任“总编”，其余同学为“编辑”。

2. 各“出版社”在“总编”主持下讨论当年的出版选题，包括5本书，书的种类不限，文艺类、社科类、生活类，都可以。

3. 商定选题后，每人领一个选题，设想这个选题如果写成一本书该有哪些内容，为这本书试写一篇250字左右的“内容提要”。

4. “内容提要”写完后，再为这本书编拟一份“章节提纲”，不少于5章，章下列出若干节。然后签名，交“总编”。

5. 教师收取各“出版社”的选题，分发给其他“出版社”。各社“总编”再分给每个编辑一本书的“内容提要”和“章节提纲”。

6. 请各位“编辑”审阅所分书稿的“内容提要”和“章节提纲”，然后写一封“退回修改”信，要求写出具体的修改意见。

这样的活动设计，类似建构主义的“抛锚式”教学策略，把写作置于特定的情境之中，学生在模拟情境的活动中，扮演不同的角色，承担各自的任务，容易激活思维，具有较强的趣味性和操作性，利于锻炼书面表达能力。

二、“开源”“引流”“导渡”，使学生易写

能力性困难是阻碍中小学生作文水平提高的又一重要因素。能力性困难往往与动力性困难同时存在，并且，如果持续得不到解决，会转化成动力性困难。能力性困难主要表现为：立意困难——不知从何写起，难以生成一个集中、新鲜、

① 朱珍仙摘录《快乐大作文——教学回眸》，http://www.hnfsxx.com/Article/Class16/Class18/2005-02。

深刻的主题；选材困难——没多少可写的，难以选择出能够充分表达主题的材料；结构困难——思路理不清楚，章法乱，难以形成井然有序、完整严密的篇章布局；行文困难——言不称意，有话说不出，表达不准确、不通顺、不简洁，更谈不上生动。前边提到的山东荣成关于中学生作文心理状态的问卷调查显示：认为“没什么可写”的，初中占52%，高中占47%；“不知从何写起”的，初中占10%，高中占8%；“绞尽脑汁，太费力气”的，初中、高中同占6%；“有话说不出，表达困难”的，初中、高中各占18%和16%。从此项调查可见，“没什么可写”是最突出的困难。

言语本于情意，情意源于生活。生活是写作的源头，作文是生活的写照。“开源”，就是使作文紧密联系学生的生活，为学生写作掘开源头活水，解决“没啥可写”的问题。

阅读是写作的基础。所谓“引流”，这里指把作文与读文联系起来，帮助学生从阅读中获得思想启迪、表达技巧和语言材料，利用模仿、借鉴、创新等手段，使写作变得容易一些，“流”得顺畅一些。主要解决“有话说不出、说不好”的问题。

所谓“导渡”，是把作文比作渡河，学生渡河遇到困难，老师给学生指指渡口或渡河的路线，或者给他们垫几块石头，水深的地方，老师还可以先下水试试深浅，做做演示示范，使感到困难的同学不至于“望河兴叹”，在岸边盘桓，滞留过多的时间。

下面选介几种与此相关的写作指导策略。

(一)“观察·体验”指导策略

人们生活经验的直接来源有两个，一是观察，二是体验。观察是通过耳闻目睹从周围的人、事、景、物中察知信息；体验是通过亲身经历，感受、体会周围事物。观察和体验，是获得取之不尽的作文题材的宝库。学生如果不会精细地观察事物，不能深切地体验生活，就写不出真切、生动、感人的文章。从这个意义上说，观察是作文之父，体验乃作文之母。

辽宁特级教师魏书生特别重视培养学生观察事物、体验生活的能力。课余时间，他带领学生到双台河边踏春，到河里摸鱼，到河滩开荒种地，到郊外打雪仗，然后让学生写出自己的观察和感受。学生写《春到双台河》一次比一次生动，《摸鱼》“差生”也写得趣味横生，《蚕豆》写出了细致的观察和浓浓的情思，《打雪仗》作文时学生个个眉飞色舞。魏书生善于指导学生发现平凡生活中的“美”。两名学生转学，他和全班同学一直送到车站，列车开动时，许多学生洒下了眼泪。他让学生以《送别》为题写一篇日记，学生写得情真意切，感人肺腑。班里的新“炉长”上任，他告诉大家仔细观察新“炉长”一段时间，然后以《炉长》为题写篇作文。同学们细心观察，认真写作，有的同学写了两三遍，生怕写不好对不起给自己带来温暖的炉长。

河北傅春生、苑书文、高树海等主持进行“体验作文”教学实验，他们认为：学生作文是把生活体验中感知的人、事、物、景等用文字表达出来的过程。这个过程包括“由外到内”的生活体验和“由内到外”的表达体验。因此，他们指导作文以诱发学生体验为核心。首先，强调体验自我。指导学生体察自己的心灵，体悟自身的行为，认识自己的真实情感和个性特征。其次，还要体验他人。指导学生仔细观察现实情境中人物的神态、言行、情感和人物之间的关系，或通过扮演角色获得真实感受，积累生活素材，或通过阅读揣摩所读作品中的感情和情绪。经过几年实验研究，形成了以课上为主、课外为辅，教师指导、学生习作、家长督促相结合的指导策略，出版了一套小学《体验作文》教材，包括5个分册：学生用的《词语积累手册》《模仿写作手册》《对比阅读手册》，教师用的《教学理念手册》和《教学训练手册》（河北教育出版社，2006）。

（二）“以读促写”指导策略

写作心理学研究表明，阅读理解技能与写作表达技能都是针对语言文字这一共同对象，具有共同的产生式结构。这便为读写迁移奠定了心理学基础。我国古人学习作文大都强调从阅读入手，以读促写。所谓“能诵千赋，则善为之”，“读书破万卷，下笔如有神”，“劳于读书，逸于作文”，都是说阅读、积累、感悟是学习写作的门路和基础。

今天的中小学生要学的功课很多，语文只是其中一科，每周也就五六节、最多十来节课，他们没有古代学童那么多的时间和精力来诵诗读书背文选。因此，指导学生学习写作不能再像古人那样花笨工夫读书自悟，在暗胡同里自行摸索，必须采用科学的训练方法，讲求读写训练的效率。当然，方法再科学，也不能替代必要的阅读量和积累量，不能否定多读对于写作的奠基铺路作用。语文教师要做的，是如何指导学生利用好课内外语文学习时间，利用好语文教科书和语文读本中的范文，帮他们借助范文读诵，感悟写作艺术，积累作文范型和语言材料，让阅读与写作沟通，从模仿向创造迁移，整体提高学生的读写能力和语文素养。

在以读促写、读写迁移方面，语文教师动了不少脑筋，做了许多尝试。小学教师丁有宽、初中教师钱梦龙、高中教师章熊等语文教改先行者，取得了界内熟知的教学成果。一批不太为人熟知的语文教师默默求索，也走出了具有不同特色的路子，广东番禺中学的李长庚老师实验总结的“联读悟写”教学法就是一例。

“联读悟写”以课文单元为单位组织教学，纵横展开联系，找出写作的共同点，从中悟出作文的秘诀。“它脱胎于读写结合，换骨于单元教学……强调用读来掌握知识，用写来运用知识，用联来调动知识，用悟来巩固知识。即是在广泛联系课文阅读的基础上，深刻理解课文的内容和形式，从中了解课文的中心和领会其写作技巧的以作文教学为主的语文教学法。”①

运用这种方法，可以联相同文体，悟写作特点。一般按阅读教材的单元来组织教学，也可以打破教材的编排顺序，把文体相同的课文重新组合成一个单元。如按时代先后，把《师说》《捕蛇者说》《爱莲说》《黄生借书说》《问说》《少年中国说》编成一个单元，让学生悟出“说”这种文体的特点。也可以联题材相类作品，悟取材重点和写作手法。还可以按思想内容把不同文体的文章组成单元，悟其中心思想，或领会艺术形象。“联读悟写”教学实验取得了不错的效果，学生课内学习轻松，思路开阔，作文教学不再是打一枪换一个地方，而是从整体出发，纵有序列，横有联系，由浅入深，循序渐进。

采用以读促写的指导策略，需要正确看待学生作文对范文的模仿。“创造基于模仿，仿创迁移”是语文学习基本规律之一，对此，本书“语文学习规律指导”一章中已经作过探讨。模仿性写作的目的不在模拟，而在创新。语文教师兼作家毛志成这样说过：“跳过模仿，是很难把文章写好的。多大的作家都有过模仿期，中学生也必须从模仿起步。就像书法家，若是从来没有经历过临帖阶段，专凭自己胡乱去写，最终也很难写出起码像样的字体。”② 有经验的语文教师往往结合阅读安排仿写、改写、扩写、缩写等练习，进行读写迁移、仿创迁移的训练。对学生习作中自发的模仿，哪怕还显得幼稚，也应给予鼓励，并引导其由模仿走向创造。

(三)“口述作文”指导策略

作文多重水平加工理论认为，作文是一个多重水平加工的行为，写作者既要进行立意选材、布局谋篇、斟酌词句等高水平加工，又要进行字形检索、文字书写、

---

① 李长庚：《联读悟写：一种新型的语文教学法》，《益阳师专学报》1994 年第 3 期。

② 毛志成：《中学生文学素质浅论》，《中学语文教与学》2001 年第 7 期。

标点选用等低水平加工。作文过程中，同时进行高低不同水平的加工，会增加各加工水平间注意分配的难度，不成熟的作者如学生，面对各加工水平之间的竞争，往往顾此失彼，于是造成作文困难。如果将高、低水平的加工区分开来，尽可能分别进行，就可以降低作文难度。口述作文可以避开低水平加工的干扰，减弱表达与思维不同步的程度，有助于思维连贯、注意力集中，不易丢失信息，而且能对书面表达产生积极影响。因此，口述作文被许多研究者当做降低作文难度的有效策略。

国内外关于书语借助口语优势策略的实验研究表明：口述作文对低年级学生和低水平写作者效果最好，如果把口述记录下来，可以有效地提高他们的笔述质量。其原因是，口述可以绕过低水平加工，使作者集中注意力于高水平加工，从而降低作文难度。但是，口述并不能从根本上改善高水平加工，低水平加工能力也不会因被绕过去而自行提高。如果在口述后记录的基础上，给学生以文字表达的指导，甚至给予高水平加工的指导，则会有效提高低水平学生的作文质量。因为这样做，将高、低水平加工大致分开，既降低了作文难度，又没有忽视文字表达和高水平加工的指导。坚持使用这种“口述后记录+高低水平加工分别指导”的方式进行作文训练，对提高低水平学生的作文成绩和作文能力十分有利。①

浙江临海林一平老师在写作教学中十分重视口头作文训练。他认为，口头作文是消除学生写作心理障碍的好办法：第一，口头作文以语音为表达形式，呈现的是“不定型性”，修正起来要比书面写作容易，这可以打消学生下笔难、怕写不好的顾虑。第二，口头作文的训练场所大多在课堂，允许学生说错，允许随时修正，这可以减轻学生的心理负担。第三，有了口头作文阶段的整理加工，再写书面作文，学生会觉得容易得多，写出的作文质量也更好，这会提高学生写作的积极性，消除写作难的心理。他又认为：“口头作文和书面作文的关系又是相辅相成的。口头作文可以较快地检查学生的思考结果，从而促使积极思考，有效地提高学生的思维敏捷性，有利于书面作文能力的形成和提高。书面作文写作和修改过程的思维凝重性的养成，又可以反过来促进口头作文语言的准确、清晰、严密。”② 因此，在处理口头作文和书面作文二者关系上，应注意协同配合。

在指导学生以口头作文促进书面作文的实践中，林一平和他的同道总结出如下应当注意的问题：1. 要制定不同单位时间的口头作文计划，把多样性的训练方

---

① 刘森：《作文心理学》，高等教育出版社，2001 年，第 140–143 页。

② 林一平：《重视口头作文训练》，《中学语文教学》1996 年第 10 期

法体现到计划的系统性上来。2. 要重视思维方式的指导，充分创设条件，发展学生的创造性思维和求异思维，培养学生思维定向的速度，提高迅速构思的能力。3. 口头作文具有不受时空限制的优点，因此可利用一切可能机会进行。在与书面作文配合时，安排在写作之前和写后评议时为宜。4. 在口头作文达到“言之有物，言之有序”的基础上，实现由“口头”向“书面”的过渡，最终达到“写有内容，写有层次，文有中心，写有重点”。

（四）“先放后收”指导策略

“先放后收”也是我国古人指导儿童作文的传统经验。其主旨是在儿童初学写作阶段，要少讲作文规矩，少提这样那样的要求，让儿童放开手脚无拘无束地写，写“放胆文”；等他们能写、不怕写了，再逐渐教给他们不同文体写作的“规矩”，再让他们写合乎文体规范的文章。许多老师在作文教学实践中活学活用这条经验，创造了别具特色的指导策略。

河南名师姚竹青对初中三年的作文制定有总体的训练计划，他称之为“定目标，设阶梯”。“定目标”，是保证大多数学生到初三时，“能够在限定的短时间内写出比较像样的实用性短文”。“设阶梯”，就是为达此总目标，按三年六个学期设定具体的分阶段目标：初一上学期，采用当堂设问练笔的方法，指导学生“写通百字文”，纠正“说空话、学套话、编瞎话”的倾向。初一下学期，采用写自由式放胆文和篇多字少的办法，主要解决“没啥写”的难题。初二上学期，仍以写自由体短文为主，但要有意识地引导学生写“激情文”“问题文”“经验文”和应用文，进一步解决“写什么”的问题。初二下学期，采用课外写自由文与课堂写条件文相结合的方法，要求学生讲究体式、章法和修辞，掌握各类文体特点，领悟有侧重、重衔接、求变化三项作文定律，着重解决“怎样写”的问题。初三上学期，采取命题文与自由文相结合的训练方法，减少作文篇数，增加每篇字数，引导学生反复修改文稿，从整体、局部和字句三方面掌握修改文章的要领，重点解决“怎样改”的问题。初三下学期，教学生掌握文章的快写法，重点解决“写得快”的问题。①

姚竹青的“阶梯式”写作训练安排，先求写得多，再求写得好，后求写得快，体现了循序渐进的原则，而且也考虑到学生面临中考的需要，较好地把写作

① 姚竹青：《大语文教学法》，中国社会科学出版社，2001 年，第 226-227 页。

素质培养与作文应试统一了起来。

吉林特级教师李元昌则针对农村初中学生写作的实际情况，实行“放—收—放”的作文指导策略，[①] 取得了良好效果。

“放”，就是针对农村初中学生生活范围狭窄、作文内容空洞、抄范文应付的情况，放手让学生写自己的所见、所闻、所思、所感，并引导学生搜集“第二手材料”，以补充“第一手材料”的不足，为的是培养学生从生活中发现材料、积累材料的能力，解决学生作文难的问题。为达此目的，要求学生写“叙评日记”，日记内容和表达方式不限，但无论是一手材料还是二手材料，必须在叙说事物基础上表明自己的观点和感情。他允许学生每周选两篇日记，抄在作文本上顶替作文，供教师批改或作为“第二手材料”供同学交流。

“收”，主要训练学生审题、立意、构思、谋篇，运用材料写不同体裁文章的能力。这个阶段要求学生每写一篇作文，都要和前一篇不同，不用同一方法开头、结尾，不用同一种形式构思，做到篇篇见新。特别注意指导学生有意识地练写自己写不好的文体。

后一个“放”，是引导学生突破家庭和学校的小圈子，把目光投向社会，以丰富多彩的社会为作文的实践基地。在这个阶段，鼓励学生利用课余时间到社会上搞调查、采访，把乡村发生的新事写到作文中来，在提高写作能力的同时增强学生的社会责任感。如学了评论的写法，鼓励学生与村干部对话，用作文形式批判陈腐之风，学生写出《才十八，就当妈》《社主任，你别绕着走》《给党支部书记的一封信》等作文，有的被当地广播台采用，有的在报刊发表。

李元昌的“放—收—放”作文训练法，最突出的特点是用作文表现生活，反映现实，表达真情实感，使学生远离那种无病呻吟、哗众取宠的“小文人”语篇。在时间安排上，初一主要培养学生观察生活和收集积累材料的能力，初二上学期主要学习各种文体的写作，初二下学期到初三，逐渐转为参与社会实践应用。我们设想，中间的“收”（学习“各种文体的写法”）只用一个学期恐怕不够，时间可以延长些。

（五）“下水演示”指导策略

语文教师不爱写文章、不会写文章或者不善写文章，并非个别现象，这对指

① 李元昌：《“放-收-放”作文训练法》，《语文教学通讯》1998年第10期。

导学生作文十分不利。如果教师能够率先垂范，让学生作文之前或同时，自己也写出像样的文章，再指导起学生来，就不是纸上谈兵空对空，而是尝试了水的深浅，获得了切身体验，就容易激发学生的写作热情，就容易指点到困难点和关键处。因此，叶圣陶等语文教育家很提倡语文教师写“下水文”。

用“下水演示”的方法指导中学生作文，姚竹青老师也身体力行。他从多年实践中，摸索出了如下指导途径：1. 直接式下水文：为了引导学生学写某种内容和体式的文章，老师先写一两篇作个样子，还要现身说法，给学生讲自己写文章的甘苦得失和经验体会；或者在课堂上跟学生一起写同一个命题，写完后当即给学生念念讲讲，借以启发学生。2. 间接式下水文：在学生的作文稿上写书信或附言，跟同学作书面交谈；在展出学生习作的墙报上写“编者按”或“编后话”，评介学生的作文。3. 临时借用的下水文：作文指导时，利用自己平时写的日记、书信、文学作品或教学论文，给学生讲相关的作文技法。他认为：“语文教师在他的学生心目中应该是一位富有经验的相当老练的写作者。只有这样，才有可能培育出一个又一个能文善写、才思敏捷的少年作者群体。”①

需要注意的是，“下水演示”的方法如果运用不当，可能会束缚学生的求异思维，框住学生的手脚，还会挤占学生构思行文的时间。因此，“演示”的频率应当适度控制，必要的时候才用，不宜多用，不可滥用。

三、传授作文技法，教学生会写

多读多写，试误自悟，是写作学习的传统经验，应当借鉴。但是当代作文教学要讲科学，重效率。如果还像古人那样一味强调多写自悟，少数人悟透了，写通了，多数人还是悟不透，写不通。文体有特点，作文有规律，谋篇有技巧，表达有方法。中小学作文教学应充分利用现代写作研究成果，揭示常用文体的写作特点和规律，总结适合中小学生写作的特殊规律和技法，并有选择地教给学生。这对于帮助学生克服作文的能力性困难，是必要的。

许多语文教师在总结和传授作文技法方面做了长期探索。“套路作文”和“快速作文”是两种影响较大并存在争议的指导策略。

（一）“套路作文”指导策略

文章写作有没有“套路”？能不能把某类文章常见的章法结构归纳成若干种

① 姚竹青：《大语文教学法》，中国社会科学出版社，2001年，第232页。

格式，然后用这些格式指导学生作文？人们对此看法不同。在语文教学中较早对学生进行格式化作文训练的是黑龙江的常青老师。1981年，他在《辽宁教育》第1期发表《写作基础训练分格法》，介绍了他在记叙文、说明文、议论文写作教学中所作的分格训练设计，按观察、思维、想象、表述、语言五条线索系统组织成256格。此后，河南余洁白、林永山等老师提出"套路作文"教学法，浙江郑风雷老师设计"框架式"作文教学法，湖北王先海老师推出"入格式"作文教学法。这些"法"，有的设计细一些，有的粗一些，但基本思路都是提供一些章法格式，让初学作文的学生容易上路，先借用这些"格式"入门，再求用活"格式"，最终达到抛开"格式"的目的。其中影响较大的是"套路作文"。

"套路作文"肇始于河南洛阳，余洁白、林永山、鹿子卿编写的《中学生作文套路指要》1990年由文心出版社出版，《中学语文教学》杂志1992年第12期发表林永山老师的《套路化作文教学探索》，1993年下半年又连载他的《中学生作文套路撮要》，引起全国不少语文教师关注，有的加入套路作文教学实验。他们归纳概括的中学生作文套路，包括记人散文、叙事散文、抒情散文、议论文、说明文的常用套路。例如记人散文的写作套路有：1. 引联式：睹物思人—联想回忆—睹物议人—总结全篇。2. 转情式：恨的产生—恨的淡化—爱的萌生—爱的发展—爱的深化（或者将"爱"与"恨"换位）。3. 议证式：阐明中心—叙写事实—总结照应。4. 寻访式：寻访缘由—寻访经过—寻访结果—寻访感想。5. 纪传式：简介情况—重点记叙—今日概况或卒后有关情况—简要评价。记事散文的写作套路有：倒叙式、领悟式、得失式、悬念式、集锦式、对比式，抒情散文的写作套路包括：参游式、静赏式、象征式、情感线索式、怀念式、叙史式，等等。

对"套路作文"一直有不少批评，主要是说它背离素质教育精神，急功近利，束缚学生思维，导致写作僵化，千篇一律，像古人所作的八股文，毫无生气。我们认为，"套路作文"不具备普遍推广的价值，但对谋篇布局存在困难的学生来说，不失为一种针对性较强的指导策略，确实可以帮助这部分学生解决构思谋篇的困难，降低作文难度，克服畏惧心理，走出迷茫状态。因此，"套路作文"在语文教学中具有一定的实用价值。但指导作文"套路"，不能搞成"套路化""格式化"，机械，繁琐；更不能对所有同学"一刀切"，不管有没有谋篇困难都牵人"入套"。即使合乎文体特点、概括得很好的套路，也不可教学生拘守。领进"门"之后的"路"，要让学生自己走，鼓励有创意的构思和表达，引学生早日完成由"规矩"到"巧"的过渡。

（二）“快速作文”指导策略

1980年代以来，与快速阅读相伴，语文教育界在快速写作的研究和实验上取得了一些成果，湖南杨初春、上海鲍德明、北京快学堂都有著作或教材出版，因得到快速写作指导而获益的青少年数以万计，有研究者将“快速写作派”列为当代语文教学流派之一。在快速写作众多实验者当中，“适应面广，操作性强，方法最妙，效果最好，影响最大的当首推杨初春一家”。①

湖南新邵一中特级教师杨初春把他的“快速作文”训练体系概括为“五步、四法、两课型”。“五步”是：基础训练，思维训练，速度训练，技巧训练，综合训练。“四法”指：写作周期限时法，指导先实后虚法，评阅浏览自改法，训练分步强化法。“两课型”即写作实践型、理论指导型。写作实践型又分单课时和双课时两种结构模式。单课时课型的基本结构是：命题—写作—讨论—小结；双课时课型的基本结构是：命题—写作—讨论—评议—修改—总结。②

杨氏训练体系中花费心血最多、特色最鲜明的，是他提炼概括的快速作文技巧，包括：快速审题十五法、快速构思十法、快速行文四法、快速修改四法。③

杨初春公开立下“军令状”：经过他的指导和训练，高中生能在40分钟内写出800字的作文，做到中心明确，条理清楚，语言通顺，字迹比较工整；初中生能在40分钟内写出600字的作文，小学高年级学生能在40分钟内写出500字的作文。实践证明，他指导的实验班能够达到上述目标。

杨初春快速作文教学法得到了语文教育界、特别是观摩过他的训练课的同行的赞誉，也遇到了尖锐批评和质疑。有人批评他的快速作文教学法存在种种弊端：“第一，背离了全面提高学生素质的教育大方向。快速作文法纯粹是针对学生参加升学考试，提高学生作文速度而提出来的，它的‘为考而教，为考而学’的应试特点非常突出。第二，压抑了学生的创造精神。第三，干扰了正确文风的培养。”④ 有人指出：“它的最大特点是学生完全是在进行作文的文字游戏，作文和生活毫无关系……所谓‘技巧训练’，就是把活生生的、有创造性的一次性作

① 曾祥芹：《作文教学现代化的成功之路》，见杨初春《快速作文点评80例》序言，漓江出版社，1997年。

② 杨初春：《实用快速作文法》，漓江出版社，2002年，第17-26页。

③ 杨初春：《实用快速作文法》，漓江出版社，2002年，第27-117页。

④ 汤国铣：《中学生快速作文法质疑》，《贵州师范大学学报》（社科版）1998年第3版。

文技巧、写作艺术，凝固为一种种僵化的作文‘模式’，可重复使用，而学生可以不动脑筋，不进行创造，就写出来一篇篇千人一面的‘预制板’作文，毫无创新可言，毫无真情可言。”①

应该说，这些批评对杨初春和学习杨初春的人有警示意义。但全盘否定“快速作文”教学法，未免失之偏颇。应试作文需要“快”，应需写作也需要“快”，训练学生把文章写得又好又快，这没什么坏处。写作能力不强的学生学习作文，有“法”可依、有“格式”可循，能更快“得法”“入门”，然后不难从作文“有法”走向“无定法”。只要指导得当，模仿不会扼杀创造，同在一间教室接受同一方法训练的学生，各有自己的大脑和生活，不必担心写出来的是“一篇篇千人一面的‘预制板’作文”，这从杨初春执教的课堂和他的编著中展示的学生作文可以得到证明。再说，杨初春教学生快速作文，并非只抓“速度训练”和“技巧训练”，在他的“五步”中，前有“基础训练”和“思维训练”，后边还有“综合训练”。他在“快速作文教学的八项注意”中强调：“一定要按照训练的五个步骤进行，先打好基础，抓好思维训练，在此基础上，再进行速度和技巧训练。”多向思维、反向思维、外向思维、交叉思维、有形思维、变形思维等“求异作文的思维方式”和数十种“求异作文的基本技巧”，② 就是他从写作思维训练实践中探索总结出来的。“不管白猫黑猫，能捉耗子才是好猫”。杨初春潜心研究20多年取得的实验成果摆在那里，想提高作文教学效率的同行，当能从中找到值得借鉴的地方。学习借鉴时，了解上述批评意见是有益的——它警示我们不要只重“外功”而忽略“内功”，只抓“技巧”而忘了“素养”。

四、开发写作思维，教学生善写

思维能力是写作能力的核心。要想教学生写出立意新深、构思巧妙、表达严谨的好文章，必须着力培养他们的思维品质，提高他们的认识能力。

（一）“观察—分析—表达”指导策略

北京月坛中学刘朏朏老师与首都师大高原教授从1977年开始探索中学作文教改途径，提出“观察—分析—表达”作文三级训练体系，1979年《北京师范大学学报（社科版）》连载《培养学生观察能力与写作训练教程》，1983年“作文三

① 马正平：《中学写作教学新思维》，中国人民大学出版社，2003年，第80页。

② 杨初春：《求异作文技巧》，漓江出版社，1994年，第11-154页。

级训练体系”被全国“中语会”肯定并在全国推广。

长期以来，在作文教学中存在偏重表达训练而忽视认识能力培养的倾向。“作文三级训练体系”力图纠正这一倾向。该体系的突出特点在于：在作文教学中坚持认识与表达的辩证统一律，不是单纯重视表达能力训练，而是“始终将认识与表达结合起来进行训练，绝不可将二者割裂开来或对立起来；即使在某一阶段对某一方面的训练有所侧重，也不可忽视另一方面的问题。要使作文训练成为一个认识与表达的辩证统一的训练过程，由低到高，循环上升，使学生的认识能力与表达能力都不断地得到提高。”①

这一体系的总体结构是“三级六段四十四步”：

第一级，观察能力与写作训练，分两段，共18课，放在初中一年级进行，着重培养学生的观察能力。采取的训练方式是写观察日记和观察笔记，侧重练习记叙和描写。第一段为一般观察与记观察日记的训练，包括定向观察、机遇观察、科学现象观察、日常生活观察、人物观察、内心世界观察等。第二段为深入观察与记观察笔记的训练，包括全面观察、细致观察、比较观察、反复观察、观察与体验、观察与调查、观察与阅读、观察与联想、观察与想象等。

第二级，分析能力与写作训练，分两段，共16课，放在初中二年级进行，着重培养学生的分析能力。采取的训练方式是写分析笔记，侧重练习议论和说明。第一段为分析的起步训练，包括命题分析与选题分析、提出问题与给予解答、了解情况与实事求是、条件分析、因果分析、演变分析等。第二段为分析的入门训练，包括多角度分析、特点分析、本质分析、意义分析、分析与知识、分析与联想、分析与情感等。

第三级，表达能力与写作训练，分两段，共10课，初中三年级进行，着重提高学生的表达能力。第一段为语感训练，包括分寸感、畅达感、情味感、形象感等训练，训练方式是写语感随笔。第二段为章法训练，包括角度的选择、裁剪的设计、层次的安排、衔接的处理等训练，训练方式是写章法随笔。

上述三级六段四十四步，每一步在整个训练序列中都占有一定地位，都能对提高学生作文的积极性和生成写作能力发挥作用，各步之间又形成由低到高渐次发展的阶梯关系，系统性较强。每一级训练既是某项基本能力的着重训练，又是

① 刘朏朏、高原：《我们对读写训练体系的探索》，《新中国语文教育大典》，语文出版社，2001年，第1114页。

认识与表达相统一的整体训练，有相对确定的训练目标、要点以至作业要求，控制性也较强。应该说，这是一个比较科学的作文训练体系，它的某些设计已被吸收转化到现行的语文教材中去。语文教师在借鉴这一体系改进作文教学时需要注意：观察、分析、表达是作文的三项基本功，在任何一次作文中都缺一不可，分项侧重训练与整体协调训练的关系一定要处理好；分析与综合是思维运行的两轮，认识事物需要分析，也需要综合概括，二者相辅相成，训练学生的写作思维时不可偏废一端。

（二）"非构思作文" 指导策略

四川师范大学马正平教授在研究写作学理论的同时，潜心研究中学作文教学改革问题，按照"非构思"写作思维原理，提出了"非构思作文"教学指导体系。

所谓"非构思作文"，就是对文章结构不进行理性化、线性化的思考，不做空间化安排，即不经谋篇布局、构拟提纲而即兴写作。"非构思"的核心不是不"思"（酝酿、想），而是不"构"（谋篇布局、提纲设计）。"在'非构思'作文教学中，作文的过程不再是'审题、立意、选材、结构、谋篇、表达'的静态化、不真实的写作过程，而是非构思、非提纲的自生长、自组织的'即兴写作'过程。"① "非构思写作"论者并不否认"构思性写作"的存在。他们认为："构思性写作"是"初等写作活动、行为"，"非构思写作"是"高等写作活动、行为"，是"真正的、成熟的写作"。"无论是文学创作还是实用写作，都有'构思性写作'与'非构思写作'这两种境界、两个层次。"② 并且提出："从理想的科学的教学目标来看，无论大学写作教学还是中小学作文教学，'非构思写作'状态和境界的形成是写作教学的最终目标。"③

怎样进入非构思写作的境界呢？他们提出：一要产生对写作学和写作课的敬畏感；二要扎实进行写作思维模型建构训练；三要进行大量的写作练笔和实践活动。④ 为了将写作主题、立意进行赋形——形式化、秩序化、材料化、结构化、

① 马正平：《中学写作教学新思维》，中国人民大学出版社，2003 年，第 168 页。

② 马正平：《非构思写作学宣言——后现代主义写作学观念、原理与方法（上）》，《海南师范学院学报》（人文社科版）2002 年第 2 期。

③ 马正平：《21 世纪作文教学需要一种什么样的体系》，《语文教学通讯（初中刊）》2006 年第 4 期。

④ 马正平：《高等写作思维训练教程》，中国人民大学出版社，2002 年，第 11-13 页。

语言化、文章化，写作者只要运用分析与综合、重复与对比等种种具体的思维操作模型，就可以自动生成构成文章的材料、结构、语言。这样，文章写作就进入了自动化、自组织、非构思的境界。

"非构思作文"指导体系，在"目标聚焦"之下，设有"课堂训练"和"课后积淀"两大板块。"课堂训练"包括五个环节：1. 心灵共振（题目激趣激思）；2. 金色鼠标（作文知识点击）；3. 创新之路（思维建模与解模）；4. 独立实战（作文实践）；5. 与你同行（作文互评自改）。"课后积淀"包括四项活动：1. 成功之光（作文广义发表）；2. 心灵充电（课后积累练笔）；3. 文苑甘露（采集艺文趣事）；4. 文苑新枝（优秀作文选萃）。这两大板块结合，目的在于既解决学生作文思维能力的训练问题，又解决学生写作习惯和写作素养的培养问题。

"非构思作文"指导体系试图解决以往中学作文教学中存在的"随意性""浅表性""经验性"等问题，期望启动学生写作思维操作，让学生"学会思维，学会语言，学会写作"，明明白白学作文，有效提高学生创新思维的素质和能力。该体系的创立者称："这种生长（展开）论的自组织写作教学，目前在全世界的写作教学中是一个首创，就连在大学写作教学里，也还未朝这个方向改革……中学写作教学第一次走在了大学的前面。""'非构思作文'教学体系使我国当代作文教学走向成熟，走向完美，渐入佳境。"①

"从构思化写作向非构思写作转化、升华"，这的确是一个创造性提法，我们在对"非构思作文"指导体系提出者的创造精神和自信态度表示钦佩之余，不免有些疑虑：连成熟的写作者也未必能达到的"人类最为理想、向往的一种写作境界"，一般中学生能达到吗？这一体系能否使我国当代作文教学"走向完美"，还有待时间考验和实践检验。但它确实为写作学习指导突破惯常模式提供了新思路，值得研究和借鉴。

五、指导学生评改，教学生会改

作文评改是写作学习指导的重要环节。传统作文教学中的作文批改由教师承包，学生处于被动地位，老师用力甚勤、费时甚多，却难得相应的回报。不少老师感慨：学生作文教师改基本上是一种"无效劳动"，"徒劳无功"。我们说，即

① 马正平：《中学写作教学新思维》，中国人民大学出版社，2003 年，第 168、169 页。

使不是“无效”“无功”，也是“寡效”“少功”。1980年代以来，越来越多的语文教师认识到，作文教学应重视培养学生自己改的能力。新课程实施以来，指导学生评改作文，教学生学会修改作文，已经成为许多老师的自觉行动。下面选介两种指导策略。

（一）互评自改

教师指导学生评改作文，常用的方式有自评自改、互评互改、互评自改。互评自改比前两种方式更有优越性，因为组织学生互评，既利于相互学习交流，满足学生渴望观赏同学的作文并使自己的作文得到同学欣赏的心理，又便于相互批评指正，弥补“当局者迷”、自己写的文章自己不容易发现毛病的缺陷；而指导学生在互评的基础上自改，既合乎把修改文章的权利还给本人的精神，利于培养学生反复修改自己文章的能力和习惯，又使自改有同学的批评意见作参照，便于提高修改质量，并利于培养学生正确对待他人评价、善于与人共处合作的态度和情感。

因此，许多语文教师乐于采用指导学生互评自改的方式。笔者任教高师“语文教学论”中，曾“下水”实践兼教初中语文，为达成“教初中生学会评改作文”“初一入门、初二提高、初三熟练”的既定目标，坚持采用互评自改的自主学习策略，取得显著成效[①]。在“语文教学论”课上我把做法和经验传授给中文系学生，不少学生毕业后在初中或高中采用这种方法，收效良好。

我们的做法是：收齐学生作文后，教师初阅，将不同选题的作文大致分类，不批不改，为的是全面了解情况，设计评改方案；然后利用语文课，组织学生互评，只圈点批注，一般不加修改；互评完毕签名，返还作者当堂修改，允许作者反批评，写下不同意见；自改完毕将作文本收回，教师复评，主要是补划补批学生互评中未能发现的错失和妙处，并对互评中的偏颇失当之处予以补正；下次作文前教师讲评，既总结作文成败，也评说互评得失，学生参照教师补评再次自改；收阅下次作文时，教师回阅上文再次自改情况。这样，每次作文都经历了“教师初阅摸底—指导学生互评—学生当堂自改—教师复评总结—学生再次自改—教师回阅验收”的过程。其中学生有“一评两改”，基本是在课上完成，扎实训练了学生评改作文的能力，又没有增加他们的课业负担；教师有“两阅一

① 许建中：《教会学生评改作文——语文自主学习策略举隅》，《保定师专学报》2001年第1期。

评”，及时发现问题解决问题，确保互评自改不走过场，又不会占用太多的时间（因为学生互评自改认真），减轻了教师批改作文的负担。

在这个“两阅两评两改”的模式中，指导学生互评是最关键的环节。在这一环节中，教学生采用“三步评改法”：第一步：初读，圈划。初读同学作文，随手用约定符号圈画出易于分辨的字词标点、格式行款方面的错漏，只画不改（留待作者自改）。第二步：细读，补画、旁批。在初步了解习作层次大意基础上，逐句逐段品读推敲，用约定符号并配合旁批，增删调换，质疑、嘉赞。第三步：复读，总评。在前两步解决局部问题后，再综览全文，给予总体评价。评语紧扣本次作文的训练重点和本篇作文突出的优缺点，不求面面俱到。几次训练之后，师生商定了互评作文的六项要求：挑错细心准确，妙点不吝嘉赞，旁批量质兼求，总评中肯恰当，文字书写规范，符号运用像样。经过两个学期的训练，多数同学能达到六项要求，绝大多数同学已经习惯把互评自改当做必不可少的环节；三四个学期下来，多数同学养成了认真修改文章的习惯，部分同学评改他人作文兴趣浓厚，质量可靠。

有的老师为了避免学生在互评自改中敷衍了事，制订了《作文互评验收细则》,① 包括错别字、病句、旁批、总评四大项，各项都有评分细则，互评之后，由作者按细则对评文质量进行验收并评分。这种验收机制能激发学生互评的积极性，强化评改者的责任心，有助于提高作文评改质量。

有的老师要求学生在分组互评作文时，填写“评阅卡片”，记录本组的阅读评改情况，评改结束后小组进行短时讨论，选出本组较好作文一两篇，连同评阅卡片交老师。老师迅速检阅各组卡片，选出有代表性的作文当堂讲评。这种做法便于教师及时掌握学生评改作文的情况，学生评议与教师讲评连贯而下，加大了信息交流密度，但需要教师具有快速评价和熟练驾驭的能力。

有些语文教师指导学生评改作文，试验几次就放弃了。谈起原因，多是抱怨学生能力差，与其让学生“胡评乱改”，倒不如自己辛苦些。对此，钱梦龙老师说得好：“殊不知能力是长期训练的结果，正因为学生缺乏评改文章的能力，所以才有训练的必要；若认为只有在学生具备了一定的评改能力以后才能接受训练，那不是把因果颠倒了吗?”② 钱梦龙、魏书生等老师的实践证明，初中生是能

① 马正平：《DCC 作文导写导练》（高中第 3 册），四川人民出版社，1999 年，第 33 页。

② 钱梦龙：《语文导读法探索》，云南人民出版社，1985 年，第 251 页。

够学会评改作文的，笔者的实践也证明了这一点。初中行得通，高中就更必要，更可行；小学高年级也可尝试。

有的老师说：自己“只有在教学任务较重的情况下才组织学生每学期进行一两次互批……偶尔进行一两次，他们感到新鲜，有兴趣，还照着老师布置的去做；但进行多了，他们虽然敬畏老师，嘴上不说什么，心里却是不高兴的，认为老师光叫学生批改作文，自己却偷懒。他们既然有这样的情绪，怎么会认认真真地花时间去批改好作文呢?”① 教师组织学生批改作文如果只是为了减轻自己的负担，学生互批作文如果只是为了节省老师的时间，这样的立足点太低了，当然不会取得好的效果。指导思想正确，学生才会有正确的动机和持久的兴趣。因此，转变观念、端正目的是指导学生评改作文的前提。此外，因材施教、循序渐进、指导得法、持之以恒，是取得成功的必要条件。

（二）点拨评改

吉林特级教师李元昌采用点拨启发的方法评改中学生作文，他称之为“点改法”。点改法以充分发挥学生主观能动性为前提，在教师的点拨下，让学生自己去寻找、发现提高写作能力的方法和途径，促使学生主动发展。

例如，李老师在一篇作文的总批中提出如下问题让作者思考后填空作答：1. 文题为“一个善于分析问题的学生”，题眼是________，据此，这篇作文应该选择能表现这个学生________的事情去写。2. 这篇作文写了这个学生五件事，其中符合文题要求的是________两件事，另外三件事与文题的要求关系不大，而你却作为重点材料去写，这样就造成________，导致________。3. 根据答上题的体会写出修改此文的方法。②

针对学生作文中反映出来的思想认识问题，也设计问题请学生思考。如：文中说“妈妈盼我读好书，跳出庄稼院，到大城市里生活。”妈妈的认识对不对？你是怎样看待这个问题的？对语言表达方面的毛病，老师也用批语点拨学生自己去分析修改。如：×句在语法上犯了________错误，请在文中修改。

除了启发学生分析作文中的问题，也引导学生发现自己作文的长处。此类点拨批语如：××这个人物写得很有特点，你把握住了他________的性格写他的言行。/本文开头很有新意，请在眉批中说明这样写的好处。

① 张鼎盛：《学生互批作文的是与非》，《中学语文教学》1999 年第 8 期。

② 李元昌：《点改法简介》，《中学语文教学参考》2003 年第 3 期。

“点改法”实际上是借助书面对话实现师生合作修改作文的方法。它便于教师因材施教，利于学生发挥学习写作的主体性，提高写作的自信心和修改作文的能力。“提高的路子让学生自己去走”是点改法的灵魂。点改法也可以同学生互评自改等方法结合起来使用。

六、作文联系做人，关注人的发展

以往作文教学存在着重结果轻过程、重作文轻做人的弊端，导致学生作文只图得高分，为文造情，假大空，“伪圣化”，作文与做人“两张皮”。《义务教育语文课程标准》要求：“写作要有真情实感，力求表达自己对自然、社会、人生的感受、体验和思考。”《普通高中语文课程标准》提出：“鼓励学生积极参与生活，体验人生，关注社会热点，激发写作欲望。引导学生表达真情实感，不说假话、空话、套话，避免为文造情。”

把作文与做人密切联系起来，在作文教学中关注学生个性发展，这是语文教育“立人”功能的重要体现。如何实现这样的功能？清华大学附中特级教师赵谦翔倡导的“绿色作文”很值得研究和借鉴。

“绿色作文”是赵谦翔在吉林毓文中学进行“语文教育与人的发展”实验时（1996-1999）提出的与“灰色作文”相对立的新理念。他认为：“惟考是图”的应试教育催生出一种病态的“灰色作文”。这种作文，以生编硬凑的材料、虚情假意的主题、千篇一律的形式污染着学生作文的天地，使原本明朗的蓝天变得不阴不晴，一片灰色；使原本绿油油的芳草地变得不死不活，了无生机。“灰色作文”把作文和做人割裂开来，泯灭学生的创新精神，排斥学生的独立思考，熄灭学生的灵感，扼杀学生的个性。因此，他呼吁清除“灰色”污染，提倡绿色作文。

“绿色作文”没有什么“模式”。赵谦翔曾把它的要旨概括为：以真实为准绳，以感悟为激素，以创新为目标，以“灰色”为靶子，以“做人”为根本。后来他又作了新的总结：以人为本，以活为源，以悟为魂，以真为纲，以导为脉。①

（一）以人为本

“灰色作文”与“绿色作文”的根本区别就在于，前者是“谋求分数的敲门

① 教育部师范教育司组编：《赵谦翔与绿色语文》，北京师范大学出版社，2006 年，第 58-62 页。

砖”，而后者是“完善人生的健身器”，它把作文与做人融为一体，教师在指导作文的过程中自觉地担起指导做人的责任。“绿色作文”追求“三动”：激活悟性，使学生“心动”；指导写作，使学生“笔动”；引导落实，使学生“行动”。如果没有“心动”，只有“笔动”，只能写出充斥假话大话空话废话的灰色文章；既有“心动”，又有“笔动”，才能写出健心润笔的绿色作文。“心动”“笔动”之后，还要“行动”；行胜于言，“三动”兼备，才算进入“绿色作文”的理想境界。

（二）以活为源

“绿色作文”需要“活水”滋润，“活水”的源头是大千世界。为了开源引流，他们开创“东方时空感悟课”，师生一同收视《早间新闻》《东方之子》《百姓故事》《时空报道》等电视节目，让学生从中自选题材、自定角度、自拟题目，书写个人感悟，营造出“家事国事天下事事事关心”的学习情景，学生再也不必为“无米之炊”犯愁。他们还将主题班会与作文训练嫁接起来，开设“班会感悟课”，从学生成长需要选定班会主题，班会后写作抒发班会感悟的文章。他们开设的“创造性阅读课”，除了提取信息，还要求激活灵感，写出独抒己见的作文来。

（三）以悟为魂

题材是文章之“肉”，悟性是文章之“魂”。有了题材缺少悟性，就无法加工素材，提炼独到的主题，文章就不会绿意盎然。教师在指导作文过程中，必须不断启发学生历练悟性的自觉性。

（四）以真为纲

“灰色作文”的要害在“假”，“绿色作文”的纲领是“真”。“绿色作文”反对虚情假意唱高调，反对胡编乱造拼凑抄，侧重内容，淡化形式。“绿色”的含义，一是“纯天然的”，二是“可持续发展的”。二者互为因果，非“纯天然的”，就绝不是“可持续发展的”；不是“可持续发展的”，也绝非“纯天然的”。

（五）以导为脉

学生作文写真话，说错话怎么办？抒真情，悖常情怎么办？讲己见，出偏见怎么办？对教师来说，这些都不是坏事，正是教师施展疏导才能的机遇。当学生沉迷于“灰色作文”不能自拔时，教师要苦口婆心，积极开导；当学生徘徊于十字路口进退两难时，要审时度势，及时引导；当学生尝试“绿色作文”取得进步时，要热情鼓励，因势利导；当学生想走回头路时，要用绿色范文，耐心诱导；而最大量的工作则是，面对面给予学生切中肯綮、深入浅出的具体指导。“导”

要贯穿“绿色作文”的全过程。

“绿色作文”站位高，看得远，它不仅能提高学生真实写作的能力，使学生在中考高考中标新立异，而且着眼于以语文学习促进人的发展，带给学生丰厚的人文修养，使学生受益终生。应该说，这是写作学习指导的理想境界。

第三节　写作学习经验借鉴

写作学习，按照由低到高、由简单到复杂的顺序，可以分为写话学习、习作学习、写作学习、创作学习。写话学习与习作学习在小学阶段，写作学习在中学阶段，而创作学习并非基础教育的任务，除少数人在中学有所尝试外，一般是在中学后，而且不是每个人都要学习的。本节所选写作学习经验，出于典型性和代表性的考虑，未跳出名人、作家的圈子。他们的创作经验或学习写作的经验，不完全适用于指导学生作文，但对学生写作和教师指导有启发借鉴价值。借鉴者须结合自身实际和特点，不可机械搬用。

本节打破古今中外，按专题分列，以求论题集中，并与本章前两节照应。

一、写作兴趣培养经验借鉴

（一）少年习作，首重兴趣

○当代文艺理论家吴调公从他学习写作的切身经历中体会到，在少年时代最好能培养起习作的兴趣。他小时候读私塾，每天作文一篇，老师当面指点哪里好哪里不妥，为什么该这样写而不应那样写。写得多了，听老师点评多了，窍门开了，笔头就慢慢活了起来。他由此感悟到：“作为语文教师，培养起学生对习作的兴趣应该说是写作教学的极大成功。只有首先有了兴趣，才能自觉地加强实践；只有善于引导同学，使之对习作油然生爱，而不是视为畏途，或潦草成篇，敷衍塞责，教师才算是充分发挥了主导作用。”（《谈谈我学习写作的片断感受》）

○文学评论家冯健男从小爱读书、爱习作。上小学和中学时，他的作文常常得到老师的好评，老师给画了不少表示嘉许的红圈圈儿，有时还把他的习作当范文在课堂上宣读。这对他是莫大的鼓励，激发了他的自信心，力争下次作文写得更好。除了课上作文以外，他还经常搞一些课余写作，小学就有个小本子，那是他的“诗集”；中学时坚持写日记，不是为记事而是为练笔；大学阶段常自己命题写散文，还得到了发表的机会。（《我是怎样学习语文的》）

（二）自由作文，易出佳作

○当代作家刘绍棠回忆自己学习作文的经历：初小四年打作文基础：一年级练习填空，二年级练习造句，三年级练习缀句，四年级学写周记；升高小后正式作文。作文课上，同学们按老师出的题目动笔作文，他却要求写自己出的题目，老师同意了。他当堂构思，晚自习时写成一篇游记，老师给他打了满分。此后，老师特许他作文可以自由命题，而且不必当堂交卷。他的自主命题作文常被贴在学校墙报“佳作栏”上，他模仿刘大白《三儿苦学记》写了一篇小说《飘零》，被当地中学的油印杂志连载。（《老师领进门》）

初中第一次作文课上，刘绍棠仍请求自己命题，国文老师说自由命题要扣分。他不在乎分数，便写了一篇小说交上。老师不但没扣分，反而在讲评课上大加赞赏，并声情摇曳地朗读了他的作文。老师的宽容和鼓励更加激发了他的写作兴趣。解放那年上初二，他开始在报刊发表小小说。读高二时，他的短篇小说《青枝绿叶》在《中国青年报》发表，不久被编入当时的高中语文课本。

刘绍棠后来成为作家，除了他的天分和努力，语文教师尊重学生个性，保护学生写作兴趣，因材施教，起到了激励和促进的作用。这值得今天的语文教师和学生借鉴，作文虽不能篇篇自由，也应多给点“自由”。

（三）爱写多写，才能会写

○当代作家叶永烈与写作结下不解之缘，最初纯属偶然。那是他十一二岁的时候，心血来潮写了一首小诗，投给报社。诗虽稚嫩，居然在报上发表了。从此他爱上了写作。

他从写作实践中体会到：爱写、多写是提高写作水平的重要途径。他在《作文的“窍门”》一文中谈到：“多看、多听、多想、多写、多改，这五条是写好作文的‘窍门’。”在《我的写作习惯》一文中又补充说：“其实，多写是最重要的一条。多看、多听、多想，是为多写做好准备；多改，则是精益求精，提高质量；多写，然后又多改，就能出好作品。”

他回忆自己上小学时也曾经怕作文，但是通过多读多写，后来变得喜欢作文了。除了写作文，还给学校黑板报、墙报写稿，负责编印少先队的油印小报。平日遇到什么新鲜事儿就记下来。这样，作文成绩明显提高了，成了班上的“作文尖子”。（《熟能生巧》）

（四）日记练笔，多有裨益

○当代学者徐中玉在无锡读高中时，国文教师要求学生坚持写日记。每天晚上自修时，写日记便成了他经常的工作。他按老师的要求，不记流水账，挑选学习和生活中受感动的、特别赞赏或非常厌恶的事情，有感而发，写到日记中。坚持不懈，养成了习惯，到高中毕业时，积了一大堆日记簿。四十多年后，他回忆说，坚持写日记确实很有益："天天练练笔，要写点什么就心中有底，写起来也顺手。就因有写日记的底子，所以当'九一八事变'发生，要做抗日宣传工作时，我便敢于大胆写新闻，写诗，写传单，作街头演说了……毕业之前，我还敢为铅印成书的校刊写论文，在无锡报纸副刊上也写过不少短稿。"（《学习语文的经验和方法》）

○特级教师魏书生爱写日记，也培养他教的一届届学生养成坚持写日记的习惯。学生刚入学，他的要求并不高，能写的多写点，不能写的，把当天的年月日写上，只写一句话就行："今天我到盘锦市实验中学读书了。"第二天写两句话，介绍自己的同桌；第三天三句话，介绍自己的老师；第四天四句话，介绍教室的四面墙壁……写上两个月，后进同学的日记每天也能写到500字了。

他们的日记有题目，称作"命题日记"。天天写日记，其实就是天天写作文。有时学生自己命题，有时老师命题。初中三年，每个同学写日记上千篇，平均50万字；写得多的有1095篇，70多万字。漓江出版社出版过一本《魏书生学生命题日记选》（1995年），学生在千篇日记总结里说：写日记提高了我的写作能力，磨炼了我的意志，帮我克服了许多缺点；想问题更深刻，看问题更全面；记载了我的成长历程，是一笔无法估量的财富。

○新疆吐鲁番铁路中学语文教师周光明指导他的学生写循环周记，学生很有兴趣，积极性非常高。他们的做法是：班上同学五人结为一组，每组共用一个笔记本轮流写日记，从星期一到星期五每人一天，周而复始。本子轮流出，大家争先恐后，都希望得到留有同学文笔、值得珍存的周记本。周记由学生自主命题，写自己感兴趣的东西，先评改前一位同学写的周记，然后再写自己的。由于要互相评改，同学们写周记都很用心，唯恐写不好让别人笑话；阅读、评改别人的周记也十分认真，怕评不到点子上别人不服。每组选组长一人，负责检查督促。老师一周收阅一次，把写得好的篇目介绍给全班同学，供大家交流欣赏。（《得来全不费工夫》，《语文建设》2003.9）

这种小组合作写循环周记的方式，不但调动了学生课外练笔的积极性，锻炼了学生的写作能力和评改欣赏能力，还培养了学生的团队协作精神，可谓一箭双雕。

二、观察、积累经验借鉴

（一）留心观察、体验

〇著名学者季羡林的散文很受读者喜爱。谈到写作经验，他说写散文要“细致观察，反复酝酿”。“要细致观察一切人，观察一切事物，深入体会一切……你必须把这些常见的、习以为常的、平凡的现象，涵润在心中，融会贯通。仿佛一个酿蜜的蜂子，酝酿再酝酿，直到酝酿成熟，使情景交融，浑然一体，在自己心中形成了一幅‘成竹’，然后动笔，把成竹画了下来。”这样写成的文章，自然能感动人。

〇当代作家韩映山建国初在保定一中上初中，他和同学任彦芳萌生了练习创作的想法。课余时间除了如饥似渴地阅读文学作品，还细心观察和记录生活。他们认识到：“细节是作品的命脉。没有细节，作品就干巴无味……要想积累细节，非到生活中去认真、细致地观察和体验不可。”（《垛下的童年，校园的花树》）为此，他俩备有专门记录生活的日记本，每逢假期回家乡，跟大人一起劳动、开会、谈天，把观察到的人物和场景细细地记在本子上。白洋淀边的风景，田园劳动的场面，各种人物的谈吐，乡里的风俗人情，都有选择地如实记写下来，美其名曰“生活素描”“实地写生”。开学返校后，他俩交换日记，分享生活体验，并从这些素材中提炼加工，写成文稿，投给报社。韩映山写的《鸭子》，被孙犁主编的《文艺周刊》发表。这激励他走上了文学道路，后来成为“荷花淀派”的重要作家。

〇俄国19世纪作家屠格涅夫非常强调观察生活。有青年人向他请教如何写作，他说：“注意观察周围的一切，不仅要努力从生活的一切现象里抓住生活，而且要努力去了解它，了解生活依之而运动的却又不是经常表露出来的那些规律，必须通过意外的偶然性达到典型。”除了善于观察，他还有记笔记的习惯，“我总是把引起我注意的一切东西，把我的交谈者的外形和言语的典型特征记在我的本子里。”

〇法国19世纪杰出小说家福楼拜写作态度十分严肃，他认为作家要像画家写生一样，练好准确描写人、事、景、物的基本功。莫泊桑拜他为师，跟他学习写作，他要求说：“当你走过一个坐在自己店门前的杂货商面前，走过一个吸着烟斗的守门人面前时，请你给我描绘一下这个杂货商和这个看门人，他们的姿态，他们整个的身体外貌，要用画家那样的手腕传达出他们全部的精神本质，使我不至于把他们和任何别的杂货商人、任何别的守门人混同起来。还请你用一句话就让我知道，马车站有一匹马和它前后五十来匹是不一样的。”莫泊桑按他的要求，经常外出观察生活，练习准确描写的能力。刻苦学习一年之后，写出了短篇小说《点心》。十年后发表中篇小说《羊脂球》，一举成名。

（二）注意采集、积累

○当代作家秦牧强调作家必须建立自己的写作材料库。他说：“一个作家应该有三个仓库：一个直接材料的仓库，装从生活中得来的材料；一个间接材料的仓库，装书籍和资料中得来的材料；另一个就是日常收集的人民语言的仓库。有了这三种，写作起来就比较容易。”（《一个报告文学作者谈报告文学》）

○多产作家叶永烈在科普、科幻、童话、传记等多个文学领域取得了创作成就，与他重视采集和积累密不可分。他特别重视深入生活，积累创作素材。他接触社会的面比较广，跑过许多地方。仅在上海，他就采访过数百家工厂和许多科研所。每到一地，他总是带着笔记本，随手把各种见闻和自己的思考记下来。采访人物时，记的笔记更详细。他还特别重视积累书报资料。他说：“我有剪报习惯，我的剪报分20多类，分门别类剪贴”；“我的藏书颇多颇杂，分类存放，便于检索。”（《我的写作习惯》）

○“科学幻想小说之父”、法国作家儒勒·凡尔纳，一生创作了104部科幻小说。他之所以写出这么多无奇不有的作品，除了卓越的想象力之外，大量阅读、广博积累也是他成功的要素之一。为创作《月球探险记》，他阅读研究了500多种图书资料，记下了几大本笔记；为写《海底两万里》，他参考了1000多种图书，仅水中生物就记录了近万种。他的“幻想”不是胡思乱想，他的创作不是胡编乱创，而是有现实生活和科学资料作基础。据说，他的工作室里有分门别类存放各种资料卡片的柜子，每个柜子里有上万张资料卡片。他去世后，人们惊奇地发现他的各种笔记竟有25,000多本。可以想见，凡尔纳为创作收集素材、积累资料，付出了何等艰苦的劳动！

○美国20世纪小说家杰克·伦敦，喜欢用小纸条随手记下自己头脑中闪现的奇思妙语，或是听来读来的各种材料，并把这些纸条贴在自己房间的墙壁、橱柜、床头或镜子上，以便随时可以看到它们，默念它们，用它们启发写作的灵感和思路。离家外出时，他也选几张纸条，取下来装在衣袋里，随时随地抽空掏出来看看、想想。随时想到的句子、细节或构思，也写在纸条上，放在衣袋里。这些纸条与他朝夕相伴，为他的构思和创作立下了功劳。

（三）多读、多悟、多练

○有人请教欧阳修怎样才能写好文章，欧阳修回答说："无他术，惟勤读书而多为之，自工。世人患作文字少，又懒读书，每一篇出，即求过人，如此少有至者。"（汤云孙辑《东坡志林》卷一）

欧阳修幼年丧父，家贫，在母亲帮助下识字读书，熟诵经典。做官后公务繁忙，仍挤时间读书。他自述说："平生唯好读书，坐则读经史，卧则读小说，上厕则阅小词，盖未尝顷刻释卷也。"构思文章则多在"枕上、厕上、马上"。勤读多思多写，使他成为宋代文章第一大家。

○元代学者程端礼认为要想学好作文，必须在读书上用苦功夫。他说："读书如销铜，聚铜入炉，大鞴扇之，不销不止，极用费力。作文如铸器，铜既销矣，随模铸器，一冶即成，只要识模，全不费力。所谓劳于读书逸于作文者，此也。"（《程氏家塾读书分年日程》）

他把读书看做像用熔炉冶炼铜块那样费时费力，把作文说得像把销好的铜水倒入模子那样容易，今天看来这样讲有些简单化，但其中包含的读中悟写、以读带写的道理是对的。如今学生之所以感到作文艰难，多是由于读书不多，用心不细，积累不富，不谙作文之道。如果能在读书上付出辛劳，熟读玩味，记诵储备，揣摩范文笔法，那么作起文章来也就不那么艰难了。

○作文有没有秘诀？鲁迅的答案是否定的。他在《作文秘诀》一文中指出："作文却好像并无秘诀，假使有，每个作家一定是传给子孙的了，然而祖传的作家很少见。"

鲁迅在回答怎样写好文章一类问题时，不赞成过于看重"文章作法"，而主张"多看和练习"。他说："文章应该怎样做，我说不出来，因为自己的作文，是由于多看和练习，此外并无心得或方法的。"（《致赖少麒》）对于想搞文学创作的青年，他建议"多看大作家的作品"，因为"凡是已有定评的大作家，他的作品，全部就说明着'应该怎样写'。"至于"不应该怎样写"，鲁迅也提出一个好办法："不应该那么写这一面，恐怕最好是从那同一作品的未定稿本去学习了。"（《不应该那么写》）将某个作家同一作品的原稿和修改稿相比照，看他改动了哪些地方，揣摩一下为什么这样改，不但可以悟到"不应该那么写"，而且也可以学到"应该怎样写"。

○当代学者朱光潜回忆，上私塾时熟读背诵了许多古文名篇，在此基础上学习作文则不难入门。他说："各种体裁我大半都试作过。那时我的模仿性很强，学欧阳修、归有光有时居然学得很像。学古文别无奥诀，只要熟读范作多篇，头脑里甚至筋肉里都浸润下那一套架子，那一套腔调和那一套用字造句的姿态，等你下笔一摇，那些'骨力''神韵'就自然而然地来了，你就变成一个扶乩手，不由自主地动作起来。"（《从我怎样学国文说起》）

○家庭教育的成功实践者尹建莉，在女儿四五岁时开始教读古诗，女儿6岁时能背100多首，7岁时开始尝试写诗，小学二年级开始读长篇小说，最早读的长篇小说是金庸的武侠小说和琼瑶的《还珠格格》。此后阅读兴趣一直浓厚，直到高考从未间断，粗略统计课外阅读量超过1500万字。除了小说，还读传记、随笔等，读物的选择主要考虑接受水平和兴趣所在，从不让女儿读作文选一类的书，只是到高三时才读了一本高考满分作文选。尹建莉认为，好作品本身就包含着高超的写作技巧，阅读的过程就是学习写作技巧的过程。通过阅读提高写作能力，表面上看是个漫长的过程，实际上是真正的"捷径"。女儿作文从不出现病句，是因为千万次见识过流畅的句子，建立了良好的语感。语感好，词汇丰富，文笔自然流畅。2007年女儿16岁参加高考，语文得了140分，这跟她读书多练笔多、作文写得好有很大关系。（《好妈妈胜过好老师》）

○刘锡庆教授在研究和指导写作的长期实践中认识到："教师、作家，不能直接传导能力。只能传导一点知识（方法、门径），由学生完成把知识转化为能力的任务。这一转化中，自己去'悟'是契机，反复'历练'是门径，所以只有调动内因，多写多练，才能奏效。"（《写作漫谈》）

多少算是"多"？他认为一个人要想过写作关（标准有三条：书写合乎规范，具有良好的习惯；文字通顺，有一定的表现力；有一定的"文体感"），不写三二百篇文章是不行的。现在从小学到高中12年，累计作文也就120篇左右，很多学校、班级还达不到这个数量。这是远远不够的，必须以自主练笔相辅助。

三、构思谋篇经验借鉴

（一）关于提纲与腹稿

○叶圣陶强调作文一定要想清楚再写。"什么叫想清楚呢？为什么要写，该怎样写，哪些必要写，哪些用不着写，哪些写在前，哪些写在后，是不是还有什么缺漏，从读者方面着想是不是够明白了……诸如此类的问题都有了确切的回答，这才叫想清楚。”如果不想清楚就下笔，是很难写出一气呵成的好文章的，而且会给改稿带来很多麻烦。不管是学生练作文，还是成人写东西，叶圣陶都主张先写提纲：“先写提纲的习惯养成了，一辈子受用不尽，而且受用不仅在写作方面。”（《和教师谈写作》）

○鲁迅的写作习惯是先打腹稿后动笔。许广平曾介绍说：鲁迅在写作前不写提纲，但很重视打腹稿。他在写稿前，常常有一个酝酿期。就连写一篇三五百字的短评，也不是摊开纸就动笔。那张躺椅是他构思的好所在，那早晚饭前饭后的休息，就是他一语不发打腹稿的时候。（《鲁迅先生的写作生活》）如此凝神结想、立定格局之后，他才下笔。写的时候，则是一气呵成，很少涂改。

○秦牧的写作习惯是写短文打腹稿，作长文写提纲。他说：“写一千字左右的短文，我常常是打好腹稿，坐到书桌旁（有时也到公园去写），一口气写成。如果是两三千字的稿子，我就随便在一张小纸片上写出要点，然后按次序下笔。至于写作中、长篇小说和系统性的理论文章（如《语林采英》），那就准备好一本笔记簿，分段写出要点，把参考材料也粘贴上去，然后逐章‘按图索骥’地写。”

○上海作家、高级编辑庄大伟写文章喜欢躺在床上构思。一次他赶写一篇抗洪救灾的报告文学，晚上翻看了好几遍采访素材本，熬到半夜也没理顺写作思路，于是干脆上床休息。没想到闭眼躺在床上，思维却活跃起来，角度找着了，思路也理顺了。赶紧起床写出了详细提纲，第二天顺利写成了报告文学《分担》。从此他经常试着躺着构思，都挺灵验。后来他了解到，大文豪莎士比亚、巴尔扎克、莫里哀、马克·吐温都有卧思写作的习惯。而且有研究表明，躺着闭目思考能排除外界事物干扰，大脑血液供应充足，精神状态最佳，联想、想象丰富，潜意识能得到最大限度的开发。学生作文受环境制约，不能想躺就躺，但可以让坐姿舒服些，尽量找安静的环境构思。

庄大伟还喜欢用“说”辅助构思。他常先把故事框架讲给女儿听，边讲边想，连编带讲，中途不时停下来，听女儿说说希望故事如何发展，希望有怎样的结局。等故事编得成熟一些了，就找机会讲给其他人听，给什么人写的故事，就讲给什么人听，讲完了就请他们提意见，综合大家意见又经过一番思考后，才正式动笔写。他说，讲故事的过程就是理顺情节、完善构思的过程，而且先动口后动笔利于使语言通俗易懂，控制华丽辞藻蔓延。他的系列童话《老海龟的故事》等，都是这样写成的。（《写作 100 法》）

（二）关于立意与选材

○唐代杜牧认为，作文须先立意，文章以意为主。他说："凡为文以意为主，以气为辅，以辞彩章句为之兵卫。未有主强盛而辅不飘逸者，兵卫不华赫而庄整者。""苟意不先立，止以文采辞句绕前捧后，是言愈多而理愈乱……是以意全胜者，辞愈朴而文愈高；意不胜者，辞愈华而文愈鄙。是意能遣辞，辞不能成意。大抵为文之旨如此。"（《答庄充书》）

○清代刘熙载认为选材的关键在"胸有炉锤"。他说："无一意一事不可入诗者，唐则子美，宋则苏、黄。要其胸中具有炉锤，不是金银铜铁强令混合也。"（《艺概·诗概》）黄庭坚是否堪称"无一意一事不可入诗"，前人评价不一；但杜甫和苏轼却是达到了这种境界的。

○茅盾曾用旧社会的奸商和税吏作比喻，说明积材贵多，选材要严。他说："采集之时，贪多务得，要跟奸商一般……只要是可称为'货'的，便囤积，不厌其多。选用的时候，可就要像关卡的税吏似的百般挑剔了：整整一卡车的货，全要翻过身来，硬的要敲一敲，软的要扪一把，薄而成片的，还得对着阳光照了又照——一句话，用尽心力，总想找个把柄，便扣下来，不让过卡。"（《茅盾论创作》）

○莫泊桑认为写作选材不在于所取事件的大小，而在于是否有"重要意义和整体价值"。有，再小也取；没有，再大也不取。小说的成功未必在于激动人心的大场面和大起大落的大事件，而在于"那些表现作品明确意义的可信的小事的巧妙组合"。

○魏巍写《谁是最可爱的人》，选材以一当十。最初写这篇通讯时，他用了20多个从战场采访来的具体事例，写成后总觉得像在"记账"，哪个也没写充分。于是他大加删减，留下5个事例，后来又删去两个，只用3个典型事例从3个角度来表现主题，发表后大获好评。

○庄大伟选材组材用得最顺手的方法是"扑克牌组合法"。他把平时搜集的写作素材和一些朦胧的构想记在纸片上，写作时根据要表达的主题，将某一类别的素材纸片摊开，像玩扑克牌一般进行排列组合，轻松愉快地完成构思。（《写作100法》）

（三）关于谋篇与布局

○梁启超《中学以上作文教学法》提出"教人作文当以结构为主"。他说："未动笔以前，先要观察事实和事实的关系，究竟有多少处主要脉络，把全篇组织先立出个系统，然后一切材料能由我自由驾驭。”其中包含着他精到的写作经验。

○魏晋之前的作家一般重视文辞而忽视结构，南朝刘勰始重结构，《文心雕龙》里的《章句》《附会》对篇章结构有专门论说。刘勰认为谋篇布局的任务是：“总文理，统首尾，定与夺，合涯际，弥纶一篇，使杂而不越者也。”（《附会》）“总文理”指总观文意安排次序；“统首尾”指从开头到结尾一脉贯通；“定与夺”指合理确定材料的取舍；“合涯际”指组合章节句段针线细密；“弥纶一篇，使杂而不越”，指包举全篇，使它内容丰富而不散漫。其中“定与夺”主要指材料选择，其余四项都是结构安排的任务。

安排结构的原则，刘勰提出“附辞会义，务总纲领”。就是说章句要紧密配合文意，务必抓住“纲领”来布置结构。这样能“使众理虽繁，而无倒置之乖，群言虽多，而无棼丝之乱”；“首尾周密，表里一体”。（《附会》）他还提出“设情有宅，置言有位”，根据情意安排章节，组织语句，注意部分与整体的联系。这样，“篇之彪炳，章无疵也；章之明靡，句无玷也；句之清英，字不妄也；振本而末从，知一而万毕矣。”（《章句》）

○清代崔学古教弟子作文提出“五要”，前四条讲的都是结构要求：第一要晓得宾主虚实、正反开合。第二要晓得脉理。把来踪去路细想清楚。第三要知步骤。按步骤渐次讲来，文方不乱。第四要晓得能转。能转则能通，能通则能变，能变则灵妙。（《少学》）

○古人论文看重曲折。袁枚说：“凡作人贵直，而作诗文贵曲”；“文似看山不喜平。”（《随园诗话》）金圣叹说：“文章之妙，无过曲折。”（《增订金批西厢》）小说戏剧最忌平铺直叙，波澜起伏才能吸引住人；短文也有“尺水兴波”之法。韩愈《送董邵南序》，全文不足百字，写得含蓄委婉，曲折有致。欧阳修的《读李翱文》，五百多字，抑扬开合，兴起几重波澜，尽显“纡徐委备，往复百折”的特色。

○前人作文讲究伏应，即前有埋伏，后有照应。伏应之法，难在“伏”。近代翻译家林纾对此体验颇深，他说：“伏笔苟使人知，亦不称妙。无意阅过，当是闲笔，后经点眼，才知是有用者。”“惟善伏者始得后来之显豁。盖一脉阴引而下，不必在在求显，东云出鳞，西云露爪，使人扪捉，亦足见文心之幻。”

（四）关于开头与结尾

○谈到开头、结尾的方式方法，人们常引陶宗仪“凤头”“豹尾”、白居易

"首句标其目，卒章显其志"之说。其实还有多种意见。宋代李涂说"文字起句发意最好"（《文章精义》）；姜夔说"一篇全在尾句，如截奔马"，又说"篇终出人意表，或反终篇之意，皆妙。"（《白石诗说》）明代谢榛说："起句当如爆竹，骤响易彻；结句当如撞钟，清音有余。"（《四溟诗话》）清代李渔说："开卷之初当以奇句夺目，使之一见而惊，不敢弃去"；"终篇之际当以媚语摄魂，使之执卷流连，不忍遽别。"（《闲情偶寄》）沈德潜说："起手贵突兀"，"收束或放开一步，或宕出远神，或本位收住。"（《说诗晬语》）梁启超的经验是："作文时最好将要点一起首便提出，次则早点提出"；"博士买驴，书卷三纸，不见驴字"最要不得（《中学以上作文教学法》）。叶圣陶的经验是："结尾是文章完了的地方，但结尾最忌的却是真个完了。要文字虽完了而意义还没有尽，使读者好像嚼橄榄，已经咽了下去而嘴里还有余味，又好像听音乐，已经到了末拍而耳朵里还有余音，那才是好的结尾。"（《开头和结尾》）这些经验和说法各有道理。文章体裁、写作风格、审美趣味各有不同，完全可以用不同的笔法。

○同一作者写同样体裁的文章，开头结尾也应有所变化。苏轼写过多篇记写亭台的文章，如《喜雨亭记》《放鹤亭记》《墨妙亭记》《凌虚台记》《超然台记》，开头结尾的方法各不相同，让人读来总能耳目一新，绝无雷同之感。

○叶永烈感到开头和结尾最难写好。他说自己构思作品时，"最感困难的是想出一个好的开头和结尾。尤其是结尾，既要在情理之中，又要在读者意料之外，构思时最为吃力。我总是把开头和结尾都考虑妥当了，这才动笔写。"（《我的写作习惯》）

○列夫·托尔斯泰特别重视写好小说的开头。《安娜·卡列尼娜》的开头写了10次，最后定下这样开头："幸福的家庭都是相似的，不幸的家庭各有各的不幸。"《复活》最初从贵族聂赫留朵夫下笔，后来找到了"写不下去的原因"——"我明白了，我应当从农民的生活开始，他们是小说的对象，是正面人物，而其他的不过是阴影，是反面现象。"于是改从社会底层人物卡秋莎·玛丝洛娃着笔，使小说获得了极大成功。

四、行文表达经验借鉴

（一）抓住灵感

○德国作家歌德每逢诗兴勃发或灵感袭来之时，"便跑到书桌旁，将就斜横着纸，连摆正它的时间也没有，急忙从头至尾矗立着便写下去。"所以，有人说他有站着写诗的习惯。

〇郭沫若写诗，也是常在诗意突来的时候，抓住灵感，快速挥洒。《地球，我的母亲》是他在日本福冈图书馆看书时，诗兴突然袭来，立刻跑到馆后，躺在地上拥抱“地球母亲”，完成了诗的构思，然后跑回寓所挥笔而成。长诗《凤凰涅槃》是一天上午听课时突然产生灵感，“便在抄本上东鳞西爪地写出了那诗的前半”；晚上临睡时“意趣”又袭来，便“伏在枕上用着铅笔只是火速地写”，草成了全诗。（《我的作诗的经过》）

〇叶永烈认为，创作不能单凭灵感，但要善于抓住灵感。他说，在构思作品过程中，苦思冥想，搜索枯肠，有时会偶然从什么事情得到启示，顿开茅塞。“一旦出现这种情况，我总不顾一切，赶紧用笔写下来。好多次，我已经睡在床上，跃身而起，挥笔疾书，便是处于这种状态。”童话《圆圆和方方》，构思了好久，写不出来，一次洗衣服偶得灵感，立即伏案，一个多小时就完成了两千字的作品。“当时如果不把稍纵即逝的构思及时写下来，可能作品会逊色得多。”（《我的写作习惯》）

（二）行文贵速

〇巴尔扎克的写作经验是：构思慢，写要快，打“速决战”。他在一封信中透露：《路吉艾利家族的秘密》是一夜工夫写成的，《老姑娘》是三个夜晚写成的。《幻灭》开头的一百页，只花了三天时间。（《致韩斯卡夫人》）

〇鲁迅的杂文多是在“凝神结想”之后“一挥而就”。他指导青年写作，这样说过：“先前那样十步九回头的作文法，是很不对的。这就是在不断的不相信自己——结果一定做不成。以后应该立定格局之后，一直写下去，不管修辞，也不要回头看。”（《致叶紫》）

〇郭沫若写剧本，酝酿的时间较长，一般要写好详细的“人物提纲”，正式写起来则很快。《孔雀胆》写了5天，《蔡文姬》写了7天，《屈原》写了10天。

他动笔写作之前，还有一个习惯：写小说，总要先把托尔斯泰或福楼拜的小说读它一两篇；写剧本，便先把莎士比亚或莫里哀的剧本选读一两种。读也不全读，有时只读几页甚至几行，为的是得到一点“暗示”，激发起不可遏止的创作兴趣，然后乘兴而写。（《我的读书经验》）

〇梁斌的写作习惯也是初稿求快，然后慢慢去改。他说：“根据我的个人体会，写作初稿时要一气呵成，如江河流水，一泻千里，气势磅礴。这时，心如平原走马，笔足墨饱，气运横生，必至淋漓尽致而后快。”

（三）情真事切

○现代作家林语堂强调：写作贵真，要抒发真性灵。他说："发抒性灵，斯得其真，得其真，斯如源泉滚滚，不舍昼夜，莫能遏之，国事之大，喜怒之微，皆可著之笔墨，句句真切，句句可诵。"文章"真"了，则"不故作奇语，而语无不奇，不求其必传，而不得不传"。

○现代作家冰心"心里有什么，笔下写什么"，容不得虚伪造作。她早年留美求学时写的《寄小读者》，把对母亲的思念和对母爱的赞美表达得淋漓尽致，用真情打动了几代少年读者。

○臧克家说："真情才能产生真货色"。他写诗作文都动真情。回忆老舍的《老舍永在》，悼念陈毅的《陈毅同志与诗》，他都是一边拭泪一边写成的。他写散文《老哥哥》，三次痛哭失声，三次跑到卫生间去扭开水龙头，让凉水冲洗热泪。由于文章贮满了真情，读它的人也很受感动。

○司马迁《史记》写活了许多历史人物，往往得益于成功的细节描写。《李斯列传》写李斯年轻时在郡里做小官，看到厕所里的老鼠吃的全是脏东西，还常受人和犬的惊扰；而仓库中的老鼠吃的是粮食，藏在大屋里，安全又自在。李斯感叹道："人之贤不肖譬如鼠矣，在所自处耳。"于是，去拜荀卿为师学帝王之术。《陈丞相世家》写陈平少时家贫，但办事公道。一次乡里社日分肉，由他掌刀，乡亲都称赞他分得公平合理。陈平说："嗟夫，使平得宰天下，亦如是肉矣！"后来陈平为相，果然办事公道。章学诚《文史通义》称赞这两个细节写得好："陈平佐汉，志见社肉；李斯亡秦，兆端厕鼠。推微知著，固智士之玄机；搜间传神，亦文家之妙用也。"

细节描写要真实，还要典型。典型化的细节，更能展示人物性格，表现作品主题。司马迁在《张仪列传》中写张仪游说诸侯，在楚挨打受辱，妻子劝他放弃，张仪吐吐舌头问妻子："视吾舌尚在不？"其妻笑答："舌在也。"张仪说："足矣。"三寸不烂之舌还在，说客就要当下去，一个典型细节活画出张仪的典型性格。

○叶永烈写科幻小说，也力求描写准确，细节真实。一篇小说写到人在雪山被冻，皮肤改变颜色的细节，为了描写准确，他查医学书，没查到相关资料。想起报上曾报道日本一登山运动员在四川高山雪地受冻十多天后被人救起，可能会有相关描写，于是去查《体育报》等报纸，都只有简单的消息。后来终于从《羊城晚报》查到详尽报道，弄清了这一细节，心才踏实下来。他说："一个作者的生活积累终究有限，不可能处处都来自直接生活经验……我注意每一细节的描写，就是为了使作品真实。只有真实的作品，才会有感人的力量。”（《我的写作习惯》）

五、语言运用经验借鉴

（一）选词贵妥帖

○在精心选词、妥帖达意方面，古今文坛多有佳话。贾岛“推敲”、王安石炼“绿”、齐己的“一字之师”等故事，流传久远。鲁迅《为了忘却的纪念》中“忍看朋辈成新鬼，怒向刀丛觅小诗”，“忍看”“刀丛”是由“眼看”“刀边”改来。杨朔《荔枝蜜》中引出赞美蜜蜂的那句“我不禁一颤”，“一颤”是由“想”字改来。从语用态度到选词方法，都可以带给我们诸多启示。

○法国作家福楼拜提出词语选择“唯一”说。他的学生莫泊桑也这样追求：“不论一个人所要描写的东西是什么，只有一个词最能表示它，只有一个动词能使它最生动，只有一个形容词能使它性质最鲜明。因此就得去寻找，直到找到这个词，这个动词和这个形容词，而决不要满足于‘差不多’。”

对于学生作文的选词，不宜过早提出这样高的要求，以免导致畏惧心理。随着年级升高，词汇不断丰富，要求也应随之逐渐提高。

（二）组句贵灵活

○句子的形体有长、短之分。短句字少，结构简单，表意显豁；长句字多，结构复杂，表意丰富严密，在政论文和科技文中用得较多。写文章如果不是特别需要，最好多用短句，少用长句。语言大师老舍对此有深刻体验，他说：“长句子容易出毛病。把一句长的分为两三句短的，也许是个好办法。长句即使不出毛病，也有把笔力弄弱的危险，我们须多留神。”（《“散文”并不“散”》）他写文章，“总希望七八个字一句，或十个字一句，不要太长的句子。”（《关于文学的语言问题》）因此，他的散文、小说，能让人读起来上口，听起来容易明白；他写的剧本，“人艺”的演员说不用改台词。

当然，长句有长句的用场和表达效果，当用则用，注意别出语法毛病，别让人读着太绕口，能够化短的尽量化短些。

○句子的结构有整、散之别。散句结构不一，参差不齐，灵活洒脱，是言语的自然状态；整句结构一致，形式整齐，多由对偶、排比、顶真、回环等修辞手法构成。整句用得好，可以使表意更凝重、鲜明、有力；用得不好或用得过多，反而显得生硬、呆板。正如修辞学家金兆梓所说："偶句之妙在凝重，奇句之长在流利"；"然叠用偶句，其失也单调而板滞，叠用奇句，其失也流转而无骨"；"必也参互错综而用之，则气振而骨植，且无单调之病，而有变化之妙。"（《实用国文修辞学》）

今天我们用现代汉语写文章，宜以散句为主，适当穿插整句。二者能否结合得好，是语言功力高低的体现。

○组句成段成篇还应注意语言节奏。吴调公教授认为：掌握语言节奏是锤炼语言的关键。他回忆读中学时，特别喜欢韩愈和梁启超驰骋奔放、一泻千里的文章气势和错综变化、痛快淋漓的文笔。他反复诵读他们的文章，揣摩那富有强烈节奏感的语言，将其作为作文的楷模努力模仿。慢慢地，他的文章也有了鲜明的节奏感，大学一年级的国文老师夸他的文章气势磅礴。后来，古人的"文气"说，特别是刘大櫆说的"积字成句，积句成章，积章成篇，合而读之，音节见矣，歌而咏之，神气出矣"，对他启发很大。于是写文章、改文章总是"合而读之"，"透过文章节奏感的检验，来安排和调整词句篇章"；"甚至于连隐藏在波澜起伏的音节背后的脉络、结构，是否有颠倒重复、杂乱无章之处，也往往能通过由'默念'所产生的节奏感而检验出来。"（《谈谈我学习写作的片断感受》）

（三）言语宜简明

○俄国诗人普希金说："至于谈到风格，越简练越好。主要是：真实，诚挚。事物本身是如此引人入胜，无需任何粉饰。粉饰甚至有损于它。"与普希金一样，果戈理、契诃夫、高尔基等作家都很强调写作要简洁。高尔基对朋友说："语言必须是朴素、明晰、精确，然后语言才优美和明白易懂，然后您用这种语言所写的一切听起来才有力量和清楚。""一切您都必须压缩，压缩！只要做到这一点，您就可以学会简练、明白、有力。"

○我国古代散文崇尚简短，鲁迅继承发展了这一传统，他的杂文大多篇幅短小，简而有法，言简意深。他晓得短文有短文的缺点，有可能产生误解；也可能产生片面性，难以照顾全面。但如果掌握了辩证法，片面性是可以避免的。毛泽东称赞鲁迅后期的杂文没有片面性。

鲁迅反对把文章写得"一要蒙胧，二要难懂"，提倡"有真意，去粉饰，少做作，勿卖弄"。（《南腔北调集·作文秘诀》）为了达到简洁明白，文章写成后，他"总要看两遍，自己觉得拗口的，就增删几个字，一定要它读得顺口；没有相宜的白话，宁可引古语，希望总有人懂，只有自己懂得或连自己也不懂的生造出

来的字句，是不大用的。”（《南腔北调集·我怎么做起小说来》）

○《史记·李将军列传》有这样一段描写：“广出猎，见草中石，以为虎而射之，中石没镞，视之石也。因复更射之，终不能入石矣。”清代王若虚指出：这段话中连用四个“石”字，显得啰唆，不如改成：“广出猎，尝见草中有虎。射之，没镞；视之，石也。因复射之，终不能入矣。”两相比较，王若虚的修改确比司马迁的原文更简明。

○前人写作既重惜墨，也讲泼墨，追求运笔自如。吴曾祺指出：“善用笔者，或纵之数千言而不厌其详；或约之数十言而不见其简。详之至而使人不见其可删；简之至而使人不见有可益，斯为妙矣。”援笔用墨，能长能短，能放能收，如苏轼所说“常行于所当行，常止于不可不止”。达到了这一步，才算真功夫。

（四）表达有个性

○韩愈主张“惟陈言之务去”。这里的“言”，主要指“言辞”“话语”，而非“字”“词”，因为文字和词汇都是同时代人共用的。韩愈在言语表达上很下工夫，力去陈言，自铸新辞。明代王鏊指出：“韩师孟（指孟子），今读韩文不见其为孟也……所谓‘师其意，不师其辞’，此最为文之妙诀。”（《震泽长语》）韩愈创用过不少新词语，如不平则鸣、一发千钧、痛定思痛，至今生命力不衰。

○苏轼教诲侄儿学作文：“凡文字，少小时须令气象峥嵘，采色绚烂，渐熟乃造平淡。其实不是平淡，乃绚烂之极也。汝只见爹伯今日文章平淡，便专意学此样，何不取旧日应举时文字观之，看其高下抑扬，如龙蛇捉不住，且须学此，斯得之矣。”（《与侄简书》）按苏轼的经验，少年作文应当想象丰富、感情奔放、辞采绚丽，等长大成熟之后，再走向质朴平淡。

○古人教学童作文多主张“先放后收”。元代程端礼提出：“后生学文，先能展开滂沛，后欲收敛简古甚易。若一下便简古，后欲展开作大篇，难矣。”（《程氏家塾读书分年日程》）先展开，后收敛，先后顺序不能颠倒。清代梁章钜也说：“少年作文，以英发畅满为贵，不宜即求高简古淡。”（《退庵论文》）

由古人说法反观今天，中小学生作文来点华丽辞藻应当允许，新学的辞藻用不妥当也算不上大毛病，不宜说是“文风不正”。语言不够简练雅致，完全是正常现象，不能苛求他们句无冗字。到高中阶段再慢慢收敛，走向精练典雅不迟。

六、修改加工经验借鉴

（一）文不厌改

○欧阳修作文极重反复修改，他常把刚写成的文稿贴在居室墙壁上，朝夕观览，改而复改，甚至改得“有不留本初一字者”。《朱子语类》说：有人见到欧公《醉翁亭记》文稿，“初说滁州四面有山，凡数十字，末后改定，只曰‘环滁皆山也’五字而已。”

《宋稗类钞》记载：欧阳修为名将韩琦作《昼锦堂记》，韩公得之，甚为爱赏，尤喜文章开头“仕宦至将相，富贵归故乡”之句。过了几天，欧阳修又派人送来一个修订本，附信说：“前有未是，可换此本。”韩琦“再三玩之，无异前者，但于‘仕宦’‘富贵’下各添一‘而’字。”添上两个“而”字，文意未变，但笔调舒缓多了，更能体现欧阳修散文“平易舒展”的语言特色。

欧阳修晚年，有一段时间整天修订过去所写的文章，劳心伤神。他的夫人劝阻说：“何自苦如此？当畏先生嗔耶?”欧阳修笑答：“不畏先生嗔，却怕后生笑。”（明·顾元庆《夷自斋书话》）这种严谨认真修改文稿的负责精神，足为今人效法。

○当代语言学家朱德熙以治学严谨著称，他写文章总要反复修改多次，有时改得非常苦。他说：“好文章是改出来的。一定要反复改。改得自己满意了，才能拿出来。”他叮嘱自己的学生，要看《文章评改》之类的书，从中学习改文章的方法。（马庆株《朱德熙先生永远活在我们心中》）

○古今中外大凡卓有成就的作家，在写作中无不重视反复修改。俄国作家果戈理完成初稿后至少要修改八遍。列夫·托尔斯泰说：“写作而不加修改，这种想法应该永远摒弃。三遍，四遍——那还是不够的。”“不要讨厌修改，而要把同一篇东西改写十遍、二十遍。”他的小说名作《安娜·卡列尼娜》改了十二次，《战争与和平》改过七次，《复活》的开头修改过二十次。法国作家巴尔扎克写小说，少则修改五六次，多则改到十五六次，小说原稿的页数往往是定稿的十倍。美国作家海明威的长篇小说《永别了，武器》，光结尾就改了二十多遍；中篇小说《老人与海》，读改了两百遍才定稿。

（二）边读边改

○叶圣陶从自己修改文稿的实践中总结出这样的经验：用念的办法来检验写成的稿子，最为方便而且有效。他说：“修改稿子不要光是‘看’，要

‘念’，就是把全篇稿子放到口头说说看。也可以不出声念，只在心中默默地说。一路念下去，疏忽的地方自然会发现……同时也很容易发现该怎样说才接气，才紧密，才对头，才不多不少，而这些发现正就是修改的办法。”（《和教师谈写作》）

○秦牧认为一面朗诵一面改是修改文章的好方法。他说：“一篇文章（或者一本书的每一节）写成后，我起码修改两次，有时是三次。一面朗诵一面修改，不但改掉错字别字，理顺句子，删去繁词冗段，搞好标点，加强修辞，也还注意文字的节奏音响。总得修改到可以朗朗上口才罢。”

（三）冷却后改

○北宋唐庚谈到自己作诗改诗的经历说：“唯作诗甚苦，悲吟累日，仅能成篇。初读时未见可羞处，姑置之。明日取读，瑕疵百出，辄复悲吟累日，反复改正，比之前时，稍稍有加焉。复数日取出读之，疵病复出。凡如此数四，方敢示人。”（魏庆之《诗人玉屑》卷八）

○唐彪认为要想把文章写好，必须反复修改，除了脱稿时仔细推敲，他更强调脱稿后放一放，再作润色加工。他说：“文章初脱稿时，弊病多不自觉，过数月后，始能改窜。”“凡人作文，心思一时多不能遍到，过数月后，遗漏之义始能见及，故易改也。又，当其时，执着此意即不能转改他意。异时心意虚平，无所执着，前日所作，有未是处，俱能辨之，所以易改。”（《读书作文谱》）

○叶永烈写稿力求速战速决，写完之后，把稿子‘冷却’一下，然后再修改。冷却阶段，可以请别人看看，提提意见。冷却时间可以是几天、几星期，也可能是几月、几年。他的《小灵通漫游未来》，初稿写于 1961 年，放置 16 年之后，才用 10 个晚上的时间改成 7 万字的定稿。（《我的写作习惯》）

○庄大伟则认为文章“冷却”的时间不宜太长。因为时间一久，当初构思作品的印象就没有了，修改时需要启动写作的各个环节，比较费力。它认为放一两个星期时间来“冷却”比较合适。（《写作 100 法》）

学生作文往往限时交上，不能拖延。但隔一段时间重阅修改旧日作文，是可行而且有益的。

（四）求教他人

○宋代吕东莱说：“初作文字，须广以示人。不可耻人指摘疵病，而不将出。盖文字自看，终有不觉处，须赖他人指出。”

○南宋辛弃疾每有新作，必“置酒召数客”，“使摘其疵”。有人给他指出缺点，他会喜形于色，“味改其语，日数十易，累月未竟”。他如此真心诚意地向人征求意见，又如此认真地参考别人的意见修改自己的作品，提意见的人也更加坦诚。

○叶永烈修改文稿时，常请别人看，听取他人的感受和建议。不便找外人时，就请家人看：“爱人是中学语文教师，大儿子是高中生，小儿子是初中生，常常分别从各自不同的角度，对作品提出意见，很有价值。他们的不少意见被我采纳。”（《我的写作习惯》）

（五）重视删削

○契诃夫认为“简洁是才力的姊妹”，“写得有才华就是写得短”。他修改作品运用最多的方法是删削。他说：“写作的艺术，其实，并不是写的艺术，而是删去写得不好的东西的艺术。”

○海明威的中篇小说《老人与海》，原是一个长篇的最后一章。这部长篇完成后，他最满意这一章，担心前面的五分之四会损害后面这章，于是干脆把前面砍掉，只把这章作为中篇发表。这篇深含寓意、耐人品读的小说使他获得了诺贝尔文学奖，畅销世界至今不衰。

海明威曾提出文学创作的“冰山原则”：“冰山运动之雄伟壮观，是因为它只有八分之一在水面上。”“我总是按照冰山的原则来写作，那就是浮出水面的只有八分之一，还有八分之七藏在水下。你知道的东西可以略去不写，这样反而加固了你的冰山。”简洁的文字、鲜明的形象、丰富的情感、深刻的思想，是“冰山原则”的四大要素，也是海明威创作的基本风格。

○卞之琳有一首诗：“你站在桥上看风景，/看风景的人在桥上看你。//明月装饰了你的窗子，/你装饰了别人的梦。”此诗原是一首长诗当中的四行，但全诗只有这四行让他满意，于是把这四行抽出来，题为《断章》。《断章》发表后，成为卞之琳诗歌中最受读者喜爱的一首。

（六）品味改笔

○唐彪提倡学生对先生批改过的作文，“宜将自己原本照旧誊清，先生改者，亦誊于侧，细心推究我之非处何在，先生改之妙处何在。逾数月，又玩索之。玩索再四，则通塞是非之故明而学识进矣。”（《父师善诱法》）

○吴调公读初中时先后遇到两位文风偏好不同的语文老师。第一位倾向于陆机所谓“缘情绮靡”，连作文评语都写得颇有文采。他的作文适合这位老师的口味，常常赢得夸奖。一年后换了另一位，这位老师看重准确和朴素，不大看重文采。吴调公的作文被老师改得较多，评价也大为减色。起初他不服气，后来细细品味老师的改笔，开始发现了自己作文的缺点：片面追求文采，有时滥用抒情和夸张，“有些地方看来漂亮，但内容却很空虚。有些地方用词表意，不够准确”；“不需要渲染的也渲染，不需要用排句的大用排句，哗众取宠，文风不踏实”。（《谈谈我学习写作的片断感受》）于是，每次拿到老师批改的作文，他都细细琢磨老师的改笔，品味老师的评语，渐渐改变了文风，得到了老师的肯定。

不少同学拿到老师批改的作文，往往扫一眼得分和总评便丢在一边，教师心血白费，学生所获寥寥。教师若能如唐彪那样指导，学生若能像吴调公那样用心玩索，老师批改作文的辛苦则有回报，学生品文作文的能力会较快提高。

第八章　口语交际学习指导

口语交际是人们运用有声语言并辅以态势语言传递信息、表情达意的社会活动。相关资料表明：人们日常言语活动中，听占45%，说占30%，读占16%，写占9%。听说合占3/4，可见口语交际在社会交往活动中地位之重要。现代社会人际交往的增多，生活节奏的加快，电话通讯的普及，人机对话的实现，都对社会成员的口语交际能力提出了更高的要求。传统语文教育重读写轻听说、任凭口语能力自然生长的观念和做法必须改变。加强口语交际学习指导，是全面提高学生语文素养的需要，是适应现代社会发展、培养信息社会所需人才的需要。本章主要讨论口语交际学习指导的内容、策略，并提供若干可供借鉴的口语学习经验。

第一节　口语交际学习指导要点

上世纪初，在切音字运动、新文化运动、国语运动的推动下，听话说话教学开始进入语文教育的视野。1950 年，新中国统一使用的第一套《语文》课本在《编辑大意》中明确指出"语文教学应该包括听话、说话、阅读、写作四项"。1986 年颁布的中小学语文教学大纲将听说能力与阅读能力、写作能力并列，分年级规定了教学要求，语文教科书中有了听说训练一席之地，长期以来听说教学有名无实的状况开始得以转变。2000 年修订的中小学语文教学大纲和 2001 年颁布的语文课程标准用"口语交际"教学取代"听话说话"教学。

以往语文课程中的听话与说话教学主要是一种静态的言语实践活动，学生或作为听者，或作为说者，进行单纯听或单纯说的训练，言语信息呈单向传递。而语文新课程中的口语交际学习则重在“交际”，强调适应交往情境，重视双向或多向互动交流，是一种动态的言语实践活动。它将听话和说话整合为一体，并注入了交往互动、文明态度、语言修养和态势辅助等新的元素，凸显了语言的交际功能。因此，从“听话说话”教学到“口语交际”教学是语文课程观和教学观的进步。

但是，我们不能因此否定听话、说话训练对培养口语交际能力的价值。因为口语交际能力是由口语能力、交际能力、思维能力熔铸而成的“合金”。其中，思维能力是核心要素，口语能力和交际能力是实现要素，而口语能力即包括听话能力和说话能力。听话能力和说话能力欠缺，必然导致口语交际能力低下。从这个意义上说，善听会说是形成口语交际能力的基础。口语交际学习指导，既不能忽视听话指导和说话指导，又要加强交际指导和思维指导。当然，这四个方面经常是交融一体难以分割的。为了阐说方便，下面分述之。

一、听话指导

听话即对口语信息的接收和理解，是主动对口语信息进行认知加工的心理过程。现代认知心理学将听话过程分为三个阶段：言语知觉阶段——语法分析阶段——利用阶段。① 有研究者对听话的一般过程做出如下切分和通俗解释：听到阶段——声波振动耳鼓，听觉神经把声波信号传到大脑的言语听觉区，听话人便收到了言语信号；听懂（解）阶段——大脑神经中枢对连续接收的言语信号加以译解，联词成句，构成句法关系，从而理解语句的含义；听悟阶段——对听解的片断的语义加以前后联系，分析推理，领悟通篇话语的意思，并以高度简缩的形式形成语意，储入长时记忆，同时做出评价。②

要提高学生的听话能力，需从培养听话注意力、感知力、理解力、品评力、记忆力等方面加以指导。

（一）培养听话注意力

与用文字传送信息不同，靠声波传送信息，语音停留时间极短，音流接踵而至并且稍纵即逝。所以，听话者必须集中注意力，才能持续快速地辨识语音、语

---

① 朱作仁、祝新华：《小学语文教学心理学导论》，上海教育出版社，2001 年，第 114 页。

② 林化君、陈黎明、张幼冬：《追问与发现——语文学习心理学》，青岛海洋大学出版社，1998 年，第 180、177 页。

气、语调和表情，听懂、听全别人讲话的意思，并迅速做出恰当的反应。

《义务教育语文课程标准》在口语交际的“学段目标”中提出：“能认真听别人讲话，努力了解讲话的主要内容”（第一学段）；“学会认真倾听，能就不理解的地方向人请教，就不同的意见与人商讨”（第二学段）；“听人说话认真、耐心，能抓住要点，并能简要转述”（第三学段）；“耐心专注地倾听，能根据对方的话语、表情、手势等，理解对方的观点和意图”（第四学段）。“认真”“耐心”“专注”地倾听，不但是正确全面理解他人话语、抓住谈话要点的前提条件，而且是口语交际中每个人应有的礼貌态度和文明修养。

指导学生听人说话，应力求做到“三心”——专心、耐心、会心。专心，即神情专注地倾听，保持注意力的集中和稳定，克服注意力的分散，不能漫不经心、心不在焉。耐心，就是认真听人把话说完，不心浮气躁，不随便打断他人讲话，即使不赞同或持反对意见，也应待对方表达完一个相对完整的意思后再提出问题或表达自己的意见。会心，指目光要与说话者交流，边听边察言观色边思考，以微笑、点头或应答表示有兴趣听对方说话、赞成对方的说法或鼓励对方说下去。与人共同听比较重要的讲话，还要能排除环境因素的干扰，恰当分配自己的注意力，边听边归纳要点或记录有价值的信息。

（二）培养听话感知力

口头言语是语音和语义的统一体。听话者必须对口语的语音序列具有敏锐的感知力，才能准确地理解语义。听话感知力主要包括语音感知力、语调感知力、语气感知力。汉语语音由声、韵、调构成，准确感知声、韵、调的差异，敏锐区辨同音词、近音词、多音词，才能明晰语音所代表的意义。语调表现为音流的疾徐、抑扬、轻重、停连，语音相同而语调不同，传达的意义也有所不同。比如，一句话中的重音放在不同位置，强调的意思就有差别；在句中不同的位置加上停顿，表达的意思有时大不相同。语气一般分为陈述、疑问、祈使、感叹，不同语气表现为不同的句调，有时还要借助不同的语气词。听话者在感知语音的同时还需感知语调和语气的差异，才能快速而准确地感知语义。

指导学生学习听话，要有意识地锻炼他们敏锐地感知语音、语调和语气的能力。

（三）培养听话理解力

听话者在感知语音、语调、语气的基础上，凭借已有的知识经验，通过联想、判断和推理来理解语句和语段的意思，进而明了对方说话的全部意义。听话理解力是衡量听话能力高低的最重要的尺度。

人们说话有时直来直去，语义显明，一听就懂。有时并不直说，而是借助暗示、婉曲、双关、反语等方式，将真意隐含在话语深层。这就需要听话者透过话语的表层结构去发掘其深层结构，才能理解其深层含义或言外之意。听话理解力还包括对态势语的理解能力，即通过对说话者身姿手势、面部表情的注意和感知，理解对方的情感、态度和意图。

培养听话理解力，需要听话者将对方话语的表层义、深层义、言外义和态势语传递的意义综合起来，才能达成全面、正确的理解。

（四）培养听话品评力

听话的目的不仅在于达成理解，很多时候还要对听知的话语做出鉴赏和评价，以采取适当的应对策略。对方话语的内容真不真、对不对，话语的形式好不好、得体不得体，对方说话的风度如何、态度怎样，听话者对这些有了自己的评判，然后才能恰当地做出赞赏、接受、反对、否定、质疑、谅解、闪避或置之不理等不同的反应和答对。

（五）培养听话记忆力

听人说话不能左耳进右耳出，听过就忘，而需把语音传递的信息转化成一种高度简缩的心理形式存储到大脑里，边倾听边识记，使记忆的材料形成网络和系统，这样的听话才更有意义。心理学家研究揭示：在大脑中，言语的表层形式与它所表征的意义是分别存储的。由言语的表层形式建构起“意义”，“意义”被记住，而言语的表层形式渐被淡忘。需要提取“意义”时，大脑会调用储备的言语材料生成相应的语句来表达这个“意义”，生成的语句不一定与原来的话语形式相同（背诵和原文复述另当别论）。

培养记忆话语意义的能力，应指导学生在听知和理解过程中注意区分重要信息、次要信息、无关紧要信息和冗余信息，着重识记说话人的观点和意愿，以及对重点场景、重要事实的描述和判断。关键词具有很强的概括力，是提取意义的重要线索。利用关键词语记忆话语意义是极为有效的方法，应注意指导学生听人说话善于抓取和记忆关键词语。

听话注意力、感知力、理解力、品评力和记忆力是构成听话能力的基本要素，这些要素在听话过程中相互制约、相互补益，综合发挥作用。某次听话训练或听话指导可以侧重其中一两项要素，但应注意要素间的协调统一，不宜截然分割。

以往语文课程的听说教学中，比较普遍地存在重说话训练、轻听话训练的倾向，这在口语交际学习指导中应予矫正。语文课程中的听话训练不是不可以单独进行，但出于经济、有效、综合、实用的考虑，还是以结合阅读、说话、写作来进行为好。结合阅读进行听话训练，常用的方式有听问、听述、听记、听写、听译等。结合说话进行听话训练，可供选用的方式有听辨（辨音、辨词、辨语调、辨语气）、听测（测关键词、测中心句、测语段要点、测语篇主旨）、听选（听话选择）、听组（听话组合）等。结合写作进行听话训练，可以采用的方式有听想（听后想象）、听忆（听后回忆）、听改（先听后改）、听评（先听后评）等。运用这些方式进行训练，可以使感知、记忆、思维、想象直接参与听话过程，既能提高听力，又能发展智力。

二、说话指导

说话是在思维调控下将内部言语顺利转化为外部口头言语的过程。西方学者把言语的产生过程细分为七个阶段：选择需要表达的意思——为分句选择句法结构——把内容词插入句法结构——指定词的词法形式——指定再现分句的音素——选择运动要求——讲出分句。我国理论界一般把说话过程粗分为四个阶段：1. 产生言语动机。言语动机是推动人说话的内部动力，它表现为有表达自己的思想感情的欲望，想说，愿说。2. 确定和组织内容。根据说话的目的和情境，调动和筛选大脑中存储的相关信息，快速确定想要表达的内容，将它们按一定逻辑联系和语言规则组织起来。3. 选择表达方式和词句。解决怎样说的问题，激活并选择大脑里储备的表达方式和词句，以求准确传达自己的意思，又使听者易于理解和接受。4. 口语表达。借助发音器官的协调运动，将内部言语转换成有声的外部言语，传达给听者。①

张鸿苓教授曾根据对学生说话能力及说话心理的调查，归纳出中小学生说话常见的毛病：1. 生人面前，羞于开口；2. 口齿不清，发音不准；3. 支离破碎，缺乏条理；4. 不分场合，高声喧哗；5. 别人谈话，随意插言；6. 惯说脏话，满嘴带刺；7. 道听途说，广为传播；8. 卖弄新词，胡言乱语；9. 信口开河，自吹自擂。另据一项比较权威的社会调查，约有 40% 的大学生存在着不同程度的语言

① 朱作仁、祝新华：《小学语文教学心理学导论》，上海教育出版社，2001 年，第 115-116 页。

障碍，其中一部分人有严重的“社交恐惧症”。[①] 针对这些问题，参照语文课程标准规定的目标要求，培养和提高学生的说话能力，应主要加强如下几方面的指导：

（一）自信、负责地表达

《义务教育语文课程标准》提出的口语交际学习目标，在第一学段就要求：“与别人交谈，态度自然大方，有礼貌”，“有表达的自信心”；第四学段则要求：“自信负责地表达自己的观点，做到清楚、连贯、不偏离话题。”

“自信”，就是相信自己的口头表达能力，说话时不羞怯，不紧张，不含糊。中小学生当众讲话或在生人面前说话，最大的心理障碍是胆怯、紧张。简短的问答尚能应付，要就某一话题系统连贯地表达自己的看法，往往感到为难，担心说不好被人笑话，而越担心就越紧张，越紧张就越说不好。因此，要提高学生的说话能力，首先必须培养自信、勇敢的心理品质。有了自信和勇气，才能做到说话态度自然大方，言语表达清楚连贯。

“负责”，就是对自己所说的话担负责任，说话时选择恰当的言辞表达自己的真实情感，并且尽量为听话者着想，充分考虑听话者的知识、修养、心态以及与自己的关系，力求使自己所说的话让对方有兴趣听，容易听清、听懂。

（二）用普通话清晰地表达

这是说话的基本要求。首先，要求自觉使用普通话，养成讲普通话的习惯。语文课程标准从第一学段就提出“学讲普通话，逐步养成讲普通话的习惯”的目标，到第二学段即要求“能用普通话交谈”。汉语方言复杂，许多地区的方言与普通话在语音、词汇及语法上存在这样那样的差异。学讲普通话宜早抓，小学阶段特别是第一、二学段最关键。错过了最佳时期，到中学再改变方言特别是方音，就会事倍功半。当然，指导学生不单在读书中而且在交谈中自觉、熟练地使用普通话，不只是小学教师的事，中学、大学也要一以贯之，抓好巩固和提高。

其次，要求发音准确清晰，语调运用恰当。声母、韵母、声调的发音要正确，普通话轻声、儿化和“一”“不”变调的规律要掌握，力求吐字清晰而不含混，自然而不生硬。还要善于运用重音、停顿、语速、语调的变化，增强口语表达效果，力避重音不明、断连失当、语速不适、语调平板。这项表达训练可以与朗读

① 张鸿苓：《中国当代听说理论与听说教学》，四川教育出版社，2000 年，第 159-161 页。

指导相结合，能收到一箭双雕的教学效果。

（三）连贯、有条理地表达

这也是说话的基本要求。不管是有准备的讲话，还是即席发言和对话，都要让人听了感到语意顺畅、条理清楚。努力避免语脉不清、颠三倒四、头绪混乱，避免吞吞吐吐、嗯啊支吾、前言不搭后语，避免偏离话题或重复啰唆、说车轱辘话。

语文课程标准提出的相关目标要求有："能清楚明白地讲述见闻，说出自己的感受和想法"（第二学段）；"表达有条理"（第三学段）；表达自己的观点"做到清楚、连贯、不偏离话题"；"复述转述，完整准确，突出要点"；"能就适当的话题作即席讲话和有准备的主题演讲，有自己的观点，有一定说服力"（第四学段）。

（四）具体、生动地表达

这是在前面三条的基础上提出的更高一点的要求。力求叙述具体，描述生动，观点鲜明，阐说充分，抒情动人，借助语调和语气、表情和手势，增强表达效果。

语文课程标准在这方面也提出了一些阶段性目标，如："讲述故事力求具体生动"（第二学段）；"语气语调适当"（第三学段）"讲述见闻，内容具体，语言生动"；"注意表情和语气""增强感染力和说服力"（第四学段）；"学会演讲，做到观点鲜明，材料充分、生动，有说服力和感染力，力求有个性和风度"（高中）。

三、交际指导

听话、说话的最终目的是和谐交际。《义务教育语文课程标准》在"总体目标"中提出："初步学会运用口头语言文明地进行人际沟通和社会交往。"《普通高中语文课程标准》在"表达与交流"的目标中提出："增强人际交往能力，在口语交际中树立自信，尊重他人，说话文明，仪态大方，善于倾听，敏捷应对。"要指导学生增强人际沟通和社会交往能力，首先要培养他们的文明态度和合作精神，其次应指导他们学会识别语境语体，学会运用交际策略敏捷得体地应对，学会有声语言与无声语言的恰当配合。

（一）养成文明态度、合作精神

这是从情感态度的维度提出的口语交际学习目标。《义务教育语文课程标准》

要求学生："与人交流能尊重和理解对方"，"在交际中注意语言美，抵制不文明的语言"（第三学段目标）；"注意对象和场合，学习文明得体地交流"（第四学段目标）。《普通高中语文课程标准》在"教学建议"中提出："口语交际教学应注重培养人际交往的文明态度和语言修养，如有自信心、有独立见解、相互尊重和理解、谈吐文雅等。"

文明态度和合作精神是保证口语交际顺利、和谐进行的必要条件。如何培养文明态度和合作精神？有必要从语用学与言语交际学引进一些交际各方须共同遵守的基本原则。这些原则主要是：合作原则、礼貌原则、和谐原则。

合作原则，由美国语言哲学家格赖斯首先提出，得到中外语用学界的广泛认同。这项原则包括四项次准则：一是"质的准则"，谈话的内容应当真实，不说假话；二是"量的准则"，谈话提供的信息要充分而不多余；三是"关联准则"，话语要扣合话题，相互衔接；四是"方式准则"，表达要清楚明白，简洁而有条理。它对口语交际学习指导的启发是：教师要指导学生学会表达什么和怎样表达，以适量、质真、相关、简明为准，重视交际双方的相互合作，在合作中实现良好的交际。

但是，口语交际并非在任何情况下都以真实、直白为好，有时需要"善意的谎言"，有时需要委婉含蓄。因此，英国语言学家利奇又提出礼貌原则，对上述合作原则加以补充。礼貌原则包括六项次准则：一是策略准则，尽量让他人多"受惠"；二是宽宏准则，尽量让自己多"吃亏"；三是赞誉准则，尽量加大对他人的赞扬；四是谦虚准则，尽量减少对自己的赞扬；五是赞同准则，尽量增加双方的一致性；六是同情准则，尽量增加双方之间的同情和谅解。实行礼貌原则，有利于维护对话双方的平等地位和友好关系，使口语交际在融洽的氛围中进行，以收到更好效果。"彬彬有礼"历来是中华"礼仪之邦"重要的交际准则，尊重、平等、热诚、谦和、善意、谅解，是我们应该继承发扬的人际交往美德。需要注意的是，礼貌原则受多种社会因素的制约，运用这项原则要讲求适境和适度。

除了合作原则和礼貌原则，国内有研究者认为言语交际还应遵循协调原则，并提出协调原则的三项次准则：一为得体准则，话语要切合交际者的角色、交际情境和交际目的；二是合意准则，话语应为交际对象能够理解和接受，受话者应有相宜的反应；三是接近准则，话语形式和风格宜相互接近，交际意图宜相互调整和相互接受。[1] 遵循协调原则，可以通过协调交际双方的话语形式和交际心理来达到协调双方言语行为的目的，使口语交际进入和谐的境界，在更高层次上保证言语交际的顺利进行。

上述交际原则直接关系到语文课程标准提出的“文明态度和语言修养”的培养，应该作为口语交际学习指导的重要内容。这些原则不一定都讲给学生听，但口语交际指导者应当清楚地了解，并将它们渗透到口语交际学习指导的实践中去。

（二）快速识别语境、选择语体

语境，即言语交际所处的情境。要恰当得体地进行口语交际，交际主体必须使自己的言语表达与所处的交际情境相适应，而适应的前提是能够快速识别语境，即对所处的言语情境迅速做出分析和判断。语境包括语内情境和语外情境。语内情境就是交际各方的前言后语、对话应答；语外情境包括交际各方的身份、地位、阅历、个性、心态、共知信息等主观因素，以及交际者所处的社会文化背景、时间、地点和场合等客观要素。处在同类情境面对不同对象，或处在不同情境面对同一对象，交际策略和言语措辞都应有所区别，正所谓“到什么山上唱什么歌”，“对什么人说什么话”。

语体，即言语表达所采用的风格类型。英国语言学家夸克把语体分为五类：严肃的，正式的，一般性的，非正式的，熟悉的。国内有研究者把口语语体分为四种：一为家常口语体，用于亲朋之间，多俚语成分；二是正式口语体，用于一般交际场合，应讲普通话；三是典雅口语体，用于隆重场合，接近书面语；四是书面语的有声表达，用于特殊场合。[2]

《义务教育语文课程标准》在第三学段口语交际学习目标中要求：“能根据对象和场合，稍作准备，作简单的发言。”《高中语文课程标准》在“表达与交流”的学习目标中提出：“注意口语的特点，能根据不同的交际场合和交际目的，恰当地进行表达。”教师在口语交际学习指导中，应教学生注意识别语境和选择语体，懂得在不同的交际场合正确选用不同的语体，依据交际情境和交流对象的不同调整自己说话的内容、方式、语速等。

① 刘焕辉主编：《言语交际学教程》，中央广播电视大学出版社，1995 年，第 206-210 页。

② 陈建民：《汉语口语》，北京出版社，1984 年，第 1-3 页。

（三）运用交际策略，敏捷应对

在口语交际活动中，听和说的角色、交谈的话题、语内情境和语外情境总是处于动态变化之中，交际者对不断变化的交际情境必须快速做出反应，适时调整自己的思维、言语、语气和体态。

言语交际的策略包括诸多方面，如选择和转换话题的策略，分析交际对象的策略，激发对方兴趣的策略，选用称谓语、敬语和谦语的策略，委婉表达的策略，劝谏和拒绝的策略，批评、表扬和辩驳的策略，摆脱尴尬场面的策略，克服紧张情绪的策略，收集反馈信息的策略，等等，需要结合具体的交际情境或案例示范，指导学生机敏灵活地选择和运用。

语文课程标准提出的相关目标有："根据需要调整自己的表达内容和方式，不断提高应对能力"；讨论问题"能听出讨论的焦点，并有针对性地发表意见"（第四学段）；"在讨论或辩论中积极主动地发言，恰当地应对和辩驳"（高中）。

（四）以无声语言配合有声语言

完整而成功的口语交际，在有声语言之外还伴以无声语言。有声语言传输逻辑信号，通过听觉作用于大脑左半球；无声语言传输形象信号，经由视觉作用于大脑右半球。听觉、视觉双渠道接收信息，大脑两半球同时工作，自然能够强化言语交际的效果。无声语言主要指态势语，其次是服饰语和距离语。

态势语又称体态语，指人际沟通时借助面部表情、身体姿态和手势等传递信息、表达感情的表现形式。面部表情是内心情感的"晴雨表"。面部 80 块肌肉与神经组合能产生 25 万种不同表情，喜怒哀乐各种感情全都"挂在脸上"。"眼睛是心灵的窗户"，目光（眼神）可以传递交际者热情、冷淡、期许、犹疑、怨怒等复杂的内心情感。"微笑是社交的法宝"，它具有相当丰富的表意功能，可以表现友好、真挚、满意、喜悦等情感态度。身体姿态也可以传达某些信息，如交谈时身躯前倾、不时点头，可以表现谦诚、尊重、合作的态度，表示对话题感兴趣并鼓励对方说下去；身躯后仰、头枕沙发、跷起二郎腿，往往流露倨傲不恭、不耐烦的情绪。手势的传情达意功能仅次于面部表情，不同的手势能传达不同的信息，交际时的下意识冲动也可以从手的动作、位置及紧张程度表现出来。

服饰语指交际者的衣着和饰品，它可以折射交际者的身份、职业、个性和情趣。不同的交际场合需要不同的着装。穿短裤背心拖鞋与会或听课，穿工作服参加别人的婚礼，着艳丽服装参加吊唁，都是失礼的。应聘答辩穿休闲衣衫，游园踏青着西装革履，也是不合时宜的。

距离语又称界域语、空间语言，指交际双方相隔的空间距离，它可以反映交际双方的关系近远、情感亲疏和礼仪修养。交谈双方空间距离的远近是由心理距离决定的，二者的关系成正比。人际交往的空间距离可分为四种：一是亲密距离，一般小于 30 厘米，多见于情侣、家人、挚友之间，或外交场合的拥抱、亲吻礼节；二是熟识距离，一般小于 1 米，多见于同学、同事、朋友之间，或社交中的握手；三是礼仪距离，一般在 1～2 米之间，多见于比较郑重的公务交往，如接见、谈判；四是陌生距离，一般在 2 米开外，多见于偶然的暂时的交往，如问路。

通常情况下，无声语言并不独立承担人际沟通的功能，但在交际中却起着重要的辅助和加强作用。它与有声语言相配合，可以使口语交际变得简约、鲜明、生动。有时候，也可以用态势语代替有声语言完成沟通任务。如，一个眼神、一个肢体动作在特定情境中可以明确传达一定的信息。以往的听说教学，主要着眼于口耳训练，忽视体语传情、视觉感知。语文新课标已经注意到口语交际在言语交际之外还包括非言语交际，在学习目标中提出了“能根据对方的话语、表情、手势等，理解对方的观点和意图”，“注意表情和语气，使说话有感染力和说服力”。与日本《小学国语能力表》里“看着对方的面孔安静地听”“看着对方说话”“懂得说话姿势的好坏”“注意站和坐的姿势与动作”“用适当的姿势和表情”等要求相比，我国语文课程标准对口语交际中的非言语交际重视程度还显得不足，但毕竟提出了注意“表情”“手势”的要求。在口语交际学习指导中，应加强视觉方面的训练，指导学生自觉而恰当地运用态势语、服饰语和距离语来辅助交际，并善于观察和理解他人发出的无声信号。

四、思维指导

思维与语言、言语的关系，本书第三章已有所论述，并揭示了“语言系于思维，语思相辅”这样一条语文学习的基本规律。口语交际过程，无论观察交际情境、感知言语信号、理解语意内容、评判情感态度、做出答对反应，还是生成语意要点、组织内部语言、识别语境语体，分析反馈信息、调整交际策略，都离不开思维的参与和支配。连贯的独白式讲话，须“先想后说”“想清楚再说”，说的过程中还要不断思索和调节；交谈式的对话，须“边听边想”“边想边说”。“想”就是思维，“想”是说的前提。有人说口才主要是“脑才”，这话有道理。

口语交际中的思维指导，重点在于训练思维的敏捷性、逻辑性、灵活性和深刻性。思维敏捷才能有快速的言语理解和言语生成，才能有快速的临场判断和应对。思维有逻辑性，才能把话说得有条有理，连贯、清楚、明白。思维灵活、深刻，才能敏锐捕捉交际对象的心态变化，透彻理解其言内言外的深层含义和真实意图，自己才能有独到的见解和新颖的表达。

第二节　口语交际学习指导策略

要有效地实施口语交际学习指导，需要将口语交际专题活动与融合性训练结合起来，将全员关注与重点指导、分批提高结合起来，注重引导学生在日常口语交际实践中培养良好习惯，并改进口语交际学习的评价方法，将口语交际能力纳入教学评价。

一、专题学习与融合训练结合

专题学习指以提高学生口语交际能力为主要目标而组织开展的专门训练活动。融合训练指在阅读、写作、综合性学习中融入口语交际训练。专题学习可以落实口语交际训练的计划性、序列性、系统性；融合训练可以弥补专题训练课时不足的缺憾，极大地扩展口语交际训练的时空，并且有利于体现语文学习的综合性，全面提高学生的语文素养。

（一）上好专题学习课

要让学生获得扎实、完整的口语交际能力，不能只靠见缝插针、零敲碎打，必须安排一定数量的课时进行较有系统的训练，一次一个专题，从倾听、表达到应对，从介绍、访谈、演讲到辩论，从口语到体态语，由易到难，循序渐进，螺旋上升。认真设计并确保上好专题学习课，是培养学生口语交际能力的重要途径。设计和实施专题学习活动主要应抓好以下环节。

1. 明确训练目标和序列

语文课程标准中分学段规定的口语交际学习目标是确定相应年级训练目标的依据，因课标中所提目标不够具体，需要根据学生的年龄特点、口语基础和生活实际做出细化的分解和设计。各册语文教科书中编入的口语交际学习专题是编者依据课程目标精心设计的，体现了序列性和系统性，教师在设计和实施训练活动时可以作为参考和凭借，既不能弃之不顾，也不宜刻板拘泥，而应充分研究和利用，并因地制宜有所拓展或变通。以江苏教育出版社出版的7～9年级语文教科书为例，共编入12次“口语交际”专题：1. 与人交流注意对象、场合，用语文明得体；2. 说话有针对性、有吸引力，善于打动人；3. 婉转拒绝；4. 做一回小记者；5. 劝告；6. 话须形象才动人；7. 当一次主持人；8. 一姿一容总关情；9. 假如我是导游；10. 清楚连贯地表达思想观点，不离话题；11. 听出讨论的焦点，有针对性地发表意见；12. 师生自行设计。这12个专题穿插在前四册的读写单元中，每册三次。九年级两册没有单编“口语交际”专题，融入“综合学习与探究”之中。如果根据本校学生实际，认为某些专题的目标、顺序、频次安排不太合适，师生可以做出调整或自行补充设计。

2. 选好适宜话题

口语交际话题选择的首要原则是贴近学生生活、能诱发学生兴趣。这样的话题易于使学生产生表达、交流的愿望和“一吐为快”的动力。其次，还要考虑话题健康、有益，对学生的情感态度价值观有积极的影响。再次，最好与本单元的阅读、写作、综合性学习的教学内容相关，这样可以巩固和扩大读写教学效果，又可以拓展学生思维的广度和深度。

确定话题时应充分考虑教科书中设计的交际话题。如语文出版社出版的7～9年级语文教科书，6本书42个单元，每个单元都安排有一次“口语交际”专题活动，每个专题里都提供了一个或几个话题。如：七年级上册的“采访任课老师”“说特征，猜同学”，八年级上册的“模拟旅游咨询”“开一次头脑风暴会”，八年级下册的“演讲：我有一个梦想”，九年级上册的“中学生看电视利弊谈”，九年级下册的“你相信商业广告吗”“要不要注意生活细节”等，都设计有符合上述三项原则的话题。当然，“教材无非是例子”，如果有更贴近学生生活或更切近社会热点的新颖话题，如“我看中学生跳交谊舞”“我们能为奥运做点什么”“全国十大道德模范最感动我的”之类，可以补充或替换。活动前向学生征集话题，是个很好的办法。

3. 创设交际情景

有了适合的话题，还要尽量为学生创设交际情境，让学生分担角色，在具体情境中完成交际任务。适于口语交际专题学习的交际情境，可以是真实的，也可以是虚拟的。真实的交际情境，有的可以在课堂内展开，如向同学介绍自己或家乡、科代表竞聘演讲、上网利弊辩论；有时可以让学生走出课堂，在校内外展开口语交际活动，如采访任课教师、与家长沟通对话、慰问患病的同学。虚拟的交际情境，可以模拟现实生活的场景，让学生扮演导游和游客、记者和采访对象、售货员和顾客、交通警察和违章者等不同角色，这既能增强口语交际学习的趣味性，获得比较真实的情感体验，又能使学生掌握在特定情境中言语交际的规范和技巧。

虚拟情境的创设，可以综合运用环境布置、语言描述、音乐渲染、图片展示、录像或多媒体呈现、道具或实物陈设等方式，尽量营造接近真实的情境或氛围，以使师生尽快进入角色，在生动逼真的情境中互动交际，提高学习效果。

4. 丰富训练方式

口语交际专题训练的方式是多种多样的，师生要发挥创造性，针对不同特点、不同内容的活动，采取不同的方式，避免因方式单调而造成学生兴趣下降、热情衰减。对此，义务教育和普通高中两部语文课程标准都提出教学建议：采用灵活的形式组织口语交际教学，而不必过多传授口语交际知识。

从口语交际训练的组织形式上看，可以是学生单人独白、两人对话、分组活动、师生互动，也可以引进小组合作学习、男女生比赛、正反方对垒。从活动类型上看，比较适合中小学生的活动方式主要有："介绍"类，如介绍自己、同学、校园、家乡、读物、动植物、运动项目；"讲述"类，如讲故事、说感想、发布小新闻；"演讲"类，如命题演讲、自由演讲、备稿演讲、即席发言；"听评"类，如听介绍、听讲述、听讲演后发表评说；"交往"类，如真实的或模拟的打电话、接待客人、道歉、请教、采访、购物、导游；"表演"类，如编演课本剧或相声、小品，主持节目；"讨论"类，围绕某个共同关心的话题进行小组或班级讨论；"辩论"类，选定辩题、辩手，分成正反双方，经过充分准备后进行辩论。具备条件或能够创造条件的学校，还可以利用语音实验室、多媒体语言室等现代化教学设施和音像教材，给学生提供多种多样的话语环境和高质量的口语交际示范，以便他们眼观耳辨心摩口追，发现并改进自身差距。专题学习课上，不管采用哪种方式，都应力争让尽量多的同学得到锻炼机会，共同参与和分享。

5. 加强调控引导

口语交际专题学习课一般采用活动课的形式，需要注意的是，"专题活动"并不等于"专题学习"。新课程实施以来，有些口语交际专题活动课，学生"活动”得挺热闹，而“学习”的成效却很少。王荣生教授曾引述一个口语交际活动课案例，评说道：“它看起来更像是对外汉语教学（汉语作为外语）而不大像母语教学（汉语作为母语）”，“学生在课堂里所说的话，都是平常会说的话”；并指出：2000 年修订的语文教学大纲将“听说训练”整合为“口语交际”以来，“又出现了交际场景过分‘日常’的时弊，所谓‘打电话’、所谓‘问路’、所谓‘接待客人’，结果‘学生在课堂上所说的话都是他平常会说的话’，学生整个是在课堂里‘活动’，丧失了‘学习’的意义。”①

要让“专题活动”具有“专题学习”的价值，关键在于组织实施此类“专题活动”须有明确的口语交际学习目标，须有必要的口语交际知识作指导（“不必过多传授口语交际知识”并非不需学习必要的口语交际知识），须有教师的适时调控和引导。这样，才能发挥好专题学习课的作用，使学生在口语交际知识和技能、过程和方法、情感和态度等方面不断有新的收获和进步。

（二）开展课外专题活动

口语交际的专题学习活动不能只靠课内，还要拓展到课外。只靠课内，一个学期搞不了几次，学生获益很有限；而利用课外，不但可以增加活动频次，而且可以弥补课堂的局限，使学生置身真实的校园文化环境和社会交往环境，切实锻炼并检验自己的口语交际能力。

语文教师指导学生开展课外口语交际专题活动，活动内容和活动方式的选择除了注意与课内语文教学相联系，还应考虑跟学校、班级的教育活动以及社区、社会的重要活动相配合。如：指导学生举办学习经验交流会、读书报告会、故事会、演讲会、辩论会、与家长沟通对话会，指导学生组建朗诵兴趣小组、演讲社、小剧团、广播站并开展活动，利用节日、纪念日、宣传周和国内外重大时事，指导学生开展联欢、演讲、座谈、调查访谈等活动。经常组织开展类似的专题活动，可以使口语训练成为学生经常性的乐于参加的活动，让学生在活动过程中认识口语的重要，体验成功的愉悦，在增进语言丰富性和情感性的同时，促进口语表达的生活化和个性化。

（三）加强融合性训练

课内、课外开展的口语交际专题活动，次数毕竟是有限的。中小学语文绝大

① 王荣生：《语文科课程论基础》，上海教育出版社，2003 年，第 178 页、22 页。

部分课时须用于读写训练，这是现实。要使口语训练成为语文教学中的经常化工作，就需要把口语训练与读写训练、综合性学习融合起来。

1. 阅读学习中的口语训练

阅读学习中多有训练听话、说话、互动交际的机会，语文教师应变无意识为有意识，充分利用这些一举两得的机会。听读、听问、听述、听记、听写、听译、听辨、听测等，都是读中练听的可取方式；答问、提问、复述、诵读、演读（分角色朗读）、语译、解析、评说等，都是读中练说的可取方式。组织课堂讨论，既是改变教师灌输为主、学生被动接受的教学方式，实行自主、合作、探究学习方式的需要，是深化阅读理解、提高阅读鉴赏能力的需要，也是锻炼学生的口语交际能力的极好方式。特别是课文阅读中那些较难理解、包含矛盾因素、思维空间大或者可以有不同看法的问题，更有组织对话讨论的价值。讨论前，宜给学生适当阅读思考的准备时间。讨论中，要鼓励学生各抒己见，要求扣话题、有条理、有依据；要引导学生耐心倾听他人发言，要求听出讨论焦点和观点分歧，并有针对性地发表自己的意见；反驳他人意见要有礼、有理、有力。对经常一言不发的学生要给予特殊关心。讨论结束时，教师除了对讨论意见做出总结，还应对学生的口语表达和对话态度有所评点。

2. 写作学习中的口语训练

写作训练过程中，作文前指导学生交流审题意见、谈构思设想，或先口头作文再书面写作，作文后指导学生评议作文、提修改建议，讲评时请学生介绍作文成功的经验体会，与同学分享，这些都可以起到锻炼学生口语交际能力的作用。

有中学语文教师在写作教学中，采用现场抽签、即席演讲的方式进行口语训练。教师预先把写有作文题目的纸条折成题签，作文课上请学生抽取题签，准备三分钟，快速审题、立意、选材、组织语言，然后上台发表三分钟主题演讲。前一名学生上台前，后一名抽签准备，依次进行。一次作文课可以有十几个学生登台演讲，并留一定时间让同学议论交流，最后让学生课下写成作文。作文讲评时，也让学生唱主角，先分组评议，各组选出典范作文在全班宣读、评议，最后学生总结，老师补充。坚持两年后收效很好，学生快速构思写作、鉴赏评价作文和口语交际的能力普遍得到明显提高。这些做法值得参考。

3. 综合性学习中的口语训练

语文综合性学习的主要体现之一就是“听说读写能力的整体发展”。语文新教材中设计的综合性学习专题，口语交流是重要的学习方式。如人教版7～9年级语文教科书每册六次综合性学习中都有口语交际的内容和要求。新版高中语文教科书中的“梳理探究”也很重视口语交际，作为探究学习的一种有效形式和学习结果的一种呈现方式，口语交际成为“梳理探究”学习活动的有机组成部分。如第一册“新词新语与流行文化”专题探究中设计有这样的活动：在你的同学之间流行哪些新词新语？它们来自哪里？流行范围有多大？反映了什么样的文化现象？针对这些问题，以班级为单位召开一次小型座谈会。这就需要学生运用调查、访谈、座谈、讨论等多种学习与交流的方式来展开活动，有利于发展学生的语文综合能力，特别是口语交际能力。师生自行设计的综合性学习，也应注意融入口语交际训练。

二、全员关注与分批提高结合

口语交际学习指导与写作学习指导有两点显著的不同：一是写作文全班可以同时进行，同学互不干扰，而练口语只能一个一个地说，一人说其他人都得听，要给每个人都提供训练机会很费时间；二是评改作文可以独自操作，时间灵活，而指导听说必须当面评点，即时性强。这就给口语训练的指导者从时间和场合上带来困难。一名教师指导几十个学生，一堂口语训练课或一次口语交际实践活动，教师难以给每个学生都提供具体的指导，而教育的职责又要求教师全面关注每一个学生，使全体学生的语文素养都得到发展。如何解决这一矛盾？全员关注与重点指导分批提高相结合，是一项有效的实施策略。

全员关注，一要全面观察和分析每个学生口语交际的基本能力，发现其长处和短处，善于因材施教。对于羞怯、寡言的学生，尽量诱发他们说话的冲动和表现的欲望，鼓励他们敢说、愿说。对于胆大、爱说的学生，要给以具体指导，教他们会说、善说。二要想方设法给全体同学提供更多的口语训练机会。如，在口语交际训练课中，采用集体指导、分组指导和个别指导相结合的方式，全班共同训练时限制单生发言、演讲的时间，增加训练的人次，使更多同学得到锻炼和指导的机会。日常语文课拿出课前两三分钟，安排学生轮流上台练习诵读、讲话、演说，利用早读时间或课外活动增设口语训练项目，使每个同学每个学期都得到登台锻炼的机会。结合阅读、写作教学，鼓励学生积极参与对话和讨论，不但关注学生发言的内容，而且关注口语交际技能，对学生的表达给予适当的评价和指点。魏书生老师在语文课上给学生提供众口齐说机会，上课之始学生按老师的

“命题”齐说一段话，下课之前学生齐说本堂课的收获。“齐说”不是整齐一致地说，而是同时放声各说各的，自说自听，心无顾忌。每节语文课每个同学都有至少两次这样大声讲话的机会，占时不多而训练面广，长期坚持，对于学生练口齿、练思维、练胆量、练表达，收效很好。

分批提高，在全面了解学生口语发展水平的基础上，先抓全班人数的三分之一或四分之一，在一段时间内给他们提供较多的锻炼机会，予以重点指导，使这部分同学尽快变得从容自信、能说善道，以他们为骨干做榜样，影响和带动全班。然后，再把指导的重点转移到另外的三分之一或四分之一。这样有计划地重点指导、分批提高，比平均用力、大面积推动的效果要好。姚竹青老师采用这一策略指导初中生训练口语能力，在一个学期内狠抓三分之一，给他们吃点“小锅饭”，让少部分学生先“富”起来，在此基础上逐步扩大骨干队伍，经过三年六个学期坚持不懈的训练，全班大多数学生都能成为敢说话、喜朗诵、爱演讲的活泼少年，其中一部分学生成为有胆有识、思维敏捷、能言善辩的“小能人”“小强人”。

运用这项策略，关键是处理好全员关注和重点指导的关系。既不能只顾少数、忽略多数，又不能不分彼此、平均用力。分期分批重点指导，是为了适当分散难点，尽快培养骨干。培养骨干不是为了“高冈填土”“一枝独秀”，而是为了利用骨干的示范和带动，促进全班同学口语交际能力更快发展。教师可以指导学生采用“一帮一”“一带二”、小组合作等方式，使骨干学生的“榜样”力量和“小先生”作用得到更充分的发挥。这样既可弥补教师时间精力有限、难以照顾周全的缺憾，又能使学生在相互学习和帮助中共同受益，各自得到更好的发展。

三、培养口语交际的良好习惯

口语交际学习的最终目的是养成良好的口语交际习惯。而良好习惯的养成绝非一日之功，只靠教师指导下的训练是远远不够的。“师父领进门，修行在个人”。教师的指导和训练只能起“领进门”的作用，而良好习惯的养成主要还得靠日常大量的口语交际实践。义务教育和普通高中两部《语文课程标准》都强调：“鼓励学生在各科教学活动以及日常生活中锻炼口语交际能力。”因此，教师一方面要设法给学生创造口语交际实践的机会，一方面应引导学生有意识地利用各科教学和日常生活中存在的大量交际机会，锻炼自己的口语交际能力，矫正不良的口语交际习惯，培养良好的口语交际习惯。

良好的口语交际习惯主要有：听人讲话专注耐心，不随意打断；边听边察言观色边思考，理解深层意义；听到有价值的信息记下来；听到杂乱无章的话重新组合；想好再说，表达有条理；说普通话，口齿清楚，音量足以听闻，少口头禅；说话文明得体，态度自然；恰当运用语气、语调和态势语。时下青少年学生流行一种新的口头禅：一句话一个“然后”，不该“然后”也“然后”。语文教师应予关注和指正，否则，待养成习惯，纠正会加难。

在学生日常交际实践中，语文教师并不跟在学生身边。要让学生注意利用日常交际机会培养良好习惯，教师能起的作用主要是：帮助学生认识培养良好交际习惯的重要意义，鼓励他们将学到的口语交际知识和技能自觉运用到交际实践中，启发他们勤于观察和反思，善于发现和学习别人的长处，认识和弥补自己的短处。如能引导学生自觉做到这些，学生会在校内外生活中发现很多长于表达、善于交际的人：有的说话逻辑性强、条理分明，有的说话生动形象、幽默风趣，有的讲话简洁明了、干脆利落，有的应对机敏、滴水不漏，有的文雅谦虚、彬彬有礼，有的发音清亮、语调动听……相形之下，他也会发现自己的毛病和弱点，进而博采众长，不断修正和完善自己，养成良好的口语交际习惯。

四、改进口语交际的评价方法

长期以来，中小学语文学业评价以纸笔考试为主，对学生口语交际能力的评价，大多停留在教师口头的零星评点，口语交际水平高低在学生的语文学业成绩中得不到体现。这就势必降低口语交际教学在师生心目中的地位，导致只重读写训练而忽视听说训练。要想真正转变这种局面，必须将口语交际能力评价纳入语文素养整体评价的框架之中，对学生的口语交际能力做出客观明确的定性描述或定量评价，并让它在语文学业成绩评价中占适当比例。

语文新课程实施以来，遵循形成性评价与终结性评价结合、定性评价与定量评价结合、教师评价与学生评价结合的原则，各地中小学在如何评价学生的口语交际能力方面做了积极探索。依据课程标准中提出的各阶段口语交际学习目标，结合班级实际，研制切实可行的评价方案。例如，四川资阳市教科所制订的7～9年级《学生口语交际能力评价量化表》：

序号	评价标准			评价结果					
	知识与能力	过程和方法	情感态度价值观	分值	教师给分	自评给分	小组给分	等级 A B C	评语
1	能理解对方的观点和意图，抓住中心与要点。	养成说普通话的习惯，听话有耐心。	耐心专注地倾听，讲文明，有修养。	10					
2	讲述见闻内容具体、语言生动。复述转述完整准确、突出要点。		有表达的自信心。	10					
3	阐述观点语音正确、语句连贯、条理清楚、中心突出。	能自信负责地表达自己的观点。	讲述见闻能说出自己的感受和想法；感情真挚。	20					
4	讨论问题围绕话题、表述充分。	能适时调整表达内容和方式。	能积极参与问题的讨论。	25					
5	交流文明得体，有一定的交际意识和应对能力。	能就不理解之处向对方请教，就不同意见与人商讨。	与人交流能尊重对方，抵制不文明语言。	25					
6	注意表情和语气，说话有感染力和说服力。	不讲方言，没有口头禅。	交往中注意语言美。	10					

注：80 分以上为 A 等，60-79 分为 B 等，60 分以下为 C 等。教师、自评、小组评价分别占分值的 60%、20%、20%。①

表中所列的评价项目基本涵盖了课程标准中第四学段口语交际学习目标，并有所补充（三个维度的对应有的还可斟酌），也体现了教师评价与学生评价的结合、量化评价与定性评价的结合。语文教师可以结合学段特点和本校情况加以借鉴，并有所创新。

除了研究口语交际的终结性评价方法，还必须加强形成性评价。形成性评价可以采用新课标提倡的成长记录方式，注意观察和记录学生在口语交际专题活动、课堂发言和平时交往中的表现，注意收集和积累学生的自我反思、相互评价和来自家长的信息，用最有代表性的事实来评价学生。对学生在口语交际学习方面的进步，要及时给予鼓励和表扬；对存在的不足，也要提出改进的建议，但尽量少批评，多从正面加以引导。

① 李秀宾：《7—9 年级学生口语交际评价法新探》，《语文教学通讯》（初中刊）2007 年第 2 期。

第三节　口语交际学习经验借鉴

本节从古今中外口语交际学习成功经验中精选若干口才超群者锻炼口才的典型经验加以评介，为口语交际学习者和指导者提供借鉴。

一、我国口语交际学习经验借鉴

○闻一多：重视演讲，勤学苦练

现代诗人、学者闻一多（1899-1946）被誉为“口的巨人，行的高标”，他在李公朴追悼大会上即席发表的《最后一次演讲》，痛斥邪恶，伸张正义，大气磅礴，鲜明体现了语言的威力，他也因此名垂演讲史册。他高超的演讲能力来自勤学苦练。早年在清华学校读书的时候，他十分重视锻炼口语能力。他在一篇日记中写道：“近来演讲课练习又渐疏，不猛起直追恐便落人后。”“演说降到中等，此大耻奇辱也。”随后几天的日记连续记载：“夜出外习演讲十二遍。”“夜到凉亭练演说三遍。”回宿舍又“温演说五遍”；“演说果有进步，当益求精致”。由此可见他当年对演讲能力的重视和为此付出的努力。不善演说的青年学子若能像闻一多这样用心苦练，口语能力何愁不改观！

○张志公：口才得益于小学锻炼

语文教育家张志公（1918-1997）口才出众，他在一些会议上的即席发言，整理出来就是一篇有条有理、论说透辟的文章。他能有出色的口语表达能力，小学时的锻炼起了重要作用。他曾回忆说：“我是天生最不会说话的人，很怕见人。小学一位老师了解我这个毛病，就抓住我锻炼，现在想想这个老师真是太好了。”三年级时，老师让他当班长，他不肯。老师说：“你功课好，守规矩，同学们一定服你！”“赶鸭子上架”后，老师又让他代表班级去演讲。他不敢，老师就鼓励他去。学校开文艺晚会，班里准备节目——歌舞剧《麻雀与小孩》，老师让他扮演小孩，他又不敢。老师说：这个小孩最好演，小鸟还得飞、飞、飞，小孩用不着飞，只要表演出对麻雀的同情就可以了。于是，他和同学认真排练，练说练唱练表演，演出获得了成功。

张志公说：“这一次次实践，就把我的性格改变了，从一个完全不会说话、不敢说话的人，变得吃说话饭。”他以切身经历证明：中小学生锻炼说话能力十分重要——不但使语文能力发展全面，而且可以培养胆量，乃至变化性格。

○李燕杰：演讲要满足听众期待

演讲者要想征服听众，必须把握听众心理；要想把握听众心理，就要善于收集有关听众的信息。著名演讲家李燕杰（1930—），演讲之前十分重视调查研究。一些地方和单位邀请他就某一主题去演讲，只要时间允许，演讲前他总要设法了解以下情况：一是这个地区或单位的中心任务、工作部署和意图，以免演讲内容与这里的工作导向出现抵牾；二是这里存在的问题有哪些，群众最关心什么、最希望什么，以使自己的演讲体现人民愿望，解除群众的某些困惑；三是这里有哪些典型人物和感人事例，以使演讲能够振奋群众精神，引发听众共鸣；四是听众的年龄、身份、文化水平、政治素质、思想倾向，以确定演讲内容的重点和语言的雅俗深浅。

一次，他应邀为北京市工会系统几千名大龄未婚青年作演讲，演讲前他去市总工会女工部详细了解北京地区大龄未婚青年的基本情况，还约请几位“大姑娘”“大小伙”谈心，了解他们在爱情婚姻问题上的真实想法。在占有第一手资料的基础上，他确定了演讲的主题和基调：主题——什么是真正美好的爱情，如何追求和维系美好的爱情？基调——亲切真挚，如师如友。针对这些大龄青年都有较高的文化素养，他决定多用一些诗化的语言，让听者得到美的享受；精选几个动人的爱情故事，让听众精神世界得到升华；揭示一些生活哲理，使听众的认识水平得以提高；批评某些错误的社会现象和舆论，使听者内心的重负得以消除，鼓舞他们用微笑和勇气去战胜困难，摘取幸福的花环。他连续作了几场《爱情美学》的演讲，都收到了很好的效果。

○邵守义：练好口才的一条捷径

《演讲与口才》杂志的创办者、著名演讲家邵守义在《百家讲坛》讲《口才与成功》，结合自己的体验介绍了一种练“嘴皮子”的方法：找几篇思想性强、艺术性高的短文，两三千字为好，先默读，再朗读，最后快读。默读是为了琢磨文章的中心、材料、结构和语言，有助于提高自己说话的水平。朗读要放开声音，为的是练发音，练句读，练感情，有助于讲话吐字清楚，抑扬顿挫，让人愿意听，喜欢听。第三步快速朗读，读得越快越好。他以《谁是最可爱的人》作示范快读，犹如连发的机关枪声，语速比宋世雄解说球赛还要快许多。他说，快读能够锻炼思维，使自己反应迅速；能锻炼口齿，使自己讲话如决堤的江河，一泻千里。如此练上一个月，嘴上的功夫定能大大提高。嘴上功夫练好了，再练态势语，练心理素质。三者俱备，就有了比较扎实的演讲基本功。

此法简便易行，林肯早就用过，大获成功。不妨教学生试用。

○姚竹青：六条交往秘诀，十二项演讲要领

语文教学名师姚竹青基于自己的生活经验，总结出人际交往中被人喜爱的六条“秘诀”。前三条主要靠行动：一为诚心助人，二为笑脸迎人，三为礼貌待人。后三条主要靠言语：一是学会尊重人，学讲敬重语——多用表示敬意的称呼，多用“请”“您”“劳驾”之类的敬重语、“对不起”“给您添麻烦了”之类的致歉语、“谢谢”之类的感谢语。二是学会体谅人，学讲体谅语。三是学会夸赞人，学讲称颂语。

他还根据自己指导学生练演讲的经验总结出十二项要领：上下讲台，步履稍快（显得有生气）；仪表端庄，神态自如；情绪饱满，精神抖擞；头不戴帽，手不插兜；登台伊始，莫慌开口；眼看听众，亮相片刻；沉稳自信，慎重开篇；声音响亮，吐字清晰；抑扬顿挫，有声有色；语调自然，态度真诚；动作得体，手势适度；谦恭有礼，收尾漂亮。96个字，概括了演讲成功的奥妙，连许多细节也提到了。“细节决定成败”，演讲也是如此。

这朴实无华的经验之谈，很值得演讲者和指导演讲者体会借鉴。

○窦文涛：练讲话能力不怕出丑

著名电视节目主持人窦文涛，有“铁嘴”之誉，曾获“金话筒”奖。但他小时候口吃，上初中时当众说话仍很发憷。一次学校搞演讲比赛，老师让他参加，他不敢。老师说他朗诵课文很不错，只要把演讲稿背诵下来就能拿奖。于是，他写好演讲稿，背得烂熟。但往演讲台上一站，看到台下黑压压一片，他紧张得直哆嗦。勉强背了两段，怎么也想不起第三段的开头，在众目睽睽之下沉默了足有一分钟，哭着跑下台。事后老师鼓励他说：背诵的那两段挺好，要是全背完肯定能得奖，并推荐他参加区里的演讲比赛。这次他不那么害怕了，真拿了名次。从此之后，他卸掉了精神包袱，觉得自己还行，在公众场合敢露脸讲话了。由此，他得出经验——要想改变自己，就要“珍惜任何一次当众出丑的机会”，“要知道，你今天在10个人面前出一回丑，将来你会在10万人面前争回大面子”！

“大面子”倒不必看得那么重；而为练好口语能力出点丑，是值得的，甚至是必然的。

二、国外口语交际学习经验借鉴

○德摩斯梯尼：刻苦磨砺造就演讲家

古希腊著名演说家德摩斯梯尼（前384—前322年），天生口吃，嗓音微弱，说话气短，爱耸肩，并无演说家的天赋。当时雅典盛行雄辩术，听众对演说要求很高，演说者如果发音不清晰、不响亮，或者用词不当、姿态不雅，都会招致讥讽。德摩斯梯尼最初演说由于发音不清，论辩无力，被“哄”下讲坛。于是他发愤苦练：为改掉口吃和发音不清的毛病，他口含小石子练习朗读和演讲；为提高嗓音的响度，他到海边迎着风浪练习大声讲话；为了练气息，他一边往山路上跑一边朗诵；为了使两肩端正，他将两柄利剑悬在双肩上方，对着镜子练演讲。在磨炼外功的同时，他还努力修炼内功——提高自己的政治和文学修养。他背诵优秀的诗歌、剧本，研究古希腊神话和著名史学家的文章风格，把《伯罗奔尼撒战争史》反复抄写8遍。他常去聆听演讲大师柏拉图演说，用心揣摩其演讲技巧。经过多年刻苦磨砺，德摩斯梯尼终于成为出色的演说家。他的政治演说为他赢得了巨大声誉，他的演说辞结集出版，征服了千千万万读者。据说当时马其顿的国王读到他的演说辞，曾这样说：“如果我自己听德摩斯梯尼的演说，也会投票赞成他当我的反对者的领袖。”

○林肯：诵读造就演讲才能

美国第十六任总统、卓越演讲家林肯（1809-1865），在葛底斯堡公墓落成仪式上发表的演说，用了不到3分钟，讲了10句话，5次被掌声打断，深深打动了听众，不少人洒下热泪。

林肯的演讲才能并非天生。他第一次当众讲话，满脸通红，手足无措，嗓子里像堵着棉花。为实现远大抱负，他决心练好演讲。诵读优秀作品是他坚持采用的练习方法。他诵读拜伦、白朗宁的长诗，先是低声慢读，细心品味诗句的含义、气势、节奏、神韵，深入理解之后，再高声朗读，进而背诵。朗读背诵中常采取限时快速诵读的方法，要求自己做到快而不乱、快而不错，最终达到一口气背出一长段诗句的程度。这既锻炼了他敏锐的思维力和良好的记忆力，又练就了一种十分有用的演说本领——一口气说出一长串优美语句，如急流飞瀑，气势磅礴。为了增强演讲的生动性和感染力，他喜欢诵读莎士比亚的名剧，惟妙惟肖地模仿剧中不同角色的语气、腔调和神态。他的枕边总放一两本诗集，有时午夜醒来也念诵几段，念到兴浓时，他只穿睡衣走过长厅，抑扬顿挫、手舞足蹈地读给他的秘书听。因此，许多诗文佳句，他在谈话和演讲时能信手拈来，准确而贴切地引用。

从青年时期起，到25岁被选为州议员，47岁成为副总统候选人，再到52岁入主白宫以后，他经历了大大小小无数次演讲，也始终没有放弃诵读诗文。可以说，诵读是帮助林肯成为出色演讲家的“秘密武器”。当然，他还用过其他“武器”，比如旁听法庭辩论，面对树桩、玉米秆模拟演讲。这些武器不都适用于学生，但指导学生量身选用一两件，当能见到奇效。

○卓别林：“抓阄”练讲话，“接茬”编故事

英国著名电影艺术家卓别林（1889—1977）为了锻炼即兴讲话能力，经常采用下面两种方法。一种方法是“抓阄”限时讲话：几个有志于锻炼口才的朋友聚在一起，每人在纸条上写个讲话题目，然后揉成纸团，放在一块“抓阄”，按事先排定的顺序，轮到谁讲话时才准打开纸条看题。看题后允许思考半分钟，时间一到必须开讲。另一种方法是“接茬”续编故事：参加者按编号排序，排在1号的讲一个故事的开头，后面的人接着前面的情节往下讲，每人只讲一两分钟，排在最后的人须给故事加一个圆满的结尾。

据卓别林说，用上述方法坚持训练一段时间之后，他们的快速思维能力和即兴演讲能力都取得长足进步，几乎能就任何话题即兴发表连贯而有条理的讲话了。

○丘吉尔：把握好演讲的四要素

世界反法西斯战争“三巨头”之一、英国首相丘吉尔（1874—1965），也是一位出色的演说家。年轻时他就深信，雄辩的口才是实现远大目标必不可少的条件，因此特别重视锻炼口语表达能力。早年服役驻扎在印度时，他曾潜心研究英国大政治家在议会发表的演说，从中寻找演讲成功的诀窍，并把心得写成文章。丘吉尔总结他人和自己的演讲经验，认为要想取得演讲成功，必须把握好四个要素——节奏、措辞、类比、中心。

节奏，最好是简短明快，少用或不用包括一个以上从句的复杂句子，因为听众的耳朵不容易消化长句，应善于把复杂的句式变得明快简短，并且不轻易用被动语态的句子。

措辞，要精心选择恰当的词语，准确鲜明地表达自己的观点和态度，特别是在演讲内容的关键处，这样不但有助于听众把握要旨，而且便于报道者找到醒目的标题。他写完演讲稿总要反复读，反复改。他说，要想让演讲打动别人，必须先打动自己。

丘吉尔认为，类比是交流中最有用的工具。他说的“类比”，即我们所说的比喻。他讲话擅用比喻，例如，他说杜勒斯是“一头身背瓷器柜的公牛”；他把绥靖主义者比作“给鳄鱼喂食，希望它最后才吃自己的人”。

丘吉尔强调，一篇演讲必须有一个明确的中心。他说：出色的演讲，应当是“一连串事实都指向同一个方向”；“结尾在达到之前就已经出现在眼前，所有的语句都预示着那一结论，演讲最终在一片赞同的雷鸣般的掌声中结束”。

○卡耐基：愈挫愈奋终成演讲大师

美国思想家、教育家戴尔·卡耐基（1888–1955），早年在师范学院读书时，发现学院的辩论会和演说赛非常吸引人，胜利者往往被视为学院的英雄人物。卡耐基很想通过演讲和辩论给自己带来成功的体验，可他没有演说的天赋。他参加了十多次比赛，屡战屡败，使他几乎失掉自信心。经历了一连串失败之后，他没放弃，发愤苦练。他常在学院附近的河畔，一边踱步一边背诵林肯、戴维斯等人的名言，还不时打着手势，变换表情。以致有人把他当做疯子，报告给警察。警察气喘吁吁地跑来询问，才知道他是在背诵演说稿。

工夫不负有心人，1906 年他终于获得了勒伯第青年演说家奖，他的演讲稿《童年的记忆》被收录在瓦伦斯堡州立师范学院的校志里。许多校友找他讨教演说成功的经验，接受他的指导。他指导校友演讲获得成功，促使他后来走上了成人教育之路，《卡耐基成功学全书》成为风靡世界的成人读物。

欧美许多国家有重视演讲的传统。口才、金钱和电脑，是当今西方人推崇的“三大战略武器”。美国许多中小学开设社会交际课，许多高校设有说学系、演讲学系。地球已经成为一个“村”，国际交往日益频繁，崇尚“敏于行而讷于言”的中国人对口语交际能力的重要性当有新的认识，从小学、中学到大学，从在校生到多种行业的工作者，口语交际指导都有待加强。

第九章　语文综合性学习指导

2001年颁行的《全日制义务教育语文课程标准》在“识字与写字”“阅读”“写作”“口语交际”等语文学习的四个方面之外，还提出了“综合性学习”的要求，据此，新编语文教材也都增加了“综合性学习”的内容。这是新世纪语文课程改革的一大“亮点”。如何认识这一“新生事物”，如何指导学生开展好语文综合性学习，前人有哪些经验可资借鉴，是本章讨论的主要内容。

第一节　对语文综合性学习的认识

一、语文综合性学习的定性与定位

对“语文综合性学习”这一概念，《义务教育语文课程标准》没有做出定性描述，但在“实施建议”中说明：“综合性学习主要体现为语文知识的综合运用、听说读写能力的整体发展、语文课程与其他课程的沟通、书本学习与实践活动的紧密结合。”在“设计思路”中指出：提出“综合性学习”的目的在于“加强语文课程内部诸多方面的联系，加强与其他课程以及与生活的联系，促进学生语文素养全面协调地发展”。在“课程目标”中分四个学段具体提出了15条目标要求。语文课程标准研制组的郑国民教授曾做出如下概括：“语文综合性学习是以语文课程的整合为出发点，强调语文课程内部的整合，强调语文课程与其他课程的整合，强调语文学习与生活的结合，以促进学生语文素养的整体推进和全面发展。”①

这样的概括简明精要，但还构不成“种差+属概念”的定义。新课标颁行以来，一些研究者基于各自的理解对“语文综合性学习”作了定义性的描述。我们认为，与其将它界定为“学习方式”“学习领域”“活动”或“课程”，不如把它看成语文课程中的一种“学习形态”。

从学习内容和学习方式着眼，语文学习可以分成两种“形态”：一是“单项性学习”形态，二是“综合性学习”形态。语文单项性学习，指识字写字、阅读、写作、口语交际等某一领域内的学习。语文综合性学习，指内容多元、方式多样的跨领域、跨学科的学习，包括学科内综合、跨学科综合、泛学科综合。学科内综合，主要体现为语文知识的综合运用，识字写字、听说读写技能的整合训练；跨学科综合，主要体现为语文学习与其他学科学习的沟通，如《探索月球奥秘》《科海泛舟》；泛学科综合，主要体现为语文学习与生活实践的结合，强调在生活中学语文，用语文服务生活，如《关注我们的社区》《说不尽的桥》。它们之间的关系可定位如下：

- 语文学习
  - 单项性学习：识字，写字，阅读，写作，听话，说话……
  - 综合性学习
    - 学科内综合学习
    - 跨学科综合学习
    - 泛学科综合学习

事实上，纯粹的单项性语文学习在教学情境中很少发生，学科内的知识教学和技能训练或多或少有所综合是常见的情形，只是语文学习者和指导者往往缺少自觉的意识和主动的行为。而跨学科、泛学科的综合性学习，则是近代实行分科授课制以来被日渐忽视的学习形态。伴随科目越分越细，教者执守学科本位，导致学科边缘地带大量存在。学科教学中又存在“教室中心”“课本中心”“考试中心”的倾向，疏离了书本学习与生活世界、与社会实践的联系，迟滞了学生分析和解决实际问题能力的形成，影响了学生综合素养的发展。

加强综合性学习是21世纪全球教育大势所趋。1990年代以来，世界教育改革步伐加快，一些国家改进基础教育的课程设计，开设综合实践活动类课程，并试图以此为突破口来打开新的教育局面。美国提倡“以项目为中心的学习”和

① 郑国民：《语文课程改革研究》，北京师范大学出版社，2003年，第232页。

“以问题为中心的学习”，各州设立“科学·技术·社会”“设计学习”“社会参与性学习”等不同类型的综合课程，以使学生获得研究能力和社会参与能力，增强创新精神与创造能力。英国、法国的课程标准中也设计了类似“综合性学习”的课程，重视跨领域综合学习和引导学生自主学习。日本文部省1998年、1999年两次颁布“学习指导要领”，规定在中小学增设“综合学习时间”。[①] 在这样的国际背景下，新世纪初我国启动的基础教育课程改革，明确提出：“改变课程结构过于强调学科本位、科目过多和缺乏整合的现状，整体设置九年一贯的课程门类和课时比例，并设置综合课程，以适应不同地区和学生发展的需求，体现课程结构的均衡性、综合性和选择性。”“改变课程实施过于强调接受学习、死记硬背、机械训练的现状，倡导学生主动参与、乐于探究、勤于动手，培养学生搜集和处理信息的能力、获取新知识的能力、分析和解决问题的能力以及交流与合作的能力。”[②]依据上述课改目标，除了在中小学增设“综合实践活动”作为必修课程，提倡选择“历史与社会”“科学”“艺术”等综合性课程，同时要求分科性课程加强学科内的综合性学习。

在我国，应该说综合性学习有久远的历史传统。古代语文教育，将识字、写字、读书、作文紧密结合在一起，而且将文学、史学、哲学、经学、伦理学的教育内容融入其中。这种“泛语文”学习自然带有很强的“综合性”。与综合性的学习内容相适应，在教学方式上，注重诵读积累，涵泳体味，整体把握，读中悟写，以读带写，以写促读，并将语言文字知识和历史文化知识渗透其中。前人的许多做法值得我们重新审视和借鉴。但是，历史发展不会退步，新课程背景下的“语文综合性学习”不是古代“泛语文学习”的回归，而是在借鉴中外母语教育合理因素基础上的超越和新生。

二、语文综合性学习的特点和价值

语文综合性学习与其他学科的综合性学习的本质区别，当然在于它的“语文性”，它应该以语文学习内容为核心，目的是全面提高学生的语文素养。这无须多说。除此之外，它还具有开放性、综合性、实践性、自主性、探究性、合作性。

① 钟启泉、崔允漷、张华主编：《为了中华民族的复兴 为了每位学生的发展》，华东师范大学出版社，2001年，第91-92页。

② 教育部制订：《基础教育课程改革纲要（试行）》，2001年。

（一）开放性

首先，学习内容是开放的。可以是语文知识的综合运用、读写听说技能的复合训练，也可以是语文与社会、自然、科技、生活的沟通、融合。其次，学习空间是开放的。不限于教室、图书馆、校园，还延伸到家庭、社区，以及存在语文学习资源的任何场所。再次，学习过程是开放的。活动有计划，更有变化；目标有预设，更有生成；学习进程根据需要不断做出调整。最后，学习结果也是开放的。可以得出统一结论，也可以保留多种认识。学习成果的表现形式多种多样，作品展示、报告陈述、演讲辩论、诗文朗诵、模仿表演、网页交流、展览讲解等等，皆可自主选择。

（二）综合性

学习内容上，语文知识和语文技能综合，语文课程与其他课程沟通，书本学习与实践活动结合。学习方式上，研究性学习与体验性学习、发现性学习与建构性学习、独立学习与合作学习等多种学习方式都有用武之地。学习结果上，知识与技能、过程与方法、情感态度与价值观三个维度都得到发展和提高。

（三）实践性

语文综合性学习强调学生亲身经历，动手操作，直接体验，全员参与。学生围绕一定的学习主题，在真实的或模拟的情境中，扮演一定的角色，在“做”中“学”，在“学”中“做”，在“学”和“做”的实践活动中有所发现，有所体验，有所感悟，有所积累，有所提高。

（四）自主性

语文综合性学习主要是围绕学生感兴趣的主题，由学生自行设计和组织活动。在学习过程中，从专题选择到活动方案的设计和实施，都应放手让学生开动机器，自主驾驭。处于不同发展水平、具有不同兴趣爱好或智能优势的学生，可以有多元的选择，异步的实施，使差异性学习得到很好的体现。教师只要当好参谋或教练，给学生提供必要的指导和帮助即可。一刀切，拽着走，效果是不会好的。

（五）探究性

语文综合性学习的主题往往带有探索研究的价值，语文综合性学习的过程重在引导学生综合运用已有知识、技能和方法去探究未知或浅知的问题，锻炼他们的逻辑思维和形象思维，开发他们的发散思维和创造性思维，提高他们分析问题、解决问题的能力。

（六）合作性

语文综合性学习特别是延伸到课外的较大型的综合性学习，往往要结成小组或团队，小组成员为了共同的目标，通过分工与协作，互助与共勉，各尽其责，优势互补，共同完成学习任务。在这个过程中，学生既能展现自我，发挥个人特长，又能培养团队精神和合作意识，学会沟通、交往、协作和分享。

10 年来开展语文综合性学习的实践证明，语文综合性学习对学生发展具有重要价值，主要体现在：它有利于激发学生学习语文的兴趣，利于激发和培养学生的问题意识、探究意识、主体意识、合作意识、创新意识，利于锻炼和培养学生搜集和处理信息的能力、分析和解决问题的能力、交往和协作的能力、探究和发现的能力、创新和创造的能力，利于语文素养的整体提高和学生个性的和谐发展。

第二节　语文综合性学习指导策略

新课程实施以来，语文综合性学习在全国各地中小学广泛开展，取得了不少理论研究成果和实践指导经验，也出现了一些认识上的偏颇和实施上的误区。如何指导学生更好地开展语文综合性学习，下面就指导策略加以探讨。

一、灵活采用多种多样的活动方式

提起“语文综合性学习”，不少师生想到的就是语文教材中在阅读、写作、口语交际之外列出的“综合性学习”专题，以为“综合性学习”是与阅读、写作、口语交际相并列的独立的学习领域。其实，这是误解。

导致这种误解的原因，除了对这一“新生事物”缺少深刻的理性认识之外，与语文课标的目标列述、语文新教材的编排形式也有一定关系。语文课标分“识字与写字”“阅读”“写作”“口语交际”“综合性学习”五个方面列述四个学段的课程目标，看上去五者似乎成了并列关系。语文新教材中以专题方式单列“综合性学习”，也容易使学习者造成它是一个独立的学习领域的错觉。其实，“综合性学习”与“识字与写字”“阅读”“写作”“口语交际”不是并列关系，它们不在一个平面上。

语文教材中以专题方式单列的“综合性学习”固然是语文综合性学习的重要

组成部分，但并非全部。在这些专题的、较大型的、显性的综合性学习之外，还有分散的、小型的、穿插或渗透在阅读、写作、口语交际等学习领域之中的综合性学习。换句话说，在阅读教学中可以有综合性学习，在写作教学中可以有综合性学习，在识字写字或口语交际教学中也可以有综合性学习。教材中设计的综合性学习专题，量次有限，依目前7～9年级使用的语文教材来看，每学期一般也就安排3次。人教社版语文教科书注意到写作和口语交际中的综合性学习，每学期设计有3次大型、3次小型的综合性学习，合计6次——这算是多的了。而随机穿插在阅读、写作或口语交际学习中的综合性学习，则是日常的、大量的。如果语文教师只重视前者，而忽视后者，那么，语文综合性学习活动的开展将受到很大的时空局限，其效益也必然大大减损。正如研究者指出的："值得注意的是，在一定程度上，语文综合性学习应该是潜在课程，而不应作为正式课程。如果将其与识字与写字、阅读、写作和口语交际相并列，并在课程目标、内容和实施中都独立出来，不仅丧失了语文综合性学习的内涵与价值，更难以使其得到真正的落实，可能造成'贴标签'的弊端，例如目前一些教材和课堂已经初露端倪。语文综合性学习应该渗透、落实在语文课程的理念和操作中，仅仅停留在显性课程是很危险的。"①

因此，语文学习指导者应破除狭隘的"综合性学习观"，采用灵活多样的活动方式。除了精心设计并有效指导学生开展好语文综合性学习专题活动，还应有意识地将综合性学习渗透在语文教学的各个领域。指导者有没有这样的明确意识，他采取的指导策略和取得的实际效果是大不一样的。上海李白坚老师上写作课，常常组织学生进行诸如快速阅读、发散思维、成语接龙、故事比赛、本班新闻联播、专题辩论、广告策划、导游解说之类的活动，将写作训练与趣味活动结合起来。学生很喜欢上这样的写作课。执教者之所以能跳出孤立教写作的圈子，巧妙设计并成功开展这些融读写听说于一体的活动，一个重要的原因就是执教者树立了"大作文"教学观，具有整体提高学生语文素养的理念，具有重视综合性学习的意识。至于在阅读教学中融入识字写字、研讨辩论、口头作文、片段写作等，如果教者有心，设计和实施起来会更容易一些。

另外，语文教材中设计的综合性学习专题，有的可能不适合某些学校的客观

① 郑国民：《语文课程改革研究》，北京师范大学出版社，2003年，第232页。

条件或学生的实际需要，如果拘泥教材，照搬照用，学生的学习热情不会高，学习效果也不会好。指导者应根据本地特点和本校学生的实际，对教材中设计的活动内容和活动方式加以必要的变通和调整，充分利用本校本地的课程资源，扬长避短，以求得最佳的效益。

不管是采用教材中设计的活动方案，还是自行设计的活动方案，都要注意活动方式的多样性，少一些重复雷同，多一些变化创新，使学生保持兴趣，有新鲜感，避免因形式单调而感到厌倦。

二、正确把握语文综合性学习目标

实施语文综合性学习，要注意避免两种倾向：一种是“唯语文”倾向，死守“语文”领地，只重视语文学科内的综合，不愿或不敢开展跨学科、泛学科的综合性学习，画地为牢，捆住自己的手脚，结果见不到综合性学习的效益。另一种是“非语文”“淡语文”倾向，“综合”是综合了，“实践”也实践了，可“语文味”淡了，学习活动的主要目标偏离了“语文”，重心转移到了“非语文”的其他方面，结果“耕了别人的地，荒了自家的田”，形式上搞得挺热闹，可学生在“语文”方面获益很少。

从语文新课程的实施情况来看，上述两种倾向确实存在，而以“非语文”“淡语文”倾向比较明显。要纠正“非语文”“淡语文”的倾向，必须注意以下两点。

第一，设计和实施语文综合性学习，要有明确的目标意识。

开展语文综合性学习活动必须有明确的目标指向，这是提高学习效率、取得良好学习效果的前提。指导者设计语文综合性学习时，胸中要有课程标准规定的语文课程总目标和相应学段的“综合性学习”阶段目标。以初中为例，设计和实施时，要尽可能将如下“阶段目标”落实到学生综合性学习活动中去：

1. 自主组织文学活动，在办刊、演出、讨论等活动中，体验合作与成功的喜悦。

2. 能提出学习和生活中感兴趣的问题，共同讨论，选出研究主题，制订简单的研究计划。能从书刊或其他媒体中获取有关资料，讨论分析问题，独立或合作写出简单的研究报告。

3. 关心学校、本地区和国内外大事，就共同关注的热点问题，搜集资料，调查访问，相互讨论，能用文字、图表、图画、照片等展示学习成果。

4. 掌握查找资料、引用资料的基本方法，分清原始资料和间接资料的主要差别；学会注明所援引资料的出处。

这些目标，不可能在一次综合性学习中全都落实，但一个学期、一个学年的综合性学习则应全面落实它们。语文教师制订学期或学年的综合性学习计划时，应有统筹安排，实施过程中也应做阶段性对照检查。

第二，开展跨学科、泛学科综合性学习，基本目标不要偏离“语文”。

开展跨学科、泛学科的语文综合性学习，学生获得的知识技能和情感态度价值观等方面的收益常常是超出“语文”的，比如学到了一些天文地理、音乐美术、历史社会、生态环境乃至自然科学的知识，或者发现了其他学科中有探究价值的课题，产生了对其他学科或某个专门领域的兴趣，甚至可能由此引发某种强烈的学习动机、持续的学习努力，将来在某个方面有所成就。这些，是语文综合性学习可能产生的“附加值”。这些“附加值”使语文综合性学习的效益得到扩大。

那么，这些超出“语文”本体的“附加值”能否作为语文综合性学习的目标呢？一种观点认为：不能。因为语文综合性学习与综合实践活动课和其他学科的综合性学习不同，它姓“语”，或者复姓“语文”，不能把超出“语文”范畴的目标作为自己的目标。我们认为这种观点失之狭隘。因为语文综合性学习不仅仅是语文学科内的综合，还包括跨学科、泛学科的综合。如果把学习目标锁定在“语文”范畴之内，那就容易导致画地为牢，束缚手脚，只能体现语文综合性学习的“语文性”，而使其应有的“开放性”和“综合性”落空，使语文课程标准提出的“语文课程与其他课程沟通，书本学习与实践活动紧密结合”的“实施建议”在实施中大打折扣。

应当承认：语文综合性学习的目标不应是单纯的、一元的，而应是复合的、多元的。这些目标中，有基本的、主要的，也有附带的、次要的；有显性的、刚性的，也有隐性的、柔性的。

也应当承认：开展跨学科、泛学科的语文综合性学习，那些超出“语文”范畴的“附加值”可以进入学习活动的“目标群”，但只能作为附带的、次要的目标，而不能作为基本的、主要的目标。其基本目标、主要目标必须指向“语文”，即培养学生语文知识的综合运用能力和读写听说能力，整体提高学生的语文素养。否则，那就不是真正的语文综合性学习，而是其他学科的综合性学习，或是综合实践活动课了。

语文课程标准研制组巢宗祺教授曾这样评析一个以“桥”为主题的语文综合性学习案例：“语文学科的综合性学习，目标不宜首先聚焦在‘认识桥、研究桥’上，而是应该在有关‘桥’的一些重点文本的阅读、诵读上，在以‘桥’为题的表达交流上；也可以从‘桥’这个字的结构和基本意义入手进行讨论；还可以温习一些由‘桥’构成的词语诗句等，把对于‘桥’及其词义的发展的理解结合进来”；“关于《桥》的语文学习活动，没有必要把‘桥梁图片、数据、名称’和‘桥梁发展史、桥的分类、桥的文化等’作为对学生的普遍要求”。他认为：“在学习活动中，语文的目标应该是明确的，那些可能性的、附带的目标则可以是模糊的。语文学科综合性学习的内容，需要根据语文的目标加以筛选取舍。”①

巢先生的评析是中肯的，主张是合理的。有研究者提出，判断综合性学习活动是不是“语文的”综合性学习活动有三个“指标”：一是活动量——是不是有充分的语文活动；二是活动对象——是不是指向“语文”；三是活动成果——主要的学习成果是不是在语文的范围内，是不是语文的成果。② 以此为“鉴”，可以照见目前不少跨学科、泛学科的语文综合性学习活动的主要目标、活动对象和成果并没有“落在语文上”。语文新教材中某些综合性学习的内容设计也存在目标偏离的情况。语文教师要敢于调整，固“本”扶“正”，把握好方向。

三、全面关注语文综合性学习过程

以专题形式开展的较大型的语文综合性学习，实施过程一般包括以下环节：

1. 活动准备：选定学习专题，制定活动计划，明确责任分工。

2. 活动展开：按照活动计划独立或合作展开学习活动，如查阅资料、调查访谈、探究体验、整理筛选、分析综合、编写制作等。

3. 成果展示：小组或个人向班级汇报展示学习成果，以报告陈述、作品呈现、展览解说、朗诵表演、演讲论辩等多种方式，与同学交流和分享。其中作品呈现可以是手抄报、笔记本、作品集、墙报、网页或音像媒体等。

4. 反思总结：通过自我反思小结、小组或个人互评、教师总结等方式，正确

① 巢宗祺：《语文综合性学习的价值与目标定位》，《人民教育》2005 年第 5 期。

② 李海林：《活动量、活动对象和活动成果的语文性》，《语文教学通讯》（初中刊）2006 年第 9 期。

认识本人、本组在学习过程中的成功和不足，以求取长补短，共同进步。

从教师指导的角度来看，一般对第1、3两个环节比较重视，指导效果也比较好；而对第2、4两个环节往往重视程度不够，采取措施不力，指导效果不尽如人意。之所以如此，主要因为第1、3两个环节多在语文课上进行，课前教师有比较充分的设计和准备，课上教师直接参与，便于指导和调控；第2、4两个环节则多是在语文课堂之外进行，学生分散开展活动，自由度更高，自主性更强，教师介入程度低，也不便于具体指导，容易流于一般号召、提提要求的状况。

针对这种较普遍存在的状况，要想更扎实有效地开展语文综合性学习，切实使学生得到更多的锻炼和收益，语文教师应树立“过程比结果更重要”的理念，全面关注综合性学习的整个过程，加强薄弱环节的指导。可以根据学习进程和学生实际采用检查督促、沟通协调、点拨示范等方式方法。

活动展开前，指导教师应检查一下各组制订的综合性学习计划，看一看各组围绕本次学习主题选定的专题大小及角度是否合适，活动方案是否切实可行，责任分工是否明确妥当，必要时可以提出调整建议。

活动展开后，特别是各组分散活动阶段，指导教师可以通过开碰头会、个别约谈、打电话、网上聊天、发电子邮件等途径与各组保持对话沟通，关注各组活动进展，及时了解他们遇到的障碍，给他们当好参谋，当好教练。当学生遇到困惑和疑难的时候，指导教师要鼓励他们开动脑筋，合作探究，克服困难，或者指点迷津，提示门径，启发他们打开思路。特别是学生初次设计调查问卷、统计分析数据、撰写研究报告、著录资料出处、制作网页、操办展览的时候，往往需要教师指点方法技巧和注意事项，必要时教师可以帮学生提供一定的学习资源或范例。发现因懈怠拖拉而进展迟缓者，要给予督促；发现敷衍了事、消极逃避者，要予以引导，力求使每个学生都参与进来，都有自己的收获和贡献。

但是，加强指导并不是过多干预，不是牵着学生走路，更不是越俎代庖。指导教师要善于把握“参与度”，提供的一切帮助都应以不妨碍学生主观能动性的发挥为尺度，都应以引导学生学会认知、学会做事、学会共处、学会做人为宗旨。在探究性学习活动中，有时候故意听任学生走一段弯路，跌几下“跤”，让他们在“试误”中有所发现，得出教训，也未尝不是好事。只是当“教练”的最好别让学生绕得太远、跌得太重。

活动收束时，要引导学生认真反思个人和小组在本次综合性学习过程中的表现和贡献，知识、能力、方法、情感、态度等方面的进步和不足，认识自己和本组的长短得失以及今后努力的方向。不光要引导学生反思，教师自己也要反思。学生的反思可以写成书面总结，放入“成长记录袋”，作为评价的参考项目，还可以随学习成果展示出来或进行口头交流。师生双方在整个综合性学习活动中的成功经验和失败教训，对以后更富有成效地开展活动都是宝贵的借鉴。

四、恰当实施语文综合性学习评价

语文综合性学习比单项性学习涉及范围广，持续时间也较长，实施评价应更看重过程，更看重态度，更着眼全面。那种只依据学生展示的成果或提交的作品打一个分数、评一个等级的做法，太过简单草率，不符合新课程的评价导向和要求。

从评价内容上看，按照《义务教育语文课程标准》的实施建议，“综合性学习的评价，应着重考察学生的语文综合运用能力、探究精神与合作态度。主要着眼于学生在综合性学习过程中的表现，如是否能积极参与活动，是否能主动提出问题，还有搜集整理材料、综合运用语文知识探究问题、展示与交流学习成果等方面的情况。第一、第二学段要较多地关注学生参与语文学习活动的兴趣与态度。第三、第四学段要多关注学生在语文活动中提出问题、探究问题以及展示学习活动成果的能力。”课标例举的上述“表现”恰是学生语文素养发展水平的重要指标，实施评价时应予以充分的关注。

从评价形式上看，对这些“表现”的评价，可以是口头的，也可以是书面的；可以写评语，可以分等次，也可以采用分项与整体评价的表格，便于存留在学生的成长记录里。

评价时机上，既要体现在综合性学习活动收束之时学生反思交流、教师总结点评当中，也要体现在综合性学习开展过程中师生对话沟通、教师检查督导之际。学期或学年结束时，也应将学生在综合性学习中的表现和进步纳入终结评价之中。

评价主体上，要改变单由教师评价学生的状况，实现学生自评、学生互评、师生互评的多元化评价，延伸到课外的综合性学习还可以请学生家长参与评价，以增强评价的民主性，更好地发挥评价的导向和激励作用。

第三节　语文综合性学习经验借鉴

本节选介的综合性学习经验，从内容上看，有语文学习的重要成分，又不单纯是学习语文，有的跨了学科，有的结合研究或生活；从行为上看，不单是识字、写字、阅读、写作、说话中的某一项，而是兼融两项或多项。指导学生借鉴这些学习经验，对有效提高他们的语文素养和综合学习素质都大有益处。

一、古代语文综合性学习经验借鉴

○孔子："学、思、问、习、行"结合

近代学者胡朴安称："千古读书方法之善，当首推孔子。"孔子（前551–前479）一生读书治学勤勉不倦，从实践中摸索出来并用以教导弟子的学习方法很多，学与思、问、习、行相结合的方法尤为后人推重。

学与思结合。孔子主张勤学多思，学思相辅。他强调："学而不思则罔，思而不学则殆。"（《论语·为政》）"不学而好思，虽知不广矣。"（《韩诗外传六》）并以切身体验教育弟子："吾尝终日不食，终夜不寝，以思，无益，不如学也。"（《论语·卫灵公》）

学与问结合。孔子同时看重勤学与好问。"孔子曰：欲知则问，欲能则学。"（《孔子集语·卷一》）他一生学而无厌，凡事不懂就问。他鼓励学生提出问题，并乐于跟学生讨论。他提倡"不耻下问"，不单指向地位比自己低的人请教，也包括向学问、才能不如自己的人求教。

学与习结合。论语开篇即"学而时习之，不亦说乎？""习"不止含有温习、复习的意思，更侧重指练习、实习。孔子教弟子学习"六艺"，其中礼、乐、射、御，光听讲不演练是不行的。孔子还强调重温旧知有利于学得新知，这种经验性认识，后人证明是科学的。

学与行结合。"孔子曰：弗学何以行？弗思何以得？小子勉之，斯可以为师矣！"（《孔子集语·卷一》）在孔子看来，学是行的必要条件，学得不好不可能行得好；行是学的根本归宿，学得再多不会用也白搭。熟读诗三百篇，政务处理不了，外交应对不了，读得再多也无用。因此，孔子把"学而不行"当做"君子三忧”之一。

孔子“学、思、问、习、行”相结合的主张被他的后学思孟学派继承并发展，简明概括为：“博学之，审问之，慎思之，明辨之，笃行之。”（《礼记·中庸》）对后世影响深远，至今依然是治学正道。

○孟子：学贵自得自求

孟子说：“君子深造之以道，欲其自得之也。自得之则居之安，居之安则资之深，资之深则取之左右逢其原，故君子欲其自得之也。”（《孟子·离娄下》）孟子把“自得”看成做学问求深造的最好方法，认为主动自觉得到的东西才能牢固掌握，掌握得牢固才能积累得深厚，积累得深厚才能左右逢源，运用自如。

“自得”需要自主探求，也就是“自求”。孟子说：“求则得之，舍则失之，是求有益于得也，求在我者也。求之有道，得之有命，是求无益于得也，求在外者也。”（《孟子·尽心上》）在他看来，主动自觉地“求”才有利于得，因为靠的是自身努力；被动听命地“求”不利于得，因为凭的是外力主宰。所以，学知识，明道理，都要靠学习者主动求索，潜心钻研；否则，即使暂有所得，也是肤浅表面的，似懂非懂，终无所获。

后世学者对孟子“自得”“自求”的思想有所发展。南宋朱熹教弟子读书，强调“书，用你自去读；道理，用你自去究索。某只是做得个引路底人，做得个证明底人，有疑难处同商量而已。”（《朱子语类·卷十三》）明代王廷相阐说：“自得之学，可以终身用之。记闻而有得者，衰则忘之矣，不出于心悟故也。故君子之学，贵于深造实养，以致其自得焉。”（《慎言·潜心篇》）

今天，自主学习理念大行于世。当我们谈论自主学习理念时，切莫数典忘祖，两眼只盯着西方，忘却孟子两千多年前就已明确提出的自主学习思想。

○荀子：学须善假于物

荀子（约前313-前238）赞同孔子学思结合的主张，而且更重视学。他认为要想学有成效，必须“善假于物”。他在《劝学》中说：“吾尝终日而思矣，不如须臾之所学也；吾尝跂而望矣，不如登高之博见也。登高而招，臂非加长也，而见者远；顺风而呼，声非加疾也，而闻者彰。假舆马者，非利足也，而致千里；假舟楫者，非能水也，而绝江河。君子生（性）非异也，善假于物也。”

“善假于物”就是要善于借助外物。学习可以借助的“外物”有多种——媒体、用具、事例、环境、前人积累的知识、周围人们的经验，凡是客观存在的有利条件都可以利用。时代在前进，科技在发展，现在学习可以利用的“物”远比古时丰富：图书馆、阅览室、各种工具书、参考书、报纸期刊、广播、电视、电脑、网络，各种软件、学习包……能否恰当利用它们，定然影响学习效果。现在的中学生和一些大学生，利用电脑玩游戏的多，利用网络聊天的多，真正用于查询信息资料、学知识、写东西的少。前人难以企望的宝贵的学习资源不能善加利用，多么可惜！

〇颜元：读书贵能习行

清初教育家颜元（号习斋，1635-1704）批评宋代以来一些理学家专重“静坐读书”、空谈“心性命理”的学风，大力提倡实学、实习、实行，认为“思不如学，学必习行”，即使“读书千卷，注书百帙”充其量只是书生，致力习行方能成为有用人才。他说：“读得书来，口会说，笔会做，都不济事，须是身上行出，才算学问。”（《颜李丛书·习斋记余》卷四）“心中醒，口中说，纸上作，不从身边习过，皆无用也。”（《颜李丛书·存学编》卷二）他尖锐批评程朱理学家“率天下人入故纸堆中，耗尽身心气力，作弱人病人无用人”，“读书愈多愈惑，审事机愈无识，办经济愈无力，试历观宋、明已事，可为痛哭。”“朱子更愚，全副力量用在读书，每章读取三百遍，又要读尽天下书，又言不读一书，不知一书之理……但到三十上下，耗气劳心书房中，萎惰人精神，使筋骨皆疲软，天下无不弱之书生，无不病之书生，一事不能做……千古儒道之祸，生民之祸，未有甚于此者也。”（《颜李丛书·朱子语类评》）颜元对程朱理学由笃信到批判，敢于从“旧营垒”里杀出来，提出重实学、重习行的思想和学说，在当时具有匡正儒学流弊的进步作用，对后世学者也有深刻影响。

〇曾国藩：看、读、写、作，缺一不可

晚清权臣曾国藩（1811-1872）教子读书特别强调看、读、写、作四者结合。他在家书中教导儿子：“读书之法，看、读、写、作四者，每日不可缺一。”（《字谕纪泽》）

看，即阅览。曾国藩教子：“看生书宜求速，不多阅则太陋。”

读，即诵读。曾国藩教导儿子：“温旧书宜求熟，不背诵则易忘。”针对儿子“阅看书籍颇多，然成诵者太少”的短处，告诫他：“《四书》《诗》《书》《易经》《左传》诸经，《昭明文选》，李、杜、韩、苏之诗，韩、欧、曾、王之文，非高声朗诵则不能得其雄伟之概，非密咏恬吟则不能探其深远之韵”；“嗣后宜将《文选》最惬意者熟读，以能背诵为断。”又指出他“读《四书》无甚心得”，原因在于“不能虚心涵泳，切己体察”，要他在涵泳、体察上“悉心求之”。

写，即写字。曾国藩教子：“习字宜有恒，不善写则如身之无衣，山之无木。”他让儿子坚持练习书法，“切不可间断一日。既要求好，又要求快”。

作，即作诗文。曾国藩教子：“至于作诗文，亦宜在二三十岁立定规模。过三十后，长进极难。”

清初唐彪设置家塾课程，以“看、读、写、作”四字为纲：读——“读熟书（经类及《文选》）以沃其义理之根”；看——“看生书（史类）以扩其通变之趣”；写——“写字以观其用心之静躁”；作——“作文以验其养气之浅深”。唐彪认为“四者具而学生之基业始立”。（《家塾课程》）曾国藩教子读书强调“看、读、写、作，缺一不可”，或是践行前人主张，或与前贤所见相同。今天中小学生学语文仍以识字写字、阅读写作为主，前人重视四者并进、综合提高语文修养的做法对我们仍有启发。

二、近现代语文综合性学习经验借鉴

○康有为：读写会讲结合，以编述促读书

近代思想家、教育家康有为（1858－1927），曾在广州创办学堂，收徒讲学，培养出了梁启超、陈千秋等一批维新变法人才。康有为执教采用学生自行读写为主、读写与“会讲”结合的教学方式，十分有利于综合培养学生的阅读、写作能力和思辨、自学能力。

康有为所办的学堂，学生不分年级和班次，在老师指导下自选读书内容，自定学习进度，用今天的话说就是老师分层指导、学生异步学习。统一的要求是每个学生必有“功课簿”，每天把课内课外读书的心得和耳闻目见的时事写在功课簿上（半月交老师批阅一次；一本写完存放在学堂藏书室，供后来就读者参阅）。同学间每隔三五日“会讲”一次，就读书遇到的问题和见解体会切磋交流。“会讲”前，对“所读之书，必加议论”，为“与朋友商其得失”做好准备。“会讲”时，“公推学识优长者为会长，行性严正者为监督”，人人做到“德义相劝，过失相规”，“但求学识之进，不必饰非护前”。（《桂学答问》）学堂还备有《蓄德录》，学生每天在这个大厚本上写几句自己读书的独特感悟或名句格言，大家在传阅中沟通体验，开拓见闻，增加读书兴趣。

学生协助先生编书，以编书促进读书，是康氏学堂读写结合训练的独特举措。梁启超之弟梁启勋回忆说：“在万木草堂我们除自己用功读书之外，还有一件特殊工作即编书，这是协助先生著述的工作。譬如康先生要写一部《孔子改制

考》，由他指定一二十个同学，把上自秦汉，下至宋代各学者的著述，从头检阅。凡有关于孔子改制的言论，简单录出，著明见于某书之第几卷、第几篇，用省属稿时翻检之劳……某人担任某书，自由选择，一部编完，又编第二部。这些稿件，通存于书藏，备先生随时调用。”（《万木草堂回忆》）先生的动机主要在著书——当时康有为志在建构和传播变法理论，“旦昼讲学，夜则编书”，在学生协助下先后编成《新学伪经考》《孔子改制考》《春秋董氏学》等著作；而在客观效果上，这种带有研究性的学习使学生获益匪浅——锻炼了辑录编纂的本领，滋长了著书立说的欲望。正如梁启超回忆这段经历所说：“吾侪坐是获所启发，各斐然有述作之志。”（《南海先生七十寿言》）

新课程实施以来，研究性学习得到空前重视。康梁师生的做法也可借鉴运用——不是为老师增添科研成果，而是为学生发展探究能力。

○毛泽东：尚志、自主、结友学习

现代伟人毛泽东（1893－1976）幼年就有较强的独立意识和自主学习意识。他8岁入私塾读书，启蒙老师就察觉他有些特别：读书不出声，可老师点书他都背得。老师没教的书他也能认得、懂得，因为他学会翻《康熙字典》。老师让描红习字，他却要自己放手写，而且写得比别的学生照着描的还要好些。由于他天资聪颖，不劳先生费神，得了个绰号叫“省先生”。

毛泽东少年时期就树立了为改造国家和社会而发愤读书的志向。1910年秋，初具爱国进步思想的少年毛泽东不愿遵从父亲的意愿去县城米店当学徒，在母亲和舅舅帮助下说服了父亲，获准去湘乡县立东山高等小学堂读书。在入学考试的命题作文《言志》中，他畅抒求学报国之宏志。校长阅后大加赞赏，说“我们学堂录取了一名建国才！”

1912年春，毛泽东考入湖南省立高等中学校，因对这所学校的课程设置和校规不满，读过国文教师借给他的一部《御批历代通鉴辑览》后，他得出结论——不如自学好。于是毅然退学，开始特立独行的自学生活——每天到湖南图书馆读书。他“贪婪地读，拼命地读，正像牛闯进了人家的菜园，尝到了菜的味道，就拼命地吃一样”，每天第一个进馆，最后一个离去，中午就近到街上买两块米糕充饥，从盛暑到寒冬，风雨无阻。后来他回忆起这段生活时说：“我没进过大学，也没有留过洋，我读书最久的地方是湖南第一师范，它替我打好了文化的基础。但我学习生活中最有收获的时期却是在湖南图书馆自学的半年。”

在湖南省立第一师范求学的五年半中，毛泽东自主学习的意识更为自觉。他不局限于教科书，而是广泛涉猎。除了刻苦读书，还养成了天天读报的习惯。同学们对复杂多变的局势常常困惑不解，他却能说清楚来龙去脉，分析得鞭辟入里，被同学称为“时事通”。

此时，正值毛泽东人生观、世界观形成的关键时期。毛泽东受修身课教师杨昌济先生影响很深，志向更加高远，并以坚毅的行动朝理想目标努力。他在《讲堂录》中记下：“高尚其理想”，“立一理想，此后一言一动，皆期合此理想”。他与同学约定“三不谈”：不谈金钱，不谈男女之间的事，不谈家庭琐事。他说：“我的朋友和我只乐意谈论大事——人的性质，人类社会的性质，中国的性质，世界，宇宙！”

毛泽东不但善于自主学习，而且重视合作学习。他与萧子升、蔡和森等同学组成课外哲学学习小组，在杨昌济老师指导下，交流学习心得，研讨哲学与人生问题。他认为在同学中组织读书会是个好办法，各人每月出几角钱，合拢起来，除了买书还可以订几份报，经济上支出少而学问上收入多，还可以交流心得，匡补绝不交换、绝不批评的弊端。为扩大结友交流的范围，他以“二十八画生”名义向长沙各校寄发《征友启事》。他与蔡和森等同学发起组织新民学会，这为他们后来组织留法勤工俭学、创建长沙共产主义小组做了准备。

今天倡导青少年学会求知、学会做事、学会共处、学会做人，青年毛泽东依然具有榜样的力量。

○杨贤江：阅读结合口演笔述

现代教育思想家杨贤江（1895－1931）对读书方法作过专门研究，并且写过《论读书方法》的系列文章。在《论读书方法（四）》中，他提出：“读书之后，宜口演笔述则所得更多。”理由是：“因吾人读书，虽似已明意义，而往往尚未实在贴切，必向人述说所读者，而后所通晓者方不至于模糊，亦不能错乱。”

“口演笔述”可以因地制宜。如果有同学一起求学，“可立一读书社，一社以七至十二人为度，每周一次集会。各人先约定读书一种，聚会期，则请一二人陈说所读书之内容大概，长短所在，并及著书者之生平，成为书之略史。以次轮流，周而复始。”如果乡居僻处，独学无友，“可以笔录之法代之。即每阅一册既竟，则述其大旨与长短，作为序或跋一首，录之于册。有所评论，不妨随意记之，以为后日比较自己常识进退之证。古人所著读书记，皆是此例。”

这种读书方法，实际上是读、写、听、说四种学习行为结合，独立学习与结组学习两种学习方式结合，有一定的创造性。如能既自读“笔述”又结组“口演”，收效会更好。

○茅以升：文史不分家，文理相助益

中学生读过桥梁专家茅以升（1896－1989）的《中国石拱桥》《桥梁远景图》，心中可能会问：茅以升是学理工的，为什么文章也写得这么漂亮？原来，是小学和中学阶段打下了扎实的语文功底。他晚年回忆说，这应归功于小时候的国文和历史老师。他上小学和中学时，柳诒征先生教他们国文和历史。历史课上，柳先生善于绘声绘色地讲历史故事，讲鸿门宴化险为夷、楚霸王背水一战，学生们听得入迷。多少年后，一想起先生讲廉颇蔺相如释前嫌、司马迁作书报任安时肃然起敬、声泪俱下的表情，就会记起《史记》中情辞并茂的篇章。国文课上，柳先生不光教古文，还教白话文，给学生介绍当时正在兴起的新文学。他说：“那个时候，文史是不分家的。读中文就是学历史，学历史就是欣赏中文。”茅以升的学习经历和体会，对今天倡导语文学科与其他学科沟通，开展语文综合性学习，是很有启示的。

茅以升还告诫偏重学理的同学不要忽视学文。他由自身经历总结出这样的经验：“学理的同学学好了文，不仅能促进你理解、表达能力的提高，对自己还是一种享受不尽的乐趣呢。”（《我学习作文的故事》）

○杨叔子：文理同根生，相融有五利

机械工程学家杨叔子（1933－）是中国科学院院士，有人问他：“你能成为院士，有些什么个人因素？”他回答：“重要的因素之一，是人文文化、中华民族的优秀传统文化、中国语文起了重要的直接或间接作用。”

他回忆自己 9 岁进小学，数学很差，一年后进初中，物理、化学很差，但都赶上去了，后来成绩一直优秀。他说这跟自己入小学前念了四五年古书很有关，跟自己一直爱好中华诗词和古文很有关。他认为：“科学与人文，理与文，确是同根生。”“两者相融则利，相离则弊。”他总结出两者相融对一个人至少在五大方面有利：一利于形成正确的人生追求；二利于形成完全的知识基础；三利于形成优秀的思维品质；四利于形成健康的生活方式；五利于形成和谐的个人同外界的关系。而这“五利”，正是一个人事业成败的主要因素。

这些认识，基于这位科学家平生的切身体验、丰富阅历和哲学思辨，对有志成大才、成名家的青少年学生来说，是很可宝贵的经验。欲知其详，请读他写的《同根生，融则利》（见王丽主编《名家谈语文学习》）。

○**钱梦龙：养成读书自学的兴趣和习惯**

语文特级教师钱梦龙（1931－）上小学时贪玩逃学，留过三次级。幸亏五年级留级时遇上一位让他铭记终身的班主任兼国语老师。这位老师交给他一个“光荣”任务：自备一本四角号码小字典，课前把新课文中的生字新词的音义查出来，抄在黑板上供同学们学习。这让他摆脱了自卑感，学会了熟练使用工具书，养成了课前自学的习惯，并产生了读书自学的兴趣。

进初中后，在国文老师影响下，他对唐诗着了迷，一个学期竟把《唐诗三百首》全部背熟。接着又对古文发生兴趣，借助《辞源》啃《古文观止》，读诗话、词话，对鲁迅的杂文小说和林纾翻译的外国小说也爱不释手。书读多了，就“手痒”，开始“胡乱写些东西”，尤其爱写旧体诗。在发表欲的驱使下，他自办了名为《爝火》的壁报。除了课外多读多写，还坚持在国文课前自读揣摩课文，听课时把自己的理解与老师的讲解对照印证，听课成了饶有兴趣的思考过程，学得活，印入深，考前不怎么复习，国文成绩也名列前茅。他的自学能力和读写水平远远超出当时一般的初中生。

由于初中四年（因转学多读了一年）打下了坚实的国文底子，仅仅读过三个月高中的他，1952 年成了中学语文教师。正因他有自主读写获得成功的深切体验，所以他把“教会学生读书自学”作为执教的“主攻方向”。经过长期探索，1983 年他总结出“三主四式语文导读法”，在语文教坛产生了广泛影响。他后来说：“‘语文导读法’的提出，是我读书自学历程的一个自然的归宿。”（《一个“不合格教师”的人生轨迹》，《中学语文教学》2008. 2）

○**刘从华：课内阅读向课外探究延伸**

如何引导小学生开展语文综合性学习？湖北襄樊市小学刘从华老师的做法颇有创意。刘老师教学毛泽东诗《长征》，将课内阅读与课外探究相结合，课内一课时，课外一个月。学习过程分三个阶段：

第一阶段：信息－感知。教师借助多媒体创设情境，导入七律《长征》，问学生想了解些什么，学生提出大小问题 26 个，如：红军为什么长征？红军是怎样长征的？老师请学生课外通过图书、报刊、网络、电视等多种途径搜集信息，开展“长征知多少”主题活动。时间给得较充足：两周。

第二阶段：诗文－感悟。占用一课时。主要指导学生反复诵读，感悟诗句意蕴，体会作者情感，引导学生利用搜集的信息资料，展开对话交流，解决疑难问题。最后，有感情地朗读、背诵，练习默写。

第三阶段：活动-体验。要求学生联系学习和生活中遇到的困难，正视并分析困难，想方设法克服困难，根据实践体验，撰写挑战困难、战胜困难的体会。两周后，展示和交流体会，进行评价总结。（《探究见功夫，功夫在课外》，《语文建设》2002.9）

从学习时空上看，刘老师指导学生将课上学习与课前探究、课后实践体验贯通起来，将语文学习由课堂延伸到校园、家庭和社会；从学习内容上看，将语文知识学习、语文技能训练与历史地理、现实生活、做人做事、个性发展交融在一起；从学习形式上看，有读、写、听、说，有自主、合作，有探究、发现，有感悟、体验。于此可见，教师有没有“大语文”学习观、综合性学习观，使用教材和教学的方法大不一样，学生学习的收获和成效也大不相同。

○周群：借助网络平台，利用本地课程资源

城市中学实施语文综合性学习有许多有利条件。北京景山学校周群老师充分利用网络平台和地方课程资源，引导学生关注社会生活，开展综合性学习，收效良好。

周老师指导八年级学生以“关注老北京文化”为专题，进行探究性综合学习。学生按个人兴趣自愿结成学习小组，从“北京老字号”“老北京小吃”“京剧在青少年中的地位”等8个子课题中选定一个，合作承担，均以“活动”为主要的实施形式。在教师指导下，学生开展问卷调查，进行人物专访、实地勘查，参观民俗展、博物馆，利用图书馆和网络搜集资料、查询信息，借助北京风物网论坛作为全班同学实现资源共享与互动交流的平台，并特聘“北京幽燕文化工作室”的成员担任各组导师。学生在网络论坛上发布小组课题进展记录，小组与小组之间、学生与导师之间、学生与教师之间、导师与教师之间，在网络平台上展开多向互动交流，导师不仅在网上给学生提供专业支持，而且将这种支持延伸到现实中，使学习活动具备了较高水平。如京剧小组的目标是完成“京剧在青少年中的地位”的调查报告，他们在开题后自拟问卷做尝试性调查，但统计结果模糊不清。于是，该组将问卷贴上论坛公开求助，很快有回帖提出了修改建议。他们重新设计问卷，并展开正式调查。待收回数百份问卷、完成数据统计后，他们又对如何分析归纳、得出结论产生困惑。经教师和导师指点，学生将统计结果在网上发布，引来更大规模的交流。该组广泛听取意见，恰当分析归纳，写出了高水平的调查报告。各组采用专题讲座、网页制作、图文展览等不同形式，在班级展示学习成果。（《网络教学平台的成功尝试》，《语文建设》2003.9）

整个综合性学习过程教师指导得法，学生积极主动，从开题报告、中期汇报，到结题报告，搞得像模像样，有色有声，为城市中学开展综合性学习提供了成功示范。

○李元昌：农村中学开展综合性学习更有利

农村中学一些师生认为，综合性学习是城里中学的事，农村中学不好搞。吉林特级教师李元昌认为：这种论调不在理，从某些方面来说，农村中学开展综合性学习的条件甚至优于城市学校。他回忆自己在农村中学教语文时指导学生开展综合性学习的经验，下面三点对农村学校的师生很有借鉴价值。

在语文课上借助其他学科知识。如学小说《竞选州长》，让学生将政治课本中有关资产阶级民主政治和自由选举的章节同小说参照着读。学古诗《石壕吏》，让学生复习历史课本中关于安史之乱的内容，不但可以省去时代背景介绍，而且有助于加深对诗意的理解。

在作文中综合应用其他学科知识。如让学生综合历史课本中的知识，写作文《我崇拜的一位历史人物》《一次历史事件引出的教训》；综合物理、化学、生物等学科知识，写《怎样改造我村的涝洼地》。这样，学生既应用了其他学科的知识，又能写出不空泛、有个性的文章。

将书本知识用到农村生活中，将农村生活引到语文学习中。如学了应用文写法，鼓励学生主动帮乡亲写信，帮专业户拟合同、写广告等。学了调查报告的写法，指导学生调查“三农”问题，写出了《农村的高利贷》《啥时治病能不难》等反映农民心声的文章，既巩固了语文知识，锻炼了语文能力，又培养了关注家乡变化的情感。一学生针对玉米空穗多的现象进行田间调查，利用植物课上学到的传粉知识，写成调查报告，镇里的农业技术员看了，简直不相信出自初中生之手。(《例谈农村中学生的综合性学习》，《语文建设》2002.7)

三、国外语文综合性学习经验借鉴

○夸美纽斯：重实践，分阶段，多朗读，多抄写

捷克教育家夸美纽斯（1592-1670）曾长期从事教育工作，他于1632年写成《大教学论》一书，其中许多地方有对语文学习经验的总结，下面几点尤其值得重视（参见该著第22章、29章）。

1. 学习“必需的语文”，达到够用的程度。不单要学好国语，还要学习用得着的外语，如拉丁文和邻国语文。外语不需要彻底学会，“只要学到必需的限度就够了”。学习顺序上，要先学会国语再学外语，“国语没学会就去教一种外国语，和孩子不会走路就教他骑马一样不合理”。

2. 学习语文必须重视实践，联系生活。“一切语言通过实践去学比通过规则去学来得容易。这是指的听、读、重读、抄写，用手、用舌头去模仿，在可能的范围以内，尽量时时这样去做。”“语文的学习，尤其在青年时代，应当和事物的学习联系起来，使我们对客观世界的认识和对语文的认识，即我们对事实的知识和我们表达事实的能力得以同步前进。因为我们是在形成人，不是形成鹦鹉。”“学习文字不应该离开它们所代表的事物”，因为事物和文字“是两者并存，一同履行它们的功用的”。

3. 学习语文不必追求知识的细微和完整。“不论哪种语文，对它的完整和细微的知识是很不必要的，如果有人要去达到这种目的，那是荒谬和无用的。”“但是规则可以帮助并强化从实践得来的知识。”必要的文法、修辞知识要学，但要简明，“要通过涉及业已熟悉的题目的练习去学”。

4. 语言学习有阶段性，要合乎年龄特点。夸美纽斯把人们学习语言的进程分成四个时期，认为各期有不同的学习重点：牙牙学语的婴儿期，学习模糊地说话；日趋成熟的儿童期，学习正确地说话；比较成熟的青年期，学习漂亮地说话；身强力壮的成人期，学习有表现力地说话。他指出：“孩子们的智力和语文应当在吸引他们的材料上得到练习，而吸引成人的材料则应当留待后一阶段。”

5. 早晨多记诵，下午多手写。国语学校的学生（6-12 岁）早晨宜朗读功课，继续半小时或半小时以上，多数学生便会默诵。下午应把书本抄写一部分，要抄得尽量整洁。这样“可以帮着把所抄的材料铭刻在他们的心灵里”，“可以教他们写得好，写得快，写得正确”，还可以使父母“能够断定孩子究竟有了多少进步”。

○马克思：爱好文学，学好语言，练好读写

世界无产阶级革命导师马克思（1818-1883）在学生时代就志存高远，兴趣广泛，广积学识，全面发展。读中学时，他十分重视学习语言，并且喜爱文学。他的中学毕业证书表明，他的作文有丰富的思想，对事物有深刻的理解；古代语言（拉丁语和希腊语）学得很好，能流利而有把握地讲解古代作品。大学阶段他先后攻读法律和哲学，同时选修希腊、罗马神话和艺术史等课程，广泛阅读文学作品和艺术著作。他加入大学的诗人小组，写过不少诗，翻译过奥维德的《哀歌》，还尝试过写剧本和小说。求学时期对文学艺术的喜好、对读写能力的重视，为他日后主编报纸、从事理论研究和著述打下了坚实的语文功底。他在著作中灵活自如地运用文学掌故，笔锋犀利，语言生动。像《共产党宣言》开头“一个幽灵，共产主义的幽灵，在欧洲徘徊”那般鲜明生动，结尾“全世界无产者，联合起来”那般简洁有力的文句，在他笔下不乏其例。渊博的学识和高超的修辞艺术，给他的理论著作增添了文采，增强了可读性，使其深刻思想得到更广泛的传播。

马克思以毕生精力研究哲学、政治经济学、法学、社会学，几乎读完了当时欧洲与此有关的所有经典著作。但他把书看成“奴隶”，不肯将自己的思想淹没在书海中，而是钻得进，跳得出，站在时代的高度继承、批判、创新，创立了科学社会主义学说。在高度紧张的工作中，他依然没有放弃对文学的喜好，荷马、埃斯库罗斯、奥维德、卢克莱修、莎士比亚、塞万提斯、歌德、海涅、但丁、狄德罗、科贝特、巴尔扎克、狄更斯等，都是他偏爱的作家。他读他们的诗歌、散文、剧本和小说，让绷紧的脑神经得以舒缓，使精神变得轻松愉快。正如梅林在《马克思传》中所说：“马克思把欣赏文学当做精神上的休息。在他整个一生中，文学始终是他的一种慰藉。”

马克思还把阅读外国文学作品当做学习外语的捷径。他通过读莎士比亚和科贝特的作品学习英语，读但丁和马基雅弗利的作品学习意大利语，读塞万提斯和卡尔德龙的作品学习西班牙语，直到晚年还通过读普希金和赫尔岑的作品来学习俄语。柏拉威尔在《马克思和世界文学》一书中说：“他认为一个人如果没有机会到外国去生活，阅读伟大的文学作品便是掌握那些国家的语言最有效的途径。”马克思这种通过阅读文学作品来学习外国语的一箭双雕的做法，在“外语学习热”的今天很值得借鉴。

主要参考书目

［美］巴里·J. 齐默尔曼：《自我调节学习》，姚梅林等译，中国轻工业出版社，2001 年。

陈建翔、王松涛：《新教育：为学习服务》，教育科学出版社，2002 年。

陈涛等编：《专家作家谈语文学习》，语文出版社，1985 年。

戴钦祥选注：《古代名家论写作》，中共中央党校出版社，1995 年。

戴汝潜主编：《汉字教与学》，山东教育出版社，1999 年。

顾黄初、李杏保主编：《二十世纪后期中国语文教育论集》，四川教育出版社，2000 年。

韩雪屏：《语文教育的心理学原理》，上海教育出版社，2001 年。

李海林：《李海林讲语文》，语文出版社，2008 年。

李宇明：《儿童语言的发展》，华中师范大学出版社，1995 年。

林崇德：《发展心理学》，人民教育出版社，1995 年。

林化君、陈黎明、张幼冬：《追问与发现——语文学习心理论》，青岛海洋大学出版社，1998 年。

林明榕主编：《学习科学大辞典》，新华出版社，1998 年。

刘淼：《当代语文教育学》，高等教育出版社，2005 年。

刘堂江：《读书百法》，中国少年儿童出版社，1991 年。

刘锡庆：《基础写作学》，中央广播电视大学出版社，1985 年。

路克修、于年河、左松涛：《现代小学识字写字教学》，语文出版社，2002 年。

马正平：《中学写作教学新思维》，中国人民大学出版社，2003 年。

倪文锦、欧阳汝颖主编：《语文教育展望》，华东师范大学出版社，2002 年。

欧阳友权主编：《口才学》（修订本），中南大学出版社，2002 年。

潘意敏、潘峥峥：《快速读书法》，华东理工大学出版社，2002 年。

庞维国：《自主学习——学与教的原理和策略》，华东师范大学，2003 年。

裴娣娜等：《发展性教学论》，辽宁人民出版社，1998年。
彭聃龄主编：《汉语认知研究》，山东教育出版社，1997年。
申国昌、史降云：《中国学习思想史》，科学出版社，2006年。
申继亮、谷生华、严敏：《中学语文教学心理学》，北京出版社、北京教育出版社，2001年。
史金霞：《不拘一格教语文》，中国轻工业出版社，2012年。
苏培成：《现代汉字学纲要》，北京大学出版社，1994年。
孙琴安：《名家读书法》，上海辞书出版社，2001年。
孙琴安：《名家写作法》，上海辞书出版社，2001年。
孙琴安编：《名家谈读书》，远方出版社，2002年。
唐彪：《家塾教学法》，华东师范大学出版社，1992年。
佟士凡：《语文学习论》，广西教育出版社，1996年。
王光龙：《语文学习概论》，当代中国出版社，2003年。
王光龙主编：《语文学习方法的理论与实践》，中国文史出版社，2002年。
王光龙主编：《语文学习素质培养探索》，群言出版社，2005年。
王丽主编：《名家谈语文学习》，华东师范大学出版社，2007年。
王荣生：《语文科课程论基础》，上海教育出版社，2003年。
王松泉、王柏勋、王静义主编：《语文教学心理学基础》，社会科学文献出版社，2002年。
王言根主编：《学会学习——大学生学习引论》，教育科学出版社，2003年。
王云五编：《中国古今治学方法》，台湾商务印书馆，1995年。
卫灿金：《语文思维培育学》，语文出版社，1997年。
韦志成：《作文教学论》，广西教育出版社，1998年。
吴霓主编：《课堂学生学习方法指导大全》，国际文化出版公司，1996年。
肖川主编：《义务教育语文课程标准（2011年版）解读》，湖北教育出版社，2012年。
肖东发、杨承运编：《北大学者谈读书》，北京图书馆出版社，2000年。
徐立、陈新：《古人谈文章写作》，广东人民出版社，1985年。
徐梓、王雪梅编：《训蒙要义》，山西教育出版社，1991年。
许建中、左松涛、刘善华、于年河：《语文高效学习艺术》，中国文史出版社，2005年。
燕国材：《学习心理学》，警官教育出版社，1998年。
杨初春：《实用快速作文法》，漓江出版社，2002年。
杨润陆：《现代汉字学通论》，长城出版社，2000年。
姚竹青：《大语文教学法》，中国社会科学出版社，2001年。

叶圣陶：《叶圣陶教育文集（第3卷）》，人民教育出版社，1994年。

尹建莉：《好妈妈胜过好老师》，作家出版社，2009年。

于魁荣：《小学写字教学法》，人民教育出版社，2001年。

于年河、许建中主编：《中学语文教材教法》（上册《中学语文教育概论》、下册《中学语文教材研究》），河北大学出版社，1997年。

语文出版社组编：《新中国语文教育大典》，语文出版社，2001年。

曾祥芹主编：《阅读学新论》，语文出版社，1999年。

曾祥芹、张维坤、黄果泉：《古代阅读论》，河南教育出版社，1992年。

曾祥芹：《汉文阅读学导论》，中央文献出版社，2004年。

张鸿苓：《中国当代听说理论与听说教学》，四川教育出版社，2000年。

张明仁编：《古今名人读书法》，商务印书馆，1940年。

张奇：《学习理论》，湖北教育出版社，1999年。

张颂：《朗读学》，北京广播学院出版社，1999年。

张田若等：《中国当代汉字认读与书写》，四川教育出版社，2000年。

郑国民：《语文课程改革研究》，北京师范大学出版社，2003年。

钟祖荣：《学习指导的理论与实践》，教育科学出版社，2001年。

中华人民共和国教育部：《全日制义务教育语文课程标准》（实验稿），北京师范大学出版社，2001年；《义务教育语文课程标准》（2011年版），北京师范大学出版社，2012年。

中华人民共和国教育部：《普通高中语文课程标准》（实验），人民教育出版社，2003年。

朱曼殊主编：《心理语言学》，华东师范大学出版社，1990年。

朱绍禹：《朱绍禹文存》，吉林人民出版社，2002年。

朱智贤、林崇德：《思维发展心理学》，北京师范大学出版社，1986年。

朱作仁、祝新华：《小学语文教学心理学导论》，上海教育出版社，2001年。

庄大伟：《写作100法》，上海辞书出版社，2002年。

后　记

10 多年来，在任教高等师范学校现代汉语、语文教学论等课程之余，我把研究兴趣主要放在了语文学习指导理论和实践方面。兴趣的产生，始于 1998－1999 年在北京师范大学做访问学者时。访学期间，我跟从导师裴娣娜教授参加了几次教学理论方面的学术会议，并随裴先生到北京、内蒙古开展“少年儿童主体性发展教育实验”的多所中小学看课调研，又得以沉下心来利用师大图书馆、教育系资料室系统查阅 1978 年来的教育教学期刊文献，加深了自己对一些教育问题的思考。当时思考较多的一点是：我国教学理论界和实践界长期以来研究“教”甚多，而研究“学”太少。

因此，我感到了研究“学”的紧迫和重要，想为此做点什么。于是，萌生了写两本书的打算：一本侧重语文高效学习策略，主要服务于学生；一本侧重语文学习指导策略，主要服务于语文教育工作者。前者作为我与同事合作的课题，已经出版《语文高效学习艺术》一书；后者得以列入“21 世纪语文课程学习指导丛书”。能与国内潜心研究语文学习科学的同仁协力撰著这套具有理论建构和实践指导双重意义的丛书，我是十分高兴的。这部“怀胎”多年即将“分娩”的书稿，有些地方自己还不够满意。老子云：“持而盈之，不如其已”；“不欲琭琭如玉，珞珞如石”。把它交出去，接受读者的审阅吧。不敢奢望雕琢美玉，但愿奉上一块通往语文学习科学之巅的阶石。

2006 年，我在致朱绍禹教授的信中谈过写这本书的想法，朱先生复函叮嘱：“不要写成学院派的东西。”这句话铭记我心，促我思考如何将理论性与实践性结合得更好一些。撰著过程中，我经常以此警示自己，力争少些浮泛的议论，多些实用的货色，不教“理念”悬浮于半空上，力求植根在历史与现实的土壤中。为体现“务实”的特点，我花费了大量时间搜集、梳理、提炼古往今来较为典型的语文学习经验，并在本书第五—九章分别加入了识字写字学习、阅读学习、写作学习、口语交际学习、综合性学习等“经验借鉴”的内容。虽经千汰百练，多遍删简，这部分内容占的篇幅还是大了些，以致挤掉了构拟中的“语文知识学习指导”和“语文学习管理指导”两章。得大于失，还是失大于得？对此，还有对全书的观点、材料、结构、行文，都企盼着听到读者朋友的批评意见。

选题和写作过程中，得到了许多同志的指导和帮助。酝酿中，尊敬的裴娣娜、朱绍禹两位先生之外，还有访学期间的室友姜君和时常聚谈的郝春冬、张奇、王升诸博士生，给过我宝贵的启迪；丛书编委会同仁对分册架构、提纲和体例做过详细的讨论，确定了“求新、求实、求精”的指导思想。撰著中，我校科研处、图书馆、中文系的领导和同事提供了多方面支持。忘年之交张维坤老先生向我敞开他丰富的藏书，提供了珍贵的资料；同好傅永安研究员和于年河教授审读过部分章节的初稿，提出了很好的建议。我的同学、特级教师袁桂珍和弟子杨军、李明华差不多通读了全稿，分别从高中、初中、小学语文教师的角度坦陈了他们的意见和感受。审订中，丛书主编王光龙教授、学术顾问朱绍禹教授、编委雷桂萍教授认真审阅这部书稿，提出了中肯的修改意见。脱稿后，我所在的保定学院决定为本书提供学术著作出版基金，出版社的同志为本书编辑出版付出了辛勤劳动。对所有给我以帮助的前辈、领导、同事、朋友和学生，谨此奉上崇高的敬意和诚挚的谢意！

书稿修订之际，2008 年 5 月忽闻朱绍禹先生辞世。谨将朱先生为本书题写书名的遗墨置于扉页，作为对这位杰出的语文教育理论家、不倦奖掖后学的前辈学者的永久纪念。

2009 年 8 月交稿后，丛书出版因故推迟。现将付梓，又参照《义务教育语文课程标准（2011 年版）》和近两年收集的新资料做了一次修订。书中引用《义务教育语文课程标准》多用简称，凡未特别注明“实验稿”的，引文皆以 2011 年版为据。

几度寒暑，几多节假，挪用了无数本应陪伴家人、承担家务的时日，却从没有受到亲人的嗔怪。在本书将要问世之际，我向亲爱的八旬老母，向妻子儿孙，表达由衷的歉意，并道一声：“谢谢你们！”

许建中

2011 年 9 月于古城保定静远轩